陆海空疆界知识丛书

海疆争夺的历史与现实

李 剑 主编

军事科学出版社

图书在版编目（CIP）数据

海疆争夺的历史与现实 / 李剑主编．—北京：军事科学出版社，2014．7

ISBN 978-7-80237-717-2

Ⅰ．①海… Ⅱ．①李… Ⅲ．①海疆—疆界—国际争端—普及读物 Ⅳ．① D993.5-49

中国版本图书馆 CIP 数据核字（2014）第 155440 号

书　　名：海疆争夺的历史与现实
主　　编：李　剑
策　　划：戴景涛
责任编辑：戴景涛
封面设计：倪春昊
出版发行：军事科学出版社（北京市海淀区青龙桥 100091）

标准书号：ISBN 978-7-80237-717-2
经 销 者：全国新华书店
印 刷 者：北京鑫海达印刷有限公司
开　　本：700 毫米 ×1000 毫米 1/16
印　　张：25
字　　数：331 千字
版　　次：2014 年 7 月北京第 1 版
印　　次：2014 年 7 月第 1 次印刷
印　　数：1~3000 册
定　　价：50.00 元

销售热线：（010）62882626　66768547（兼传）
网　　址：http://www.jskxcbs.com
电子邮箱：jskxcbs@163.com

主　编：李　剑

副主编：吴　超　金　晶　田　甜　李金桥

高　瑜　杨　博　陈文文　唐剑锋

目 录

前言　烽火蔓延在蓝色海面上

人类的社会发展史，一定程度上也是人类认识、开发、利用、争夺海洋的历史。人类利用海洋的活动从“渔盐之利、舟楫之便”开始，那时海洋成为世界各民族和各文明之间沟通交流的通道，人类共同拥有海洋，共享海洋的富足与恩赐。然而，随着航海技术和生产力的发展，航洋贸易和海外殖民地所带来的巨额财富，海洋成为强权竞相追逐的目标。海洋争霸的历史开始充斥着血雨腥风，推动着海军的发展竞赛，以及以利用海军、控制海洋、夺取海权为典型特征的海疆争夺。

海洋与海疆，二者既相互联系又相互区别。海洋，是相对于陆地而言的，指的是全球联通的广袤水体，是一种天然的客观存在。海疆则不然，它是一种带有主观认知色彩的概念，其主体是一个国家或者民族，这个国家或民族，根据维护自身利益安全需要所主张的海域范围，即可称之为海疆。

海疆既是一个历史的概念，也是一个主观的概念，根据历史条件、时代背景和主观认知的不同，海疆范围在不断变化之中。古代，人类生产力水平尚不足以驾船跨海，海洋成为天堑鸿沟，自然阻挡了来自海上的安全威胁，所以海疆客观上就是海岸线。当人类发展进步，能够扬帆远航，海洋从天堑变为通途的同时，也把安全威胁带到四方。此时，产生了两种关于海洋的主观认知，一种是把海洋视为国家拓展崛起的机遇和通道，把海洋当作谋取财富、获取利益的途径，那么船队走到哪里，海疆就延伸到哪里，海军就要保护到哪里，这就是殖民帝国的海疆认知。另一种是仍然把海洋视为禁地，固步自封、画地为牢，自以为是地把自己和海洋、和世界隔绝起来，依然以海岸为疆界，以岸防为海防，以为这样就可以阻止来自海上的侵略威胁，这就是以晚清为代表的近代腐朽封建帝国的海疆认知。随着时代进一步发展变化，人类历经两次世界大战以及之后的冷战，对海洋的认知进一步深化，开始谋求用规则约束海疆争夺，于是产生了以《联合国海洋法公约》以及各国海洋法律规范为代表的海洋法律体系。这就正式赋予了海疆以法律属性和法理内涵，海疆争夺也开始披上了法律的外衣，这也是当今时代海疆争夺最重要的特征之一。

即便如此，大国和小国的海疆认知仍然是不同的，海疆争夺的层次也不一样。小国之间的海疆争端聚焦在尽量争取《联合国海洋法公约》赋予的领海、专属经济区和大陆架等管辖海域，资源和经济利益是其主要关注点，重在谋利。而大国之间的海疆争夺仍然是全球范围的。作为海上霸权的美国坚持其在国际法规则下享有全球水域自由航行权；中国的国家利益也已经在全球范围拓展，国家利益所到之处，就是国家安全边界之所在，相应的安全保障就应该紧紧跟随。大国之间的海疆争夺，不仅是资源、经济利益之争，更是地缘态势、安全格局和国际权力之争，重在谋势。

第二次世界大战结束后，小国海疆争端在冷战主旋律下，被忽视压抑，冷战结束后，大国海疆争夺因为战略玩家的缺失而偃旗息鼓。然而 1982 年《联合国海洋法公约》的诞生却激发了小国海疆争端的高潮迭起，大家你争我夺、各不相让，在军事、法律、舆论、外交各个领域频繁出手，仿佛要将这些海上星星之火煽乎成燎原烽火。进入新世纪，这场“蓝色圈地运动”更加如火如荼，从北极到南极，从空中到深海，海疆争夺再次成为海洋斗争的焦点。

中国的崛起恰恰遭遇了这样一个海疆争夺的时代。2012 年以来，环中国周边的海疆争端，一波未平一波又起，从黄岩岛到钓鱼岛，从西沙到南沙，从菲律宾到越南，中华民族国家安全再次遭遇海疆挑战。仔细研究这些争端的背后，总能看见其背后的推力，那只看不见的手就是世界海上霸权的“再平衡”。2014 年克里米亚争夺背后，潜藏的仍然是对黑海、地中海的争夺。可见，当代海疆争夺正处于方兴未艾之时。

本书取名为《海疆争夺的历史与现实》，旨在用全球性、战略性的眼光来审示历史与现实中的海疆争夺与博弈，透过当今世界海疆争端的表象，探究海疆争夺的实质，最终阐释这样一个基本逻辑：一个民族或者国家，其所面对的海疆争端必将对这个国家的海上安全产生巨大影响，如果不能拿出争夺博弈的勇气，终将难以确保国家安全，并最终决定性地影响这个民族或国家的前途命运。

本书的主要读者对象，是关心中国海洋、海军、海权问题，关注中国海洋安全形势和人民海军建设的广大青年朋友和军事爱好者，也可为海上安全理论研究提供基本的理论和资料支撑。所以，为提升作品的理论品味，加大历史厚重感，增强可读性，作者下了很大功夫。本书的出版，如能为广大读者提供一些新启迪和新启示，那将是对编者最大的鼓励与安慰。

编　者

2014 年 6 月 20 日

第一部分
认知海洋与海疆

地球上的生命起源于海洋并且永远依赖着海洋。人类的心中既向往海洋的魅力无穷，又好奇海洋的奥秘无尽，有时更欲图占有它的广袤无垠，因此有关海洋的争夺始终贯穿在人类的昨天、今天和明天。

我们生存的这个星球尽管名为“地球”，却实实在在是个“水球”，海洋面积占整个星球表面多达71%，世界上80%的人口生活在滨海地区。海洋不仅孕育了生命，是地球上亿万生灵的摇篮，更以其烟波浩渺的空间、富饶无比的宝藏，成为人类生存和持续发展的重要依托。21世纪是海洋的世纪，大海从来没有像今天这样，被世界各地不论大小的国家和地区的人们所关注、所依赖、所向往。

“人类的使命在于自强不息地追求完美。”

——［俄国］列夫托尔斯泰

第一章　辽阔海洋孕育蓝色梦想

2014年，电影《地心引力》横扫7项奥斯卡大奖，成为近年来难得一见的电影佳作，然而让人印象最为深刻却并非故事本身，恰恰是从遥远的太空眺望地球的美景。正是广袤无垠的蓝色海洋，将地球——这个人类的家园，蕴染出如此惊心动魄的美丽。

美丽的蓝色星球

海洋，是地球上连续咸水水体的总称，大部分呈蔚蓝色。那我们生活的星球是什么样、什么颜色呢？答案恐怕会千差万别，大地的土黄色、丛林的绿色、高山的青色，或许还有冬雪的银白色。登高望远，会看到与众不同的另一番景象。然而当人类乘坐宇宙飞船踏入太空向下俯瞰大地时，却惊奇的发现原来地球是蓝色的，在一大片的蔚蓝色海洋中，漂散着几块陆地，化作别样的点缀，烘衬出我们美丽的家园——地球。

一、蔚蓝色的美丽星球

我们所生活的星球，与其说是地球，还不如说是“水球”更确切。地球表面积5.1亿平方千米，约70.8%的表面被海洋覆盖，陆地面积只有1.49亿平方千米。这一面积相对任何一州、一郡，乃至一国都可以说是天文数字，用幅员辽阔、浩如烟渺、一望无垠这些词汇已不足以形容它的巨大，但对于整个地球来说却是只能算作巴掌大的一块地儿，只占总面积的29.2%。地球之所从太空看呈现出蔚蓝色，与海洋的颜色是分不开的。

海洋是由海和洋构成的，海洋的中心主体部分称为洋，边缘附属部分称为海。海与洋彼此紧密相连，组成了地球统一的海洋世界。地表有统一的海洋，却没有统一的陆地，地球上的陆地被海洋分成六个大的板块：亚欧大陆、非洲大陆、北美大陆、南美大陆、南极大陆和澳大利亚大陆。海洋，由于陆地存在和不均匀分布，也被人为地划分成了四大洋：太平洋、大西洋、印度洋和北冰洋。

太平洋，位于亚洲、大洋洲、美洲大陆和南极洲之间，是世界上面积最大的大洋。太平洋虽名曰“太平”，但并不是太平之洋。第二次世界大战中，美、日曾在太平洋进行过惊天大厮杀，偷袭珍珠港、珊瑚海航母之战、中途岛大战、瓜岛争夺战、硫磺岛登陆作战等一系列重大战役都在此惨烈上演。时至今日，太平洋上还是战云不散。美军积极推行“亚太再平衡”战略，陈兵西太平洋，增兵第七舰队和空军、陆军部队；日、俄北方四岛争执不下，韩、日独（竹）岛之争不休，钓鱼岛海域日本挑衅不断，南海争端互不相让，而且愈演愈烈，太平洋上大有风云再起之势。

【知识链接】太平洋自然地理

太平洋北起亚洲、北美洲之间白令海峡，南到南极洲的罗斯冰障，东起南、北美之间的巴拿马运河，西迄亚洲中南半岛的克拉地峡；北面以白令海峡同北冰洋相连，南面紧临南极大陆，西面通过马六甲海峡、大洋洲和南极洲之间广阔海域与印度洋相连，东面通过巴拿马运河、麦哲伦海峡、德雷克海峡与大西洋相通。太平洋以俄罗斯楚科奇半岛、白令海峡、美国阿拉斯加地区与北冰洋分界，以马来半岛、马六甲海峡、苏门答腊岛、爪哇岛、努沙登拉群岛、新几内亚岛、托雷斯海峡、塔斯马尼亚东南岛至南极大陆的146° 51′ E线与印度洋分界，以美洲大陆、南美洲南端合恩角（69° 5′ W）至南极半岛（61° 12′ W）的边线与大西洋分界。太平洋又以赤道线为界分为南太平洋和北太平洋，以东经160° 线为界分为东太平洋和西太平洋。

太平洋形状近似圆形，面积约17868万平方千米，占世界海洋总面积的49.8%，平均水深3957米，最深处马里亚纳海沟达到11034米，所含水体体积为70710立方千米，占世界海洋总体积的52.8%。从洋底地形与地质构造上看，太平洋可分为东区、中区和西区三个部分。东区是指皇帝海岭、夏威夷海岭，莱恩海岭和土阿莫土海岭以东的地区，这里地形平坦，明显的构造特征是东太平洋海隆和纬向断裂带；中区为千岛群岛、日本群岛、马里亚纳和汤加、克马德克海沟以东的地区，这里有一条纵贯太平洋南北的海底山脉，露出水面的峰顶构成了夏威夷等群岛；西区是一完整的海沟、岛弧和边缘海区域，在这里海沟和岛弧成对出现，岛弧一般靠近陆地一侧，岛弧陆面发育许多年轻的海盆，形成了亚洲沿岸多边缘海的特征。

辽阔的太平洋太空视图

太平洋东西两侧海岸的类型有明显的差异。在东海岸，山脉走向与海岸线大体平行，岸线平直陡峭，大陆架十分狭窄，沿岸少天然良港，除加利福尼亚湾外，别无其他重要的海湾；西海岸自北向南分布着一系列岛弧，大小岛屿错列，岸线曲折，多海湾良港，岛弧后的海盆深度大多都较浅，陆架十分宽广。

太平洋上的岛礁数不胜数，是四个大洋中最多的，其中面积较大的岛屿有2万多个，总面积440多万平方千米，约占世界岛屿总面积的45%，主要分布在西部和中部。其中西部多属大陆岛，主要有阿留申群岛、日本群岛、台湾岛、菲律宾群岛、印度尼西亚群岛、新西兰群岛，东部多为火山岛和珊瑚岛，主要有夏威夷群岛、中途岛、关岛、西萨摩亚群岛、斐济群岛等。周边的附属海有白令海、鄂霍次克海、日本海、黄海、东海、南海、爪哇海、苏禄海、苏拉威西海、班达海、珊瑚海、阿拉斯加湾、加利福尼亚湾等。周边陆地上的河流如人体的血管向心脏聚集一样，蜿蜒着汇入太平洋，比较著名的大江大河有亚洲的黄河、长江、图们江、湄公河，美洲的哥伦比亚河、科罗拉多河等。

大西洋位于欧洲、非洲之西，南、北美洲之东，是世界第二大洋。虽然排行老二，但其身份和地位一点都不逊色。大西洋饱经沧桑，有着辉煌的历史。它目睹了世界海洋强国的兴衰更替，经历了舰队无数次血雨腥风般决战，见证海上“狼群”的肆虐狂杀。今天的大西洋虽然平静了许多，但依然是西方强国主宰的重要舞台。

【知识链接】大西洋自然地理

大西洋北顶冰岛，南抵南极大陆；东起南非的厄加勒斯角，西迄巴拿马运河，北面通过挪威海、格陵兰海和北极群岛间诸海峡与北冰洋相连，东面通过直布罗陀海峡，地中海、苏伊士运河、红海与印度洋相连，西面有巴拿马运河、麦哲伦海峡和德雷克海峡与太平洋相通，南部广大水域与太平洋、印度洋交融直接连成一片。大西洋北部以冰岛—法罗岛海丘和威维尔—汤姆森海岭与北冰洋分界；东南以通过南非厄加勒斯角的经线与印度洋分界；西南部以南美洲南端合恩角至南极半岛的连线与太平洋分界。

在地形上，大西洋可分为4个基本构造单元：大陆边缘、过渡带、大洋洋盆和大洋中脊。大西洋的大洋中脊（又称大西洋海岭）是重要且突出的地形，是一个全球规模的洋底巨大山脉。它北起冰岛，由北向南，纵贯整个大西洋，延伸方向几乎与大西洋海岸轮廓一致，在布韦岛转向东北与印度洋大洋中脊相连。它全长1.7万千米，宽1500～2000千米，约占整个大西洋宽度的1/3，一般距海面2.5～3千米，脊峰突出海面部分形成岛屿，如冰岛，布韦岛等。以大洋中脊为界，大西洋海盆被分为东、西两列，海盆的最低平处为深海平原，深度一般在1千米左右，是地球上最为平坦的区域，其面积占整个大西洋面积的1/3强。大西洋海底地形的另一特点是大陆架面积辽阔，约620万平方千米，北海、波罗的海、南美洲东南和东北沿海、纽芬兰岛和佛罗里达半岛附近海域的大陆架最为宽广，其中不列颠群岛周围有的地区大陆架宽达1000千米，是世界海洋中最宽阔的大陆架区域之一。

大西洋形似S，面积9165.5平方千米，占世界海洋总面积的25.9%，平均水深3.597千米，最深处位于波多黎各海沟，达9.318千米，水体体积33769.9万立方千米，占世界海洋总体积的24.7%。大西洋东西两侧岸线大体平行。南大西洋两侧岸线平直，内海、海湾较少，北大西洋两侧岸线曲折，多内海、海湾和岛屿。大西洋的岛屿多为大陆岛，主要分布在大陆边缘，总面积约为90万平方千米，占世界岛屿总面积的9%，大型群岛以南北美洲之间居多，如巴哈马群岛、大、小安德列斯群岛，大不列颠群岛、爱尔兰岛、纽芬兰岛也是著名的大陆岛。附属海主要有北大西洋东岸的北海、波罗的海、地中海、比斯开湾等，西岸的哈得逊湾、巴芬湾、圣劳伦斯湾、墨西哥湾、加

大西洋太空视图

勒比海等，几内湾、威德尔海则成为南大西洋为数不多的边缘海。在四大洋中，汇入大西洋的河流最多，面积最广，达到 4742.3 万平方千米，比较著名和大家耳熟能详的大河有圣劳伦斯河、密西西比河、奥里诺科河、亚马逊河、巴拉那河，刚果河、尼日尔河、卢瓦尔河、莱茵河、易北河以及注入地中海的尼罗河。

印度洋介于亚洲、南极洲和非洲之间，是世界第三大洋。印度洋经历了两次世界大战和印巴战争的洗礼，但气势之恢宏远不及太平洋和大西洋。印度洋海上战略通道集中，索马里海盗活动猖獗，多国舰艇巡航亚丁湾，印度迈出大国步伐，欲称雄南亚，将印度洋变成印度之洋。

【知识链接】印度洋自然地理

印度洋北依亚洲西部大陆，南到南极洲，东起澳大利亚的塔斯马尼亚岛，西迄南非的厄加勒斯角。印度洋是贯通亚洲、非洲和欧洲的交通要道，它通往各大洋的海峡具有重要的意义。西北部可通过红海、苏伊士运河、地中海、直布罗陀海峡进入大西洋，这是亚、欧、非最重要的海上战略通道，比绕道好望角节约近8000千米航程，东部可通过马六甲海峡、巽他海峡、龙目海峡、望加锡海峡进入南中国海和太平洋。印度洋南部东、西两侧广大水域分别与太平洋和大西洋联为一体。

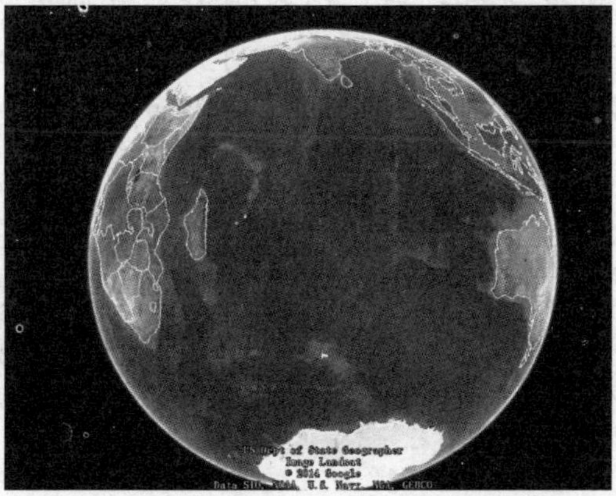
印度洋太空视图

印度洋北部封闭，西部以南非厄加勒斯角至南极大陆的经线与大西洋分界，与太平洋分界，与太平洋的分界线从马六甲海峡北端起，沿苏门答腊岛、爪哇岛、努沙登加拉群岛南岸到新几内

亚岛（伊里安岛）南岸的布季，越过托雷斯海峡与澳大利亚约克角的连线，以及塔斯马尼亚岛东南至南极大陆的经线组成。

印度洋处于非洲板块、印度板块和南极板块的交接处，洋底最显著的地形是“入”字形中央海岭，它是世界大洋中脊的一部分，由中印度海岭、西印度海岭和南极—澳大利亚海丘组成。这三支海岭把印度洋整个洋底分割为三个大洋盆，其地形以西部最为复杂。迄今发现的世界上最长最直的海岭就位于印度洋中，是国际印度洋考察期间（1960 ~ 1965 年）被发现的，名为东经 90° 海岭，它北起北纬 10°，南至南纬 32°，长达 6000 多千米，距海面一般为 1.8 ~ 3 千米。

印度洋北部岸线曲折，边缘海、内陆海和海峡、岛屿较多，东、西、南三面与澳、非、南极大陆接壤地带的岸线平直，少海湾、内海和岛屿。印度洋的形状略呈三角形，面积 7617.4 万平方千米，占世界海洋总面积的 20.7%，水体体积 29194.5 万立方千米，占世界海洋水体的 21.3%。印度洋是四大洋中岛屿最少的，以西部居多，主要是大陆岛，如马达加斯加岛、斯里兰卡岛、桑给巴尔岛、巴林群岛等，中部只散落着一些较小的火山岛和珊瑚岛，如毛里求斯岛、留民汪岛、塞舌尔群岛、马尔代夫群岛、查戈斯群岛等，东北部有安达曼群岛、尼科巴群岛、明打威群岛等长形列岛。印度洋的附属边缘海有红海、阿拉伯海、波斯湾、孟加拉湾、安达曼海、阿拉费拉海、帝纹海、澳大利亚湾等。注入印度洋的河流主要有恒河、布拉马普特拉河、印度河、伊洛瓦底江和赞比亚河。

北冰洋位于地球的最北端，被亚欧大陆和北美大陆所环抱，是世界四大洋中最小、最浅、最冷的大洋。北冰洋有常年不化的冰盖。北冰洋与太平洋的分界处是白令海峡，与大西洋的分界线是冰岛—法罗岛海丘和威维尔—汤姆森海岭的连线。

【知识链接】北冰洋自然地理

北冰洋的形状近似圆形，它面积1478.8万平方千米，占世界海洋总面积的3.6%，水体体积1698万立方千米，占世界海洋水体的1.2%，北冰洋平均水深1.097千米，最深处位于利特克海沟，达5.499千米。北冰洋中岛屿多为大陆岛，主要分布在大陆架上，面积达400万平方千米，在四大洋中居第二位，其中就有世界上最大的岛屿：格陵兰岛，北极群岛、斯匹次卑尔群岛、法兰士约瑟夫地群岛、新地岛、北地群岛也是北冰洋中的重要岛屿。北冰洋海岸曲折破碎，既有侵蚀性海岸和峡湾性海岸，也有三角洲海岸和泻湖海岸，多岛屿，多浅而宽阔的边缘海。北冰洋的附属海与众不同，近一半是封闭性陆中海，主要有巴伦支海、喀拉海、拉普捷夫海、东西伯利亚海、楚科奇海、波弗特海、格陵兰海。

北冰洋洋底地形复杂，与其他三大洋相比有很大的差异。其地貌的特点之一是洋底起伏不平，沿其外轴方向有一系列长形海岭和海盆。北冰洋主要的海岭有3条：阿尔法海岭、罗蒙诺索夫海岭和北冰洋中脊。其中，罗蒙诺索夫海岭横贯整个洋底，从新西伯利亚群岛穿过北极附近，一直延伸至格陵兰岛北岸，全长1800千米，宽60～200千米，岭脊距海面1～2千米。这三条海岭把整个北冰洋的深海区域划分为两大部分：靠亚欧大陆一侧的是欧亚海盆（南森海盆），一般水深4千米；靠北美洲一侧的为加拿大海盆。北冰洋洋底地貌的另一个特点是大陆架非常广阔，面积约440万平方千米，约占整个洋面的29.8%，这一比例远远高于其他三大洋。

北冰洋太空视图

二、海洋滋养着大地

海洋助推陆地的形成

海洋包围着大陆，滋养着大地。海洋是如何形成的，大地又从何而来，人类至今无法准确得知，但可以通过可靠的证据和科学的理论推断出，海洋是陆地形成发展和自然活动的重要参与者，它助推了陆地的形成和发展。

1910年，30岁的德国地球物理学家魏格纳在研究世界地图时，发现大西洋东、西两岸的海岸虽然弯弯曲曲，但是形状却很相似，好像一张被撕成两半儿的报纸，恰好能拼合在一起。后来，他又发现大洋两边的大陆有着相同的地质年代和古生物化石，在地层和地质构造等方面也有某些相似之处。经过反复研究，魏格纳断定大西洋两岸原来是连在一起的，分开只是后来的事，其他大陆也存在类似情况。于是，科学家们推测：在距今2亿年前，地球上的原始大陆是彼此连成一片的，称为泛大陆。泛大陆的周围是一片汪洋大海，叫做泛大洋。在距今1.8亿年前，泛大陆开始分裂，漂移成南北两大块，南块叫岗瓦纳古陆，包括南美洲、非洲、印巴次大陆、南极洲和澳洲；北块叫劳亚古陆，包括欧亚大陆和北美洲。在大陆漂移过程中，地壳地幔里的物质不断从大洋中脊

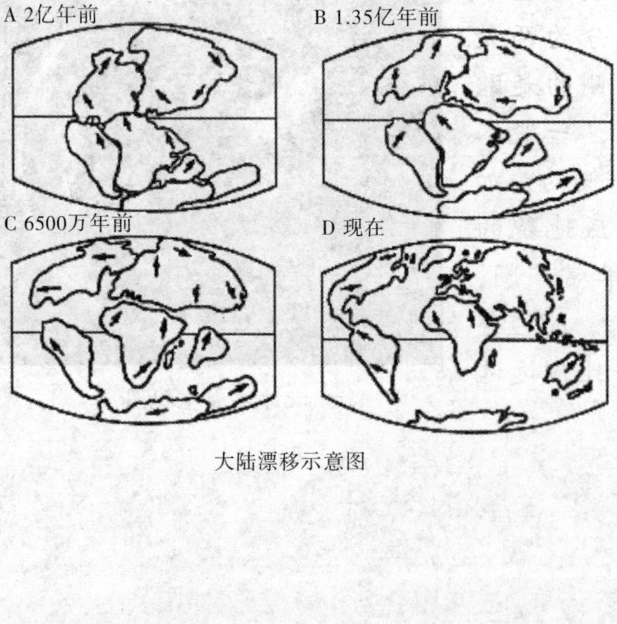

大陆漂移示意图

上的裂谷里涌出，冷凝和充填在中脊的断裂处，从而形成新的洋底。新海底不断扩张，把年老的海底向两侧排挤，当被挤到海沟区时，它们便沉入地幔。据计算，海底扩张速度每年有几厘米，最快的每年可达16厘米；这样，就使得海底每隔3亿～4亿年便要更新一次。这一海底扩张的过程被深海钻探资料所证实，还可以从洋脊两侧岩石的磁性上得到证明。以后，又经过上亿年的沧桑之变，到了距今约6500万年前，海底发生几次剧烈扩张，泛大洋完全解体，形成了太平洋、大西洋、印度洋和北冰洋，泛大陆也产生了分裂和漂移，被海洋分隔成了大小不等的许多块，大面积的就称为大陆，即今天的亚洲、非洲、欧洲、大洋洲、南美洲、北美洲和南极洲，小块的陆地就是岛屿。

海底在扩张过程中，使海陆分布呈现出了如下特征：

一是，陆地主要集中在北半球，陆地占北半球面积的2/5，尤其是在中、高纬度区域，陆地几乎连成一片；南半球表面主要是海洋，陆地仅占其总面积的1/5，南纬56°～65°区域几乎全部是海洋。

二是，除南极大陆外，所有大陆都大体呈南北成对分布：北美大陆和南美大陆、欧洲大陆和非洲大陆、亚洲大陆和澳大利亚大陆。每对大陆组成一个大陆瓣，在北极汇合，形成大陆星。每对大陆都被地壳断裂带所分隔，并形成较深的“陆间海”，其间岛屿众多，火山地震活动频繁。

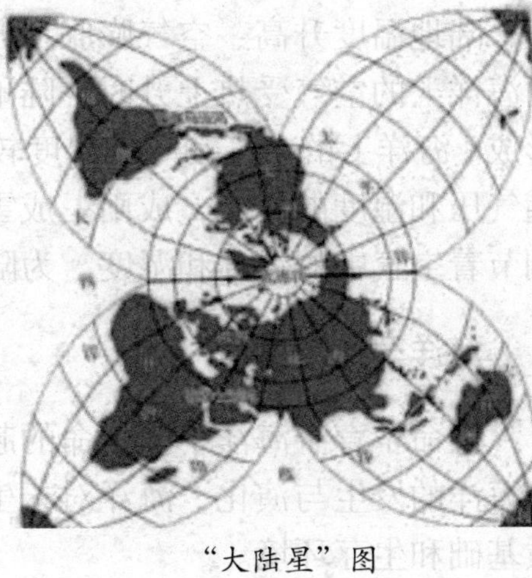

“大陆星”图

三是，南、北半球各大陆西岸凹入，东岸凸出。大西洋两岸、红海两岸轮廓非常相似，海岸线彼此几乎吻合，如将南美洲与非洲、北美洲和格陵兰与欧洲拼接，红海两岸靠拢，这些陆块就似一个整体。这种形貌是海底扩张和板块结构理论、大陆漂移理论的实证。

四是，海洋中的弧形列岛和较大的岛屿大多分布在各大陆的东部水域，且往往沿大陆边缘向东凸出，其外侧为一系列深海沟。大陆西岸的岛屿一般较少，也较小，且不成弧形排列。大西洋中的不列颠群岛是唯一的例外。

五是，大部分大陆的轮廓都是北宽南窄，略呈倒三角形，亚欧大陆、非洲大陆、南美大陆和北美大陆都非常典型，澳大利亚大陆也具有北部较宽的特点，只有南极大陆例外。

海洋润泽着大地

相对于大气，海洋具有“恒温性”。世界海洋的平均盐度为月35‰。按此值计算海水的比热为0.932，在压强不变的情况下，空气的比热为0.24，相同的体积下海水的质量比空气大得多，因此海水的热容量大约是空气的3100倍。在太阳光的辐射下，海水温度的变化比空气要缓慢得多。如北半球年平均气温为15℃，而北半球大洋的年平均温度在19℃左右，比气温高4℃，且冬夏季温差比空气小得多。在地球上，海洋就像一个“恒温器”，冬暖夏凉。空气受热膨胀上升，遇冷收缩下降，气压也随之变化，根据热传导原理，陆地温度升高、空气膨胀上升时，海洋上的冷空气吹来填补，而海洋上的空气受热上升时，陆地上的冷空气也刮去补充，风由此形成。海洋上的空气和海风湿度较大，遇冷凝结成水滴，聚集成云，随气压和湿度的变化，成雨、成雪、成冰雹。海洋是风雨的故乡，调节着空气中的温度和湿度，为陆地带来了风雨，滋润着大地。

海洋孕育了生命

生命孕育于海洋中。生命的起源和早期演化依赖于海洋，依赖于海洋的发生与演化，海洋对于生命的形成和进化提供了必要的物质基础和生存环境。

生命与细胞是分不开的。细胞有两个基本属性，即新陈代谢和生殖作用。新陈代谢是在多种酶的催化下进行的，生殖作用则是在核酸分子复制的基础上进行的。因此，生命的化学基础是蛋白质和核酸的形成及其相互作用。蛋白质由氨基酸分子组成，核酸由核糖和碱基分子组成，实际上生命的起源始于氨基酸的形成。

早期海洋古生物化石

地球上最早出现的氨基酸是无机合成的有机化合物，这种无机化合反应起初同时发生在大气中、陆地的池塘和海洋里，由于雨水的冲刷，各种化合物逐渐汇集到了海洋中。海洋在放电和紫外线辐射等能量的作用下，具有良好的解聚条件和环境，有机单体在这里能够得到最佳地聚合。实际上，地球早期的大气中还没有足够的游离氧元素来形成能大量吸收紫外线的臭氧隔离层，紫外线的辐射虽能促进氨基酸等生命物质的合成，但大量的紫外线对其同时又具有巨大的杀伤力。在强烈的紫外线辐射下，地表的有机化合物根本无法生存和解聚，因而初生的生命物质必须依靠海洋，生存在紫外线达不到的大洋水中。氧对初始的生命物质和原始生命是一种具有侵蚀力的毒性气体，游离氧的氧化作用腐蚀氨基酸，破坏厌氧菌等没有保护系统的原始生命体，因此还原性的环境是他们生存和化合另一个必需的条件，早期缺氧的大洋水正好提供了这个

早期海洋古生物

条件。

距今 15 亿 ~ 20 亿年前，地球的臭氧层形成，地表的紫外线辐射大为减少，有些生命体的演化逐渐转移到浅水处，甚至陆地上。光合体和有核多细胞的相继出现，使生命体不再惧氧，可以在富氧的环境中直接依靠可见光的能量进行光合作用，因而产生更多的有机化合物，至此，生物进化步入了一个新阶段。因此可见，海洋是生命的源地，是生命的摇篮。

三、海洋哺育着人类文明

当人类之舟滑进历史之海，海洋便成为沿海各民族生存的田园、成长的摇篮和心灵的圣地。桅影层层、白帆片片，那是人类拥抱海洋的臂膀。海洋总是带着那浪漫的神秘，同时又鼓吹着冒险和进取，人类热爱海洋、又崇尚力量，人类在与海洋的斗争中创造着壮丽与神奇。

【知识链接】荷马史诗——为海与英雄而歌

云游诗人——荷马

长夜漫漫，星星在天空中闪烁，大地一片宁静。在辽阔的爱琴海海边，习习海风吹得一堆燃烧的篝火劈啪作响。一群希腊水手围坐在篝火旁，听一位满头白发的盲人叮叮咚咚弹起竖琴，用苍凉低沉的声调唱起了古老的歌谣——提起希腊著名的《荷马史诗》，很多人都会幻想出这样一幅图画。

相传，《荷马史诗》是公元前约 9 ~ 公元前 8 世纪的盲诗人荷马根据小亚细亚口头流传的史诗短歌综合编成的。一般认为：《荷马史诗》于公元前6世纪正式被记录成文字，到公元前3～公元前2世纪，由亚历山大里亚学者编订而成，分《伊利亚特》和《奥德赛》两部。

《伊利亚特》叙述的是希腊人远征小亚细亚特洛伊城的故事，《奥德赛》叙述的是特洛伊战争结束以后希腊英雄俄底修斯在还乡途中的海上历险故事。恩格斯对于《荷马史诗》诞生的时代做过如下概括："古代部落的战争，已经开始蜕变为在陆上和海上为攫夺家畜、奴隶、财富而不断进行的抢劫，变为一种正常的营生。"这种陆上与海上的战争和劫掠，成为《荷马史诗》中的主要创作背景。

《荷马史诗》之一《伊利亚特》，全诗共15693行，描述的是著名的特洛伊战争。特洛伊城在小亚细亚西北海岸，商业繁荣，具有神话般的财富。相传，阿耳戈英雄珀琉斯与海洋女神忒提斯的儿子阿喀琉斯为父母举行婚礼时，没有向坏脾气的"不和女神"厄里斯发出邀请。女神一怒之下偷至席间，扔下一个写着"献给最美的女人"字样的金苹果，天后赫拉、战神雅典娜、爱与美之神阿弗洛狄忒都认为自己是最美的，都想拥有金苹果。她们争执不下，闹到主神宙斯那里。宙斯请她们三个去找聪慧的特洛亚王子帕里斯评判。三位女神分别向王子许愿，只要把金苹果判给自己，赫拉答应给王子以最伟大的君主地位，雅典娜许王子成为最勇敢的战士，而阿弗洛狄忒许给他最美丽的女人。帕里斯想得到的是美女，于

电影《特洛伊》中描绘的木马进城

是他把苹果判给了答应给他美女的爱神阿弗洛狄忒。爱神帮助帕里斯王子渡海到达斯巴达，在国王墨涅拉俄斯的宫殿里找到了最美的女人——王后海伦。王子将海伦诱捉而去，他的行为激怒了希腊各部落，人们公推阿伽门农为首领。各路希腊英雄披甲持盾挺身而出，他们率领的1186只战船云集于波奥提亚的奥利斯港，十万大军开始了一场跨海征伐。这场特洛伊城下的残酷战争进行了整整10年，中间，希腊联军曾发生不和，加之诸神的参战，战况空前惨烈。最后，希腊联军将领俄底修斯设木马计攻陷特洛伊城，希腊联军将领率兵破城劫财，满载而归。

《伊利亚特》这部辉煌的史诗，以急促的节奏、悲壮的格调描述了这场规模宏大、旷日持久的大战，其中也有相当一部分是希腊人海洋生活与神话的描写。如征战大军离开奥利斯港之前，宙斯神派神鹰前来助战。谁知神鹰异常凶猛，把一只怀孕的母兔撕成了碎片。这下气坏了动物保护神阿尔忒弥斯。她用法力止息海风，希腊联军的舰队无法鼓帆航行。阿伽门农无奈，只好把女儿伊菲格涅斯充当祭品献给阿尔忒弥斯女神，海上才复起海风。航行途中，神箭手菲洛克忒斯不幸被莱姆诺斯岛的毒蛇咬伤。这位神箭手过去也曾追求过美女海伦，这次本想率7艘战舰加入联军去抢夺情人。意外受伤之后，他只好羁留海岛，苦熬10年，直到战争进行到最后才赶去参战，并一箭射死了情敌帕里斯王子。特洛伊城失陷之日，一个叫大埃阿斯的希腊联军将领追赶一位美貌惊人的特洛伊姑娘卡桑德拉，竟冲入雅典娜神神殿，推倒了神像。色胆包天的大埃阿斯还在神殿里强奸了贞女卡桑德拉。战神雅典娜愤怒无比，在希腊联军从特洛伊返航时，请宙斯降下狂风，掀起巨浪，

海神波塞冬雕塑

令希腊联军的船只沉入海中。大埃阿斯却趁乱逃至山崖上，当他正夸口说：“神无奈于我”时，海神波塞冬用三叉戟力劈山崖，大埃阿斯终于坠海丧生。

这些海洋生活与神话的描写光彩夺目、扣人心弦，是精彩的早期海洋文学经典。但《伊利亚特》的主要内容还不在海上。真正把史诗场景放在海上，描写航海者生活与命运的，是《荷马史诗》中的另一部史诗——《奥德赛》。

电影《奥德赛》宣传画

《奥德赛》全诗共12105行，所描述的故事与《伊利亚特》相接，主人翁——献木马计的希腊英雄俄底修斯是个能言善辩，会造船、善攻战、有智谋的角色。当大埃阿斯强奸卡桑德拉后，俄底修斯深谋远虑，力主处死罪犯，但意见未能被大家采纳。不过为此他得到了雅典娜神的赞许，所以当风浪席卷希腊联军舰队时，俄底修斯的船却得以幸免于难。

从此，俄底修斯开始了长达十多年的海上漫游和冒险。航海途中，俄底修斯多次遇险。先是差点成了海神波塞冬之子、独眼巨神的点心，后又误入食椰枣者的国土，那里盛产椰枣，路人吃下之后便不思返乡。俄底修斯好不容易才逃离此地，踏上回乡的航路。当故乡伊塔卡遥遥在望时，同船一位水手又误把风神送给俄底修斯的口袋打开，结果八方风雨急至，把他的船再次吹离故乡。此后，他们又来到了专门把人变成猪的女巫统治的妖岛，还游历了冥府。

航行中，俄底修斯的船经过塞壬女妖之岛。那里人身鸟足的女妖歌声妙曼，美丽动人，但暗藏祸心。凡抵御不住那歌声诱惑的水手，都会神魂颠倒，驾船撞向女巫之岛而丧生。机智的俄底修斯让水手们用蜜蜡堵住耳朵，使他们听不到妖女的歌声，才免于受惑触礁。再以后，他又遇到6个头12只脚的女妖斯库拉，和藏身于漩涡深处的女妖卡利布狄斯，幸亏俄底修斯机智，才得以全身而退。

航路仍没到尽头，当俄底修斯的船航渡到太阳神岛上时，水手们又误杀了一头神牛，惹得宙斯神大发雷霆，怒击航船，仅让俄底修斯一人幸免于难。一场大难方过，他又被奥吉吉亚岛的仙女卡吕普索挽留了7年，在岛上，俄底修斯使仙女生下了两个孩子。直到最后，他才得以返回自己的家乡。

《奥德赛》作为欧洲最古老的海洋文学名著，其成就是辉煌无比的。不管是海上生活的惊险描述，还是海洋神话的奇幻莫测；不管是航海者的机智勇敢，还是海洋景致的绚丽斑斓，都达到了马克思说的“高不可及的范本”的程度。在盲诗人荷马的弹唱中，海水是葡萄紫色的，曙光是指甲红色的，宙斯的雷霆充满了硫黄气味，落难人像黑漆漆的乌鸦在水中沉浮……这绝妙的描写令后人难以企及，它集中反映了人类不怕困难，善于应变，不屈不挠，勇于与海洋作斗争的精神力量，或许人类就是受其鼓舞，从而踏上了探索茫茫大海的征程。

海洋——支撑人类生存发展的资源宝库

海洋动物

人类生存发展需要大量资源，就像汽车需要汽油一样，而海洋就是人类社会前进的加油站。海洋提供给人类的资源主要包括海洋生物资源、化学资源、矿产资源、动力资源四大类。

海洋生物资源包括生长、繁衍在海水中的

一切有生命的动物和能进行光合作用的植物。广袤的海洋哺育着20多万种生物，其中鱼类2.5万多种，软体动物和甲壳类动物4万多种，有许多是人类不可缺少的重要的水产品。目前，世界水产品年产量在7000万吨左右，85%来自海洋。数量巨大的各种海藻有的可以食用，有的可以作为工业原料，可以作为药用的就达230种之多，现在从海藻中提取蛋白质、氨基酸、维生素、麻醉剂、抗生素等已取得了很大进展。海洋生物每年可产生1350亿吨有机碳，在不破坏生态平衡的情况下，每年可提供30亿吨水产品，至少可供300亿人食用，海洋给人类提供食物的能力为陆地上所能种植全部农产品的1000倍，目前被利用的尚不足1%。海洋生物资源是一种可更新的资源，能够通过一定的自我调节达到数量上的相对稳定，是取之不尽的。

海洋动植物

海水化学资源包括海水中所含的大量化学物质和淡水。在14.13×108亿吨海水中，淡水达13.8×108亿吨。海洋淡水作为工农业和家庭日常使用的淡水的来源，本身就是最重要的资源，取之不尽，用之不竭。目前，世界上已有200多个海水淡化厂，沙特阿拉伯境内的一个淡化厂日淡化能力达2727.7万升。一旦海水淡化的方法发展到大规模商用程度，世界许多地区，特别是干旱和半干旱地区的缺水现象将从根本上得到解决。海水中含有大量的化学元素，目前人类已知的105种化学元素中，海水中就有80多种。海水中溶解盐的含量占总水量的3.5%，约48×107亿吨，若将其全部提炼出来，均匀地铺在地球表面上，可形成一个约40米厚的盐层；黄金在海水中的总含量在600万吨以上。相当于陆地储量的170倍；

海水淡化工厂

银的总含量5亿吨，相当于陆地储量的7000多倍；铀45亿吨，相当于陆地储量的4000倍。食盐早已被人类所利用，目前溴和镁已具有了商业开采价值。

海底矿产资源分滨海砂矿、油气资源和深海沉积矿床三大类。滨海砂矿矿石中含有许多重要的稀有和稀土元素，具有很高的经济价值，世界上95%的锆石、90%的金红石、90%的金刚石、80%独居石和75%的锡石等都藏于滨海砂矿。海洋大陆架区域蕴藏着丰富的油气资源，陆架和陆坡区有着比陆地更优越的沉积环境和存储条件，是生、储油气的理想场所。地质学家估计，全球海洋中具有含油气资源的沉积盆地与陆地相当，达7800万平方千米，海洋石油的最终可采储量大约3000亿吨，占世界石油总储量的40%以上。目前，浅海油气勘探已遍及全世界各个海域，并已扩展到半深海域，年开采的近海石油已占世界石油年总产量的1/4，随着海洋科学技术的发展和应用，海洋油气资源将得到更大规模的开采和利用。在海底，锰结核和热液矿床等矿产的金属含量巨大，品位高。锰结核是一种多金属矿体，含有锰、镍、铜、钴等40多种金属元素，被誉为“金属家族”，世界洋底锰结核的总量约为15000亿~30000亿吨，仅锰、镍、铜、钴四种金属提炼总量就可达4000亿吨。

海洋钻井平台

浩瀚的大海，处于永无休止的运

动之中，蕴藏着地球上最大的动力资源。海洋的动力资源（也称海洋能）主要有波浪能、潮汐能、温差能等等。据估计，全球海洋中潮汐能的蕴藏量约27亿千瓦，波浪能10亿～100亿千瓦，海流能50亿千瓦，海洋能相当于现今地球上全部动植物生长所需能量的1000多倍。我国珠海大方山岛的珠江口波力试验电站，就是利用海洋波浪作为原动力的发电站，目前潮汐发电已成为世界能源开发的一个重要方面，被广泛地利用。由于科学技术水平的限制，海洋动力资源仅仅开发了很少一部分，随着科学技术的进步和开发手段的完善，海洋动力资源将更多地为人类所利用。

潮汐发电

随着人们开发利用海洋的实践，人们认识到海洋中不仅有上述4种主要的自然资源，海洋的水文气象、海洋的空间和海洋的景观，也是可以开发利用的重要资源，能够为改造地球的环境、改善人类生存条件和发展旅游业等服务。

海洋——沟通人类交往的纽带桥梁

相对于海洋，每一片大陆都是一个孤岛，这些孤岛之间进行相互联通对海洋有着重要需求。海洋同时也是世界政治经济地理结构中的一个重要环节，对世界政治经济发展具有极其重要的作用。海洋的重要作用在很大程度上是作为全球政治经济运转的通道来表现的，为各国进行友好往来和贸易活动架起了方便的桥梁。

世界大陆被海洋分隔，彼此间的联系主要以海洋作为通道。事实上现代世界政治经济发展中的联系几乎都是全球性的，纵观世界发展史，海洋在政治经济发展中的通道作用是显而易见的。

海洋必然成为全球通道，主要由三方面因素决定：

现代化港口

第一，地理因素。地球表面 70.8% 的面积是海洋，几大洲以及岛屿之间都有海洋所隔，其间不适宜空运的物资只能依靠海运。

第二，社会因素。生产力的发展超出自然经济阶段以后，世界各国间物质生产活动联系越来越紧密，原材料和产品的运输越来越多地需要跨洲进行，因此，对海洋运输提出了越来越多的社会需求。

第三，海洋运输的优越性。海洋成为全球通道不仅仅是因为陆海分布的特点，而不得不借助于海洋运输，更是由于海洋运输具有连续性强、载货量大、运营费用低等特点，与陆运和空运相比具有很大的优越性。

海洋——人类活动的广阔空间

世界上绝大多数国家和地区都濒临海洋，沿海地区人口密集、城市集中、生产力水平较高。据估计，在距海 200 千米以内的陆地地区，大约集中了世界 1/2 以上的人口，全世界 200 多个百万人以上的大城市 3/4 都集中在这个狭长地区，30 多个超过 400 万人口的特大城市在这里集中了 80%。现在沿海地区的经济发展越来越迅速，人类活动和经济发展向沿海移动的趋势越来越明显。很久以来，人类就活动在广袤的大海上，捕食鱼类，远洋航行进行贸易活动，交流文化，进行战争。随着科学技术和生产力的发展，人类开始了对海洋大规模、综合性的开发利用，丰富多样的海洋资源对生产力分布的影响逐步超出航运和贸易而起重要的作用。海洋生物资源将逐步成为人类食物的主要来源，海水和海底矿物将逐步成为工业生产的主要原料和动力，淡化的海水将逐步成为工业和城市用水的重要来源，海洋旅游业将有越来越大的发展。所有这些，对世界生产力的影响越来越大。

不仅如此，海洋作为人类新的生存空间正在成为海洋开发的重要领域。海洋岛屿的开发利用，海上城市、海底城市、海上机场等的建立将缓解不断增加的人口对陆地的压力。可以预计，在不久的将来，沿海地区以至整个海洋，将成为人类活动的又一中心地带。

四、海上汪洋变身蓝色海疆

海洋观念的形成与发展

1982 年 12 月 10 日，牙买加美丽的蒙特哥湾正在召开一个举世瞩目的国际会议，117 个国家的政府代表齐聚这里在一份国际公约上签了字。这个公约从 1973 年 12 月 3 日开始到最后签字，持续了 10 年时间，创造了国际法律史上的四个“最”，即参加国最多，参加会议的有 167 个国家的代表团，此外还包括国际组织、民族解放组织、未独立领土在内的 50 多个组织和机构的代表作为观察员出席会议；会议是联大成立以来规模最大的国际会议之一；国际法编纂史上所拟公约条文最多；会议时间也最长，开会总天数近 600 天；人类历史上迄今为止最为全面、最为完整、也最有实践性的海洋法典。这就是《联合国海洋法公约》，它包括诸如领海、毗连区、专属经济区、大陆架、国际海底（即区域）、公海、群岛制度、岛屿制度、海洋环境保护、海洋科学研究以及海洋争端

《联合国海洋法公约》

解决的原则等一系列有关海洋的法律制度，显示了人类对海洋的重视，是人类海洋观念进步的重要体现。

人类对海洋的认识是一个漫长的过程，随着世纪的更迭、时代的变迁而深化，随着人类对海洋研究、开发和保护等海洋事业的发展而深化。纵观几千年的海洋和社会发展历史，可以将人类的海洋观念大致分为三个阶段：生活资料来源与近海航运、世界交通要道、生存和发展的重要空间。

早期：生活资料来源与近海航运

日出而渔，日落而息。当太阳出现在海平线的时候，驾船出海，捕鱼捉蟹，往来于岛岸港口之间运送各种货物，这曾是古代乃至近代沿海繁忙的生活景象。人们把海洋看作重要的生活资料来源，依靠海洋运送货品，为生活提供便利。从古代直到公元 15 世纪，人类对海洋的认识主要是可以兴渔盐之便利和通舟楫之便，即人们可以从海洋中获取鱼、虾、蟹、藻类和食盐等海洋生物和资源作为生活资料，可以通过近海航行运输物资，也就是人们可以靠海吃海与就近航海。

人类认识海洋的历史，是在沿海地区和从事海上生产活动开始的。海洋上的考古发现，人类在很早以前就居住在海边和大洋中，海洋与人类自古就有着不解之缘。陆上考古也发现了大量的历史古迹和地下文物以及文字记载，从另一方面证明五六千年前的原始人群是傍河面海而居的。世界著名的四大古代文明就是傍河面海而居，一是傍居尼罗河流域、面临大西洋和地中海的古埃及；二是紧依幼发拉底河和底格里斯

夕阳下撒网捕鱼

河、面临地中海的苏美尔与巴比伦；三是傍居印度河和恒河、面临印度洋的古印度，以及傍居黄河、长江，面临太平洋的中国。

在古代，海洋是真正的“绿色”之海，没有污染，凡是从海中获取的生物都可放心食用。居住在海边的人们可以依靠捡拾沙滩和浅滩处的虾、蟹、贝类为食，每天都能吃上“绿色”海鲜。这在现代看来既幸福又奢望，在古代却是平常之事。后来，随着生产力水平的提高，人们能够驾船入海，使用纺轮、坠网、鱼钩、鱼叉等渔具到远离陆地的海上捕鱼捉蟹，这一行为迅速壮大为一种产业：海洋渔业。古代人在从海洋获取大量食物同时，也学会了制作海盐的方法，一些沿海国家把海洋渔业和盐业作为重要经济活动和富民强国之源。人类有了靠海吃海，依海而生的观念。

【知识链接】古人对海洋的利用

通过大量史迹发现，古代人类在向海洋索取生活资料的同时，还开展了大量的航海活动。距今 4000 ~ 5000 年前，居住在地中海地区的美索不达米亚、埃及和希腊克里特岛的居民，已具有一定的航海知识。公元前 2000 ~前 1000 年，腓尼基人曾利用太阳和行星的位置确定方位，开辟了从直布罗陀海峡远航大西洋的航线，发现了加那利群岛。公元前 6 世纪，腓尼基人通过红海，进行了环非洲的航行。公元前 5 世纪，出现了以地中海为中心的地图。公元 8 ~ 11 世纪，挪威人曾越过大西洋，发现了格陵兰和纽芬兰，并在那里从事渔业活动。在中国，至少五六千年前就出现了带有海上活动特色的龙山文化和百越文化。他们以舟筏为水上运载工具，以漂航为特征，开始了海上捕鱼

腓尼基人航海壁画

古代独木舟

和航海活动。《易·系辞下》中就有古代先人制作独木舟方法的记载："刳木为舟，剡木为楫，舟楫之利以济不通，致远以利天下。”龙山人是生活在山东沿海的新石器时代的先民，他们以独木舟为漂浮工具，把龙山文化从山东半岛传播到了辽东半岛。百越人主要分布在今江苏、浙江、福建、广东沿海，他们“以舟为车，以楫为马”长于海上活动，把百越文化传播到舟山群岛以及台湾岛等地。在距今 3000 年前，中国又出现了木帆船，公元前 200 ~公元前 100 年间，在我国的沿海航线已经畅通各港口，并开辟了通往朝鲜半岛，甚至到达日本诸岛，绕过中南半岛到达印度和斯里兰卡等航线。后来随着造船技术和航海技术的快速发展，中国古代的海洋活动范围不断拓展，航运能力大幅提升。明朝时期，中国还出现了郑和七下西洋的壮举，前后历时 28 年之久，每次参加远航的平均人数在 2.7 万人以上，航迹到达印度洋、波斯湾、红海以至非洲东海岸的 30 多个国家，在时间、规模和成就上，比西方引以为傲的航海巨擘哥伦布、达·伽马和麦哲伦都遥遥领先。

伟大的中国航海先驱——郑和

郑和“宝船”模型

古代人在从海洋获取生活资料兴渔盐之利的同时，还认识到海洋也可通舟楫之便，进行海上运输。但是直到 15 世纪，世界各国的海运活动航程都十分有限，只是从本国的海岸出发的就近航运，亚洲与欧洲之间并未建立直接海上航路，亚洲和欧洲人都没有直航美洲或大洋洲，更没有形成全球性航路。所以，古代的海洋航运活动称为“近海航运”，人们对海洋的认识是：可以方便货物的就近运输。

郑和出海图

“近海航运”与“海洋是重要的生活资料来源地”一并成为古代人类对海洋的基本认识和观念。

近代：世界交通要道

公元 15 世纪，大西洋的海面上，一支庞大的船队正在扬帆远航。他们不知道前方是哪里，却知道要去前方寻找什么：那就是黄金和香料。这支船队就是葡萄牙人去往东方的探险队，他们听说在遥远的东方有好几个国家遍地黄金，财富如山，于是就组织了庞大的船队要到中国和印度、东南亚国家开展贸易，掠夺财富。

马可波罗游记

15 世纪前后，西方国家开始了技术革命，掀起了工业化生产浪潮，在纺织、

冶金等众多行业，机器生产代替了传统的手工作业，生产效率极大提高，社会生产的商品总量极大增加，不仅能够供应本地的消费，还能满足更多地区的需求。在商品生产过盛的刺激下，自给自足的自然经济迅速瓦解，能够促进商品生产和流通的商品货币经济迅速发展，推动了资本主义的形成。

资本的积累需要大量的商品生产和交换来实现。当时，黄金起着货币的作用，不仅是世界许多国家的重要支付手段，在人们心目中也是财富与地位的代名词，当然更是资本主义国家官僚、贵族、商人都梦寐以求的东西。西方资本家从《马可波罗游记》和一些传说中了解到：中国、印度和南洋地区财富如山，遍地黄金。这令他们垂涎三尺，想尽一切办法要远涉重洋到东方来寻找黄金。正如恩格斯在《论封建制度的瓦解和民族国家产生》一文中指出的：“葡萄牙人在非洲海岸、印度和整个远东寻找的是黄金；‘黄金’一词是驱使西班牙人横渡大西洋到美洲去的咒语；黄金是白人刚踏上一个新海岸寻找的第一样东西。”黄金不仅是商品流通的需要，更是资本积累的需要。完成资本积累，到东方寻找黄金，使西方资本家萌生了开辟世界性航路的强烈愿望。科学技术的进步则正好为这种愿望准备的充足的客观条件。多桅快速大帆船制造技术走向成熟，指南针、罗盘仪、占星仪广泛应用于航行定位，而且日心说已经普遍被人们接受，海图绘制也日趋精制。科学家和航海家也断定，从欧洲横渡大西洋必定可以到达东方的亚洲，于是一场以“地理大发现”为标志的世界大航海时代到来了。

瓦斯科·达·伽马

【知识链接】大航海时代和地理大发现

对于遍地黄金的东方，欧洲多国都充满了向往。15世纪，葡萄牙也开始了去往东方的探险。葡萄牙殖民者组织了大西洋探险队，于1415年开始沿非洲西海岸长达70年的殖民侵占，先后占领了北非摩洛哥的休达地区、利比亚沿海、加纳沿海、刚果河口，以及西南非洲的克罗斯角。1487年2月，葡萄牙船队还在南非的莫塞尔湾靠岸，在返回途中发现了好望角，而他们却不知其实这是绕道非洲南端通往东方的航路。真正成功开辟由欧洲通往亚洲航路的是1495年葡萄牙大贵族瓦斯科·达·伽马的探险，他率领4艘海船从里斯本出发，沿西非海岸一路南下，绕过好望角，于1498年3月到达莫桑比克，后又向北航行至肯尼亚，渡过印度洋，于5月到达印度的卡里库特。1502年，达·伽马又第二次率船队直航了印度。至此，达·伽马开辟了欧洲绕过非洲南端直达印度的新航路，使欧亚两洲开始了直接的海上交通。

克里斯托弗·哥伦布

首先发现新大陆的是西班牙人克里斯托弗·哥伦布。1492年8月，哥伦布从西班牙巴罗斯港出发，怀着对东方的渴望，率领3艘帆船87名船员向茫茫的大西洋深处驶去。这是一次勇敢的探险，前途一片迷茫，没人知道东方有多远，更没人知道航行中会遇到什么。经过30多天与风浪的搏斗和艰苦航行，10月12日，哥伦布到达了巴哈马群岛的华特林岛，12月又登上了加勒比海东面的海地岛，将其误认为是印度，还将当地的居民称作“印第安人”。之后哥伦布返回西班牙，受到了盛大欢迎。1493、1496、1498年，哥伦布又进行了第二、第三、第四次远航，先后到达了加勒比海东部多个岛屿和委内瑞拉及巴拿马一带。哥伦布的探险，发现了美洲

麦哲伦

大陆，开辟了由欧洲通往美洲的航路。

首次进行人类环球探险的是麦哲伦率领的船队。转向西班牙寻求支持。1519年9月20日麦哲伦在西班牙国王的支持下率船5艘、水手265名从圣卢卡尔港出发，横渡大西洋到了巴西海岸，尔后沿岸南下于1520年10月在南美大陆和火地岛之间找到了一个海峡，后来这个海峡被命名为“麦哲伦海峡”。船队在其间穿行38天后又见到一片大洋。从1520年11月到1521年3月船队在这片大洋中航行了三个月却未遇狂风巨浪，而是出乎意外的风平浪静，因此麦哲伦把这片海洋称为“太平洋”，这一名称沿用至今。1521年3月麦哲伦船队到了菲律宾群岛，他们进行了殖民海盗活动，在4月27日向马克坦岛侵略进攻时，麦哲伦被马克坦岛人用竹矛刺死。于是船队就盲目在南洋群岛一带航行，经长期辗转才于11月到达盛产香料的摩鹿加群岛，但此时只有“维多利亚”号一艘船还完好无损，此船于1521年12月21日满载香料、搭乘10名水手而单独返航，他们避开了葡萄牙的堵截，穿过印度洋，绕过好望角，经过佛得角群岛，在1522年的9月6日终于回到了西班牙原出发地圣卢卡尔港。经过整整3年时间，麦哲伦的船队终于完成了环绕地球航行一周的实践，开辟了环球航路。

自15世纪末开始，欧洲人开辟横渡大西洋经美洲、非洲到达印度的新航线及环球航行的成功，使世界进入了大航海时代，史称“地理大发现”。

地理大发现后，世界市场的大门由此打开，近代殖民掠夺的帷幕也被拉起，阶级矛盾尖锐复杂加速了封建帝制的没落，商业革命和价格革命推动了欧洲资本主义的发展，促使资本主义代替封建主义的时代随之到来了。马克思对此作过精辟的论述：“美洲的发现，绕过非洲的航行，给新兴的资产阶级开辟了新的活动场所。”东印度和中国的市场、美洲的殖民地、对殖民地的贸易、交换手段和一般商品的增加，使商业、航海业和工业空前高涨，因而使正在崩溃的封建社会内部的革命因素迅速发展。人们惊异地发现，正是海洋的世界交通要道的作用，使得推动社会发展的世界性大航海活动得以实现。海洋作为世界交通要道的作用价值远远超过了她作为生活资料来源和近海航运所带来的便利，海洋是世界交通的重要通道更确切表达了海洋价值的主要方面，是人类通过实践而认识海洋的伟大进步。这时的人类对海洋的认识已有了本质性的飞跃，已经从局部走向全局，人们开始认识到海洋不仅关系到沿海居民的一般生活需要，更关系到人类社会的前进与后退。这个时代一直延续到20世纪初期。

今天：生存和发展的重要空间

1945年9月28日，美国总统哈立·杜鲁门发表了《美国关于大陆架的底土和海床的自然资源政策的第2667号总统公告》，公然宣称：“鉴于保全和慎重利用自然资源的迫切需要，美国政府认为，处于公海下但毗连美国海岸的大陆架的底土和海床的自然资源属于美国，受美国管辖与控制”，“为了自卫，不得不对其海岸外为利用这些资源所进行的必要活动加以严密监视”。《公告》引起了强烈反响，似多米诺骨牌产生了连锁反应，掀起了新一轮世界性的“蓝色圈地”运动。

随着科学技术的发展，人们对海洋的认识逐步深化，海洋在人们的生产生活中已不仅是生活资料的重要来源和世界交通要道，而是越来越显示出丰富的资源与广阔的活动场所。当人们感到陆地资源与活动场所日趋不足之时，又产生了寻找新的资源与活动场所的主观愿望。

20世纪末，世界掀起了开发利用海洋的浪潮。人们认识到海洋不仅是一个资源宝库，还是政治、经济、军事活动的广阔舞台。

海洋里有着比陆地丰富得多的各种资源，同时又有远比陆地广阔得多的活动场所。以陆地为主要活动场所与主要资源地的人类，为陆上人口的日益拥挤与陆地资源的日趋枯竭而发愁，迫切需要寻找新的活动场所与新的资源地，作为人类生存与发展的新空间。海洋里蕴藏的丰富资源可以供人类使用几百年甚至上万年，占地球表面积70.8% 的海洋可以给人类提供巨大的活动场所，满足未来生存与发展的根本需求。海洋是人类生存与发展的重要空间成为更高层次的海洋观念。这种新认识又促进了新的实践，促使人们纷纷走向海洋。沿海国家都想从海洋里取得更多的主权和利益，这就引起了世界海洋权益的斗争。这种海洋权益的斗争激烈表现在从 1973 ~ 1982 年召开的第三次联合国海洋法会议上，结果是通过《联合国海洋法公约》，对领海、海洋专属经济区、大陆架等作出了一系列新规定，把大片海洋圈入了沿海国家的主权和利益范围，沿海国家从此可以取得大片海洋作为本国生存与发展的新空间。

“人类最大的快乐不在于占有什么，而在于追求什么的过程中。”

——［加拿大］班适

第二章 海疆争夺的历史长歌

一、海洋——军事争夺的重要空间

2010年12月3日，日本冲绳东部海域，战机呼啸，炮声隆隆；海面上不时响起巨大而沉闷的爆炸声，掀起10多米高的巨大浪花，一场规模空前的联合军演正在此隆重上演。美“华盛顿”号航空母舰编队拖着庞大的身躯开往该海域，护航和各种支援保障舰艇达到20艘，出动飞机150多架，投入官兵约1万人。日本方面也派出了3.4万名自卫队士兵、40艘舰船、250架战机，规模可谓空前。演习的一项重要内容就是美日海上反导系统拦截“朝鲜导弹”。海洋在此成为美日应对威胁、实施威慑的重要演兵场，也成为世界各国重要的军事活动空间。

军事活动空间紧密伴随着人类的活动空间，海洋自

古就是军事活动的空间。随着人类海洋观念的发展，海洋军事活动也逐步发展,当人们认识到海洋是人类生存与发展的重要空间之后,海洋必然也成为军事争夺的必争之“地”。

第一，新的“海洋国土”拓展了军事争夺的空间。伴随着新的海洋国土的经营与开发，产生了这一国土的戍守问题。从国防的需要出发, 海上军事活动的空间随之扩大。为了足以防御新海洋国土,国家在海洋方向的军事活动已经不能局限于海岸带和领海以内，必须扩展到专属经济区和大陆架海域；也不能只局限于戍守某些海上交通线与点状目标，必须戍守更为广阔的整个海域的天空、水面以至海水深层直达底土，戍守区域将由海洋上的点、线扩展到海洋区域的全面和整体的立体空间。

第二，新的“海洋国土”增大了军事争夺的强度。对于任何一个沿海国家来说，都意味着海防任务的增加与海上军事活动强度的加大。同时，《联合国海洋法公约》的诞生，形成了世界性围圈海洋的态势，产生了相邻沿海国家之间海洋国土划分的新问题，集中体现在海洋资源之争、海区划界之争、岛屿主权之争等方面，争议以至争夺的趋势明显加剧。虽然本应该以和平的方式来解决这些问题，但非和平的方式仍然在出现，尤其是一些霸权主义国家在主权问题上信口雌黄，奉行强权主义，仍然迷信武力，常以武力对别国的海洋资源、主权海域以至海岛巧取豪夺，使得海洋上的武装冲突以至局部战争此起彼伏而接连不断。因而，海洋上不仅是军事活动的强度加大，而且军事对抗与斗争的强度也趋向加大。海洋在当今的和平年代，比以往的和平年代更带有军事对抗的色彩，某些海区的军事对抗强度远比陆地大得多。

第三，来自海洋方向的军事威胁更加严峻。海洋既然是人类生存与发展的重要空间，世界上的某些国家就会通过海洋攫取他们更多的生存空间，在公海大洋上称王称霸，为所欲为，视整个大洋为已有。同时，科学技术的现代化与武器装备的发展，又使某些国家企图利用海洋的广阔空间作为侵略扩张发动战争的基地，把大量的军事力量布设在海洋里，把大量的战略武器潜伏在海洋里，形成巨大的海上战略威慑力量。所以，当今的海洋实际上已经成了巨大的火药库，这对世界和平构成了巨大的威胁。这种来自海洋上的战争威胁，目前以至今后相当长的时期里都难以消除，相反却有继续增强的趋势，威胁的强度正在逐渐超过陆地上的战争威胁。

第四，武器和战争艺术的发展，使得海洋的军事运用价值变得更大。人类社会的武器和战争艺术均在飞速发展，现在陆上的任何一个地方都将在战争中受到攻击而难于周密的防御。海洋空间以其特有的宽广和深邃，为不意的进击与隐蔽的防御提供了良好的条件，这就促使人们把海洋作为一个新的而且是十分有利的军事活动空间。因此，海洋也就具有了更大的军事运用价值。

二、海洋争霸——控制了海洋就控制了世界

历史往往预示着未来，它宝贵的经验总能给世人带来启示。古往今来，在这蔚蓝的大海上演绎了一场场激烈的争夺和搏杀，也见证了世界性霸权的兴衰起落。回顾海洋斗争的世界历史，我们能够更加清晰地认识海洋在国家生存和发展中的作用，把握世界海疆争夺的发展脉络，并且对未来的发展趋势作出合乎逻辑的展望。简言之，海洋是决定世界性霸权兴衰的关键舞台，海上争夺的成败很大程度上决定了全球霸权的兴替。得海权者得霸权，欲夺霸权者必先夺海权。

日出地中海——人类迈向大洋前的海疆争夺

地中海是早期人类海上活动与海上争霸发源地，其间星罗棋布如跳棋般的诸多岛屿，为人类发现、探索和开发海洋提供了最好的条件和舞台。公元前2000年前后，以克里特岛为中心，地中海地区就出现了海上商业贸易活动。之后，克里特、希腊、腓尼基和迦太基等先后成为地中海的贸易强国和海上强国。它们为保护和扩展

跨海贸易，抗击海上敌人，日渐形成了控制海洋的意识，开始为争夺制海权而斗争。从公元前492年起，已扩张到东地中海和爱琴海的波斯帝国组织大兵团从海道入侵希腊，揭开了国家之间有组织的海上战争的序幕。公元前480年，在著名的萨拉米斯海战中，希腊舰队运用灵活的战术，经过激烈搏杀，终于以少胜多，挫败了波斯舰队的进攻。这场海上大会战深深地影响了爱琴海和地中海沿岸国家历史发展的进程。从此，波斯帝国对希腊的威胁解除了，希腊对爱琴海进而地中海的控制权建立起来了。对此，联邦德国教授赫尔莫特·帕姆塞尔在《世界海战简史》中作出了这样的评价：“这是世界上第一次由于海上作战而影响到历史进程。”

200多年后，迦太基和古罗马之间为争夺富饶的西西里岛和西地中海的统治权，爆发了人类历史上第一次为控制海洋而进行的大规模战争——布匿战争(因罗马人称迦太基人为“布匿人”而得名)。公元前275年，罗马征服整个意大利半岛后，成为奴隶制强国，开始向海外扩张，与早已称霸地中海西部的迦太基发生冲突。从公元前264～前146年，双方之间先后进行了3次战争，这场持续100多年的战争以罗马人的胜利而告终，罗马人从此夺得地中海的霸权，建立起东起小亚细亚、西至大西洋沿岸的庞大势力范围，而昔日的海上强国迦太基则从此在历史上销声匿迹。

【知识链接】第二次布匿战争

第二次布匿战争，事实上是罗马人与迦太基人的生死决战，这场战争不仅决定了此后西地中海地区的统治权，同时也成为一个强大数百年的罗马帝国的奠基礼，而失败者迦太基民族在这个星球上的所有印记此后都灰飞烟灭。

第一次布匿战争结束后，罗马逐渐掌控了撒丁岛、科西嘉岛，并占领了西班牙一部分地区。迦太基看到自己在地中海中部的损失，心痛不已。于是，迦太基决意要卷土重来，随即便派出了名将哈米尔卡出征西班牙，仅用了不到9年的时间，便占领了西班牙的大部分地区。罗马人当然不会视若无睹，公元前 218 年，罗马对迦太基宣战，第二次布匿战争正式爆发。

此番罗马人再与迦太基人交手，发现摆在他们面前最大的难题不是迦太基的海上优势，而是迦太基的军队统帅汉尼拔。汉尼拔是迦太基杰出的战略家，他年富力强，精力充沛，具有良好的文化修养，思想成熟，意志坚强，仅仅 25 岁就当上了迦太基驻西班牙军队的最高统帅。从小就生活在军营中的汉尼拔耳濡目染，深知战争的残酷性，而他的父亲哈米尔卡也不时敲打他，全面锻炼他的身心。因为这些，汉尼拔自幼就形成了吃苦耐劳的性格、坚忍不拔的个性。最重要的还是他有非凡的抱负，他在父亲的教导下立志要打败罗马，征服意大利，一雪迦太基在第一次布匿战争中战败的耻辱。自汉尼拔 9 岁起便跟随父亲东征西讨，立下了不少汗马功劳，也积累下了相当丰富的军事经验。这些绝不是唬人的假把势，罗马人很快见识到了这位“帅才”的厉害。

在掌握敌情、精心部署后，公元前 218 年，汉尼拔率部自西班牙新迦太基城向罗马进军。年底，汉尼拔的部队与罗马军在特利比亚河畔相遇，罗马军真正领略到了汉尼拔军事家的风范。汉尼拔以步兵正面牵制、以骑兵侧面进攻，狠狠地重创了罗马军。次年春，汉尼拔又率军绕过罗马的设防阵地，向罗马城直扑过去。这一次，汉尼拔的对手是罗马执政官弗拉米尼。此番他采用诱敌至设伏地前后夹击的战术，一举歼灭罗马军队数万人，而弗拉米尼也战死沙场。此役，汉尼拔重重地打击了罗马的士气，罗马的抵抗力骤然下降。

对罗马来说，有这么一位悍将横在面前，无疑是个灾难，军事上陷入困境的罗马只得以守为攻。此时，已进入共和时代的罗马由独裁官费边领导。他分析了迦太基的情况，认为迦太基军纵然有汉尼拔这位军事天才支撑着，但他毕竟只是一个人。现在的迦太基是孤军深入，后援不济、缺乏粮草等都会成为牵制汉尼拔的致命点。费边知道，只要自己率军像影子一样紧随汉尼拔，却不与之决战，那么那些致命点就会牵制他，相信他也绝不会肆意妄为。

费边的拖延战术果真奏效。一方面，费边以固守为主，消磨了迦太基方的军力和士气，另一方面，费边实在没有办法的时候，也不惜放弃部分阵地，以退为进。费边是个识时务者，他很清楚地知道如果正面和绝顶的天才军事家作战是自讨苦吃。本来，费边的拖延战术能使罗马军团免受打击，在当时确属良策。可这也是一把双刃剑，一番折腾下来，罗马的乡村及盟国受到的打击也非同一般。有鉴于此，罗马主战派呼声越来越高，认为“拖字诀”不可行。公元前216年，费边被愚蠢的只懂蛮干的瓦罗挤下了独裁官的宝座。为了迎合罗马人速战速决的呼声，瓦罗不自量力地许诺：看到汉尼拔的当天就让他滚回家。

对于瓦罗的狂妄，汉尼拔是看在眼里喜在心上。瓦罗不是急于把自己打败吗，那正好将计就计。汉尼拔先是夺取了罗马的重要粮仓坎尼，并控制了坎尼附近的麦田，他就是要激一激对方。瓦罗果然被激怒，决心全力夺回失地。只要正面交手，汉尼拔高超的军事谋略就有用武之地了。汉尼拔有序地排兵布阵，并利用天时的变化，将罗马人四面围而攻之。也就是大半天的功夫，原本叫嚣得最凶的瓦罗支应不住，遂率部分人马首先溜走。而留下坚持战斗的，最终也没有改变战争走向，没能逃脱被歼的命运。

坎尼一战，罗马人备受打击。汉尼拔趁热打铁，拉拢了南部意大利各城邦，西西里的叙拉古，中部的萨莫奈和卡普亚城，以及北方的山南高卢，与它们结成友好关系，而它们也纷纷背叛了罗马。另外，与罗马有利益之争的马其顿王国也与汉尼拔结盟。这样看来，一个敌视罗马的包围圈似乎形成了，罗马共和国面临的形势极为不妙。

汉尼拔

尽管罗马共和国危机重重，但它并未如汉尼拔想象的那样快速垮台。罗马在坎尼战败后，费边又重掌了军权。此番，费边对汉尼拔的一举一动更是不敢轻视，专门派人暗中盯梢。另外，针对汉尼拔采用分化罗马和各同盟之间关系的政策，费边也想了应对的办法。他下令要善待盟邦，希望能促其忠诚。同时，费边对背叛者也从不手软，严厉打击。从公元前 213 年起，费边用了两年的时间，先后攻克了卡普亚和叙拉古，将之夷为平地，意在杀鸡吓猴。罗马人在慢慢积蓄力量反击迦太基。

在连年战火中，罗马也历练出不少卓越的军事家，而罗马靠着这些悍将，最终走过了它最艰难的时日。公元前 210 年，罗马派兵出征西班牙。次年，罗马军突袭了新迦太基城，并在站稳脚跟后收服了西班牙的民心。尔后，罗马军又在意大利与迦太基军交手。此番，罗马军为保险起见，在战端未起时就专门派兵监视在意大利南部的汉尼拔的一举一动。他们是要以防万一，怕有个什么风吹草动的，也能及时发兵牵制敌人。在意大利的另一处，罗马军与未能保住西班牙的守将，也就是汉尼拔的弟弟哈斯杜路巴尔展开决战。本来，哈斯杜路巴尔见敌军人多势众，考虑再三决定不直接触其锋芒，于是率部退至美陶鲁斯河谷。不料在罗马人发觉其退兵后，全速追上并将之包围，哈斯杜路巴尔无奈之下只得应战。尽管迦太基军竭力一拼，但最终还是未能取胜，哈斯杜路巴尔也战死沙场。

美陶鲁斯战役是一场速战速决的战役，所以在罗马军来到汉尼拔面前，将汉尼拔弟弟的头颅掷到他的兵营里时，他对此战事还懵然无知。更令汉尼拔没有想到的是，就是这场罗马军的空前大捷，让罗马人重拾自信，而战争的主动权也开始回到罗马人的手中。罗马军队凭借在第一次布匿战争中取得的在地中海上的海军优势，不再强求陆上速胜，转而攻击迦太基在地中海上的海外领地和本土，让迦太基柔软的腹部不断失血。随着时间的推移，汉尼拔持久以孤军深入对敌作战的弱点开始逐渐显露出来。因为兵力和粮食的补给日益困难，再加上外援无望，罗马借机收复了本土城市。而迦太基在西西里、西班牙的势力范围也尽归罗马。至公元前 205 年，汉尼拔身陷意大利南面一隅之地，处境艰难。

公元前 205 年，罗马军队转战至非洲迦太基帝国本土，西地中海争霸战进入战略性进攻阶段。此番，罗马派出了几十艘战舰、几百艘运输船和数以万计的士兵，连同同盟者努米底亚人的骑兵，与迦太基军和另一支努米底亚人组成的援军交战于乌提卡城郊。战争的结果是罗马军大破迦太基军，使迦太基丧失了骑兵来源地与粮食供应地。这一次轮到迦太基情势危急了，为此，汉尼拔被紧急调回国内应战。

公元前 203 年 6 月，汉尼拔率军登船回国。汉尼拔的归来，让迦太基人精神大振。但此时迦太基的军力已远远不能与罗马争雄。翌年，双方会战撒马，纵然汉尼拔是军事天才，但兵无常胜，更何况此时双方的军事实力悬殊。决战中，双方都倾尽全力、奋勇拼杀、互不相让，战事晨昏相接未能分出胜负。但在紧要关头，原本追击逃卒的罗马骑兵从战场后面冲锋杀来，迦太基军前后受敌，最终还是彻底落败了。纵然骁勇的汉尼拔也无力回天，这一次终于尝到了从未尝过的失败滋味。撒马战役最终使得迦太基兵败投降，并被迫于公元前 201 年接受屈辱和约。按照和约上的规定，迦太基必须放弃非洲以外的所有领土。此外，迦太基必须解除主要军备，仅能保留 10 艘舰船作为防御海盗之用。另外，迦太基还要把对外战争的决定权交给罗马，也就是说，迦太基不再具备军事能力。

第二次布匿战争最终以这样的结果落下帷幕，昔日的北非强国迦太基从此一蹶不振，罗马则取而代之成为西地中海霸主，西地中海的统治权从此为罗马人所牢牢掌控。当罗马人意气风发地跨出自家的门槛，昂首挺胸地走在支配整个地中海的道路上，旁人也唯有惊叹，这又是个煊赫千年的帝国。

公元前 40 年，罗马帝国发生分裂，安东尼取得东部，屋大维取得西部，雷比达占有地中海南岸的非洲北部。经过几年的内战，形成安东尼和屋大维东西分治与对抗的局面。公元前 31 年，双方在希腊附近海面发生“亚克兴海战”，结果屋大维大败安东尼，不仅控制了整个地中海，还乘机征服了埃及。此后的5个世纪里，整个地中海水域均成为罗马帝国的“内湖”。从公元7世纪起，阿拉伯人的势力向地中海扩展,通过海上征伐,建立了又一个地跨亚、非、欧三洲的大帝国。直到11世纪初，阿拉伯海军在进攻希腊时被击退并受到重大损失。此后，出现了基督教教徒的反攻(十字军东征)以及欧洲强国在地中海地区的争夺。

争霸500年——海洋时代的霸权兴替

15世纪末、16世纪初之后，随着“大航海”和“地理大发现”时代的来临，海疆争夺的中心从地中海转向大西洋。而且，海疆争夺的范围已不限于某一海区，而是扩大到了全球海域。当时，一些新兴的欧洲资本主义国家和封建国家通过开辟通往非洲、亚洲和美洲的海上航线，在全球范围内抢占殖民地，进行疯狂的资源掠夺和海洋霸权斗争，形成了“群雄逐海”的局面。此后欧洲列强间霸权地位的转换基本上都是通过海上斗争及其引起的对海洋控制权的易手而实现的。更为重要的是，西方国家借助畅通的海洋和强大的海上力量将这种欧洲霸权扩展到世界范围，打破了此前的世界格局。几个欧洲国家依靠海上力量(主要是海上军事力量)控制了海洋，通过海上贸易与海外殖民掠夺，成为世界强国。它们将触角伸向了世界各地，甚至将大陆国家卷入自己羽翼之下。当时，中国、印度、埃及这些文明古国一个个沦为殖民地、半殖民地，奥斯曼、印度、波斯等地区陆上霸权相继丧失，海洋国家葡萄牙、西班牙、法国、英国、荷兰等不仅夺得了地区霸权还将这种霸权推向了全球。可以说，蓝色的海洋是近代史上世界霸权的基本载体，而海上的军事力量则构成了霸权的利剑。

首先称雄海上的是位于欧洲南部伊比利亚半岛西侧、掌握先进航海技术、拥有当时领先兵器的葡萄牙。在15世纪下半叶，由于

发明了铁炮弹和颗粒状火药，小型火炮的威力显著提高，移动也方便了。这样的大炮使中世纪的船只、城堡变得不堪一击。最后，航海技术在以亨利王子为代表的葡萄牙得到发展，使葡萄牙成了世界上具有近代意义的第一个海上强国。当时的葡萄牙依靠两种工具：一是新式海船。横挂帆船和三桅杆船代替了以往在地中海最为常见、以摇桨为主的单层甲板大帆船。二是船上的新式火炮。1514年，葡萄牙造出了能载186门大炮的巨舰。这种堪称“大炮母舰”船的出现，使葡萄牙占据了海上的绝对优势，并率先走出狭小的陆地国土空间称霸海上，建立起从直布罗陀、好望角到印度洋、马六甲海峡直至远东的庞大殖民基地网，成为统治世界海洋近一个世纪的全球性海洋霸主。

新式海船

与此同时，地处伊比利亚半岛东部的西班牙人也积极向海洋扩张，与葡萄牙人展开角逐。1492年，哥伦布率船队到达美洲。西葡两国因划分势力范围而发生纠纷，并且提交到了罗马教皇的法庭。1493年5月4日，教皇亚历山大六世作出仲裁：在大西洋中部亚速尔群岛和佛得角群岛以西550千米的地方，从北极到南极划一条分界线，史称教皇子午线。线西属于西班牙人的势力范围；线东则属于葡萄牙人的势力范围。根据这条分界线，大体上美洲及太平洋各岛属西半部，归西班牙；而亚洲、非洲则属东半部，归葡萄牙。葡萄牙国王对此表示不满，要求重划。1494年6月7日，西葡两国签订了《托德西利亚斯条约》，将分界线再向西移1500千米，巴西即根据这个条约被划入葡萄牙的势力范围。1521年11月，当麦哲伦的环球航行船队抵达位于东南亚的摩鹿加群岛（今马鲁古群岛）以后，西葡两国对该群岛的归属问题又发生了争执。1529 年双方又签订《萨拉戈萨条约》，在摩鹿加群岛以东 17 度处再划出一条线，作为两国在东半球的分界线，线西和线东分别为葡萄牙和西班牙的势力范围。经过长期的争夺，西班牙于 1580 年最终击败葡萄牙，结束了葡萄牙长达一个世纪的全球海洋霸主地位，掌握了欧洲与东方各国以及美洲的贸易垄断权，建立起领地几乎遍及世界各地的“新兴帝国”。

【知识链接】告别中世纪、告别地中海的“勒班托海战”

1571 年勒班托海战，是地中海最激烈的大海战之一，它也是欧洲文明告别中世纪、西方海疆争夺跨出地中海的最后一场大海战。它的结局富有戏剧性。从此之后，地中海作为人类文明的故乡之海，渐渐暗淡；地中海周边的一些国家和城邦，也渐趋没落——新的舞台在大西洋升起。

勒班托海战交战双方为：基督教联合舰队对奥斯曼土耳其舰队。基督教舰队拥有各种舰船 300 艘，人员 8 万；土耳其舰队包括各种舰船约 300 艘，人数约 5 万。基督教联合舰队指挥是西班牙国王兄弟、奥地利的唐·胡安，又称约翰。他麾下的舰队由四部分组成：西班牙舰队、威尼斯舰队——它们都是担当主力的教皇小舰队、其他城邦舰队。联合舰队的主力是快船。它是单层桨座战舰，长 40 ～ 60 米，宽 6 米，帆桨并用；桨手士气高时，航速 6.5 节。快船是地中海上使用最广的专用军舰。西方快船比土耳其快船的火力强，船首装五门火炮，两舷还有轻炮。土耳其快船仅有前部设置的 3 门炮，其护板

基督教联合舰队油画

也不及西方船厚；西方船舷板厚 100 毫米，还专为桨手设了护板。快船头部有一个金属的长角，像鸟嘴，它们是海战的主力。大帆船是战列舰的前身，取消了划桨，单纯靠帆，在近海显得笨重不灵活。它有两层火炮甲板，火力猛烈，宛如海上要塞。

在勒班托海战中作用举足轻重的是中船。它兼有大帆船火力、单层桨座和快船机动之长。它的船首部浑圆，做成一个大炮台，内装 15 ~ 20 门炮。此外，中船两舷各有四五门多管炮，划桨手受到上层甲板保护，加上使用三角帆，行动敏捷。联合舰队的左翼、右翼和中央各配了两条中船。双桅船和快速战船帆、桨两用，大多用来运兵。约翰对战术和装备都做了改进。他指令中船当前卫；在各条船上配备的火炮比土耳其军船多得多，这样在接舷格斗中就占据优势；他还对快船做了适当改装，使前炮的火力优势得到更好的发挥。

海战战场位置在希腊半岛柯林斯地峡西端的帕特雷湾，距它东边 200 千米处，就是公元前 480 年的萨拉米斯海战古战场。两次海战相似之处在于都是欧洲和亚洲大国的决战，结果也都成为欧洲崛起的开端。

奥斯曼海军阵容与基督教联军大抵相近。奥斯曼海军统帅阿里巴沙把他的舰队布成一弯巨大的新月，月牙的两尖顶住帕特雷湾两侧。

双方的对阵采取古老的海战战法，谁也没有创新。1571 年 10 月 7 日上午，双方开始交火。基督教联军和奥斯曼军都分成三支独立舰队，各舰队隔有一定距离，所以在三个战场打响。奥斯曼军右翼和同盟军左翼都比较突出，它们最先开战。土耳其军舰船刚进入基督教联军中船的大炮射程，中船大炮便猛烈开火。基督教联军密集的炮火造成奥斯曼军西罗柯支队的混乱，他们从未料到敌舰炮火如此强大，西罗柯边还击边向北岸退却。土耳其人对勒班托一带水浅礁多的海岸很熟悉，他们知道中船吃水深，因而可以在浅水处躲过中船大炮，并且能迂回到同盟军后方，和火力稍差的快船、小船接战。威尼斯海军将领巴尔巴里哥根据形势，指挥舰队冒险阻断土耳其军航线。由于水太浅，基督教联军阵线和海岸间留了一个缺口，六艘奥斯曼军战舰从空隙穿过，其余的全被巴尔巴里哥截住，经过激战，全部将其歼灭。

中央的战斗打得十分残酷，双方伤亡惨重。联军舰队指挥有力，集中力量围攻土耳其舰队指挥旗舰。经过浴血战斗，击毙土耳其军主帅阿里巴沙，终于打赢了中央支队的战斗。

基督教联军右翼的战况复杂多变，形势对奥斯曼军有利。土耳其右翼舰队指挥乌尔齐有94艘船，多利亚只有64艘。乌尔齐舰队向南方划去，想从多利亚南方迂回同盟军侧后。多利亚也把自己的支队一再向右伸，结果造成基督教联军右翼和中央的大缺口。中央支队陷入苦战，无力弥合缺口，乌尔齐立刻利用了同盟军的弱点。他停止迂回，改变舰队航向，从多利亚和约翰之间的缺口穿插进去，猛烈袭击了同盟军中央支队的右翼。

乌尔齐是经验丰富久经战阵的海盗，他的攻击几乎全歼了联军右翼舰队，并消灭了联军的第一批援军。当联军主力赶来增援时，乌尔齐率领残余舰队逃掉了。

勒班托海战战况极其惨烈，各种火器、舰炮在海战中大出风头，最终以基督教联合舰队全胜结束。联合舰队击毁奥斯曼军舰113艘，俘获117艘，消灭土耳其军3万余人，俘虏8000人。联军为胜利也付出了高昂的代价，1万名将士战死、负伤。

【小贴士】人类文明进入新的转折期

勒班托海战是基督教对土耳其的首次海上大捷，竟然也是地中海海战的绝唱。勒班托之后，这里闻名世界的炮声戛然而止，几乎所有伟大的地中海国家和城邦都渐渐失去了活力，仿佛患上了慢性的麻痹症。土耳其不再像以往那样凶狠，尽管它曾在1683年还曾兵临维也纳城下；西班牙也失去了如日中天之势，虽然它的“无敌舰队”曾在1588年远征英伦；威尼斯的财富比不上荷兰的交易所；热那亚的运气全让给了法国的路易十四；北非海岸了无生机，而美洲大陆生气勃勃；埃及在马木留克统治下昏昏欲睡，英国却舒展爪牙进行全球争霸；中东毫无创新，英国和西欧进入了工业革命；波斯为挣脱土耳其耗尽心血，全新的美利坚合众国正在孕育……中国的明清两朝只是换个皇族，而德意志和俄罗斯的嘲起震撼大地……无论从宏观还是微观，那些处在旧文明边缘的国家和地区，都正在创造一种青春焕发的新文明。相对而言，那些旧文明帝国昏庸腐朽，潜待着被新的列强之狼撕咬、肢解、吞噬和再生。勒班托海战同时也是世界海战史的一个重要转折点，从此风帆火炮成为海战场上的主角，传统的接舷跳帮战术在强大火器面前失去了风采，各类桨船也因其缓慢笨拙而日渐淘汰。然而勒班托海战的胜利者西班牙“无敌舰队”并未真正领会到时代变革的真谛，仅仅 17 年后，不可一世的“无敌舰队”便被由海盗德雷克率领的英国海军打败，日不落帝国从此迈向辉煌的征程。

16 世纪中期之后，英国通过进行海盗活动，并大力发展海军，逐渐取得了对西班牙的海上军事优势，并向其霸主地位发起挑战。1588 年，两国进行海上决战，英国海军大败西班牙“无敌舰队”，取得大西洋部分制海权。此后的两个世纪里，英、西两国继续角逐，至 18 世纪中叶，英国海军给予西班牙以沉重一击，使其几乎丧失了整个舰队和大量殖民地。与此同时，英国还与荷兰、法国等国展开海上争夺。

在 17 世纪中期，荷兰已建立了一支庞大的商船队，拥有 1.6 万多条商船，其船舶总吨位数相当于当时英、法、葡、西船舶总吨位的 3/4，号称“海上马车夫”，拥有海上贸易的霸权。而且，荷兰在扩张中相继打败西班牙和葡萄牙，侵占了位于亚洲的爪哇、苏门答腊、锡兰(今斯里兰卡)、中国台湾等地，还将势力扩展到美洲，并占据好望角。为剥夺荷兰的海上贸易霸权，英国于 1651 年颁布了著名的《航海条例》，其目的在于使荷兰失去从事中介贸易和转口贸易的生存空间。荷兰当然不愿吞下这颗苦果，于是两国通过海上战争一决雌雄。经过 1652 ~ 1674 年间的三次英、荷战争，荷兰被迫认输。

对于另一个强劲对手——法国，英国则通过17世纪后期到18世纪60年代的四次大规模战争进行打击，特别是在1756～1763年的“七年战争”中，英国利用海上优势，击败了法国。此后，法国无法再对英国的海上霸权提出挑战，即使在法国大革命后拿破仑横扫欧洲大陆之时，对英国也只能“望洋兴叹”，最终败于英国领导的反法联盟。

【知识链接】拿破仑“梦断”特拉法尔加

法国是一个典型的陆海兼备的国家，其陆海双重属性决定了它没法向英国一样聚集所有力量来发展海上力量，其政府本身的战略专注度也不足，时常摇摆在大陆政策和海洋政策之间，致使法国海军数百年来始终难以与大英帝国海军一争长短，即使是在最辉煌的拿破仑时代。

七年战争之后，法国海军大败亏输，重建后不久又遭遇了大革命，大革命又再次把海军的命给“革”了。法国军官队伍中的中流砥柱——贵族，不是死在断头台上就是逃亡国外，被委以重任的法国海军将领，往往都是些阅历浅、没有海战经验的人。这些人遇有紧急情况便犹豫不决，甚至还会误解上峰的指令。庸才当道，使得海军舰队间的配合相当不灵便，出差错成为家常便饭。最要命的，法国舰队中还缺乏有经验的水兵。这样的一支舰队，还有什么优势可言？

诞生于革命狂潮下的督政府，除了要稳定法国国内的混乱局面，还要面对反法同盟的咄咄逼人。随着英国在反法同盟中的地位日益突出，法国督政府决心要拔掉英国这个眼中钉。法国人心里很清楚，要对付英国人，无论是在欧洲本土，还是在自己的海外领地，想获胜都必须要依靠海军。然而，法国的一场大革命，将自己辛苦建立起来的海军也革掉了，而后来重建的海军终是显得稚嫩。

1798年，法国督政府派遣拿破仑率领远征舰队从土伦港扬帆

英国海军名将——纳尔逊

起航，准备远赴埃及，并在那里将大英帝国的“喉咙割断”。但是法国远征军尚未驶离土伦港，英国海军便派出纳尔逊舰队来到了地中海，他们的任务是监视法国海军的一举一动。舰队统帅纳尔逊，你不会想到，这位英国海军历史上最杰出海军战略家、战术家，勇猛顽强的斗士，居然是独眼独臂之人。正是他，成为拿破仑海军的克星，也正是他，毁灭了拿破仑征服英国的雄心壮志。拿破仑与纳尔逊、法国舰队与英国舰队的首次遭遇发生在尼罗河口的亚历山大港及附近的阿布基尔湾。在那里，纳尔逊施以新奇战术，最终大败法军。尼罗河口之战，让拿破仑的舰队完全被英国人摧毁，而他自己和残部也被困在了埃及。

那时的法国，不仅无法卡住英国喉咙，其国内的形势也是风云变幻。有着敏锐洞察力的拿破仑，以其政治家的魄力做出了一个令人想象不到的抉择，丢下了自己的残部，秘密回国发动政变。1799年11月9日，拿破仑成功以英雄的姿态回国，并推翻了督政府，当上了法兰西共和国的首席执政官，成为一名独裁者。此后，在拿破仑统御下的法国大军，横扫欧洲大陆，所向披靡。在拿破仑披上战神桂冠的时候，或许只有英国的海上实力才能阻挡他征服欧洲的铁蹄。

【小贴士】令整个欧洲发抖的拿破仑

拿破仑·波拿巴，法兰西第一共和国第一执政官、法兰西第一帝国及“百日王朝”的皇帝、法国近代史上著名的军事家、政治家。拿破仑的一生几乎都是在战争中度过的，从他15岁入军校，到他发动政变建立法兰西第一帝国，再到他退位、被放逐，这个过程几乎是法国争霸欧洲大陆最荣耀的岁月。不过，拿破仑的征战打破了欧洲的权力均衡，当然为欧洲其他强国所不容，这里面就有英国。当反法同盟经过七次战争，最终彻底击败了拿破仑后，新的欧洲秩序与均衡才又被重新建立起来。

这是一幅法国画家雅克·路易·戴维作于1801年的拿破仑骑马肖像画，描绘的是1797年4月拿破仑穿越阿尔卑斯山的情景。

拿破仑·波拿巴攫取权力(1799年)后，开始了一系列的陆上征讨，并接连获得胜利。法国大革命造就的士气高昂的平民士兵和军官，加上拿破仑的天才战略战术，使法国陆军几乎成为欧洲大陆上所向披靡的常胜军队。拿破仑巧妙地使用军事和外交手腕，所取得的领土、权利和财富，使路易十四只能望其项背，整个欧洲都在拿破仑的大炮下发抖。拿破仑又一次处在如何征服古罗马帝国旧有疆土，进而称霸世界的战略选择门槛上。拿破仑明智地认识到，他征服欧洲和世界的最大障碍不是别人，而是英国。英国最强大之处，就是它的皇家海军。

尼罗河口一战，法国海军一蹶不振。而英国皇家海军，则是一派谁与争锋的气势。要对战拥有绝对优势的英国海军，法国海军就是以卵击石。拿破仑不是傻子，他自然深谙其理。于是，他决定用他的无敌陆军去征服英国人，而法国海军只要充当好运输工具这一角色，并掌握好英吉利海峡的制海权便可。

拿破仑的意图，英国人很快便洞悉了。英国人盘算来盘算去，觉得即便自己有强大的海军，那也难以保卫英国的所有领地。看来，唯有主动出击，才能先发制人，达到防御的目的。于是，英国人将法国海军封锁在大西洋的布勒斯特港及地中海的土伦港之内。1804年12月，西班牙与法国联手，对英宣战。这样，法国海军有了助一臂之力的西班牙军舰。此时，拿破仑似乎看到了一雪前耻的希望，遂立即草拟了进攻英国的蓝图。

拿破仑这头陆地雄狮解决英国问题的方法是登陆英伦，利用步兵炮兵优势直接打击英国陆军，占领英国，彻底解决后顾之忧。多佛海峡边的布伦兵营是入侵英国的前进基地，拿破仑大军长期驻扎在那里。法国皇帝甚至扬言：“只要出现三天大雾，我就可以成为伦敦、英国议会和英格兰银行的主人。”

但英吉利海峡和多佛尔海峡仍然是难以逾越的天堑。尽管半个欧洲的造船厂都在为拿破仑建造军舰，但他却没有身经百战的海军上将和大批富有经验的舰长和军官。大革命造就了最优秀的法国陆军，并未能造就与之相称的法国海军。

值得注意的是：拿破仑利用他的卓越陆战谋略，企图像指挥陆战一样调动指挥海军。这就出现我们一再提到的陆战谋略与海洋谋略的相容和相异问题。

拿破仑的海上作战计划从纸面上看相当出色，显示了他的军事天才：针对法军舰队相对较弱(英军拥有战列舰240艘、巡洋舰317艘，法军拥有战列舰103艘、巡洋舰55艘)的现状，法军采取分散诱敌的机动战术。以维尔纳夫为统帅的法军土伦舰队突破封锁，从地中海前出到大西洋；米赛西指挥的罗什福尔舰队(大西洋舰队)也实施突围，与土伦舰队在加勒比海西印度群岛海域会合，骚扰那里的英国殖民地，诱使英军主力西调加勒比海，分散英法海峡区防务。然后法国舰队利用时间差杀回海峡，袭击数量上占劣势的英国海峡区舰队。只要调虎离山成功，云集在荷兰、比利时和法国西部港口的千百艘平底船将运载拿破仑大军渡过海峡在英国登陆；天下无敌的法国陆军将击败英军、攻占英伦。

但这个计划在执行上有致命的弱点，尤其是它的后半部。由于法国海军已近20年未在大洋上与英军进行过成功的战斗，无论是单舰还是舰队的战斗力都令人怀疑。1789年以来，英国政府敌视法国，千方百计破坏法国海军，长年将法国舰队封锁在海港中，使之得不到实战机会；而海战的炮术和驾船技术在战斗中至关重要。即便一切执行顺利(在无线电发明前的通信条件下，协调几个月时间和上万海里空间的舰队是非常困难的)，维尔纳夫和米赛西的联合舰队能否全歼一支单独的英军舰队？全歼单独一支英国舰队之后，是否意味着法国海军就能取得海峡区制海权？冒险在英国登陆后，英舰队主力会不会在海峡区或港口消灭运兵后的空船或把法国陆军困在滩头？对这些疑问，拿破仑全然不顾。他自己一贯冒险，在众寡悬殊的劣势下屡打胜仗，他甘愿去冒险希图侥幸取胜。

当一切准备妥当后，1805年，法国地中海舰队在维尔纳夫将军的统御下，突破土伦港的封锁，驶向直布罗陀海峡。而紧紧跟随在他后面的，是由纳尔逊统率的英国舰队。7月22日维尔纳夫与英将考尔德分舰队在维哥湾附近打了一场接触战，法方兵力占绝对优势（20：15），却有两艘法舰投降——说明法舰被长期封锁在港内，无法操练并获得实战经验，故无力破敌。英军炮手操炮熟练，平均每门火炮射速为法军的两倍；英军舰船在战斗中以一顶二，而且设计精度、指挥能力、战术协调和士气均远高于法军。维尔纳夫在日记中写道：“在浓雾中，因为我方舰长对战斗和舰队战术完全缺乏经验，除了紧跟前面的船只以外，并无其他良策。在此，我们已成欧洲笑料。”

维哥湾海战后，维尔纳夫继续北上，竟然误将与他会合的阿里曼德舰队(原米赛西舰队)当成敌人舰队，调头南逃，放弃了合兵一处兵力暂占优势的良机，(连拿破仑也不胜遗憾地说：“维尔纳夫丧失的机会实在太大了!”——他只需要一个短时间局部的制海权就敢进行航渡登陆英伦，可惜连这个运气也让维尔纳夫丢掉了)法军统帅临阵怯敌、畏战信心若此，海战的结果早已一清二楚。

最后的决战发生在特拉法加角附近。交战时，英国舰队的战列舰数量少于法西联合舰队。不过，好在英国海军有天纵英才纳尔逊、威力强大的巨型短炮、技艺熟练的水兵、大胆新奇的作战计划。战争没有持续太久，在一番炮声轰鸣后，法军的旗舰被摧毁，而法西联合舰队看到大势已去，便忙不迭地调头西逃了。混战时，英国海军也付出了极大的代价，海军统帅纳尔逊被敌人炮手击中，在英军大获全胜后，他也停止了呼吸。

【小贴士】风帆时代的王牌——“战列舰”

在当时，处于鼎盛时期的风帆战舰经过多年改进，已经发展出“战列舰”这一特殊舰种。随着造船技术的提高，装有纵帆设备的高大船楼被淘汰了。军舰降低了重心，提高了速度；船帆也大大地得到了改进；首部纵向三角帆和桅杆之间的支索帆因效率高而大大增加；横帆的驱动力也因增加了翼帆而加强。满帆时，一艘大型军舰可以挂36面帆，以10节航速前进。采用铜皮包船和铜抓钉阻滞海洋生物在木壳上的附着，提高了船速。“战列舰”真正成为海战中的王者。它长80米，舱面甲板下面的巨大舰体上有三层火炮甲板，共装有100余门大炮。单旋转火炮齐射一次能发射半吨炮弹。弹种有实心铁弹、葡萄弹、链弹（专门射击帆樯索具）、火箭、灼热弹和各种铁钉铁片。火炮设有挡水炮门。每艘战列舰乘员约600名官兵。除装载大量弹药、粮食、淡水、酒、咸肉等补给品外，还常运载活牛、活猪羊、活鸡鸭。

风帆战列舰

特拉法加海战，法国海军的惨败，让法国的海上争霸梦想也随之灰飞烟灭。直到此时，英法海军在斗了百年之后，终于以法国退出海上争霸的舞台而告终，这无疑是欧洲大陆王朝军事绝唱时代的经典。此后在相当长的时间里，法国只能成为区域性强国，而英国则更加坚信自己“海上无敌”的神话，其海上霸权盛极一时。

英国在19世纪初是真正的海上霸主。到1803年1月，它拥有第一线战列舰30艘、巡洋舰和50门炮船86艘。此外，预备役中还有战列舰76艘、巡洋舰和50门炮船49艘。而拿破仑累遭重创的法国海军只剩23艘战列舰、25艘巡洋舰，以及17艘相当于50门炮船的中型巡洋舰。

特拉法加海战中的法国海军成为整个欧洲的笑柄，事实证明了法国海军战斗力远逊于英军，连18世纪中期的水平也没有达到。法军曾多次出现好机会，由于维尔纳夫害怕纳尔逊，未能在加勒比海区拖住英军纳尔逊舰队。他的返航，又带回了英军主力，并使英军正确地判断出拿破仑的登陆意图。拿破仑战略意图被识破，绝大部分英舰集结在海峡水域，使法军登陆的航渡几乎不可能。特拉法加海战及其前期的战略战术行动充分说明：海上霸权只能在长期实战中打出来。不经过许多小型、中型的战斗，光以军舰、火炮数量来衡量海军力量，只能误军、误国。要有一个平衡的陆军和海军，一个平衡的大战略；要善于从海洋战略角度看待战略问题，善于从长远的、多种角度上去看待战略问题——这些都是特拉法加海战留给世人和法国人的深刻教训。

特拉法加战役对拿破仑的打击极大。他无法克服征服世界的障碍英国，只得又到欧洲去开疆拓土——进行一场又一场血流成河的战争，包括最终耗尽其心力、国力地入侵俄罗斯。无论陆上战争胜利还是失败，都激怒并招致一个又一个敌人。法国陆军无论多么骁勇，统帅本人无论多么富于智谋，迟早会在全欧洲的重压下崩溃，重走路易十四的老路。正如马汉所说：“对于英国这些遥远的、遭受风吹雨打的舰船，拿破仑的‘大军’是不屑一顾的；但是正是这些舰船挡住了他们统治世界的道路。”而英国却通过特拉法加海战的胜利，登上了日不落帝国的宝座，成为世界头号海洋强国和全球性霸权。拿破仑战争之后，法国王朝复辟，国家动荡、政治软弱。到1870年普法战争之后，法国已不再是欧洲头等强国。由于经费不足，再也无法维持一个像样的海军舰队。随之而来的是海外殖民地渐渐被别国蚕食，政治、经济、商贸利益都受到削弱。自豪气盛的法兰西，终于无法在全球舞台上全力施展自己的抱负。

阿尔弗雷德·赛耶·马汉

通过连绵的海上争夺，英国先后战胜西班牙、荷兰、法国等多个对手，从而确立了海上霸主的地位。这个本土面积只有20多万平方千米的欧洲岛国，却在全世界占领了比本国领土大100多倍的殖民地，建立了名副其实的“日不落帝国”。对此，美国海军理论家、海军历史学家阿尔弗雷德·赛耶·马汉一语破的：“多少世纪以来，英国商业的发展、领土的安全、富裕帝国的存在和世界大国的地位，都可以追溯到英国海上力量的崛起。”特拉法加海战之后，在大英帝国治下，世界格局维持了近100年的大致稳定，直至19世纪末、20世纪初，美国、德国、日本等列强再次崛起，世界进入了20世纪的风云变幻之中。

三、血雨腥风——一战中的海疆争夺

19世纪末、20世纪初，又一个海洋强国开始崛起，它就是美利坚合众国。在独立后的100年左右时间里，美国主要在北美大陆扩张领土，发展资本主义。到1894年，美国的工业生产和国民生产总值均跃居世界第一，进一步向海外扩张已成为美国资本主义寻求自身发展的强烈愿望。美国向海外的扩张是通过海洋展开的，这种海洋扩张的理论先导则是马汉的海权理论。1890年和1893年，马汉先后发表《海权对历史的影响，1660 ~ 1783》《海权对法国大革命和帝国的影响，1793 ~ 1812》两部著作，此后又写下一系列关于海权理论的著作和论文。马汉“海权论”的主要观点是：对海洋的控制权——制海权决定海洋国家的根本命运，“海权是统治世界的决定因素”；海权依赖于海权体系，包括海洋地理条件、海上后勤基地、商船队、海军以及领土、人口、资源和经济实力等；海军在国力中占第一位；海军的任务是击败敌人的海军，夺取制海权。马汉对美国的扩张战略和策略进行了精心论证，提出“欲征服世界必先征服海洋”的理论，为升帆待发的美国战船标定了前进方向，为美国的海外扩张奠定了理论基础，更直接推动了美国海军向远洋型海军的转变。

【知识链接】美西战争——美国海权扩张的第一块踏脚石

美国争夺海权的第一场战争是美西战争，其对手是已趋没落的欧洲老牌殖民帝国西班牙，是列强重新瓜分殖民地的第一场帝国主义战争。1898年，经过4个月的海上交战，美国击败西班牙。结果，西班牙承认古巴独立，把波多黎各、菲律宾、关岛割让给美国，夏威夷、萨摩亚和威克岛则被美国兼并。美西战争是美国跨出大陆、进入大洋、迈向世界的关键一步，它实现了马汉控

制加勒比海、进军太平洋的理想，在远离本土的海域获得了美国梦寐以求的立足点和基地，初步构建了马汉所设计的海权体系。此战堪称美利坚海上帝国的“奠基之战”，也是世界进入帝国主义时代的主要标志之一。

1901年，西奥多·罗斯福就任总统后，提出了“大海军政策”，要求大力加强海军建设，建立一支现代化的海上武装力量，为应对未来100年的危机做好准备。该政策有两个基本点：一是建立仅次于英国的世界第二大海军，这是量的标准；二是建立进攻型的远洋海军，这是质的标准。20世纪初，美国开始加强全球扩张，正在建设中的“大海军”成为最有力的扩张工具。此时，美国扩张的主要方向是中美洲和西太平洋地区。1904～1914年，美国开凿了巴拿马运河，并取得运河控制权，使其在太平洋与大西洋之间有了便捷的运输通道，大大改善了自身的海洋战略态势。

1914年，欧洲爆发第一次世界大战。美国起初在中立的幌子下向英法运送战争物资。1917年德国发动无限制潜艇战之后，美国被迫正式参战。美国海军主要承担为商船护航和反潜等任务，这是美国第一次经受世界性战争的洗礼。战争使美国海军的实力获得了惊人的增长。战争刚刚结束，威尔逊总统就向国会提出了一项宏大的海军扩军计划。威尔逊的雄心主要基于两点理由：其一，战争期间重新复苏的美国商业航运业已成为英国的主要商业竞争对手，这种激烈的竞争必然要求有强大的海军作后盾；其二，在太平洋地区，日本的力量正迅速崛起，与美国的冲突已隐隐浮现，美国不能坐视。在更深的层次上，这一计划是与美国欲夺取国际事务主导权的构想联系在一起的。

19世纪90年代初期，欧洲海军建设就出现了竞赛的形势。在大型战列舰的数量和规模上，除了英国仍然处于绝对的大哥地位外，法国、意大利、俄国、德国、奥地利的优势也较为明显。当时已建成和正在建的战列舰数额约是：英国45艘、法国24艘、意大利13艘、俄国12艘、德国11艘、奥地利5艘。这场席卷欧洲的造舰狂潮，意味着欧洲海军竞争时代的来临。这是欧洲列强海上争夺的必然结果，也是帝国主义海外扩张政策日益被强化的结果。

【知识链接】一战前疯狂的海军军备竞赛

19世纪末，德国的主要工业产品产量指标均超过了英国，更远远凌驾于法国和俄国之上。它的咄咄逼人态势，不仅在理论上，而且实际上威胁到周边诸国，尤其是法国和俄国。此时，德国再也不能忍受作为第一陆上强国在海上和海外殖民地利益上的憋屈，决心在海上一展雄心。提尔皮茨任德国海军部长后的第一个行动就是建议建设战列舰舰队，以取代他的前任扩编巡洋舰的计划。他曾坚定地表示：保障德国的海上利益是关系到德国生命的一个问题。于是他提出了“公海舰队”计划。所谓“公海舰队”，顾名思义就是要冲出半封闭的北海，前出到大西洋、印度洋和太平洋。这与德国追求全球性的殖民利益相一致。“公海舰队”的计划内容非常广泛，它包括互有联系的几个重要部分。

战列巡洋舰(即“无畏”舰及后“无畏”舰)计划——要求在数量上赶上英国，质量上则超过英国。

战列舰计划：对已有的战列舰加以改造和现代

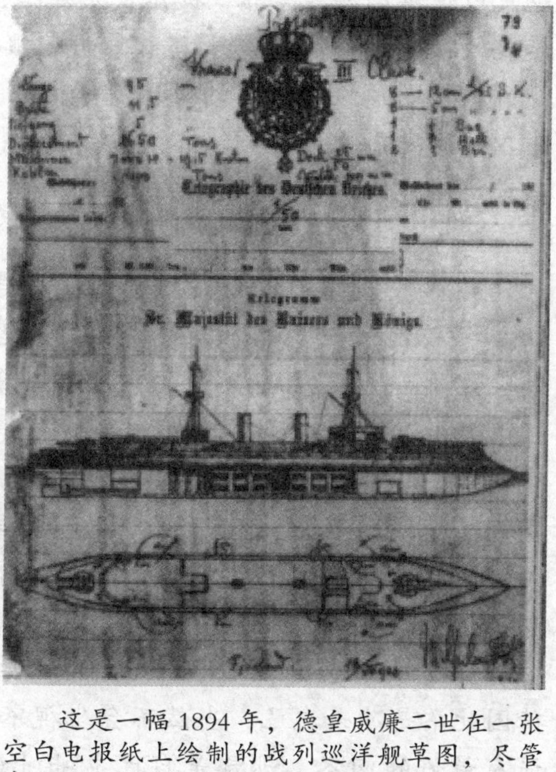

这是一幅1894年，德皇威廉二世在一张空白电报纸上绘制的战列巡洋舰草图，尽管专业的海军设计师们一致认为这个设计无法实现，但德国决意发起向英国制海权的挑战

化，战斗力和巡航速度升级。

其他水面舰艇计划：利用先进火炮和瞄准—指挥仪技术装备水面舰艇，包括快速巡洋舰、驱逐舰等，在它们上面大量加装鱼雷发射管，并大造鱼雷艇，使之对重型水面舰艇具备攻击力。

潜艇计划：远洋型潜艇，战时攻击敌方海运线。

远洋船队计划：大量制造大型客货轮并留有火炮、鱼雷管位置，一旦开战，能改造成伪装袭击舰，单独在公海游击作战……

除此之外，还包括详尽的海军装备研究计划，包括重型舰炮制造技术、指挥仪—射击技术、鱼雷技术、水雷技术、舰艇水密生存技术、电讯技术、海军军官训练计划、动员体制、资源分配计划、战时海外资源代用方案等等。只要实现这个庞大计划其中的一部分，也足以使英国神经紧张。提尔皮茨坦言：“德国这种大海军的目的，是要使最伟大的海权国家都不敢向它挑战，否则就有使自己的优势遭到破坏的危险。”当时的英国海军大臣、后来的英国首相温斯顿·丘吉尔一眼就看出了德国海军发展计划的实质：“大陆上最大的军事强国决心同时成为至少占第二位的海军强国，这是世界事务中一个具有头等重大意义的事件。”

1898 年，德国议会通过了造舰法案即《新海军法》，决定在 1904 年以前海军规模应当增加到 17 艘战列舰、9 艘重巡洋舰、26 艘轻巡洋舰以及相当数量的中小型舰艇。1900 年 6 月，德国政府经议会批准又颁布了第二个海军法案，计划到 1915 年将拥有 34 艘战列舰、11 艘重巡洋舰、34 艘轻巡洋舰、100 艘驱逐舰；另外预备役 4 艘战列舰、3 艘重巡洋舰、4 艘轻巡洋舰。德国造船业随之大发展，造船能力迅速增强；海军的军费逐年攀升，从 1883 年的 4600 万法郎上涨到 1908 年的 4.36 亿法郎，涨幅达 9 倍多。

德国扩军造舰深深震撼了英国。英国的安危系于海军，它明知德国此举是冲着自己，当然不会坐视不管。于是，作为对对手咄咄逼人最好的回答，那就是自己也咄咄逼人。1905 年，世界上第一艘超级战列舰——“无畏”号从英国船台下水。这个庞然大物的出现，使其他所有军舰都变成了“垃圾”。

【小贴士】大舰巨炮的巅峰——无畏舰

1905 年英国的“无畏”级战列舰下水，海军军备竞赛跃上一个新的台阶，由此进入了海战史上的以战列舰为代表的巨舰大炮时代。这一级战舰的排水量达到破纪录的 1.8 万吨，装有 10 门 305 毫米口径火炮、24 门 76 毫米口径速射炮，船舷和要害部分由 280 毫米厚的重装甲钢带保护，涡轮发动机功率达到 27500 马力，航速可达 21 节。

同一年，德国通过专门针对“无畏”级战列舰而制定的第三个海军法案，德国版的“无畏”级战列舰迅速开工；同时，德国开始研究大量建造潜艇的生产工艺。1908 年，德国已赶造出 7 艘“无畏”级战列舰。这年，德国通过第四个海军法案，规定从当年到 1911 年，每年新增建造 4 艘“无畏”级战列舰；1912 年到 1917 年，每年新增建造 2 艘“无畏”级战列舰。1912 年，德国通过第五个海军法案，规定再新增 3 艘“无畏”级战列舰，并建立由 8 艘战舰组成的分舰队。1914 年，第一次世界大战爆发之前，德国海军规模已居世界第二，拥有的战斗舰艇包括：20 艘“无畏”级战列舰、19 艘战列舰、7 艘战列巡洋舰、53 艘巡洋舰、140 艘驱逐舰、31 艘潜艇，55 艘各型炮舰和鱼雷舰，总共 325 艘、总吨位 107 多万吨。作为海上力量的重要组成部分，德国商船总吨位也由 1871 年的 8.2 万吨增加到 1914 年的 510 万吨；德国在世界造船业中的比重则由 1892 年的 7.3%增加到 1907 年的 13.8%。1914 年 6 月，德国境内的基尔运河改建工程竣工，能使当时最大的战舰通行无阻，大大增强了德国海军的战略机动能力。同时，德国的海外扩张也进一步打开局面：把中国的山东划为它的势力范围，夺取了青岛港，以此作为海军在远东的前进基地；在太平洋夺得了马里亚纳群岛、萨摩亚岛的一部分、加罗林群岛、马绍尔群岛、新几内亚、所罗门群岛；在非洲侵占了纳米比亚、坦噶尼喀、喀麦隆等地。德国舰队不仅在大西洋，而且在太平洋、印度洋、大洋洲附近海域出没。

面对德国扩充海军和争夺海洋霸权的咄咄逼人的挑战，英国不肯示弱，竭尽全力以求保持世界海上霸主的地位和世界海军第一强的实力。对于大英帝国来说，海洋霸权就是帝国的生命和根基。“在20世纪开头的10余年中，英国保守党。政府和自由党政府在帝国及殖民地政策上以布尔战争为鉴，不再热衷于扩张帝国，而是将重点移到巩固帝国上来。这一政策调整除了英国实力地位的变化之外，最主要的原因是欧洲事务，尤其是如何应付德奥意威胁的问题牵制了英国政府的大部分精力。”英国外交大臣格雷明确地指出：“真正决定我们外交政策的，是海洋霸权的问题。”1883 ~ 1908年，英国海军军费的增长幅度达到3倍。从增长的幅度看，英国不如德国，但英国的基数大、起点高，军费投入的绝对量还是超过德国一大截。1908年，英国议会通过法案，决心保持英国海军舰艇吨位不少于两个大国海军舰艇吨位的“两强标准”，并采取“两舰对一舰”的对策，即德国每造一艘“无畏”级战列舰，英国就建造两艘，并相应增加海军费用。1909 ~ 1910年英国海军的年度预算增加到3514万英镑。与1914年同期的德国海军相比，英国海军已有30艘“无畏”级战列舰、38艘战列舰、11艘战列巡洋舰、113艘巡洋舰、229艘驱逐舰、84艘潜艇，68艘各型炮舰和鱼雷舰，总吨位200多万吨，规模和阵容明显胜出。除了舰艇之外，海上作战手段开始向空中发展。英国和德国都已拥有一些飞艇，可用于海上布雷、海上侦察。在大战过程中，英国海军率先进行了飞机在军舰上起飞、降落的试验，率先制造出了航空母舰。

英、德两国你追我赶的结果，就是它们的海上实力遥遥领先于其他各国。但到一战爆发时，英国拥有的各式战舰均以绝对优势领先德国，而英国借着这压倒性的优势，在战时可以随心所欲地控制全球海洋，确保自己的海运线。如前所述，英国被德国海军警醒后，深知帝国之命脉系于海权，它义无反顾地投入扩大海军的军备竞赛之中。1909 年，英国议会审议四艘战列巡洋舰方案时，竟通过了八艘的议案！由于它的财力雄厚，1910 年，英国政府首次开征财产累进税为海军筹款。海军军备竞赛越演越烈，英国举国投入造舰狂潮——因为它的岛国地缘，只维持了一支相当于德国 1/10 的陆军。德国虽费尽九牛二虎之力，但它毕竟要靠陆军应付法俄联盟，加之工业起步较晚，底财不足，时间急迫而又有限，到第一次世界大战开始时，其海军综合实力只相当于英国的 1/3 到一半。当各国海军竞赛的浪潮抵达顶峰，一战便不可避免地发生了。

【知识链接】一战中的海战“无限制潜艇战”

1914 年 9 月 22 日，正在执行任务的 U–9 号潜艇，观察辨认出 3 艘英国巡洋舰，正以 10 节航速和间隔 20 链的横队航行。7 时 22 分，U–9 号潜艇对“阿布吉尔”号巡洋舰发射 1 枚鱼雷，命中后的爆炸让该舰的舰长误以为是触上了水雷。“阿布吉尔”号一边发出求救信号给相邻的两舰，一边放下救生艇，但在中雷后约 25 分钟就沉没了。“霍格”号驶至“阿布吉尔”号沉没的地点停车，在营救“阿布吉尔”号落水逃生人员的过程中，7 时 55 分被 U–9 号潜艇击中 2 枚鱼雷，10 分钟后沉没。“克立西”号没弄明白究竟发生了什么情况，停车发出求救信号，火炮漫无目标地向四周乱射。8 时 20 分，U–9 号潜艇占领阵位，朝它发射 2 枚鱼雷，命中 1 枚；稍后，补射 1 枚鱼雷，击中“克立西”号。该舰 8 时 35 分沉没。英国 3 艘巡洋舰就这样在一次不到一小时的短暂战斗中，被 1 艘德国潜艇歼灭了，1600 多人丧生。潜艇的战斗力

大出风头的 U–9 号潜艇

从此给人们留下深刻的印象，于是德国从 1915 年 2 月开始实行无限制潜艇战。2 月 4 日，德国政府发表声明，将环绕大不列颠、爱尔兰的领海以及英吉利海峡全部划为战争地带。从该月的18日起，德国潜艇对在该地带被发现的敌国和中立国商船将在事先不予警告的情况下一律击毁。这一决定和行为是对国际法和海战法中人道主义精神的公然违背和践踏，战争已经使人陷入疯狂、失去理性。1907 年 10 月 18 日签署的《在海战中限制行使捕获权公约》，1909 年 2 月 26 日签署的《海战法宣言》，都变成了废纸一堆。无限制潜艇战对协约国尤其是英国的海上交通造成很大打击，同时也频频使中立国的海洋运输遭殃。3 月，美国“发拉巴”号船被击沉；4 月，美国“湾登”号油轮被击沉。5 月，“卢西塔尼亚”号邮船被德国 U–9 潜艇击沉，导致包括 128 名美国人在内的 1198 人丧生，其中有 291 名妇女、94 名儿童。美国威尔逊总统就“卢西塔尼亚”号事件向德国发出严厉的照会，抨击这次潜艇袭击是违反国际法和对人类的犯罪，强调了美国为保卫中立国的国民为非军事问题到他们乐于去的任何地方旅行的权利，不惜采取任何言论或行动。1916 年3月24日，数名美国人在1艘英吉利海峡的运输船被击沉时丧生。这一连串的事件引起了美国不断升级的强烈抗议，美德关系濒临破裂，受制于美国的压力，德国海军大臣提尔皮茨被迫辞职。5 月 4 日，德国政府表示，“竭尽全力在其余战期内，将军事行动限于交战国的军队。并命令海军‘如事先未发出警告并且未能救出人命’不得击沉商船，惟当该商船企图逃脱或抵抗时，不在此限”。潜艇战被迫有所收敛，后来对中立国船舶的袭击一度停止了一段时间。德国海军部在分析开战以来的形势之后认准无限制潜艇战是打败英国的决定性手段，在当年 12 月提交统帅部的报告中就此进行了一番计算论证：在担负英国海上运输的全部商船中，英国拥有总吨位 775 万吨、中立国拥有 300 万吨，合计 1075 万吨；如果继续实行无限制潜艇战，将有 2/3 的中立国商船退出运输。德国潜艇在受到国际法限制的情况下，每月平均击沉约 35 万吨商船；如果改成无限制潜艇战，每月平均击沉商船的吨位可达到60万吨。只要连续进行6个月无限制潜艇战，累计击沉360万吨商船，英国海上运力将会下降39%。这就足以迫使英国投降。于是在1917年2月1日，德国恢复无限制潜艇战，宣布德国潜艇将攻击所有进入英吉利海峡、北海、地中海和大西洋规定海域的协约国和中立国的船只，事先不再警告。战争期间，德国潜艇主要用于破坏英国的海上交通线，使之遭到极大的破坏，成为英国及其他协约国、中立国商船的水下杀手。在整个第一次世界大战期间，德国潜艇参战了1700多次，击沉对方运输船共计1372.4万多吨，使英国海上交通线始终处于生死存亡的危机状态。在危机最严重的1917年夏天，英国首相劳合·乔治在议会下院通报情况时说："我希望现在全国都能知道，我们的粮食储备非常少，比以往任何时候都少，行将枯竭。"除了商船外，交战双方还有200多艘军舰在海战中被潜艇击沉。反潜战，是战争中英国皇家海军面临的崭新课题，而且十分紧迫。在水下搜索技术与器材发展成熟之前，英国皇家海军发明并广泛采用了伪装猎潜舰作为反潜手段，以解燃眉之急。有人仔细观察发现，德国潜艇袭击商船时，常常先登船掠夺战利品，然后再将它击沉。伪装猎潜舰经过专门设计，形似普通商船，隐藏着火炮，利用德国潜艇掠夺战利品时暴露于水面的弱点，诱其上钩、攻其不备。英国改装了180多艘各式各样、大小不一的伪装猎潜舰投入反潜作战，从1915年到1918年11月，它们击沉了11艘德国潜艇，击伤达60余艘，发挥了不小的作用。战斗舰艇的深水炸弹、炮弹的对潜攻击能力也有所进步，再加上水雷、水下防潜网，英国皇家海军在一战中总共击沉了145艘德国潜艇，占其损失总数的将近3/4。英国的海上交通线在这场史无前例的战争中经受了史无前例的重大考验，英国为此投入了巨大的人力物力。尽管无限制潜艇战取得了非常辉煌的战果，但同时也因其滥杀无辜、四面树敌给了美国参战的借口，为德国最后的失败埋下了祸根。

【巨舰大炮的绝唱——日德兰大海战】

第一次世界大战中最著名的海战是1916年的日德兰大海战。这场海战是在英、德双方都积极求战的形势下必然发生的。虽然自1914年8月开战以来，英国依靠占有绝对优势的海军，一直控制着北海，使德国受到严密的海上封锁，但是大战的头18个月，双方在大洋上的相互角逐中始终未发生具有重大战略意义的海战。德国主力舰队不敢进入北海，除龟缩在赫尔戈兰岛、基尔和威廉港等地，只能横行于波罗的海，封锁英国的盟友俄国。英国舰队慑于德国近海的水雷防御区和海岸炮火威胁，也不敢贸然进攻德国舰队的巢穴。于是，海上力量的较量陷入不明朗的僵局。英国方面为了彻底击溃德国海军，一直企盼它能出海与之大战一番。英国海军处心积虑地寻找机会彻底消灭龟缩不出的德国海军主力——“公海舰队”，以绝后患。由于英国的海上封锁，德国国内的经济蒙受沉重的打击，对战局极为不利。1915年2月，德国虽然曾宣布实行无限制潜艇战，以图打破英国的海上优势，但屈服于美国的压力，又不得不于1916年3月暂时中止无限制潜艇战。德国为了打破海上封锁，夺回海上行动的自由，扭转被动局面，也一直在迫不及待地寻找机会与英国海军主力进行决战，挫其锋芒，伤其元气。就这样，两国海军首脑不约而同地预谋策划着一场决战，两国海军主力不可避免地卷入了一场决战。首先是德国新任大洋舰队司令舍尔决心通过以诱歼之计打一场大仗，从而打破英国海军对德国的海上封锁。舍尔发布作战计划的电文被英国海军截获。英国海军舰队司令杰利科决定将计就计，与德国海军进行一场决战。于是上演了一场惊心动魄的日德兰大海战。

第一次世界大战期间仍是战列舰以其铁甲大炮称雄海洋的时代，日德兰海战则是这个时代最具代表性的海上战斗。这场海战规模空前，创下多项历史纪录：英德交战双方投入直接交战的军舰约250艘(其中大型战列舰、战列巡洋舰58艘)，总吨位达190万吨，官兵多达10万多人，战斗中双方发射炮弹所耗费的钢铁和爆炸物达5000多吨，平均每小时近1000吨，其中280～380毫米口径重炮炮弹约8000发。海战展开的战线长达15～19千米，可见此役对垒的阵容之强大，杀伤破坏之惨烈，实在达到登峰造极的程度。在铁甲战舰坚固的防护性能面前，与巨型火炮猛烈的打击威力相比，当时航空母舰及其舰载机的进攻力丝毫不起作用。因此，日德兰海战中，拥有航空母舰的英国皇家海军根本就没打算在攻击敌舰时派它的用场。日德兰海战惊天动地、名垂青史，皆因战列舰大编队巨炮怒吼、威震四方，与航空母舰实不相干。然而，日德兰海战已是战列舰历史上最辉煌的顶点，这顶点意味着往后不再有上升而只有下降了。英、德双方都求战心切、意欲决战，结局事与愿违、两败俱伤。日德兰海战成了一场未作决断的大决战，谁都未能达到歼灭对方主力舰队的战斗目的，这只能归咎于战列舰的无能。从此埋下了海战史上将由航空母舰大决战取代战列舰大决战的伏笔。

日德兰大海战 英国舰队出航

战列舰时代的海战战术也许过于单调，缺乏奇思妙想发挥的空间，以至于英国和德国双方海军决战的作战方案不谋而合、如出一辙：兵分二路，一支诱敌舰队在前，负责海上搜索侦察并迟滞、引诱敌主力舰队；一支主力舰队随后，对敌舰队实施决定性的包围攻击。英国海军出动总兵力151艘战舰，其中：诱敌舰队由10艘重巡洋舰、14艘轻巡洋舰、27艘驱逐舰以及“恩加丹”号水上飞机母舰组成，海军上将贝蒂任司令；主力舰队由24艘战列舰、11艘重巡洋舰、12艘轻巡洋舰、50艘驱逐舰以及“坎帕尼亚”号航空母舰组成，海军上将杰里科任司令。德国海军出动总兵力99艘战

舰，其中：诱敌舰队由5艘重巡洋舰、5艘轻巡洋舰、30艘驱逐舰组成，海军上将希佩尔任司令；主力“公海舰队”由22艘战列舰、6艘轻巡洋舰、31艘驱逐舰组成，海军上将舍尔任司令。

1916年5月31日1时，德国诱敌舰队从基尔港出发，驶向日德兰半岛西部海域，准备转至挪威南部海域袭击协约国的商船，吸引一支英国舰队前来解围，为主力舰队创造战机。2时20分，德国海军主力“公海舰队”出发，开赴设伏海区待机。舍尔和希佩尔两位司令都没有料到事先英方已侦破其行动计划，杰利科和贝蒂的2支舰队已于30日分别从斯卡帕湾和福思湾起锚，直奔德国舰队，欲以迎头拦截。一桩偶然事件，耽误了“坎帕尼亚”号航空母舰的征途，主力舰队司令部没有向该舰发送出航信号，使它在主力舰队开赴战场之后仍独自孤零零地呆在锚地。舰长施万弄明白自己的处境之后决心置德国潜艇的威胁于不顾，冒单舰航行的危险全速追赶主力舰队。等到“坎帕尼亚”号航空母舰在途中与主力舰队司令部沟通无线电联络时，杰利科的回电不是欢迎它火速归队，而是强令它立即返航。“坎帕尼亚”号和它搭载的12架舰载机就这样失去了日德兰海战的入场券。31日，北海汇集了4支舰队、250艘战舰，正向日德兰半岛以东的海面靠拢。英方的贝蒂舰队一马当先，“恩加丹”号水上飞机母舰跟随其中，舰载“肖特”型水上飞机本可以发挥空中搜索侦察的优势，提早发现目标，提早战术机动，掌握战场主动。然而，贝蒂没有这么做。午后，杰利科指挥英国主力舰队到达日德兰半岛近海。下午2时20分，双方先头部队在视距内几乎同时发现对方，不久开始交战。激烈的炮战中，“恩加丹”号派出飞机升空观察敌情，但舰上无线电设备故障，延误了情报传递。起初，贝蒂舰队全速前进，企图截住对方的后路，以便让后面自己的主力舰队赶来聚歼德舰。但希佩尔舰队识破其计谋，而且早有防范，考虑到自己的主力舰队也尾随在后面不远的海域，所以便将自己的舰队向后转向，与英舰并驶，从而距离德主力舰队越来越近。当双方相距不到17000米时，德舰乘势发起攻击，使英舰陷于首尾夹击的不利态势。英舰仓促还击，十分被动，“无倦”号、“玛利王后”号战列巡洋舰相继中弹沉没。

就这样，贝蒂和希佩尔两支诱敌舰队在对方主力舰队到达之前，相互厮杀了一个多小时。德国主力舰队于4时40分到达战场，舍尔比杰利科抢先一步。贝蒂舰队以寡敌众，损失惨重，急呼杰利科率英国主力舰队快马加鞭。英国主力舰队大约在6时才赶到，一则落后于德国主力舰队一个小时，二则已近黄昏、夜幕将临，能见度良好的炮火攻击时间所剩不多了，未能充分发扬全部火力。混战持续到夜间，德国人知道自己的实力处于劣势，在黑暗中奋力突围，杀开血路，撤退返航。英国人拼命阻挡，无济于事，只得打扫战场，转移收兵。从下午到次日清晨，双方有25艘战舰沉没海底，其中英国14艘德国11艘；有8640人伤亡，其中英国6090人、德国2550人。杰利科和舍尔两位司令官及两国海军部的作战计划都未能如愿；更难如愿的是英国人，拥有优势兵力反而战绩吃亏。

关于日德兰海战众多的评论之中，不乏有识之士透过战列舰的铁壁指出航空母舰及其舰载机使用上存在的问题。布赖恩·约翰逊以其著名作家的眼光看到：“‘坎帕尼亚’号要是按计划出发，它的飞机在海战中将起到决定性的作用，这绝非离奇之谈。在日德兰海战中，德方没有飞机参战，‘坎帕尼亚’号将会给舰队司令发出至关重要的关于敌舰队位置和航向的情报。但是，在战斗紧急关头，杰利科没有收到这种情报，致使舍尔得以逃出英军的重围。哪怕有一架载有训练有素的观察员和可靠无线电设备的水上飞机，就能使海战从实际上的双方相持局面变成对英国大为有利的局面。”当然，“恩加丹”号在战斗中受冷落与“坎帕尼亚”号在战斗前被遗弃产生的后果是一样的。日德兰海战之后，大炮巨舰的时代事实上已经过去，新一代海上巨无霸——航空母舰将成为下一次海上巅峰对决的主角，然而当时能够清醒意识到并站在时代潮流上的人并不多，包括英国、美国、日本等后续的海军强国。

日德兰海战从战略上说，英国海军基本达到了将德国“公海舰队”封死在德国领海的目标，自此到一战结束，德国水面舰艇始终都无法突破英国的海上封锁，不得不恢复无限制潜艇战。“公海舰队”的命运同样悲惨，1918年，一战宣告落幕，英、德两国海军的斗法也到此为止。战败的德国，按要求将“公海舰队”集结到了英国斯卡帕弗洛海军基地，为避免拱手将苦心经营的舰队送交敌手所遭受的耻辱，德国海军官兵在《凡尔赛条约》签字前夕，做了一件彻底毁灭德国海军的“壮举”——打开所有巨舰水密舱门。随着一艘艘巨舰下沉，提尔皮茨的心血全部付诸东流，德国海军也再无能力挑战英国海上霸主的地位。

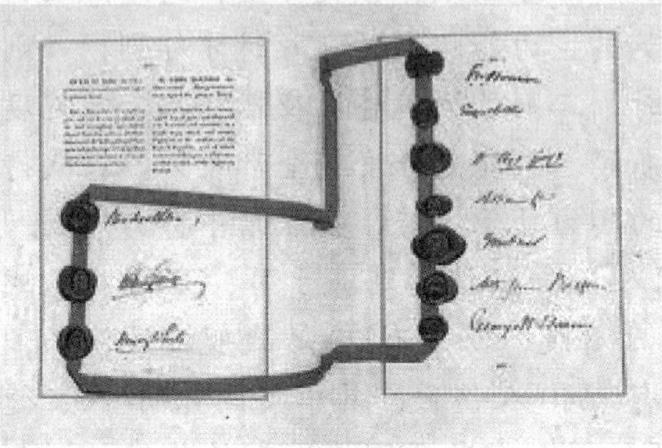

《凡尔赛条约》副本

1918年11月11日，就在这一天，疯狂的两大帝国主义集团瓜分世界的斗争终于告一段落，而德国的争霸梦也灰飞烟灭了。一场世界大战，其实就是两大强盗集团的极致疯狂。将两大集团称之为“强盗集团”毫不为过。它们以强盗的逻辑，以强盗的手段瓜分世界，为了一己私欲，为了争夺国际市场上的有利地位和特权，不惜大打出手。一战也再次证明，海军在国家间的武装冲突中起到了非常重要的作用。当海军成为大国的政治工具，它也就成了“海上政治暴力”。谁能更多地掌握这种暴力，谁就能更多地掌握政治话语权，包括其他国家的政治话语权。当大家都意识到这一点，也意识到这一点的“可怕”，便有了按政治资本限制海上军备发展的举动。然而，有什么能让贪婪、野心、欲望止步？一战之后，这些所谓的限制没有让各国大幅削减海军的军费，相反，从20世纪30年代起，大国们纷纷再次开始了新的、肆无忌惮，而且是无所约束的海上军备竞赛。

1921年11月，当时的5个海上强国在华盛顿召开了历史上第一个限制海军军备会议。会议达成《五国海军军备协定》，决定英、美、日、法、意五国的主要战舰保持5：5：3：1.75：1.75的比例。该协定使美国的海上军事力量“合法”地获得了与英国并驾齐驱的地位。英国不得不放弃19世纪提出的“两强标准”(即英国的海军实力至少必须与其他两个海军强国的实力总和相当)，同时，把日本抬到了次一等的位置上。无疑，这次会议确立了美国海上一流强国的地位。然而，虽然签订了限制军备协定，列强并未停止发展海军军备的步伐，海洋仍然是帝国主义争霸的重要场所，而海上军事力量建设则成为它们争霸的得力工具。很快各个国家，包括战败国德国都开始全面突破海军军备建设的种种限制，战争机器再次疯狂运转，其结局只能是第二次世界大战的人类浩劫。

四、海上狂飙——二战中的海疆争夺

在1939年全面爆发的第二次世界大战中，海洋上的激烈较量成为决定战争进程与胜负的关键因素。盟军如果没有掌握大西洋的制海权并进而向欧洲大陆发起进攻，就无法打败希特勒德国；美国如果不在太平洋战场击败日本，就难以取得对日战争的胜利。一幕幕疯狂的海上对决，再次将海疆争夺与国家命运紧紧地联系在了一起。

逐鹿大西洋

第一次世界大战中，英德两国的海军为了维护自己的海上交通运输线而展开了殊死搏斗。第二次世界大战中，德国海军再次和英、美两国海军交锋。德国海军旨在破坏英国赖以输送战略物资、原料和粮食的生命线——大西洋，英国皇家海军则为了保卫自己的海上命脉，双方展开了激烈的大西洋制海权之争。

【知识链接】大西洋之战

此番与老对手在大西洋争夺，德国海军还是知道自己有几斤几两，自己还没有强大到可以和英国皇家海军直接对决的程度。两军实力相差太悬殊了，硬拼显然毫无胜算可言。况且，《凡尔赛条约》对德国军备的严格限制还是有一定成效的，至少确保了德国的水面舰只无法与英国匹敌。因此，德国海军故伎重施，集中力量去切断英国的生命线，也就是阻断英国的海上贸易，而这恰恰就是英国最为担忧的。大西洋争夺的焦点再度集中到了海上航线的破坏与保护上了。

重型战列舰“俾斯麦”号

水面上的争夺

针对袭击的对象——英国商船和护航的舰船，德国有针对性地进行水上舰艇的制造。德国的重型战列舰“俾斯麦”号和其姊妹舰“提尔皮茨”号相继下水。同时，德国还研制了一种袖珍战列舰，此舰能灵活、快速地对商船发起猛烈攻击。袖珍战列舰中最具代表的就是“施佩伯爵”号，它在二战爆发伊始便在南大西洋和印度洋海域多次击沉英国商船，战果累累，这让皇家海军如芒在背，为此英国和法国特地派出了三艘巡洋舰对付“施佩伯爵”号，胜败自不必言。1940 年 8 月，纳粹政府宣布对英国进行全面封锁，并升级了“海上袭击”，中立国的商船也成为德国海军的袭击目标。如此一来，英国航运的损失更是明显。此番，商船们的梦魇是德国的另一艘袖珍战列舰——“舍尔海军上将”号。德国的海上袭击使得英国的海上航运损失巨大。雪上加霜的事情陆续而来。挪威和法国沦陷后，德国便占据了当地重要的港口，并随之建立了舰艇基地。此时，德国海军感到自己不需要再畏畏缩缩了，该重型战舰上场了。

1941年5月，巨型战列舰“俾斯麦”号和重型巡洋舰“尤金亲王”号驶入大西洋，首次交手便击沉了英军的战列舰“胡德”号。随后，“俾斯麦”号和“尤金亲王”号分开航行。为了给“胡德”号复仇，英国出动了航空母舰“皇家方舟”号。在猛烈的空中轰炸下，“俾斯麦”号落荒而逃。但英国舰队怎么会给它逃脱的机会？最终，“俾斯麦”号还是葬身海底，“尤金亲王”号则虎口余生，侥幸脱身。接着，英国海军又将注意力转移到了挪威，那里有德国部署的重型战列舰“提尔皮茨”号、战列巡洋舰“沙恩霍斯特”号和“格奈森诺”号、重型巡洋舰“希佩尔”号和袖珍战列舰“吕佐夫”号。在那里，德国舰队为了打击赴苏联的英国商船，与英国舰队发生激战，也就是巴伦支海战役。“沙恩霍斯特”号一直是英国海军的心腹大患。英国海军忌惮它，不仅因为它装备齐全、火力强大，更主要的还是因为它戳着皇家海军的痛处。“沙恩霍斯特”号曾经和另外一艘巡洋舰共同联手，击沉了英国的一艘海上巨无霸——“光荣”号航空母舰。这可是奇耻大辱，英国皇家海军怎能不对它恨之入骨？1943年12月20日，英国一支航母特混舰队，在从大西洋驰援北冰洋的过程中遭遇“沙恩霍斯特”号。弗雷泽上将坐镇“约克公爵”号，指挥全队对“沙恩霍斯特”号发起进攻。率先拉起战斗警报的是重巡洋舰“肯特”号，而特别值得一提的是，当时正在英国学习的中国军人卢东阁、郭成森就在该舰上，郭成森还是该舰第一主炮塔的见习副炮长。战斗开始了，年仅23岁的郭成森首次在副炮长的战位上体验到了实战的滋味，而他也亲眼见证了一艘战列巡洋舰在被鱼雷击中后发生剧烈爆炸，因燃烧而浓烟滚滚，随即沉没的情形。此后，1944年3月30日，皇家海军针对德国仅剩的海上堡垒“俾斯麦”号的姊妹舰“提尔皮茨”号发起突袭行动。中国军人卢东阁有幸参与了该次突袭行动。甚至，还多亏卢东阁发现敌情及时，使英国舰队躲过了德国潜艇的偷袭。最后，在1944年11月12日，“提尔皮茨”号被皇家空军派出了两架轰炸机严重炸伤，最终船体倾覆。从那一刻开始，英国皇家海军再也不用担心德国海军的水面舰艇了。

艰苦卓绝的“打狼行动”

“俾斯麦”号战列舰被送入海底后，德国基本上放弃了使用大型水面战舰破坏海上交通线的战法，进一步加大潜艇袭击的力度，并发明运用了潜艇群攻击，被称为“狼群战术”。英国海军及中途参战的美国海军，为保卫海上交通线，展开了艰苦卓绝的反潜战。潜艇袭击战与反潜战，成了大西洋海战场最主要的作战样式。同时，英国海军也对德国实施海上封锁，切断其海上交通线。德国海军继续实施无限制潜艇战，给英国海上运输造成极大的威胁。第一次世界大战后签署的国际法、海战法对德国潜艇根本不起作用，这些法规上的繁文缛节对于实战中迫不及待取得和扩大战果的潜艇来说，总是落得不屑一顾或被遗忘。1940 年 5 月和 6 月，德国占领荷兰、比利时、法国之后，这些国家濒临大西洋的沿海港口为德国潜艇提供了理想的基地，出入方便的德国潜艇在北大西洋击沉了大量英国运输粮食和战争物资的船只，还击沉了包括英国航空母舰在内的许多作战舰艇。潜艇造成同盟国和中立国商船巨大的损失。英国海军面临的反潜战形势十分艰巨，为对付海上交通线上的德国潜艇和水雷威胁，英国在二战期间把海军建设重点放在扩大反潜能力和反水雷能力上，大力建造驱逐舰、护卫舰、护卫艇、拖网渔船、扫雷舰和其他轻型舰艇。

英国皇家海军在海上交通线上的反潜战也很有成效，毕竟占有海上优势，尤其美国参战将这一优势显著扩大。美国从 1941 年初就开始介入大西洋海上交通线的保卫战，9 月，美、加海军就开始了与英国海军接力式的护航行动。1941 年底，美国正式参战，英、美盟军的反潜作战能力比前一时期有了进一步的提高。1942 年底，英、美盟军投入保卫大西洋海上交通线的反潜飞机将近 2000 架。1943 年，英、美盟军投入保卫大西洋海上交通线的反潜舰艇多达 3000 艘以上，其中有 633 艘驱逐舰、485 艘护卫舰和扫雷舰、1110 艘猎潜舰艇、660 艘武装拖网渔船、118 艘炮舰。同时，军事技术日新月异，对潜搜索器材和对潜攻击武器不断改进更新，空中、水面、水下立体反潜体系逐步完善。英、美盟军在战斗中不断地歼灭德国潜艇兵力，德国潜艇的损失数越来越多，使德国潜艇袭击战的能力日益降低。德国投入战争的潜艇共1175艘，损失了781艘，损失率为66.5%。1939～1942年，盟军击沉德国潜艇158艘；1943～1945年，击沉德国潜艇623艘。从1943年下半年起，盟军基本上控制了大西洋的海上通道。同时，盟国的造船能力大幅度提高，造船数量远远超过船只损失数量，确保了英国海上交通运力的充足。二战期间，德国和意大利的潜艇共击沉击毁了2828艘同盟国和中立国的商船，占护航运输队航行商船的28%。这些商船的载重吨位为1469万吨。顶着巨大的风险，盟国商船成功横越大西洋达到30万个航次，基本满足了战争对物资和人员的运输需求。为了保卫海上交通线，英、美海军付出了很大的代价，直接损失9艘护航航空母舰、13艘巡洋舰、162艘驱逐舰、61艘护卫舰。

二战中叱咤风云的德国潜艇

其实二战开始，世界大洋的海上争夺焦点就逐渐从大西洋转移到了太平洋。在二战期间的太平洋战场上，美、日两国海军展开了波澜壮阔、空前绝后的激烈角逐。当初，美国的“黑船”叩开了日本的大门，惊醒了日本人的锁国梦。之后，梦醒了的日本居然能放眼大海，谋求海权。从这个角度看，美国还算是日本的“启蒙老师”。美国人看着日本与中国争夺海权，看着日本海军击败了俄国舰队，将东亚海权掌控手中。其间，美国也或明或暗地支持过日本。一战后，日本在巴黎成功分赃，成为名副其实的新兴“暴发户”。毋庸

置疑，那时帝国主义列强在亚洲的力量对比已经发生了重大变化，在这种变化之下。

美、日在海军扩建的竞争上极为激烈，1919 年，美国国会批准了庞大的海军扩建计划。第二年，日本也不甘落后，开始实施“八八舰队计划”。所谓“八八舰队计划”，也就是日本计划在八年内，建造八艘新式战列舰、八艘新式巡洋舰。在当时，日本的海军拨款已占日本全部国家预算的 1/3。

为限制日本扩建海军、攫取远东太平洋地区利益，美国政府号召诸国讨论“远东太平洋问题”和“海军军备限制问题”，于 1921 年 11 月 12 日，与会议主题有关的国家美国、英国、日本、法国、意大利、荷兰、比利时、葡萄牙和中国出席了华盛顿会议。会议持续到了 1922 年，经 3 个月的讨价还价后，华盛顿会议终于达成了关于远东问题、太平洋地区问题、海军限制问题的三个重要条约——《九国公约》《四国条约》《五国条约》。《九国公约》，是美、英、法、日、意、中、荷、比、葡九个国家共同确定的列强在中国实施“门户开放”和“机会均等”的侵略原则。美国是想借此规定打破日本独霸中国的局面。《四国条约》，其实是美、英、法、日四国就太平洋区域岛屿属地和领地权利的划分的一份确认状。日本在华盛顿会议中也有斩获，它就包围东亚大陆和环绕西太平洋形成了两道防线，也就是后来的“岛链”。而日本的这两道防线的存在，使日本海军在西太平洋占据了更为有利的地位，这在日本与美、英在太平洋作战时体现尤为明显。1930 年 1 月 21 日，美、英、日、法、意五强海军会议在伦敦举行。日本先声夺人，要求重新确立舰船吨位比例原则。又是一番讨价还价，一个月后，《伦敦海军公约》出炉。这一次，日本为海军扩军备战取得了主动地位。然而，当日本在东亚的势力有所扩大，它与美国的矛盾也越来越尖锐。

1937 年，日本在中国导演了“七七事变”，破坏了《九国公约》。国际联盟不痛不痒的“指责”，让日本更是肆无忌惮，它的侵华战争在一步步地扩大，而美国也感到自己在太平洋的安全和利益受到极大威胁。其实，美、日两国竞相扩建海军，本身就预示着远东和太平洋地区的争霸战即将拉开序幕。美国应该料到会有这么一天。只是，当日本成为东亚不折不扣的海军强国，进而挑起战争的事实横陈美国面前时，美国还是显得错愕不已。

血战太平洋

太平洋战场是第二次世界大战中海战的主要战场。史无前例的太平洋战争把人类历史上的海战推向了高潮。这场海上战争的战场范围之广、战争规模之大、海战次数之多、装备现代化程度之高、战略战术运用之妙，可以说在世界海战史上都是空前的。这场海上战争始终围绕着太平洋海域控制权以及岛屿登陆和抗登陆展开，交战方进行了大量舰队之间的海战、海上袭击战、海上破交战。而太平洋战争的揭幕战——偷袭珍珠港，充分显示出航空母舰将取代战列舰的位置，成为海战场上的主角。

【知识链接】偷袭珍珠港——揭开太平洋战争大幕

珍珠港位于太平洋中部夏威夷群岛的瓦胡岛南端，是美国在太平洋最重要的军事基地，它东距美国西海岸2090海里，西距日本3200海里，战略地位十分重要，素有“太平洋心脏之称”，是美国通往亚洲和澳洲的交通枢纽。尤其是珍珠港内各项设施完备，可停

二战时珍珠港照片

泊各种舰艇500艘，有军港、机场、航空站、油库、弹药库和修船厂等军事设施。一旦发生战争，珍珠港无疑将成为美国调兵遣将的重要基地。从1939年开始，美国把常驻本土西海岸的舰队调往珍珠港，以威慑日本。1941年5月起，美国太平洋舰队的绝大部分军舰都停泊在港内，其常驻兵力猛增到水面舰艇100多艘（包括3艘航母、9艘战列舰、20艘巡洋舰、69艘驱逐舰），潜艇27艘，作战飞机349架。要想重创美国太平洋舰队，珍珠港无疑是日本绝佳的攻击对象。

战争开始前，美国在“先欧后亚”战略方针和试图通过各种方式推迟战争的指导思想下，战前美、英、荷等同盟国在亚太地区的陆海军兵力数量均处于劣势，远未做好应付日军进攻的准备，而珍珠港的防御问题也一直没有得到足够的重视。

表1 1941年底日、美在太平洋主要舰艇兵力对比表

国别		战列舰	航空母舰	重巡洋舰	轻巡洋舰	驱逐舰	潜艇	合计
日本	艘	11	10	18	20	112	65	236
	吨	40万	20万	21万	10万	16万	10万	117万
美国	艘	9	3	13	11	80	56	172
	吨	30万	9万	15万	9万	10万	8万	81万
日美舰艇吨位之比		10∶7.5	10∶4.5	10∶7.1	10∶9	10∶6.2	10∶8	10∶7

（注：“大和”号战列舰于开战后第8天开始服役，故将其统计在内）

1941年11月26日由日本海军南云忠一中将率领的海上突击编队（包括6艘航空母舰在内的约60艘水面舰艇，舰载机约400架）从单冠湾起航，经波涛汹涌的北太平洋航线，向夏威夷海域进发。在途中，舰队保持无线电静默，而连日来的密布浓云，正像一个天然的帷幕将庞大舰队的行动遮蔽起来，不仅一直未被美军飞机和潜艇发现，甚至连第三国的舰船也没有遇到。12月6日，突击编队进行了最后一次油料补给后，转向以24节的航速驶向珍珠港。

12月7日黎明，海上突击编队到达瓦胡岛以北200海里的海域。4时30分，5艘各载2人的日本袖珍潜艇先行出发，偷偷越过珍珠港防护栅潜入港内，并发回了港内美军舰艇驻泊数量和位置的详细情报。当天，港内泊有美国战列舰和巡洋舰各8艘、驱逐舰29艘、潜艇5艘、其他舰艇35艘，停有海军飞机145架、陆军飞机262架。6时整，日军海上突击编队旗舰“赤城”号升起了“Z”字旗命令出击，其余航空母舰看见信号后，立即转向逆风航行。6时30分，第一攻击波编队飞机183架全部起飞，其中战斗机43架、水平轰炸机49架、鱼雷机40架、俯冲轰炸机51架，在海军中佐渊田美智雄的率领下直飞瓦胡岛。

12月7日日本战机拍摄的珍珠港照片

永远沉没在珍珠港湾内的“亚利桑那”号战列舰

7时40分，日机突击群展开成攻击队形，由瓦胡岛西部进入，此时珍珠港内的美军毫无防备。7时55分，日本俯冲轰炸机率先从4000米高空开始俯冲，主要攻击了希凯姆、惠列尔机场和福特航空站。仅仅几分钟，日本人彻底敲掉了珍珠港的防空设施，并向“赤城”号航空母舰上的南云发回了袭击成功的信号：“虎！虎！虎！”随后，日军鱼雷机分为两路分别对福特岛两侧的舰船实施了鱼雷攻击。8 时 05 分，水平轰炸机待鱼雷机攻击完成后，在 3000 米高度对福特岛东侧的战列舰、依哇机场进行轰炸，把一枚枚 800 千克重的穿甲弹直接投向美舰。

珍珠港内的 8 艘战列舰除 1 艘进坞修理外，其余均沿福特岛东南岸停泊。停在最前面的是“加利福尼亚”号，迅速被 3 枚鱼雷击中舰尾下沉着底，舰首翘出水面。停在“加利福尼亚”号后面不远的是“俄克拉荷马”号和“马里兰”号，这两艘军舰并列停靠。“俄克拉荷马”号先后被 5 枚鱼雷击中倾覆沉没，“马里兰”号被 2 颗炸弹击中前甲板，其中 1 颗穿透甲板在舱内爆炸，受到重创。接在其后的是“田纳西”号和“西弗吉尼亚”号，也是一里一外地并列停靠。“西弗吉尼亚”号首批就被击中 6 ~ 7 枚鱼雷，向左倾斜坐底，由于舰员及时采取了损管措施，才免于倾覆。靠在里边的“田纳西”号被击中 3 颗炸弹，将 3 号炮塔的主炮炸毁，损伤不算严重。最惨的是“亚利桑那”号，空袭伊始就被数枚鱼雷击中左舷，后又被 4 颗炸弹击中，其中 1 弹穿透前甲板在弹药舱爆炸，伴随着惊天动地一声巨响，一股黑中带红的巨型烟柱腾空而起升上千米高空，“亚利桑那”号战列舰和 1000 名官兵当即沉入水底。停在最后面的“内华达”号被 1 枚鱼雷击中左舷前部，后被俯冲轰炸机投中炸弹，只好在福特岛西南抢滩。太平洋舰队的旗舰“宾夕法尼亚”号由于正在船坞修理，没有受到鱼雷攻击，仅被俯冲轰炸机投中 1 颗炸弹，损失轻微。与此同时，43 架零式战斗机从西部山区东侧进入，分为 6 个编队，时而在高空盘旋，时而用机枪扫射摆在美军机场上的飞机和乱跑乱窜的美军官兵，来往穿梭，上下翻飞，黑压压布满珍珠港天空。8 时 40 分，日军第一波攻击顺利完成任务，返回航空母舰。

日军第二攻击波于 7 时 15 分起飞，共出动飞机 167 架，其中俯冲轰炸机 78 架、水平轰炸机 54 架、战斗机 35 架。8 时 54 分，日机开始攻击，实施补充轰炸，以扩大第一波突击的战果。其间，俯冲轰炸机主要攻击舰船，水平轰炸机主要攻击希凯姆、贝罗斯机场和各海军航空站，战斗机则担任空中掩护，封锁和扫射各航空基地。由于第一波攻击后珍珠港内硝烟弥漫，目标很难看清楚，俯冲轰炸机主要根据下面射来的集束弹幕来判明军舰位置实施俯冲轰炸，水平轰炸机则降低高度进行轰炸。第二波历时约1小时，并于12时左右返回航空母舰。空袭期间，另有35架飞机在突击编队上空实施掩护，40架作为预备队。

空袭珍珠港整个战斗持续不到2个小时，日军共投掷鱼雷40枚、各种炸弹556枚，合计144吨。击沉、击伤美军各型舰船21艘，其中击沉、击伤战列舰各4艘，击伤巡洋舰、驱逐舰各3艘，“犹他”号靶船和“奥格拉拉”号布雷舰也被炸沉。岛上机场全部被损坏，美军飞机共被击毁232架，其中海军飞机80架、陆军飞机152架。美军官兵被炸死炸伤3681人，其中海军亡2112人、伤987人；陆军亡222人、伤360人，另有普通市民伤亡100人。相比之下，日军仅损失29架飞机、伤亡200人。以如此小的代价，取得这样大的战果，可以说是战争史上极为成功的突袭战例。

“亚利桑那”号沉没瞬间

偷袭珍珠港的成功对日本实施南进战略起了重大作用。由于美国驻太平洋海军受到重创，东南亚盟军孤立无援，日军得以兵分五路，迅速向泰国、马来亚、菲律宾、香港和关岛进军，并占领了荷属东印度群岛和缅甸，短期内就迅速赢得了战略主动权，夺取了西太平洋的制海权。但是，日本的不宣而战彻底激怒了美国。之后，美国国会通过了《对日宣战案》，开始了空前规模的人力、物力动员，决心把反法西斯的战争进行到底。可以讲，日本偷袭珍珠港在战术上取得了辉煌战果，在战略上则犯下了致命错误。美国对日宣战，标志着太平洋战争正式爆发，第二次世界大战也因此真正具有了全球战争的性质。美国的参战，极大地增强了同盟国的军事力量，对二战的进程产生了极为深远的影响。事实证明，美国参战后，在太平洋战场和欧洲战场沉重打击了德、意、日轴心国，为二战的全面胜利作出了重大贡献。

对于美国海军而言，由于战列舰在珍珠港受袭时遭到了毁灭性的打击，反而促使其一改以战列舰为核心的传统海战理念，转而以航空母舰作为舰队核心来实施海上作战，并逐渐摸索出一套围绕航母作战的战略战术。太平洋舰队司令尼米兹在战后感慨道：暂时丧失了旧式战列舰，使得美国能把当时甚感不足的熟练舰员充实到航空母舰中去，加之受到损伤的巡洋舰和驱逐舰为数有限，用于编成航空母舰突击部队的军舰基本完好无损，美国因此采用了以航母为主的作战方法，这种突击兵力是二战中最有效的一种海军兵力。航空母舰的出现和运用，无疑将使世界战争史上的海战变得更加精彩、更加激烈。

太平洋战争爆发后，日本海军在短短几个月内连续重创美英澳盟军。继奇袭珍珠港大获全胜后，日军于 1941 年 12 月 10 日将英国海军远东舰队的 2 艘主力舰——“威尔士亲王”号战列舰和“反击”号战列舰送入海底。这样，日本海军轻而易举地全歼了美、英两国在太平洋上的海军主力，在西太平洋地区已经没有盟军的主力舰船能够与日本海军相抗衡。在随后的 3 个多月里，日本海军联合舰队在爪哇海大胜英、荷、美、澳四国海军，之后闯入印度洋，在锡兰（今斯里兰卡）消灭了英国东印度洋舰队主力。在海上战场频频告捷的同时，日本陆军一方面巩固了在“满洲”和中国的局势，另一方面则以不可阻挡之势席卷了东南亚和西南太平洋诸岛，直接威胁着澳大利亚的安全。至 1942 年 3 月末，在不到半年的时间里，日本轻取了印度支那半岛、菲律宾、荷属东印度（今印度尼西亚）等广大南方资源及战略要地，把战线推进到了西起缅甸、安达曼群岛，南抵爪哇岛、新几内亚岛、所罗门群岛，东至吉尔伯特群岛、威克岛一线的范围，形成了对日军极为有利的战场态势。日本俨然成为太平洋和印度洋的新霸主，其精心筹划的太平洋战争第一阶段作战行动也告一段落。

到1942年3月，美国开始退守中部太平洋和西南太平洋，力图保卫阿留申—夏威夷—澳大利亚一线至美国西海岸的广大区域。其中重点是守住夏威夷和澳大利亚两个战略要点，以及连接这两地的漫长海上交通线，以此构成稳固的防御的战略前沿，尽管英美确认了“先欧后亚”的战略方针，但是鉴于太平洋持续紧张的局势，1942年春季，美国在战略计划实际上已经将太平洋作为重要战区，并加快了在太平洋战场兵力集结的步伐。此时，美国已下定决心，要牢牢守住澳大利亚这一重要地区，阻止日军继续推进，双方在西南太平洋的一场较量即将上演。1942年春，美日双方根据各自确定的战略计划，都把太平洋作为主要作战地区，并把目光聚焦在澳大利亚东北部的珊瑚海地区。

【知识链接】珊瑚海海战——航空母舰首次交锋

珊瑚海又称所罗门海，位于太平洋西南部，是通向所罗门群岛和巴布亚新几内亚半岛的海上交通要道，对“南进”的日军具有相当重要的战略价值。同样，该地区是美军阻止日军进犯，保持美国通往澳大利亚和西南太平洋海上交通线安全的战略防御前沿。控制珊瑚海则是日本实施第二阶段作战计划的关键环节，如果日军能够有效控制这一地区，便可拥有坚固的海空军基地，进而威胁同盟国的主要反攻基地——澳大利亚。

1942年4月，日本海军部计划，第二阶段第一期作战的主要目标是夺取莫尔兹比港，为下一步进攻斐济群岛和萨摩亚群岛的作战提供前进基地。日本海军中将井上成美指挥的第4舰队领受了这一任务，加上增援的第5航空母舰大队（包括大型航空母舰“翔鹤”号和“瑞鹤”号）、第5巡洋舰大队（包括重巡洋舰“妙高”号和

"羽黑"号）以及"祥凤"号轻型航空母舰和一批驱逐舰，参战兵力拥有航空母舰3艘、巡洋舰11艘、驱逐舰15艘，以及炮舰、驱潜舰、扫雷舰、运输舰等60余艘，此外，还有岸基飞机70余架、舰载飞机137架。

就在日军信心十足地准备对莫尔兹比发动新一轮进攻的时候，做梦也没有想到，美军已经掌握了日本海军的密码。1942年1月20日傍晚，日本海军"伊-124"号潜艇在澳大利亚达尔文港附近布雷时被盟军猎潜艇击沉，美国海军偷偷地打捞了"伊-124"号潜艇，在潜艇的指挥室里发现了日军通信密码本。美军借此破译了日本海军的密码，获取了有关日军作战意图方面的详细可靠的情报。日本舰队几乎是一出海，就被美国海军情报部门掌握了各舰艇编队

日军"翔鹤"号航空母舰

的舰艇数量、舰种、大致航线和目的地等战术细节，尼米兹对日军的南下作战计划已经了然于胸。

4月中旬，尼米兹下令第17特混舰队于4月底以前返回珊瑚海准备参战，其主力是"约克城"号航空母舰，搭载20架战斗机、38架侦察俯冲轰炸机和13架鱼雷机。此外，该舰队还拥有3艘重巡洋舰、6艘驱逐舰和"尼奥肖"号舰队油船。正在珍珠港的第11特混舰队受命迅速向西南太平洋开进，该舰队包括"列克星敦"号航空母舰、2艘重巡洋舰和7艘驱逐舰。"列克星敦"号载有22架战斗机，36架侦察俯冲轰炸机和12架鱼雷机。与此同时，"芝加哥"号重巡洋舰和澳大利亚海军的两艘重巡洋舰也受命火速增援

珊瑚海。4月底，刚刚返回珍珠港的“企业”号和“大黄蜂”号航空母舰随后跟进以支援前锋部队。至此，美、日双方的战前准备已经就绪。

5月3日清晨，图拉吉岛、格维图岛等地被日军占领，着手设置水上航空基地。就在日军向图拉吉岛航进的过程中，美国海军第17和第11航空母舰编队已于5月1日在珊瑚海东南海域集结，并加紧了对这一海域的空中侦察。5月3日，美侦察机发现日军已在图拉吉登陆，决定派遣“约克城”号航空母舰编队高速北上，于5月4日出动舰载机对图拉吉的日军进行了轰炸。日军猝不及防，“菊月”号驱逐舰以及“玉丸”、第1号、第2号等3艘扫雷艇被炸沉，“夕月”号驱逐舰、“冲岛”号布雷舰被炸伤。

正在所罗门群岛东岸向南行驶的日本机动突击舰队，得到消息后断定美国航空母舰部队已进入珊瑚海，便兼程急进，由东南通道进入珊瑚海。而行踪暴露的“约克城”号连夜返航南撤，与“列克星敦”号航母会合。5月6日，这两支航空母舰编队正式合编成第17航母特混舰队，由弗莱彻海军少将统一指挥，直奔珊瑚海寻敌。一向寂静的珊瑚海一时间剑拔弩张，战云密布。日美两支舰队均已知悉对方就在该海域，开始相互进行搜索。5月7日清晨，日军机动突击舰队收到两份敌情报告：在南面和西面均发现包括1艘航母在内的美军舰队。编队航空兵作战指挥官原忠一少将喜出望外，决定先攻击舰队以南大约160海里处的美军舰队，再转向西面歼敌。“翔鹤”号和“瑞鹤”号上等待已久的78架轰炸机、鱼雷机和战斗机奉命起飞，令日军飞行员大失所望的是，侦察机报告的所谓“美军特混舰队”不过是美国的“尼奥肖”号油轮和为其护航的“西姆斯”号驱逐舰。这两艘美军舰船不幸当了“替罪羊”。很快，日本人付出了更为沉重的代价。几乎与日军舰载机群攻击“尼奥肖”号油轮的同时，弗莱彻指挥的第17航母特混舰队，正在新几内亚岛东端的路易西亚德群岛以南海域向西北航行，截击经过约马德水道进攻莫尔兹比港的日军登陆部队。8时，“列克星敦”号上的1架侦察机报告，在路易西亚德群岛的北面发现了2艘航空母舰和4艘重型巡洋舰。9时许，“列克星敦”号抵至目标所在地东南面约160海里处，其飞机起飞半小时后，“约克城”号上的飞机也起飞参战。至10时30分，两艘航母共起飞飞机93架，另47架留作预备队和担负空中警戒。无独有偶，美军侦察机发现的其实是日军支援舰队的两艘巡洋舰和两艘驱逐舰，并非日军航母机动突击舰队。不料美军却歪打正着，在距突击机群前去攻击的原定目标东南约35海里处，发现了日军“祥凤”号轻型航空母舰及数艘其他舰只，这是美军舰队在太平洋战场上第一次发现日本航空母舰。11时许，93架美机开始集中轰炸“祥凤”号，首次突击就有13颗炸弹和7颗鱼雷命中目标，“祥凤”号整个舰身顿时变成一片火海，几处断裂，迅速沉入海底，全舰800余名舰员，死亡636人，舰上的21架飞机损失了18架，而美军在空袭中只损失了3架侦察轰炸机。“祥凤”号是美国海军第一次击沉的日本航空母舰。为免遭日舰袭击，美航空母舰编队趁夜暗向西驶去。

“祥凤”号航母沉没后，日军航空母舰机动编队向西疾驶追敌。傍晚，原忠一海军少将不顾日落后飞机难以回收的危险，再次派出27架受过夜间训练的俯冲轰炸机和鱼雷机，向西搜索、攻击美国航空母舰。然而由于天气状况不佳，日机飞临美舰队附近却未发现目标，而美舰队则借助雷达发现了敌机，立即起飞战斗机进行截击，双方在云层中展开激烈的厮杀。有9架日机在激战中被击落，慌乱中，只顾逃命的日机竟然错把美航空母舰当成自己的母舰，领队日机朝着“列克星敦”号开始进入降落航线，不断发出识别信号，准备降落。此时，已回收大部分战斗机的美航母舰员吃惊地发现仍有大批飞机在天空中盘旋，而且一些飞机没有遵守降落规则，打开航行灯后，发现是日军飞机，美舰队随即给予一阵猛烈炮轰，1架日机当即被击落，其余的感到势头不对，如梦初醒般地逃之夭夭。狼狈不堪的日机在自己的航空母舰上降落时，又有11架坠入大海，加上被美军击落的10架，这次出击的27架日机只有6架安全返航。

日军又一次付出沉痛的代价。至此，美、日双方指挥官都已掌握了对方的大概位置，交战近在咫尺，决战延至翌日。

5月8日的战斗是在交战双方旗鼓相当的条件下进行的。美日各有2艘大型航空母舰；美军有舰载机121架，日军有122架，美军在俯冲轰炸机方面占优势，日军则在鱼雷机方面占优势；美军拥有5艘重巡洋舰和7艘驱逐舰，日军拥有4艘重巡洋舰和6艘驱逐舰。美航空母舰装有雷达，不过这个有利条件被具有丰富战斗经验的日军飞行员和远比美军战斗机优越的日本“零式”战斗机的长处抵消了。未待天明，双方都派出侦察机对周围海域仔细搜索，8时刚过，几乎同时发现对方。9时25分，美、日几乎同时发起战斗。9时30分，早就做好起飞准备的81架美机从“约克城”和“列克星敦”号上起飞，风驰电掣般向日本航母舰队发起攻击。日军也从“翔鹤”号和“瑞鹤”号航空母舰上起飞69架飞机南下攻击。此时，双方舰队相距约175海里。10时30分，从“约克城”号上起飞的24架俯冲轰炸机首先发现正以疏开队形向东南方向航进的日本航空母舰编队，2艘航空母舰之间相距8海里，各由2艘重型巡洋舰和驱逐舰护航。就在美俯冲轰炸机借助积云的掩护等待鱼雷机到来的时候，“瑞鹤”号航空母舰已消失在暴风雨之中，于是“翔鹤”号成为美机的唯一攻击目标。11时后，美国飞行员向有严密防卫的“翔鹤”号航空母舰发起进攻，一弹正中“翔鹤”号舰首右方，另一弹则击中舰尾，顿时引起汽油燃烧，大火蔓延到飞行甲板，浓烟滚滚。10多分钟以后，“列克星敦”号的突击机群赶到，美军1枚炸弹准确地命中“翔鹤”号。连遭两次攻击

美军“列克星敦”号航空母舰

的“翔鹤”号失去了作战能力，由于舰面飞行甲板损坏严重，已不能收容返航的飞机。此番进攻共造成日军108人死亡，40余人受伤。美军也损失43架飞机。“瑞鹤”号容纳不下两舰的飞机，只好将许多飞机抛入大海。

几乎在美军突击机群起飞的同时，日军也有70架攻击机和20架战斗机离舰，分成2个鱼雷机群和1个轰炸机群，直扑美第17特混编队。此时美军只有17架战斗机和16架侦察轰炸机，要挡住日本人的攻击是不可能的，眼下的形势如同拳击场上两个对手同时挥拳向对方打去，双方都只能硬抗。11时多，两枚鱼雷先后击中“列克星敦”号左舷前部，剧烈的爆炸使创口喷出一股夹着海水的巨大火舌，航空母舰整个舰身随之抖动起来，3个锅炉舱进水。一颗重磅炸弹落在左舷前炮位3门高炮中间，美舰的防空炮火立即沉寂下来。随即，一颗小型航弹又命中“列克星敦”号的烟囱。日机的整个攻击行动持续不到10分钟便结束了。之后跟进的“约克城”号航空母舰同样受到日机的攻击，但该舰较小，转舵灵活，奇迹般地避开了日机发射的鱼雷。不料，空中落下1颗重磅炸弹在甲板上爆炸，美军当场伤亡66人，甲板上一片混乱，所幸的是该舰经过抢修，其航行能力和航空作战能力并没有受到多大削弱。下午“列克星敦”号甲板下面开始发生断续爆炸，到20时许，驱逐舰将被放弃的“列克星敦”号击沉，这艘排水量3.6万吨的庞然大物消失在汹涌的波涛之中。“列克星敦”号是美国在第二次世界大战中损失的第一艘航空母舰。此时，盟军的空中力量在附近地区占据了空中优势，而哈尔西指挥的第16特混舰队（包括“大黄蜂”号和“企业”号两艘航母）出现在距离图拉吉岛445海里的位置，因此取消这次进攻行动成为日军的唯一选择。

珊瑚海海战在大约10万平方海里的广大海域持续了5天，是世界战争史上第一次航空母舰对航空母舰的正面交锋，美、日双方水面舰队始终处于目视距离和舰炮射程之外，完全由舰载航空兵攻击敌方舰队，开创了海上“航空决斗”的崭新作战样式。这种全新的海上作战样式，对今后的海战产生了深远的影响，并渐渐取代了“巨舰大炮”之间面对面的海上决战，标志着海上立体战争的开始。此战之后，日军的南进行动受到遏制，再也没有向瓜达尔卡纳尔岛东南部扩展势力，宣告了自珍珠港事件以来日军战略进攻阶段的结束。日军在这次作战中损伤的兵力对今后的作战行动十分不利，第5航空母舰大队不能重返南云部队，减少了南云在即将举行的中途岛海战中1/3的突击兵力，这无疑对海战的结果产生了重大影响。从此太平洋战场上，战局开始向着有利于美国的方向逆转。

【知识链接】中途岛海战——太平洋战争的转折点

中途岛是太平洋中部的天然良港，由沙岛和东岛两个珊瑚环礁组成，总面积约4.7平方千米，因位于亚洲至北美太平洋航线的正中间，故名中途岛。中途岛的战略地位十分重要，它是美国与亚洲国家间的中转地，东距美军太平洋舰队所在地——珍珠港1000余海里，距美国西海岸旧金山约2800海里，西距日本联合舰队的柱岛基地2000海里。对于美国来讲，中途岛是夏威夷群岛的西北门户和前哨阵地，是美国重要的海空军基地。中途岛一旦失守，美太平洋舰队将置于日军的监控之下，日军可以此为跳板威胁整个夏威夷乃至美国西海岸。对于日本来讲，占领中途岛可将中太平洋的防御圈大大向前推进，迫使美军退守夏威夷及美国西海岸，保障日本本土和日军南进部队的安全。

太平洋战争转折点——中途岛

1942年5月5日，日军大本营下令：陆海军协同“攻占中途岛，封堵敌国舰队自该方面的机动，并推进我方

切斯特·威廉·尼米兹海军上将

的作战基地……海军在以有力部队支援和掩护攻占中途岛的同时，捕捉歼灭前来反击的敌舰队”。为实施中途岛战役，日本联合舰队计划使用日本海军几乎全部主力，组织了比突袭珍珠港更强大的舰队，总计动用各种舰船190余艘，其中航空母舰8艘、战列舰11艘、水上飞机母舰5艘、巡洋舰22艘、驱逐舰66艘、潜艇22艘，各型飞机约700架。这是日本海军70年来动用的最庞大的海上兵力，参战舰艇消耗的燃油和航行里程，都超过了战前日本海军全年的耗油量和航行里程。

1942年5月26日，联合舰队最后确定了具体作战计划，该战役由三项独立但相互支援的作战行动——占领西阿留申群岛、占领中途岛、进行舰队决战组成。战役目的：一是夺取中途岛，为日本海军航空兵获取前进基地，继续向中太平洋和西南太平洋扩张；二是诱使美国太平洋舰队剩余的航空母舰出击，并在“决定性的战斗”中打击并将其摧毁。具体计划是，首先派出北方部队进攻阿留申群岛，造成日军作战重心北移的假象，诱使美太平洋舰队主力分兵北上；然后由南云率领的机动部队突击中途岛并截击美航母编队；最后由登陆部队实施登陆作战，攻占中途岛，山本本人则亲自率主力部队在机动部队后侧约260海里处准备随时打击美军海上机动力量。

与日军庞大的海上兵力相比，美军可以用来抗击日军进攻的兵力明显处于弱势。美军在珊瑚海海战中失去了“列克星敦”号航空母舰后，当时在太平洋地区仅有3艘航母能够参战：“约克城”号、“大黄蜂”号和“企业”号。在珊瑚海海战中被击伤的“约克城”

号航空母舰原定3个月修复，但是经过1400多名工人连续3天的日夜抢修，“约克城”号奇迹般地恢复了作战能力。而且，日本偷袭珍珠港后，当时美军实际上只有7艘重巡洋舰、1艘轻型巡洋舰和14艘驱逐舰为航母护航。为了迎战强大的日军，美国太平洋舰队司令切斯特·威廉·尼米兹海军上将紧急抽调了几乎所有在航的海上机动力量，组成航母编队、北太平洋部队、潜艇部队3支部队，与中途岛部队一起，构成中途岛之战的主战兵力。

6月4日4时30分，在距离中途岛240海里处，日军机动部队的36架战斗机、36架轰炸机以及36架鱼雷机——共计108架飞机陆续起飞，对中途岛发起第一波攻击，这次袭击动用了约50%的舰载机。5时45分，美军1架水上飞机报告在中途岛西北方、方位320°、距离180海里处发现日机动部队，并在同一方位、距离150海里处发现大批飞机正飞往中途岛。接到报告后，中途岛上立刻响起刺耳的空袭警报，所有作战飞机奉命于6时全部起飞完毕。除留下23架战斗机迎战来袭的日军飞机外，所有升空的美机（包括鱼雷机和轰炸机）均接到命令前去攻击日军机动部队。6时19分，抵近中途岛的日机遭到美国战斗机的拦截，双方在距中途岛30海里的空域展开激烈搏杀。由于日本的零式战斗机性能和飞行员技术都高于美方，空战结果是美机大部分被击落。但此时中途岛上的飞机已全部升空，机场上空空如也，日军第一波攻击未能达到预期目的。6时45分，日机第一波攻击飞行指挥官友永丈市上尉请求南云对中途岛发动第二波攻击。事实上，在日军第一波攻击飞机起飞后不久，南云就命令4艘航空母舰上的第二波次打击编队——36架战斗机、36架轰炸机以

B-17“空中堡垒”式轰炸机

及36架鱼雷机迅速从机库提升到甲板上，处于待命状态，水平轰炸机也已挂上了鱼雷，准备随时攻击可能出现的美军水面舰船。但南云派出的7架搜索飞机未能发现目标，因此南云认为机动部队周围海域不会有美军水面舰船出没，反而是频频遭到来自中途岛美岸基飞机的袭击，这更加坚定了南云对中途岛实施第二次打击的决心。因此，南云在接到友永的请求后，做出了一个影响整个战役结局的重大决定。他命令，将水平轰炸机上的鱼雷换成800千克的高爆炸弹，36架水平轰炸机需要重新回到甲板的机库下换装炸弹。在瞬息万变的战场情况下，改变93架已经做好袭击美军航母准备飞机的弹药配置，临时换装炸弹无疑是十分危险的举动。按照当时日军航母的弹药换装速度，换装一个中队的鱼雷需要大约30～45分钟的时间。

就在这时，美军14架B-17“空中堡垒”式轰炸机飞临日舰队上空投弹，南云急忙下令为第二攻击波护航的36架战斗机起飞迎敌。原本十分忙乱的4艘日军航空母舰越发混乱：飞行甲板上战斗机正在起飞，勤务人员正在从轰炸机上卸下鱼雷改装高爆炸弹，卸下的鱼雷则顺手堆放在甲板上。7时28分，就在下达换装弹药命令之后不久，南云收到了“利根”号巡洋舰侦察机发来的报告：10艘敌军水面舰船，方位010°，距离中途岛240海里，航向150°，航速超过20节。这是日军搜索飞机第一次发现美军水面部队的报告。南云收到电报后大吃一惊，因为按照他原来的判断，中途岛附近不可能有美国舰队。

7时45分，南云忠一下令停止炸弹换装工作，准备攻击敌军舰队。但此时，已经有部分水平轰炸机完成了换装，载有炸弹的飞机已被提升到甲板上。7时55分，日航母舰队又拉响空袭警报，中途岛起飞的16架美军侦察轰炸机再次对日本机动部队发起袭击，紧接着又有14架B-17进行轰炸。战斗持续了约半个小时，8时30分结束。由于遭到日军航母战斗机的全力拦截，加之美军飞行员缺乏实战经验，从中途岛起飞的3波次美军飞机所投鱼雷和炸弹竟然无一命中目标，参加攻击的40架美机被击落15架，重创6架。

不过，轰炸虽未对日舰造成损伤，但连续不断的袭击使日军机动部队始终处于风险之中，严重干扰了南云对局势的判断。

8时20分，南云收到了“利根”号巡洋舰侦察机发来的补充报告，称敌舰队中似有1艘航空母舰。南云判断，美舰队至少有一艘航空母舰，于是下决心先攻击美舰队，再对中途岛实施第二轮轰炸。然而，此时的南云舰队已经陷入了进退两难的境地：一方面执行中途岛第一波攻击的飞机已飞临航空母舰上空，急待降落；另一方面航空母舰甲板上还停放着准备起飞的第二波攻击的飞机。只有让这些飞机起飞或入库后才能让返航的飞机降落。在这紧要关头，南云的参谋们展开了激烈的辩论，决定先将甲板上的飞机送回机库，让返航飞机降落，然后暂时北撤，避开中途岛美机的轰炸，待一切准备就绪，再全力攻击美舰，同时将用于轰炸陆地的炸弹改换成轰炸军舰的炸弹和攻击军舰的鱼雷。命令一下，日本航空母舰编队遂转向逆风全速行驶，甲板上的飞机被匆匆送回机库，并开始回收自中途岛返回的机群。机库内疲惫不堪的地勤人员放下尚未完成的换装工作，连忙为刚刚回收的飞机加油、装弹，卸下的高爆炸弹来不及送回弹药舱，就只好堆放在机库旁，机库里乱成一团。8时30分左右，又有11架美军陆战队的侦察轰炸机对日航母编队实施了第四次轰炸，虽未能毁伤日舰，但进一步加剧了日舰的混乱无序。正是这些致命的混乱，给日本航空母舰编队带来了灭顶之灾。

在南云机动部队轰炸中途岛和忙于换装弹药之时，美军航空母舰编队开始全力搜索日军舰队。6月4日5时45分，美军侦察机首次发回报告，发现敌军舰队在其西南约200海里处。美军指挥官弗莱彻随即命令“大黄蜂”号和“企业”号航空母舰向西南急进。7时许，在距日航母编队约150海里处，第16特遣舰队

斯普鲁恩斯

司令斯普鲁恩斯命令“大黄蜂”号和“企业”号航空母舰上的舰载机起飞。“大黄蜂”号的35架轰炸机和15架鱼雷机，在10架战斗机的护卫下，从两种不同高度首先向日机动部队所在水域飞去。接着，“企业”号的33架俯冲轰炸机和14架鱼雷机升空，在10架战斗机的护卫下，一前一后向敌人飞去。这样，美机共有117架飞机分为4个机群飞向预定目标。8时30分左右，由6架战斗机、17架轰炸机和12架鱼雷机组成的编队从“约克城”号起飞，成为美军的第5个机群。最先飞抵指定海域上空的“大黄蜂”号轰炸机群（VB–8）未能发现目标，这35架轰炸机、10架战斗机无功而返。不过，“大黄蜂”号的鱼雷机群（VT–8）于9时20分发现了南云机动部队，开始向日航母发起攻击。由于失去了战斗机的护航，美军15架又笨又慢的鱼雷机在数十架日零式战机的拦截下，最终全被击落。9时38分，“企业”号的14架鱼雷机群（VT–6）飞抵日航母编队上空，再次遭到了25架零式战机的凶猛反击。结果，其中10架未投射鱼雷就被击落，其余4架虽然投射了鱼雷，但是无一命中目标，仅有1架返回了母舰。不过，美军鱼雷机虽未击中日舰，却将日军战斗机引向低空，这为随后从高空俯冲而下的轰炸机进攻创造了有利条件。

“企业”号的轰炸机群（VB–6），也和“大黄蜂”号的轰炸机群一样，飞到预定海域后没有发现敌人。但是，该机群指挥官克拉伦斯·韦德·麦克拉斯基少校决定进行方形搜索，首先向北飞行。用尼米兹的话讲，这是“此次海战中最为重要的一个决定”。大约10时，麦克拉斯基机群终于找到了南云部队。麦克拉斯基将33架轰炸机分为4组，对就近的目标，即“赤城”号和“加贺”号实施了集中攻击。在此之前，由于日舰刚刚遭到两批鱼雷机的袭击，在空中担任战斗巡逻的大部分战斗机即将耗尽燃油，纷纷着舰加油装弹。尚在空中盘旋的战斗机也被美鱼雷机吸引到低空，因而放松了对高空的戒备。加之空中有云，这群轰炸机隐蔽在云块之中，日军未能发现。10时23分，麦克拉斯基率其所属飞机突然俯冲下来，留在空中的几架日机来不及组织反击，日航空母舰亦无准备，规避不迭。瞬间，“赤城”舰被2颗炸弹击中，“加贺”号被4颗炸弹命中。一般说来，这几颗炸弹不至于使大型航空母舰受到致命打击。然而这个时候，这两艘航空母舰的飞行甲板上都排列着已加完油、挂上雷弹、准备起飞攻击美航母舰队的飞机。炸弹爆炸所引起的烈火，迅速向密集排列的飞机蔓延，引爆了挂在飞机上的以及散放在机库甲板上的鱼雷与炸弹。这一连串的爆炸，使两艘大型航空母舰受到重创。“加贺”号舰长当场死亡，3个多小时后该舰舰体开始倾斜，16时40分舰员不得不弃舰，该舰于当日19时25分在北纬30° 20′、西经179° 17′处沉没。10时46分，南云带上参谋长和参谋人员被迫离开“赤城”号登上“长良”号巡洋舰，该舰于次日被山本下令炸沉，这艘曾在突袭珍珠港大显神威的重型航母于次日4时55分在北纬30° 30′、西经179° 08′处沉没。南云部队的噩梦并未就此结束。当麦克拉斯基机群正在进行攻击时，“约克城”号的突击机群恰好从东面赶来，对距离其最近的航空母舰“苍龙”号实施了攻击。12架鱼雷机（VT-3）在6架战斗机（VF-3）的掩护下，从“苍龙”号的舰艏方向接近，仅有5架得以突防投雷，均未击中目标。之后，17架俯冲轰炸机（VB-3）对“苍龙”号进行攻击，既未遭到高炮的猛烈抗击，也没有受到战斗机的拦截，有3颗炸弹命中“苍龙”号。和“赤城”“加贺”舰一样，“苍龙”号舰员们正在忙于进行起飞前的准备，炸弹忽然落在比翼排列的飞机中间。首先是飞行甲板顷刻间变成一片火海，火势向油舱和弹药舱迅速蔓

“加贺”号航空母舰（油画）

延。接着就是阵阵的爆炸声，这艘航空母舰于当日16时13分在北纬30° 38′、西经179° 13′处沉没。

日军3艘重型航母遭到重创，仅剩“飞龙”号1艘航空母舰未受损伤，这是日军第2航空战队司令山口闻一少将的旗舰。此时，山口已经接替南云指挥空中作战，他决定立即组织反击。10时58分，18架俯冲轰炸机和6架零式战斗机呼啸升空，向美军航母编队方向飞去。12时许，日机飞抵“约克城”号上空，舰上的美机奉命起飞迎敌，双方在空中展开激烈搏杀。美军共出动28架战斗机组织拦截，日机只有8架得以飞临目标上空，2架被警戒舰只的炮火击落。突防成功的6架日机集中攻击“约克城”号，3颗炸弹命中目标，引发大火。但是，“约克城”号的损管工作非常出色，不仅迅速扑灭了大火，还修补上了飞机甲板，到14时该舰又能以18节的航速行驶。日机在这次袭击中损失了3架战斗机和14架俯冲轰炸机，幸存飞行员返舰后，山口决定以现有全部飞机发动第二次攻击。13时30分，由率队袭击中途岛的友永带领10架鱼雷机和6架战斗机起飞再度攻击“约克城”号。14时32分，12架美战斗机升空拦截日机。友永命令战斗机与美机纠缠，自己率鱼雷机从不同方向接敌，10架鱼雷机从2000米下降到离海面约100米的高度冲向目标。“约克城”号周围的警戒舰只虽对日机猛烈射击，将其击落数架，但仍有4架突防成功并投射了鱼雷。“约克城”号被2条鱼雷击中，这艘航空母舰因3个锅炉舱进水丧失航行能力，舰体向左倾斜，舰长下令弃舰。在海上漂浮的“约克城”号后被日潜艇发现并进行鱼雷攻击，最后沉没。

当“飞龙”号的飞机攻击美舰的时候，“飞龙”号自己也成了美军一再猛烈攻击的目标。15时30分，从“企业”号起飞了第一批25架俯冲轰炸机。16时，从“大黄蜂”号起飞了第二批16架轰炸机。16时45分，美军第一批轰炸机发现了日舰，并从5500米高空背着太阳向其发起攻击。当舰上的瞭望哨报告时，“飞龙”号已经来不及规避，被4枚炸弹命中，立即爆炸并燃起大火，大火迅速向机库蔓延，又引爆了炸弹和鱼雷，南云机动部队仅存的最后1艘航空母舰瞬间变为残骸。17时20分，美军第二批轰炸机也飞临上空，见“飞龙”已经奄奄一息，便去攻击其附近的“榛名”“筑摩”“利根”号等舰，但均未击中目标。21时23分，“飞龙”号舰体倾斜15°，山口与舰长加来止男决定与该舰共存亡，在次日2时30分宣布弃舰后随舰沉入大海。6月5日5时10分，日驱逐舰“风去”号与“夕云”号奉命向“飞龙”发射鱼雷，该舰最后于8时20分沉没。至此，美军击毁了日军机动部队的全部4艘航空母舰和舰载飞机，不仅迫使日军放弃了对中途岛的进攻，而且牢牢掌握了该海域的制空权。

“飞龙”号航空母舰

战争历史表明，失败者吸取教训，往往比胜利者总结经验来得更快。美国从珍珠港一役的惨痛教训中猛醒过来，彻底抛弃了陈旧的大舰巨炮主义。在中途岛海战中，美两支特混舰队均以航母为中心，其他军舰为航母护航，在海战中充分发挥舰载机和岸基航空兵的作用。事实上，当时美军在西海岸的战列舰依然完好无损，但美军无意依赖战列舰来保卫中途岛，而是坚定不移地以航母为主体进行作战部署。美军还将以航母为中心的作战理论运用到装备建设上，迅速调整了海军力量编成和造舰计划。美国在第二次世界大战中共建造了102艘航母，同期仅建造了8艘战列舰。对于日军的失误，尼米兹在总结中途岛海战时说：“如果日本舰队集中用兵的话，不管美军多么走运和有多大能耐，也难以凭着3艘航空母舰战胜和击退日军的8艘航空母舰、11艘战列舰以及大量的支援舰船。”日军犯下分散兵力这一低级错误，很大程度上要归因于日军所犯的“胜利病”。显而易见，日本海军并不善于从战争初期的胜利中总结经验。

中途岛海战，是美军自太平洋战争以来第一场取得全面胜利的战役，也是日军自 16 世纪末被朝鲜李舜臣军队击败后遭到的首次惨败。在这场战役中，一度战无不胜的日本海军遭到重创，日军共损失大型航空母舰 4 艘、重巡洋舰 1 艘、舰载机 322 架、重巡洋舰 1 艘、驱逐舰 2 艘受重伤，死亡 2000 多人；而美军只损失了航空母舰 1 艘、驱逐舰 1 艘和飞机 147 架，死亡 307 人。正如美国海军作战部长金海军上将所评价的那样：“中途岛战役是日本海军 350 年以来第一次决定性的败仗，它结束了日本的长期攻势，恢复了太平洋海军力量的均势。”美国海军在这次海战中以少胜多、以弱胜强，摧毁了日本海军关键性作战力量，重建了美军在太平洋地区的军事优势。因此，中途岛海战被视为太平洋战争的重要转折点，它宣告了日本战略进攻的结束，彻底扭转了美守日攻的战略态势。

美军取得中途岛和瓜达尔卡纳尔岛战役胜利后，夺取了太平洋战场的主动权，扭转了战争初期的被动不利局面，开始从战略防御转入战略进攻。从 1943 年 5 月起，美军将中太平洋作为战略反攻的主要方向，同时以南太平洋方向的作战相配合，以钳形攻势迅速挤压日本的战略空间。

【知识链接】马里亚纳海战——规模空前的航母决战

马里亚纳群岛位于琉球、中国台湾和菲律宾以东，北望硫黄列岛，南临加罗林群岛，自北向南构成了一条长约 425 海里的绵延弧线，其中较大的岛屿包括塞班岛、关岛、罗塔岛、提尼安岛等。马里亚纳群岛的战略位置极为重要，这是亚洲与美洲的海上交通要冲，是美军向西太平洋和远东进军的必经之地，也是日本阻遏美军向西太平洋进攻、保卫日本本土的重要门户和前沿堡垒。一旦攻占马里亚纳群岛，美国的大型远程轰炸机 B-29 就可将日本本土纳入其作战半径，日本本土与东南亚的海上生命线就将被切断，中国台湾和菲律宾也将处在美军的直接打击范围下。

日本大本营非常清楚马里亚纳群岛对日本的战略意义，将其视为日本“绝对国防圈”的核心点，必须坚决固守。1944年3月，日军大本营海军部成立了以南云忠一中将为司令的中太平洋舰队，其中第1机动舰队，司令官为小泽治三郎，下辖航空母舰9艘、战列舰5艘、巡洋舰13艘、驱逐舰28艘和430架舰载飞机。为了进一步加强航空兵的力量，日本海军还以第1航空舰队为主编成了第5岸基航空部队，由角田觉治海军中将任司令，下辖两个航空战队，共计飞机1100余架，列入联合舰队的战斗序列。此外，日军在马里亚纳群岛上配备的守备兵力为：塞班岛3.2万人，提尼安岛9000人，关岛1.8万人，另有数千人驻守在其余部分小岛上，总计有地面兵力6万余人，飞机478架，以及少数担负日常警戒和运输的舰艇。

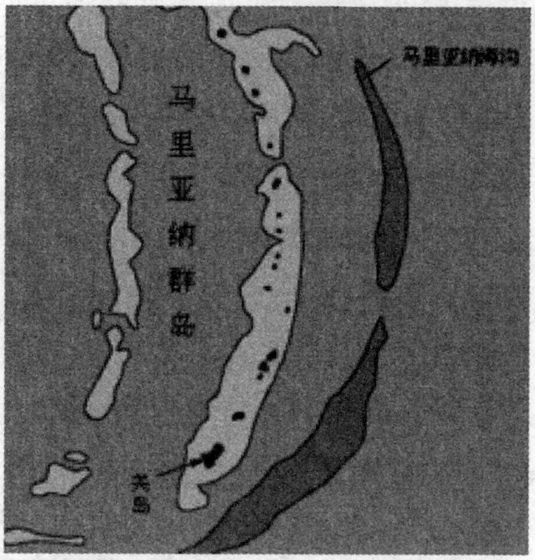

马里亚纳群岛示意图

美军攻占了马绍尔群岛后，并没有攻占距离较近的加罗林群岛，而是制订了代号为“奇袭”的作战计划，准备跨越数千海里的路程直取马里亚纳群岛。美军计划动用中太平洋几乎所有的海空力量和地面部队。包括4个师的登陆部队和担负登陆部队运输任务的第5两栖编队，该编队拥有535艘舰船，其中包括12艘护航航空母舰、5艘战列舰和11艘巡洋舰。后面就是斯普鲁恩斯上将统率的美国海军第5舰队，其中主要是第58特混编队，这支力量将协同第5两栖编队，把12.7万余名美军从夏威夷和瓜达尔卡纳尔岛运往马里亚纳群岛。1944年6月6日，斯普鲁恩斯决定开始实施“奇袭”计划，这一天也恰恰是欧洲盟军发起诺曼底登陆的日子。6月11日，第58特混舰队接近关岛以东200海里的海域，开始出动航母舰载机群空袭马里亚纳南部诸岛，日军在此部署的航空兵力几乎全部被歼。6月15日，美军开始在塞班岛登陆，双方进入了胶着的拉锯战。6月18日，第58特混舰队进至塞班岛西部海域，米切尔从各特混大队中抽出7艘快速战列舰、4艘重巡洋舰和14艘驱逐舰组成一支新编队，部署在整个编队的最西侧海域，准备随时应对来袭飞机。所有兵力展开后，整个特混舰队共有大型航母7艘、轻型航母8艘、战列舰7艘、重巡洋舰20艘、驱逐舰67艘、舰载机890余架，全部都做好了战斗准备。

就在美军排兵布阵之时，小泽治三郎率领的日本机动舰队也正在昼夜航行，赶往塞班岛战场。小泽率领的舰队拥有大型航母5艘、轻型航母4艘、战列舰5艘、巡洋舰13艘、驱逐舰28艘、舰载机430架。显然，从双方舰艇数量和舰载机对比看，美军占有绝对优势。但是，小泽依然信心满满，因为当时日军舰载机的作战半径已达400海里，美机的作战半径只有280海里，而且日军在海战场附近有多个陆上机场可供降落和补给。因此，小泽准备利用“外围歼击”战术来打击美国舰队，即先从380海里的距离上实施第一次进攻，给美舰以先发制人的打击，之后再趁美军混乱之际，从200～250海里再次发起攻击。

日军“零式”战斗机

19日7时25分，日军69架飞机起飞，准备向美舰发起第一波攻击，包括俯冲轰炸机45架、鱼雷机8架、“零式”战斗机16架。10时，美军通过雷达发现了日本机群，距离约150海里。第58特混舰队向日本机动舰队所在的方向继续航进20分钟后，转向迎风航行，先让450余架战斗机全部升空，接着所有的俯冲轰炸机和鱼雷机起飞，腾出了第58特混舰队所属航空母舰的飞行甲板。这时，轰炸罗塔岛和关岛的“恶妇”式战斗机着舰，补充燃料弹药，准备再次起飞。当日军第一波突击机群在离美军第58特混舰队70海里空域变换队形时，美军的“恶妇”式战斗机起飞迎战。“日本飞机像树叶一样地往下落。”其余突防成功的日机飞临美舰艇编队上空时，遭到了高炮的猛烈射击，日机只有一枚炸弹落在了“南达科他”号战列舰的甲板上，造成多人伤亡，但军舰未受严重损伤。在第一波突击的较量中，日军仅有27架飞机返回航母，而美军除损失1架飞机外，其余全部返回航母。8时5分，小泽命令128架飞机升空执行第二波攻击，包括战斗机48架、鱼雷机27架、轰炸机53架。但飞机刚刚飞出50海里，就遭到美军“恶妇”式战斗机群的截击。美军战斗机如同牧人放羊一般，只要日机企图分散开，就以猛烈火力将其赶回队形，再集中火力射击队形密集的日机。在美机打击下，日机不断中弹坠海，甚至出现同时有15架飞机起火坠毁的场面。在美军战机的有效拦截下，日军飞机损失近半。在没有被击中的日机中，有2架轰炸机投下的炸弹落在“邦克山”号航空母舰近旁，引起大火，“黄蜂”号航母被一枚炸弹击中，“印第安纳”号受了轻伤。在第二波攻击中，日军共损失飞机97架，只有31架返回航空母舰。9时，日军发动了第三波攻击，49架飞机起飞，他们没有发现美舰的踪影，却与40余架美军战斗机不期而遇，日军5架战斗轰炸机、1架鱼雷机和1架战斗机被击落。小泽发动的最后一波突击机群由82架舰载机组成，最终只有11架飞机返回了航空母舰。至此，在6月19日持续8小时的激烈海空战中，小泽编队共向美军舰艇编队实施了四次空中轰炸，结果损失惨重，大约220架舰载机被击落，美国飞行员把这次海上空战比作是“马里亚纳猎火鸡大赛”。加上美军对日军岸基飞机的轰炸，19日当天日军共损失各种飞机约300架。日军付出如此沉重的代价，却只击伤了美军2艘

美军“恶妇”式战斗机

航母、2艘战列舰，美军仅损失了23架战斗机。

6月19日，当海上空战正酣时，美国海军2艘潜艇悄无声息地穿过日军主力舰队的警戒薄弱之处，分别击沉了日军2艘3万吨级的大型航母：小泽的旗舰“大凤”号和久经疆场的“翔鹤”号，为这场海战添上了浓墨重彩的一笔。立下头功的是美军“大青花鱼”号潜艇。它在突破日舰的警戒圈后，发现日军“大凤”号航母正在放飞舰载机，如果实施攻击，日舰将无法进行规避。“大青花鱼”号占据有利的发射阵位后，果断向“大凤”号实施鱼雷攻击。瞬间，6枚鱼雷扑向这艘日军新服役的大型航空母舰。但这次鱼雷攻击恰巧被刚刚起飞的1架日军飞机发现，1枚鱼雷被这架轰炸机自杀式撞毁，其余5枚鱼雷中有1枚鱼雷命中航母右舷前部升降机附近舰体，将其炸伤起火。“大凤”号是小泽的旗舰，该舰是日军吸取了中途岛海战经验后建造的新型航母。通常可以承受500千克级的炸弹攻击，在舰艇完工时被日军誉为“不沉的航母”。但这条鱼雷的爆炸恰好撕裂了舰体输油管道，日军挥发性极强的原油蒸汽不断从管道的裂口里挥发出来，充斥在通风性极差的封闭机库里。在被鱼雷击中的6小时后，机库内积聚的原油蒸汽发生了大爆炸，火势迅速蔓延，甚至将飞行甲板的装甲都烧得严重变形扭曲，继而全舰停电，大火又引爆了弹药舱，从而注定了沉没的命运，16时28分，“大凤”号沉没，1650名舰员随舰葬身大海。而日军另一艘

美军“大青花鱼”号潜艇

“出师未捷身先死”的“大凤”号模型图

大型航空母舰“翔鹤”号刚一进入菲律宾海域，就被美军“刺鳍”号潜艇暗中尾随。“刺鳍”号利用日军忙于空战的有利时机，从容地占据有利发射阵位，同样齐射了6枚鱼雷，3枚鱼雷直接命中。瞬间，海水从炸开的巨大缺口汹涌而入，航母内部也燃起大火，并发生了连环爆炸，很快舰体产生倾斜。14时10分，“翔鹤”号这艘曾经屡立战功的大型航空母舰沉没了，1271名舰员随舰丧生。其后，日军舰艇对“刺鳍”号进行了长达3个小时的搜寻和猎杀，投下105枚深水炸弹，试图为“翔鹤”号报仇雪恨。幸运的是，“刺鳍”号凭借老道的经验不断灵活机动进行规避，最终只受了轻伤，摆脱了日舰攻击，成功返回了塞班岛。6月20日美军第58特混舰队乘胜追击，炸毁了“千代田”号、“瑞鹤”号和“隼鹰”号航空母舰的飞行甲板，并使之起火，还炸伤了“榛名”号战列舰和“摩耶”号巡洋舰。数架“复仇者”式鱼雷机成功发射鱼雷，有1～2条鱼雷击中“飞鹰”号航空母舰，该舰瞬间燃起熊熊大火，最终引起舱内爆炸，舰体断裂沉入海底。完成攻击任务的美机，开始在越来越暗的暮色中返航，空中秩序十分混乱，最终因在海上迫降或者着舰时发生碰撞而损失的飞机高达80架。

“刺鳍”号潜艇

7月7日，美军歼灭了塞班岛上的最后一股日军，成功占领塞班岛。日军守岛将领斋藤义次中将剖腹自杀，曾在奇袭珍珠港中风云一时的南云忠一用手枪自杀，3万名日本守军全部战死。登陆的美军7.1万人中，死伤、失踪者达1万人。美军在占领塞班岛两周之后，又在关岛登陆。关岛之战，日军战死约1.8万人，被俘1250人，美军伤亡9200人。提尼安岛也于8月1日被美军收复。至此，马里亚纳群岛战役以美军的胜利而结束。

马里亚纳海战是世界海战史上一场最大规模的航空母舰决战。这场海战，日军投入了联合舰队的全部主力舰只和大部分岸基航空兵，原想一举扭转战局，不料却以大败而告终，参战的9艘航空母舰被击沉3艘、击伤3艘，2艘油船、20艘潜艇被击沉，战列舰、巡洋舰、油船各1艘被击伤。尤其是日军损失了390余架舰载机，占日军全部舰载机的92%，岸基航空兵部队几乎全部被歼。而美方投入的包括11艘航空母舰在内的110余艘战舰中，仅有5艘军舰受伤，无一沉没，损失舰载机117架。相比之下，美军取得了辉煌的胜利。美军彻底扫除了日本联合舰队的威胁，完全夺取了中太平洋的制空权和制海权，一举冲垮了日本人精心构筑的“太平洋防波堤”。此战之后日军在太平洋上的战略防御态势严重恶化，日军失去了通往加罗林群岛的航空中继站。而美军则取得了继续西进的潜艇基地、航空基地和后勤基地。这些基地，不仅能够破坏日本本土与南方资源地之间的海上交通线，而且可以支持B–29远程轰炸机直接轰炸日本东京及其附近的工业区。自此，盟军能够以马里亚纳群岛为反攻跳板，任意选择进攻目标，这为尔后的战略进攻创造了十分有利的条件。

此时的日本，无论从国力还是从军力上看，已经处于绝对劣势。仅以海军而论，在马里亚纳海战受到致命打击后，日本海军的总兵力已经缩减到总吨位不及88万吨，包括航空母舰、战列舰、巡洋舰、驱逐舰、潜艇在内的舰艇总数只有165艘，其中大小航空母舰7艘、战列舰和巡洋舰15艘。而以美国为首的太平洋战场上盟军舰艇总数超过了790艘，约352万吨，其中包括舰队作战航母17艘、护航航母46艘、战列舰和巡洋舰63艘，日军战舰数量还不到美军的1/4。从飞机数量看，日本陆海军现存飞机总数大约3000架，而美国一个月就能制造1万架飞机。连负责拟订战争计划的日军军官都表示：完成战争所需要的充实国力没有任何前景，已经没有能力对美国反复发起攻势。今后在作战方面将无法挽回大势，逐步陷入日益困穷状态。因此，应尽快设法结束战争。

【知识链接】莱特湾海战——史上规模最大的海战

莱特湾地图

马里亚纳海战之后，美军计划反攻菲律宾，实现麦克阿瑟的“重返”誓言。他们计划在莱特岛实施登陆战役，由麦克阿瑟将军负责组织实施，太平洋舰队提供海空支援。参加登陆作战的兵力为第六集团军下辖两个军共6个师，18万余人；支援作战的海军部队是第3（原第5）、第7舰队，共计作战舰艇320艘，辅助、运输船只约400艘，飞机总数达2000架。此时，斯普鲁恩斯将第5舰队的指挥权交给了哈尔西，改称第3舰队，威尔金森接替特纳指挥登陆编队，盖格少将接替史密斯指挥地面作战部队，米切尔仍然担任航母部队指挥官（第58特混舰队亦改称第38特混舰队）。当哈尔西接手第3舰队时，这支舰队堪称世界上最强大的舰队，其中第38特混舰队拥有14艘航空母舰，1000多架舰载机，并配备了7艘战列舰、8艘重巡洋舰、13艘轻巡洋舰和57艘驱逐舰。第7舰队由托马斯·金凯德海军中将指挥，下辖3个护航航空母舰大队、两栖作战编队和炮火支援编队。

相对于美军的大规模作战部署，日军制订了集中所有力量、不惜一切代价拼死一战的作战计划，要出动所有现有的力量，毕其功于一役，实施大决战。海军的任务就是集中舰艇和航空兵部队，对美军登陆船队和部队实施歼灭性打击。日军成立了第十四方面军，由号称“马来之虎”的山下奉文任司令，下辖第五十五军和5个步兵师团、5个独立混成旅团，其中防守莱特岛的有2.1万人。海军则是倾巢而出，将现有的作战舰艇编成3支部队：一是第1游击部队，由栗田健男海军中将指挥（以下称栗田舰队），停泊在新加坡

栗田健男

附近的林加锚地，该部队拥有战列舰7艘、重型巡洋舰11艘、轻型巡洋舰2艘、驱逐舰19艘，是此次日军海上作战的主角。二是第2游击部队，由志摩清英海军中将指挥(以下称志摩舰队)，在日本内海待机，该部队拥有重型巡洋舰2艘、轻型巡洋舰1艘、驱逐舰4艘。三是机动部队本队，由小泽治三郎海军中将指挥(以下称小泽舰队)，也在日本内海待机，该部队拥有航空母舰4艘、航空战列舰2艘、巡洋舰3艘、驱逐舰10艘、舰载机约108架。除了作战舰艇，日军此次作战的另一主要力量是日军岸基航空部队的第一、第二航空舰队。第一航空舰队是马里亚纳海战中角田觉治曾指挥的部队，可用的飞机只有257架。第二航空舰队是日本海军新编成的基地航空部队，下辖8支航空队，总兵力约600架飞机。最让人无法想象的是，日军为达成作战目的，提出了所谓的“特攻”战。以黑岛龟人为代表的军官提出，应研制包括特殊潜艇、飞机在内的“特攻武器”，通过牺牲士兵生命的自杀式袭击，歼灭敌航空母舰和运输船舰。第一航空舰队司令大西胧次郎更是主张实施航空“特攻”。此战中“神风特工队”正式上场。

这三支部队舰艇总计75艘，其具体作战计划是：作战开始后如果美军仅出动航母争夺制空权，则岸基航空部队保存实力、按兵不动。待美军开始登陆后，岸基航空部队迅速从前进基地起飞，向美军运输船队和航空母舰发动攻击。与此同时，由志摩舰队和小泽舰队负责将美军航母特混舰队牵制到北方，掩护栗田舰队冲入登陆场，以主力舰炮摧毁敌运输船队和登陆滩头。之所以制订这样的计划，是因为日本海军十分清楚自己已经不是美国舰队的对手，从而放弃了与美军舰队决战的想法，决定以打美军登陆输送舰船为主，支援莱特岛的抗登陆作战。为了确保栗田部队能够通过莱特湾的南北两个海峡口，日军联合舰队精心设置了一个“诱饵”，就是用小泽舰队将美海军主力诱至北方海域，然后由栗田舰队冲入莱特湾，全歼登陆美军。

锡布延海海战

10月22日上午8时栗田亲自率领第一游击队的第一、第二部队，包括战列舰5艘、重巡洋舰10艘、轻巡洋舰2艘和驱逐舰15艘，于沿巴拉望岛西岸北上，计划经锡布延海后于24日日落时分突入圣贝纳迪诺海峡，25日黎明后突入塔克洛班登陆场的任务是歼灭敌水面舰队。这支以战列舰为主的舰队拥有18门460毫米、8门410毫米、16门356毫米、94门203毫米和24门155毫米重炮，算得上是海战史上最强大的大舰巨炮力量。然而，在航母已经成为海战核心的时代下，这个舰队显示出的却是日本海军几乎已无航母可用的尴尬。西村祥治率领第一游击队第三部队，包括老式战列舰2艘、巡洋舰1艘、驱逐舰4艘，于25日黎明时分进入苏里高海峡，经苏里高海峡从南面突入莱特湾，策应主力部队，并消灭敌运兵船及登陆部队。这条路线容易被摩罗泰岛起飞的美军水上飞机发现，但因为距离较短，只有815海里，所以也被采用。

10月23日凌晨1时16分，美军潜艇“海鲫”号和“鲦鱼”号发现栗田舰队排成二路纵队，向东北航进。“海鲫”号将此情况向哈尔西报告后，与“鲦鱼”号向日舰群逐渐接近，占领攻击阵位。6时30分，“海鲫”号从约2000米的距离对左路纵队实施两拨鱼雷齐

绰号“蛮牛”的哈尔西

射。首先受到攻击的是航行在最前面的栗田旗舰“爱宕”号重巡洋舰，该舰连中4雷于6时53分沉入海底。被击中的第2艘日舰是“高雄”号重巡洋舰，在2艘驱逐舰的护卫下返回文莱。“鲦鱼”号则于6时54分开始对日军的右路纵队实施了攻击，连续发射6条鱼雷。“摩耶”号重巡洋舰被4枚鱼雷击中，8分钟后即沉没。出师不利的栗田一下丧失了3艘重巡洋舰，24日晨，经由民都洛岛以南海域驶向塔布拉斯海峡。栗田清楚地意识到，他即将进入美国快速航母部队的舰载机作战半径之内。

哈尔西接到潜艇报告后，立刻指示第38特混舰队立即开赴菲律宾以东水域展开，准备拦截日本舰队。24日拂晓前，美军舰队赶到了规定阵位，由北向南依次为：第3大队位于波利略岛以东，第2大队位于圣贝纳迪诺海峡附近，第4大队位于萨马岛附近。美军共有5艘大型航母、6艘轻型航母、6艘战列舰、15艘巡洋舰和42艘驱逐舰。24日8时许，第2大队的巡逻机报告：在塔布拉斯海峡发现一支日本舰队(即栗田编队)，即将进入锡布延海。9时刚过，第2大队2艘航空母舰起飞战斗机21架、俯冲轰炸机12架和鱼雷机12架向锡布延海西部飞去，作为第一波攻击力量发动攻击。此后，又有4批战机对栗田舰队进行了空袭。第一批45架美机于10时20分飞临栗田编队上空，进行约18分钟的攻击。“武藏”号超级战列舰受伤，“妙高”号重伤掉队，后奉命撤往科龙港。约12时许遭到第二次空袭。30余架美机持续攻击约9分钟，“武藏”号及其姊妹舰“大和”号成为主要目标。“大和”号幸运无伤，但“武藏”号重伤。13时30分，30余架美机发动了第三次袭击。“武藏”号再被击中，开始掉队，“大和”号也被炸伤起火，

“大和”号超级战列舰

但伤势不重。另一艘巡洋舰重伤。14时30分，65架美机第四次临空攻击。1颗炸弹落入“大和”号左锚链舱中，舰艏的九层甲板均被炸穿，该舰前部灌进大量海水，舰艏吃水增大。栗田横渡锡布延海的决心未变，继续向东航进。约15时左右，90余架美机又对其进行了第五次攻击。“长门”号战列舰被3颗炸弹击中，“滨风”号驱逐舰被炸伤。“武藏”号再受重创，最终于19时35分沉没。在上述5次空袭中，美军出动舰载机共约260架次，以损失18架的代价击沉日方战列舰1艘，击伤战列舰2艘、巡洋舰3艘、驱逐舰2艘。由于到日落还有很长一段时间，且锡布延海东部航道狭窄，机动受限。栗田只好于15时30分掉头向西行进。

此时10月24日晨日军发现谢尔曼指挥的第3大队后，先后从克拉克等机场派出180余架飞机前去攻击。由于截击的美国飞行员具有丰富的实战经验，而来袭的日本飞行员多是新手，尚未熟练掌握技术。来袭的日机被截击者在空中纷纷击落，没有1架日军飞机飞临美航母大队上空进行攻击。但是9时30分稍过，第4特混大队准备回收飞机时，1架在云层上方盘旋的日本

“武藏”战列舰假想图

“彗星”轰炸机向“普林斯顿”号航母俯冲下来。日机投下的250千克炸弹穿透了飞行甲板和机库，爆炸引起大火并在机库甲板迅速蔓延。15时23分，“普林斯顿”号的后弹药舱发生强烈爆炸，其舰艉的大部和飞行甲板的后部被炸飞。在该舰舰艉附近的“伯明翰”号也被严重炸伤，死229人，伤420人。“普林斯顿”号的火势向前部燃油舱和弹药舱蔓延，已无可救助，只好将其击沉，这是美国在二战中损失的最后一艘作战航母。这时，小泽的机动舰队也进至吕宋岛东北端的恩加诺角附近海域，并发现了第3特混大队。11

时 45 分，小泽命令 76 架飞机起飞攻击，谢尔曼遂命令战斗机起飞迎击。美军“恶妇”式战斗机打得非常出色，日机不仅一无所获，反而损失大部，只有 20 架逃往吕宋岛。

“普林斯顿”号被击沉，对于实力雄厚的美军来讲并无大碍，但却对哈尔西的判断及下一步的作战决策产生了相当影响。从哈尔西内心来讲，之前因为各种原因已经错过了中途岛海战和马里亚纳海战，这次战机难得，他期望能够在自己手中终结日本海军。如此种种，决定了哈尔西难以抵御全歼日本航母舰队的诱惑。24 日 20 时，哈尔西定下决心，宣布明日所有部队北上突击小泽部队。然而他不知道，栗田已于 17 时 15 分下令舰队掉头回转，重新杀回了圣贝纳迪诺海峡。栗田部队于 25 日凌晨 1 时左右顺利通过圣贝纳迪诺海峡。当时，在栗田舰队和警戒兵力薄弱的美军登陆运输队之间，只有第 7 舰队的几个护航航空母舰大队在莱特湾以东海域活动，这意味着美军的登陆部队即将面临危险。日本联合舰队设计的“诱敌”战术取得了成功。但是，栗田自己对此并不知情。因为小泽舰队发出的关于哈尔西舰队北上全力追击的通报，日军其他部队的指挥官均未收到。

苏里高海峡海战

22 日 15 时 30 分，在栗田舰队出发 7 小时后，西村舰队的 7 艘军舰，包括 2 艘战列舰“山城”号（旗舰）、“扶桑”号，1 艘重巡洋舰“最上”号，4 艘驱逐舰“满潮”号、“朝云”号、“时雨”号、“山云”号驶出了文莱湾。23 日 10 时 20 分，顺利通过婆罗洲以北的巴拉巴克海峡，进入了苏禄海。不久，舰队向东北方改变航向，朝 24 日 6 时 30 分预定到达的地点航行。最危险的南方航线不但没有遇到潜艇，就连美军巡逻机也没有出现，西村舰队得以平静地航行。24 日 8 时 55 分，美军第 38 特混舰队第 4 大队发现西村舰队后，对其进行了 5 分钟的象征性打击，随后就奔赴锡布延海袭击栗田舰队了。西村部队继续航行并于 14 时左右，到达苏禄海以东的尼格罗斯岛南端附近。西村向栗田通报，表示将按照预定方案突入苏里高海峡。在西村部队之后，由志摩清英海军中将指挥第2游击部队于24日2时从科龙港补充燃油后出发，直趋苏禄海，以期与西村部队会合。志摩部队拥有7艘军舰，包括2艘重巡洋舰“那智”号、“足炳”号，1艘轻巡洋舰“阿武畏”号，4艘驱逐舰“曙”“潮”“霞”“不知火”号。西村把发给栗田的电报同时也发给了志摩部队。但是，西村并没有等待志摩部队，两支部队共计14艘舰艇相距约40海里，一前一后向东进发。联合舰队虽令他们协同行动，但志摩与西村却未直接取得通信联络，互不了解对方的情况。

事实上，美军很早就发现了西村部队和志摩部队，金凯德断定这两支部队是要穿越苏里高海峡进入莱特湾。金凯德相信哈尔西必会抗击从北面来袭之敌，因而把所有炮火支援舰艇全都派出封锁苏里高海峡。其中包括6艘战列舰（“密西西比”“宾夕法尼亚”“田纳西”“马里兰”“加利福尼亚”“西弗吉尼亚”号），重巡洋舰、轻巡洋舰各4艘，驱逐舰21艘，此外还有大量的鱼雷艇可供使用。从舰艇数量上看，美军占有绝对优势。24日22时刚过，西村部队进至巴拿旺岛一带时，被美军的鱼雷艇发现，一次又一次地遭到鱼雷攻击，一直持续到25日凌晨2时。由于缺乏实战经验，未给日舰造成直接损伤。西村部队排成一字纵队：“满潮”“朝云”号在前作为先导，之后为“山城”“扶桑”“最上”号，在“山城”左、右侧由“时雨”“山云”提供掩护。25日2时30分，美5艘驱逐舰投入战斗，这是苏里高海峡的一次主要战斗。驱逐舰部队分为两个战斗组：甲组包括3艘驱逐舰，沿海峡东岸出击；乙组包括2艘驱逐舰，沿海峡西岸南下，从东西两个方向对敌舰发射了47条鱼雷，接着施放烟幕迅速退出战斗。美驱逐舰部队虽然受到日本舰队的猛烈炮击，但是没有受到任何损失。“扶桑”号中雷后严重向右倾斜，失去机动能力，不久发生猛烈爆炸，舰体折断后沉没。担任前卫的“满潮”和“朝云”号几乎同时被鱼雷命中，“满潮”瞬间失去动力，“朝云”发生大爆炸后沉没。紧接着，“山云”号前主炮正下方被鱼雷命中，舰艏顿时折断，只能以12节低速航行。此后，西村的旗舰“山城”号左舷后部也被鱼雷击中。到3时30分，西村部队只剩下受伤的“山城”和没有中雷的“最上”“时雨”3艘舰艇能继续前进了。这时，美6艘驱逐舰分左右两侧再次实施鱼雷攻击。结果，又有3条鱼雷命中“山城”号，并击沉了已经丧失动力的“满潮”号。3时51分，美第三道防线——8艘巡洋舰和6艘战列舰排成教科书式的“T”字战列，向西村残部发起了炮击。18分钟内，共发射了406毫米和356毫米炮弹约300发，208毫米和152毫米炮弹4000余发。在此之前，美军的第56驱逐舰大队又分为3个战斗小组，每组3艘驱逐舰，甲乙两组从巡洋舰的东侧，丙组从巡洋舰的西侧通过向日舰疾驰的方式实施了鱼雷攻击。在美军炮火的猛烈攻击下，“山城”号不仅被美战列舰、巡洋舰击中多发炮弹，还被驱逐舰击中2条鱼雷，4时10分发出强烈爆炸，10分钟后沉没。在“山城”号后面跟进的“最上”号，也被美战列舰、巡洋舰的炮弹连连击中，其舰桥前部被炸掉，航速大减，随后又被击中舰桥，见大势已去，便拼命南下逃离。在其附近的“时雨”号也随之转舵，该舰虽被炮弹击伤但不严重，很快排除了舵机故障，尾随“最上”号撤退。至此，西村部队已不复存在，西村本人也随旗舰葬身海底。

在西村部队遭到打击的同时，志摩部队一面抗击美军鱼雷艇队的袭击，一面向前突破。3时左右，志摩部队驶进海峡南口，前面是驱逐舰“曙”号、“潮”号，之后是“那智”“足柄”“阿武畏”“不知火”“霞”排成的单纵阵。轻巡洋舰“阿武畏”号被美军鱼雷命中舰桥下方，舰艏进水，航速下降，开始掉队。志摩则率其余舰只以26节航速继续前进。4时10分，志摩从已被炸成两截、还在燃烧的“扶桑”号旁通过，以为这是“扶桑”“山城”两舰的残骸。10分钟后，又发现右前方一艘军舰起火，无法辨明敌我，接近到一定距离才认出是“最上”号。此时，“那智”号通过雷达发现前方有不明目标，志摩将其判断为敌舰，遂命“那智”号、“足柄”号向其发射鱼雷，然后转向南行。正当“那智”号转入新航向前进时，却与“最上”号相撞。原来，“那智”号以为“最上”号已经丧失动力，然而“最上”号仍有8节的航速，这样28节航速的“那智”号撞进了“最上”号右舷前部，舰艏严重损坏，航速降至18节以下。就在志摩为出师未捷、两舰重伤而恼火时，他也清醒地意识到，美军实力强大，鲁莽前行必然重蹈西村的覆辙，于是率部继续南撤。天亮后，第7舰队派出飞机前往保和海对日舰进行了追剿，最终使遍体鳞伤的“最上”号丧失机动能力，该舰最后被日军自己击沉。在苏里高海峡之战中，日军总共损失了2艘战列舰、2艘巡洋舰和4艘驱逐舰，战死官兵超过4000人。西村部队唯一的幸存者是“时雨”号，而志摩部队只有“阿武畏”受到重创，其余舰只仍可继续作战。相较之下，美军的损失微乎其微，只有1艘驱逐舰丧失战斗能力。

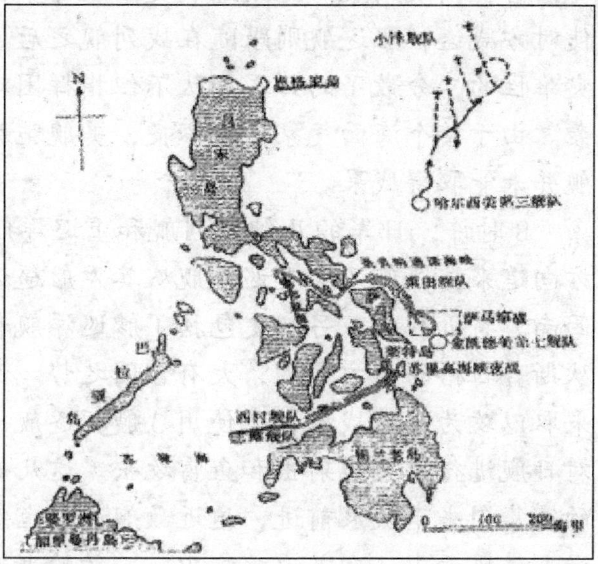

莱特湾海战态势图

萨马岛海战

25日凌晨1时左右，栗田部队未受阻碍地通过了圣贝纳迪诺海峡，这支部队尚有4艘战列舰“大和”“长门”“金刚”“榛名”号，6艘重巡洋舰“羽黑”“鸟海”“熊野”“铃谷”“筑摩”“利根”号，2艘轻巡洋舰“能代”“矢矧”号和11艘驱逐舰，共计23艘舰艇。5时20分前后，栗田相继收到西村部队全军覆没和志摩部队撤离战场的电报，但仍然决定经由苏禄安岛以东海域于11时突入莱特湾。日出时，栗田部队错将遇到的第3护航航母大队当作第38特混大队进行追击。该大队辖护航航空母舰6艘、驱逐舰3艘、

护卫舰4艘，共计舰艇13艘，几乎不具备对海作战能力。接下来上演的就是海战史上堪称精妙的一场追击战，这场追击战竟以意想不到的结果而告终。栗田见猎物欲逃，遂急令下属各战队司令官自行指挥，多路进击，以期尽速将其围歼。于是，各战队争先恐后地冲向目标：战列舰以炮火压制美军航母甲板；重巡洋舰高速逼近迫使对方减速；驱逐舰则跟随在战列舰之后。但这一决定的后果却是灾难性的，分散了的日军舰队不但指挥困难，而且更容易被美机空袭。由于整个海面气象条件不良，美舰施放烟幕并躲进暴雨区，日舰并未能取得战果。

8时许，日军的几艘战列舰和重巡洋舰从斯普拉格大队的舰艉方向追来，还有几艘重巡洋舰从其左舷逼近，迫使美舰将航向转向西南。将近9时，另一支包括1艘巡洋舰和4艘驱逐舰的日军舰队从斯普拉格的后方逼近，大有合围之势。面对这种情势，斯普拉格采取以攻为守的战术，先使用3艘驱逐舰，后又派出3艘护卫舰，对日舰进行了火炮射击和鱼雷攻击。这几艘美舰在日军大口径舰炮的密集射击下破浪前进，迫近敌舰进行鱼雷齐射，施放烟雾，尔后退入暴风雨中。在首次攻击中，“约翰斯顿”号驱逐舰发射的1条鱼雷击中“熊野”号重巡洋舰舰艏，使其航速锐减到14节，无法投入追击战斗。“霍埃尔”号驱逐舰向“筑摩”和“羽黑”号发射了鱼雷。“希尔曼”号在用主炮射击“筑摩”号的同时，又向“羽黑”号发射了两条鱼雷。“铃谷”号也被一颗炮弹击中，航速降至20节，没有赶上队伍参加追击战。当美军驱逐舰闯入日军的战列舰群时，“霍埃尔”号又向领头的“金刚”号发射了4枚鱼雷，“赫尔曼”号则向“榛名”号发射了3枚鱼雷，随后施放烟幕撤退了。由于距离太近，日本战列舰的主炮和副炮都无法降低炮口对美舰开火。上述攻击行动的最大效果，是迫使“大和”号旗舰和“长门”号战列舰为了躲避鱼雷不得不改变航向朝北驶去，未能继续追击美舰。“约翰斯顿”号也被这几艘日舰团团围住，终被击沉。“霍埃尔”号被“金刚”号、“榛名”号及数艘巡洋舰包围，中弹40余发，失去机动能力，最后只好弃舰，日军则趁机集中射击该舰，直到将其击沉。“塞缪尔·罗伯茨”号也被炮弹击中，舰舷水下部分被炸开，不久倾覆沉没。“希尔曼”号也被“筑摩”号击中数发炮弹，舰艏水线以下部分破裂，艏部下沉，但其机器尚可照常运转。后因“筑摩”号受到空袭，并被炸弹击伤，“希尔曼”号才乘机远离。应该说，在古今海战史上，还没有出现过这种用护航警戒舰只去应对大型水面作战舰艇的场景。面对强大的敌人，美军的驱逐舰和护卫舰毫不退缩，出色地完成了战斗任务。

对抗击栗田部队起决定性作用的是舰载航空兵。早在发现日舰来袭时和在交战之初，6艘护航航空母舰急速让各种飞机全部起飞。这些飞机纷纷向日舰投弹，或用机枪扫射。有些飞机已把弹药耗尽，仍在日舰周围盘旋，并作模拟俯冲动作，迫使日舰频频改变航向。这样一来，日舰不仅不能发挥速度上的优势，有碍追击，而且很难瞄准，影响射击效果。根据斯普拉格发出的求援电报，护航航母第2大队指挥官把所属的鱼雷机、轰炸机和挂载炸弹的战斗机全都派来支援。不多时，护航航母第1大队的舰载机和附近的部分岸基飞机也来参战。在栗田部队上空作战的美军飞机越来越多，这些飞机交替投入战斗，一次又一次进行攻击，使日军规避不迭，3艘巡洋舰先后遭到重创。“鸟海”号在遭空袭前已有炮弹命中其右舷中部，后来又有炸弹落入其前机舱爆炸，伤势严重。“筑摩”号被航空鱼雷击中舰艉，烈火熊熊，尾部下沉，舵机毁损，在海上漂泊。在水面舰艇交战中受伤的“铃谷”号受到约30架轰炸机的攻击，炸弹引发爆炸，终使该舰沉没。从战斗开始到“甘比尔湾”号护航航母被击沉，激烈的战斗已经进行了两个小时。就在斯普拉格已感束手无策时，栗田部队却主动撤出了战斗。就这样，这支不适于作战的美军护航航母大队，不仅赶走了拥有史上最强大战列舰——“大和”号的栗田部队，还给予这个强敌以沉重打击，使其付出了高昂的代价。

恩加尼奥角海战

日本人清楚地知道，日舰队突击盟军登陆地域的最大障碍，于是，联合舰队要求小泽治三郎率领的机动部队充当“诱饵”，不惜一切代价吸引第3舰队的注意，将其尽量向北牵制，使之不能参加莱特湾的海空战斗。10月20日晨，小泽的机动部队离开濑户内海，于18时驶出丰后水道南下。其兵力编成为：4艘航空母舰“瑞鹤”“瑞凤”“千岁”“千代田”号，2艘战列舰“伊势”“日向”号，3艘巡洋舰“多摩”“五十铃”“大淀”号和8艘驱逐舰，共计17艘舰艇。4艘航空母舰共载战斗机52架、战斗轰炸机28架、攻击机29架、轰炸机7架，共计116架。23日18时，这支部队到达菲律宾恩加尼奥角东北约420海里处。24日12时，小泽根据岸基侦察机报告的目标方位，派出约60架舰载机向西南飞去，途中与美战斗机发生空战。其中，只有个别日机袭击了美军的航空母舰，未获战果。这批日机仅有3架返回了母舰，30架飞往吕宋岛机场降落，余者全被击落。15时40分，小泽命令松田千秋少将带领战列舰“日向”“伊势”号和驱逐舰“初月”“若月”“秋月”“霜月”组成前卫队，南下引诱美航母部队。果然不出小泽所料，哈尔西最终决定北上消灭日航母部队。25日8时刚过，美机突破日军的防空网，飞近目标实施攻击，小泽的旗舰“瑞鹤”号先被3颗炸弹击中左舷，穿透甲板在锅炉舱爆炸，后被1枚鱼雷击中左舷后部。“千岁”号的舰舷被击穿，不久沉入大海。8时50分，“秋月”号驱逐舰被炸弹击中爆炸，舰体从中部折断，5分钟后即沉没。“瑞凤”号飞行甲板后部也被炸弹击

“瑞凤”号航母假想图

中，但仍可航行。10时，美突击机群再次发动袭击，此时日舰的队形已被打乱，“多摩”号被鱼雷击中，航速降至10节，开始掉队，而另一艘轻型航母“千代田”号也被美轰炸机击中，引起大火并开始倾斜。

11时15分，哈尔西下令兵分两路，他亲自率领第34特混舰队和第38舰队第2特混大队掉头南下，支援第7舰队，另一路则由米切尔指挥第3特混大队和第4特混大队继续向北，追击小泽舰队。12时起，米切尔先后派出200余架飞机对小泽舰队进行第3和第4次空袭。结果，“瑞鹤”号相继被7枚鱼雷和4颗炸弹命中，于14时14分沉没于恩加尼奥角东北端约260海里处。“瑞凤”号右舷的前后部各被1枚鱼雷击中，其飞行甲板和左右两舷被4颗炸弹击中，于15时26分沉没。为了歼灭被舰载机击伤的日舰，米切尔令杜博斯率领率一支由14艘舰艇组成的巡洋舰编队，包括2艘重巡洋舰、2艘轻巡洋舰、10艘驱逐舰继续追击。18时44分，小泽的“大淀”“伊势”与“日向”“霜月”号会合了，以20节速度北上。小泽舰队残部在宫古岛南方海面迎来了26日的拂晓。但拂晓的寂静被潜艇的出现打破——美军特混舰队在撤退之时，已经呼叫正在附近活动的两个艇群前来围猎！5时10分，“日向”号和“伊势”号都顺利躲过了美军潜艇的攻击，只有轻巡洋舰“多摩”号被击沉。

小泽出色地完成了诱敌任务，然而，日军却未能通过小泽的行动达到预期作战目的。由于小泽与栗田之间通信中断，即便是莱特湾内的美军登陆编队已经处于栗田舰炮的射程之内，栗田也未能抓住这个机会实施突击。在打击斯普拉格的第3航母大队后，栗田部队还剩下4艘战列舰、2艘重巡洋舰、2艘轻巡洋舰和9艘驱逐舰，栗田决定向最初的目标——美军塔克洛班登陆场继续进发。但25日11时左右，栗田从截获的电报和日军马尼拉发来的电报得知，第3舰队的几个航空特混大队正从各个方向赶赴莱特湾。于是，栗田决定撤出莱特湾。后来，受到舰载机攻击，“能代”号轻巡洋舰

被击沉，“能野”号重巡洋舰受到重创。10月29日，历尽波折的栗田带领4艘战列舰、2艘重巡洋舰、1艘轻巡洋舰和7艘驱逐舰终于返回了文莱。

神风特攻队首次出击

为了配合水面舰艇部队对莱特湾的进攻，日军第一航空舰队司令大西胧次郎组建了所谓的“神风特攻队”。显然，日军试图以这种可怕而野蛮的战术进行垂死挣扎。10月25日拂晓，由6架飞机组成的神风特攻队从棉兰老岛的达沃机场起飞，在向北飞行的途中发现了斯普拉格的第3航母护航大队。6架“零式”战斗机直接冲向“彼特洛夫湾”号和“桑加蒙”号护航航母，在美军高射炮火的抗击下未能命中目标，但是“苏万尼”号和“桑提”号均被击中，飞行甲板和机库甲板被炸弹炸穿。接近中午时，1架特攻机俯冲击中了“基特坎湾”号护航航母，2架日机冲向“加里宁湾”号护航航母并引发大火，还有1架特攻机被击中后撞在了“圣洛”号护航航母的飞行甲板上，猛烈的爆炸引燃了炸弹和鱼雷，导致“圣洛”号在11时30分沉没。

莱特湾海战是太平洋战场最后一次海上大决战，也是第二次世界大战中最大的一次海战。从投入兵力上看，双方参战舰艇达300艘，飞机近2000架；从作战地域上看，南北跨越1000海里，东西600海里，由四个独立又相互关联的海、空战场组成；从作战时间上讲，持续了3天4夜；从作战样式上说，海战、空战、潜艇战无所不及，可谓精彩纷呈，而所有的海上作战又都是为了成功实施登陆作战。如此大规模的、样式齐全的海上作战，不仅在历史上是空前的，有可能也是绝后的。此役，日本海军损失了4艘航空母舰、3艘战列舰、6艘重巡洋舰、4艘轻巡洋舰、11艘驱逐舰、6艘潜艇，飞机400余架，伤亡约1万人。曾经显赫一时的日本海军联合舰队已经溃不成军，除“大和”号等几艘战舰外，日本海军根本无力与越战越强的美国太平洋舰队抗衡，美国海军成为太平洋海上战场的主宰，取得了绝对的制海权，日本帝国主义也陷入了日暮途穷的困境。

五、二战后的海疆争夺

第二次世界大战的结果是世界霸权的重新调整，美国凭借半个世纪的对外扩张所积累的实力终于接替了世界霸主的宝座。可以说，大力发展海上力量、全面推进海洋扩张，为美国成就霸业立下了汗马功劳。美国的霸权是靠海洋建立起来的，并靠不断增强的海权予以确立和保障的。

第二次世界大战后，美国成为首屈一指的海洋强国，它将夺取和保持世界大洋水域的制海权作为其全球霸权的重要基础，雄心勃勃地准备充当世界霸主。然而，苏联作为新兴的强国，成为美国称霸的主要对手，于是，美苏矛盾成为战后世界的主要矛盾，双方很快展开了冷战和对抗。冷战开始后，美国依仗其拥有的海上地缘优势，对苏联等社会主义国家实施封锁、包围和遏制，在战略态势上处于有利地位。在欧洲方向，美国组建了北大西洋军事集团，对苏联及其东欧盟国进行海陆遏制，尤其是对苏联进出大西洋的出海口构成封锁态势；在远东地区，美国派驻了第 7 舰队，建立美日同盟、东南亚条约组织等军事集团，利用部署在西太平洋第一、第二岛链上的大量海、空军基地，形成海上封锁和包围。美国还竭力向中东和印度洋地区扩展其海上实力，排挤英法老殖民主义，通过援助、渗透和干涉，影响和控制了一批国家，一定程度取得了世界海域的控制权。因此，在 20 世纪 60 年代末、70 年代初，美国占据着明显的海上优势，在美苏争霸态势中处于上风。

而苏联在 20 世纪 50 年代中期之前基本上实行近海防御战略，海洋被作为抗击敌人入侵的前沿防线。1955 年，苏联决定“建立一支能够完成进攻性战略任务的远洋舰队”，揭开了走向远洋抗衡美国的序幕。1956 年，时年 46 岁的戈尔什科夫就任苏联海军总司

令时声称："或迟或早，苏联海军的旗帜将在世界各大洋飘扬，那时美国将不得不承认，制海权再也不是它们独占了。"但苏联真正全面地走向海洋则是在60年代之后。1962年，苏联将中程导弹运进古巴，被美国发现后，酿成"古巴导弹危机"。这一事件反映了苏联走出大陆和近海、在全球与美国争霸的战略企图，但也凸显了苏联海上力量的严重不足。使苏联认识到，没有能在全球范围内与美国及其盟国相抗衡的强大远洋海军，就不可能打破美国拥有的世界大洋制海权，也不可能取得全球霸权地位。因此，危机虽以苏联的退让而告终，但却成为它加快发展海上力量、全面进行海疆争夺的新起点。到70年代，苏联海上军事力量已与美国相当，甚至数量上略胜美国，如苏联大型舰艇达到240艘，超过美国的172艘。与此同时，为弥补缺乏海外基地的缺陷，减小不利的地理因素对远洋舰队活动的制约与影响，苏联在60年代中后期逐渐扩大海军兵力部署的范围。1965年，在地中海常驻分舰队，1968年向印度洋派遣分舰队，并先后在十几个国家取得20多个海军基地的使用权(到80年代增加到31个)，有力地支持了苏联远洋导弹核舰队在全球重要战略海区的活动，为同美国进行全球争霸提供了有利条件。

20世纪70年代末、80年代初，苏联在美苏争夺中处于进攻态势，占据上风。为改变不利地位，重新夺回海上优势，美国里根政府制定并实施新的海洋扩张战略——"海上战略"。该战略首先强调海洋和沿海战略区控制，认为美国之所以成为"自由世界"的领导，全靠拥有"海上实力"，美国与43个国家(其中41个与美国远隔重洋)的政治、军事联盟，亦取决于能否控制通往邻国的海上航线。因此，美国宣布控制全球16个具有战略意义的重要海上通道，提出要坚决抵制苏联及其他反美势力对沿海重要战略区的控制，坚决维护美国及西方世界的海上利益。同时，该战略强调前沿进攻、海上威慑、联合制海(海上战区诸军种联合作战)、危机处理和低强度作战、600艘舰艇计划、全球性制海力量等原则和要求。这是美国海军自马汉以后第二次公开地、较系统完整地阐述战略理论问题，并成为美国海洋复兴的纲领，美国海上力量建设和海洋扩张由此进入“黄金期”，美国在同苏联的争霸中又重新占据攻势地位。

反观20世纪80年代中后期的苏联，在戈尔巴乔夫“政治新思维”和“纯防御”新军事战略的指导下，海军战略重点开始由远洋返回中、近海，并特别强调对其中重要海域的防护，以前奉行的“远洋进攻”战略被“区域性防御”战略所代替。在此背景下，苏联同美国的海疆争夺态势发生了较大变化。苏联海军的战略使命由与美国争夺海洋霸权逐步变为近海防御，苏联的海上战线明显收缩，部署在海外前沿的作战兵力逐步回撤至苏联近海，同时有选择地放弃部分国外海、空军军事基地的使用权。当然，区域性防御战略的提出和实施，并没有削弱苏联海军的远洋进攻能力，苏联海军的兵力结构仍在进一步完善，装备的性能也进一步提高。因此，到苏联解体前，它仍是能对美国海洋霸权构成挑战的国家。

90年代初，在美苏关系出现缓和的背景下，地区性矛盾进一步上升，其典型代表是伊拉克入侵科威特引发的海湾危机。伊拉克欲控制波斯湾及其石油资源的图谋是争当世界霸主的美国无法容忍的，因此，美国从万里之外调兵遣将，尤其是依靠其优势的海、空能力，对伊拉克形成兵临城下之势，并最终发动“沙漠风暴”作战行动，主要运用海、空力量打击伊拉克，将其逐出科威特。海湾战争实际上既是美国海洋霸权的体现，又是对其海洋霸权的维护。苏联在海湾战争中表现平平，采取了抛弃前盟友伊拉克、支持和配合美国的政策。美苏对海湾危机的不同反应，正是冷战结束之际，两国海洋战略地位以及全球战略地位拉开距离的生动写照。

在苏联解体、华沙条约组织解散之后，美国及其领导下的北大西洋公约组织多次发动战争：1999年，以美国为首的北大西洋公约组织发动代号为“盟军”行动的科索沃战争，肢解了南联盟，美国B-2隐形战略轰炸机还用JDAM炸弹轰炸了中国驻南联盟大使馆。2001年10月，美国发动代号为“持久自由”的阿富汗战争，先后出动航空母舰6～8艘。2003年，美国发动代号为“伊拉克自由”

的伊拉克战争，出动航空母舰 6 艘，直至 2011 年美军才无可奈何地撤出伊拉克。2011 年，以美国为首的北大西洋公约组织对利比亚空袭 7 个多月，开始由美国指挥，后来将指挥权转交北约，导致利比亚政府被反动派推翻，开了一个干涉别国内政的恶劣先例。

纵观几千年世界海疆争夺的历史，人们可以深刻地体会到从古希腊的狄米斯托克利、古罗马的西塞罗到近代英国的罗莱、美国的马汉等多位先人提出的“谁能控制海洋，谁就能控制世界”的“理论”，是有一定历史事实作依据的，有其合理的成分。

“没有目标而生活，恰如没有罗盘而航行。”

——［德国］康德

第三章 当今时代的海疆争夺

2006年8月16日，一艘日本渔船正在日本政府所称的北方四岛附近海域进行捕鱼作业，突然一阵急促的枪声从远处响起。一艘俄罗斯巡逻艇快速驶来，不断向渔船方向鸣枪示警。一名渔民突然中枪倒地，最后不治身亡。这一消息传到日本国内，舆论大哗，要求日本政府对俄罗斯采取严厉制裁措施。日、俄围绕南千岛群岛（日称北方四岛）归属之争再度激化。不仅如此，世界还有许多国家间存在各种各样的岛礁、海洋主权争端。自从海洋疆界理论产生之后，海疆争端就层出不穷，愈演愈烈。

一、海疆理论内涵的发展与实践

当人们认识到海洋是人类生存与发展的重要空间之后，从社会的多个角度提出了一系列更为具体的对海洋的新看法，形成了许多新的海洋观，诸如新的海洋经济观、海洋政治观、海洋科技观、海洋地理观，以及新的海洋国土观、新的国防观、新的海洋军事空间观等等。

“海洋国土”概念的产生

我们的祖国到底有多大，这是一个极为普通的常识，但多数人都讲不清楚，在一些国家重要庆典活动中，许多媒体主持人都慷慨激昂地说：我们是一个拥有960万平方千米国土的伟大国家。但这是一个陈旧的概念，进入“海洋世纪”，应从历史渊源和法理上对过去的国土观进行更新。在清朝的版图中，中国有1300万平方千米的陆地国土和广阔的海洋。19世纪，中国领土遭到帝国主义侵略、瓜分，陆地上只剩下960万平方千米，但同时中国还有300万平方千米的海洋国土。

“海洋国土”概念的出现首先源于沿海地区和岛屿作用地位的上升。

人类社会经济的迅速发展是在人类社会进入资本主义时代以后，资本主义生产力的发展之所以快，主要依赖于资本的积累与商品的流通，依赖于对殖民地的掠夺和对国内外人民的剥削。为了加速发展资本主义生产力，一些殖民帝国都必须大力发展海外贸易和对殖民地的奴役，因而必然把一些工业与商业的城市设在沿海地区，也必然先在殖民地的沿海地带建立殖民经济，于是世界经济与人口就明显地向沿海地带集中。这种倾向在海洋观念出现第二次飞跃后，变得更加显著。目前，从全世界看经济发达的国家和地区都在沿海，这些国家和地区的海岸带更显得经济与人口的集中，即使像岛国日本现在经济最发达和人口最集中的地区也是在海岸带。所以，沿海地区地位的日趋重要，已成了世界的普遍规律。我们中国同样如此，在近代中国沿海经济就比内地经济发展得快，现在实行改革开放，首先开放的是沿海地区，沿海地区的经济已在我国经济中占了主导地位，沿海将是我国首先富起来的地区。中国沿海地区经济集中、政区和人口比重大的倾向，随着经济全球化深入发展和走向海洋步伐的加快，必将更加明显。

沿海地区地位作用的上升引起了世界各国对近海海域的重视和

争夺，为此，联合国于1982年通过《联合国海洋法公约》，规定沿海国的领海宽度一般不超过12海里，领海是沿海国家在主权之下的和国家领土紧连着的一片海域，是国家领土在海洋上的延续，国家对领海可以行使主权，对领海内（包括海面、海面上空以及海底与底土）的一切人和物享有专属管辖权。所以，领海属于国家领土的一个部分，可以称之为国家海洋国土。《公约》还确定了一项新的海洋制度，那就是海洋专属经济区制度，其宽度是从领海基线算起不超过200海里，扣除领海12海里其实际宽度为不超过188海里，这是相当于领海面积15倍左右的大片海域。全世界的海洋专属经济区共约有1.3亿平方千米，占了全球海洋总面积的36%。这里蕴藏着已探明世界石油储量的87%，目前提供着世界渔业产量的94%，几乎包括了全世界所有的重要海域和重要的国际海上通道。沿海国家在其海洋专属经济区内，享有对于一切自然资源的主权权利，有经济开发和勘探的主权权利，还有建造和使用人工岛屿、设施和结构的主权权利，以及海洋科学研究和海洋环境保护等方面的管辖权。除了其他国家在主权国家的专属经济区内也享有航行、飞越、铺设海底电缆和管道的自由外，主权国家在该海域的主权和利益相同于在领海的主权和利益。所以，国家在海洋专属经济区的主权和利益并不和在领海的有根本的不同，只有程度上的差别，而这种差别的幅度也不大，从一定意义上和很大程度上也应该看做是国家的海洋国土。《公约》还规定了大陆架制度，大陆架是指领海以外，依国家陆地领土的自然延伸直至大陆架外缘，包括陆架、陆坡和陆基在内的全部海底区域的海床和底土。沿海国家对大陆架的海床和底土以及海床和底土中的矿物资源和非生物资源享有主权权利，大陆架中丰富的石油资源、矿物资源和非生物资源可由主权国勘探和开采。大陆架的宽度是从领海基线起算一般不超过200海里，部分大陆架界线可以超过200海里延伸至350海里。所以，大陆架也存在着国家的主权和利益，也应该看做国家在海洋上的国土。

《联合国海洋法公约》规定不仅沿海大陆可以拥有领海和海洋

专属经济区，具备一定条件（主要是具备人类生存条件和周围海域足够宽广等）的海洋岛屿也可以拥有领海和海洋专属经济区。这样，一个具备条件的面积很小的海岛，可以作为圆心，以12海里为半径画一个圆周，在这个圆周内的450平方海里即1500平方千米的海域就成了这个小岛的领海区；又可以用200海里为半径再作出一个圆周，在两个圆周间的12.5万平方海里即43万多平方千米的海域，就成了这个小岛的海洋专属经济区。原本一个不起眼的边远小岛，居然可以为国家取得43万多平方千米的海洋国土，顿时身价百倍。由此，人们认识到海洋岛屿对国土构成产生重大影响的新价值。

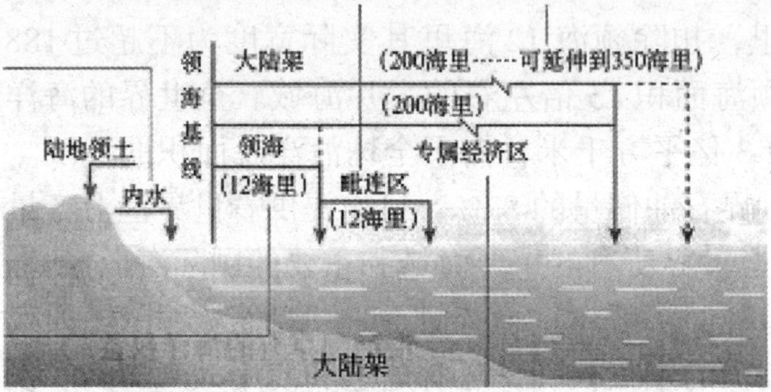

“海洋国土”概念示意图

正是由于海洋在人类社会中地位作用的上升，沿海国家人民赖以生存和发展的空间，已不仅限于陆上领土，而且还有海洋上的领土，海洋成为与一国陆地同等重要的领土：海洋国土。海洋国土是广义的国土。“海洋国土”是“海洋”与“国土”两词组成的新词，它是国家主权管辖的领海、海洋专属经济区和大陆架的总称。它说明了具有国土性质的海域和在海洋上的国土。首先，国土是国家的领土，它的含义主要包括三层意思：国家主权管辖的区域，这些区域有固、液或气等不同形态，这些区域的国家主权管辖程度不同。领海、海洋专属经济区和大陆架符合国土含义的三层意思。其次，“领土”的概念实际上已由狭义发展成为广义，在1965年4月我国第一版的《辞海》上对“领土”一词定义有狭义与广义两种释文，但到1979年版的《辞海》上就只有广义的释文了。可见，时代的发展已使领土的概念广义化了，现在随着海洋专属经济区和大陆架等国家新的主权管辖区域出现，“领土”的概念应该也可以向广义发展。再次，新的国土需要用新的词来表述，用“海洋国土”来表述国家的新领土——海洋专属经济区和大陆架，并把领海也包括在内，既简洁准确又形象鲜明，正如举世公认国家的舰船是国家的“浮动领土”一样，能够被广泛接受，也能约定成俗。

海洋疆界与海防安全

新的海洋观念产生了新的国土观，表明了当代沿海国家的国土向海洋上延伸，也表明了沿海国家主权和利益在海洋上的延伸。对于这些延伸到海洋里的国土，沿海主权国必然要考虑如何去行使主权和获取利益，同时也必然要考虑怎样去捍卫这些海洋国土上的主权和利益，因而必然要考虑国家在海洋国土上疆界和安全防御问题。这样，必然导致沿海国家国防观念的更新。这主要体现在国防的新前线、海防的新使命。

沿海国家历史上的国防前线，曾是陆地的边界线与海岸线，以后随着领海的出现，领海外侧线是国防在海洋方向的前线。但由于领海宽度有限，领海宽度以海岸火炮的射程为限，所以海洋方向国防工事与兵力主要的仍然部署在海岸线，也就是大陆的海岸线与岛屿的海岸线一带，海上防御的主要区域是领海。当然，由于海岸、领海以及海上交通线的安全需要，在防御作战过程中机动兵力完全可能到更远的海区去作战，这种战时状态应另当别论。从国家主权完整与安全需要出发，平时的国防前线在海洋方向应该是领海的外侧线。但是新的海洋观念产生了新的国土观后，情况就有了新的发展，既然国土概念在海洋方面延伸到了海岸线以外200海里的专属经济区外侧以至350海里的“海洋国土”外侧线，国防前线如果不延伸那么远，将无法守卫海洋国土，国家的海洋权益将是一句空话。所以，一个沿海国家的现代国防，其海洋方向的前线不是在海岸线，也不是在领海外侧线，而是在大陆海岸与岛屿海岸的领海基线以外200 ~ 350海里远的海上，这里才是国家防御的新海疆线。

国防的新疆界使海防的使命显著加重，过去沿海国家的海防主要使命是保护大陆和岛屿，海防被称为戍守万里海疆的海上长城。现在海防的情况复杂得多了，首先是海防范围的扩大，不仅要保卫沿海的陆地国土，而且要保卫广阔的海洋国土，守卫的范围增加了15倍多。其次是海防的难度增大，过去保卫沿海陆土和领海离岸较近水深较浅，相对来说较为容易，现在要在海洋国土外侧线防御，离岸线较远，海水又比较深，这里的防御必然是360°全方位的、大距离的、天上与水面以至海水下和海底的多维防御，其难度明显增大。如从我国南海的海洋国土防御来看，前线在距离大陆2000多千米以外，水深普遍在1000米以上，海情与气象以及周围情况都特别复杂，防御的艰难更加显然。再次是海岛防御的任务加重，海岛新价值产生了被某些邻国“占岛夺海”的新威胁，国家对于海洋岛屿尤其是边缘的岛、礁、暗滩、暗沙，都特别需要加强防御。从以上三点可以说明，现代的海防有新的使命，这是显著加重了的新使命。

为了守卫新的海洋国土，完成海防的新使命，任何一个沿海国家必然应该重视现代海防力量的建设，特别应该重视现代海军力量的建设。一个国家如果没有强大的海上力量，尤其是没有一支强大的海军，将不可能有效地保卫海防。那种仅仅依靠海岸要塞大炮和陆上兵力保卫海防的时代已经过去，现代的海防必须有由多兵种组成、能远海活动的、具备现代作战能力的海军。同时还应有各种海上非武装力量为后盾。这样的现代海军与多种海上力量，建设起来实非容易，科技要求高，经济花费大，周期又长，人员的素质要求也高，不作为重点将难以建设好。因而，海防力量特别是海军力量的建设，必然成为现代沿海国家海防建设的一个重点。

二、错综复杂的海疆争端与争议

海疆争端有哪些，争什么？

第一，管辖海域的争夺。依据《公约》规定，沿海国家以制定法规的形式建立了领海、专属经济区和大陆架等制度，完成了世界性的一次圈地划界工作，将占世界海洋面积35.8%的1.3亿平方千米的海域划给沿海国家管辖，构成了世界性的“海洋国土”。目前，世界濒海国家宣布划定12海里的领海有100多个，对大陆架外部界线提出要求的国家也有100多个。由于一些国家单方面提出海区划界要求，随意扩大管辖海区范围，导致在大陆架和专属经济区划界等问题上的争端此起彼伏，从而造成在世界海洋有370处的海域存在纠纷。在中国海区依照《公约》应该划归我国的海域（亦称“海洋国土”）面积近300万平方千米，相当于江苏省的40倍。这一变化，不仅使我国“海洋国土”面积增大8倍，而且也使我国疆域中水陆面积之比由3.9%上升到31%。但是由于周边一些国家单方面宣布海洋法规，提出无理要求，图谋瓜分我国海区，使我管辖海区有相当大的部分存在着争议。

第二，海洋岛屿的争夺。何谓岛屿呢？就是比大陆面积小，并且四周环水的陆地。《公约》第121条对岛屿的概念规定为：“岛屿是四面环水并在高潮时高于水面的自然形成的陆地区域。”这就对岛屿概念进一步作了说明。还规定：“不能维持人类居住或其本身的经济生活的岩礁，不应有专属经济区或大陆架。”这就对岩礁作了法律界定，它与岛屿有所区别。岛屿大小悬殊，分布在海洋中。世界上岛屿有20余万个，总面积970多万平方千米，约占世界陆地面积1/15。由于岛屿特定的地理位置，使岛及其周围矿产资源、生物资源、旅游资源等都十分丰富。《公约》所确立的专属经济区、大陆架和岛屿制度，是海洋主权的一次重新划定，使岛屿具有重要的战略地位。也就是国家拥有一个岛屿的主权，在岛屿周围就可以取得 43 万平方千米的丰富海域，有主权，主权权利和管辖权。还可以作为划分海区的基点，它关系到管辖海区的外部界线的划定。可见，国际上岛屿主权争端接踵而起，相关国家剑拔弩张，气氛紧张，引起国际社会的关注。例如，英国与阿根廷两国，因马尔维纳斯群岛主权之争，曾爆发了“马岛海战”；俄罗斯与日本关于北方四岛的主权归属问题，两国争论几十年；韩国和日本两国因只有 0.18 平方千米的独岛（竹岛）主权之争，已发展至政府间的对抗行为；土耳其与希腊两国为了爱琴海中面积只有 450 平方米的伊米亚岛的主权争议，双方出动兵力在该岛附近对峙，很有大动干戈之势，后经联合国出面调解，争端暂告平缓；罗马尼亚与乌克兰两国，也因黑海中的一小岛主权归属发生争端，已升级成政府间对抗。在中国海区，关于钓鱼岛和南沙群岛的主权问题，我国与日本、越南等多个国家之间存在着原则分歧。由此可见，岛屿之争关系到国家主权、利益和尊严，每个主权国家都极力维护，不会轻易放弃。

第三，海洋资源的争夺。海洋岛屿和管辖海区之争，说到底就是为维护海洋主权和权利，为了占有和控制人类未来生存与发展所必需的各种海洋资源。目前，世界上有些国家凭借其强大的海上力量、先进的科学技术和有利的地理位置条件，大肆掠夺应归他国管辖的海洋资源。一些海洋强国还无视《公约》的有关规定，非法开采属于人类共同财产的国际海底资源。例如，争夺海洋生物资源，世界沿海各国在大力发展近海渔业的同时，又走向远洋，积极开发远洋水产业，侵犯他国的海区，从而不断发生渔业纠纷。在中国海区，从北部的韩国和日本，到南部的越南、菲律宾和马来西亚等国的渔船，不断侵犯我国海域，大肆掠夺生物资源。与此同时，我国渔船还不断遭到周边国家的海上威胁，曾多次被他国扣压，甚至船只被撞坏、人员遭伤亡等。还有，我国南海的海洋资源是十分丰富的，但是，周边的越南、菲律宾和马来西亚等国，都在加紧非法开采我国的油气资源。外国石油公司也介入了南海油气资源的开采。

这种情况的存在与发展，极大损害了我国的海洋权益。

第四，海上通道控制权争夺。海上通道因其战略地位也成为国际海疆争夺的重要对象。从广义上说，能为人类用来进行航行、运输等活动的海域都可称之为海上通道；就狭义而言，海上通道是指连接两个海(或洋)、宽度较窄的水道，主要是海峡，也包括沟通海洋的运河。我们这里主要指其狭义含义。世界上可以通航的海峡有130多个，其中重要的有40个。例如，连接大西洋和地中海的直布罗陀海峡，从波斯湾进入印度洋的霍尔木兹海峡，连接印度洋与太平洋的马六甲海峡，位于英国与欧洲大陆之间的英吉利海峡等，都具有相当重要的战略意义。至于连接海洋的运河，最重要的当数苏伊士运河和巴拿马运河。苏伊士运河沟通地中海与红海，使从印度洋到大西洋的航程比取道非洲南端的好望角缩短了5000～10000千米，巴拿马运河将大西洋与太平洋之间的航程缩短了10000多千米。显而易见，取得海上通道的控制权，就等于掌握了海上交通的咽喉，就能使自己处于有利和主动地位，而置敌人和潜在对手于被动地位；就能影响到其他国家的海上航线的通畅，从而增强自身在国际事务中的地位和作用。因此，海上通道历来为一些海洋强国所重视，同时，一些地区性国家也力图在控制其附近的海上通道方面取得一席之地。冷战时期，美苏及北约与华约两大军事集团之间就展开了激烈的海上通道控制权之争。尤其是作为当代海洋强国的美国，为实现其称霸世界的目标，制订并实施控制重要海上通道的计划。1986年，美国宣布控制全球16个具有战略意义的重要海上通道。与前述海疆争夺内容所不同的是，对海上通道控制权的争夺在平时更多地表现为一种“软性”的控制，即主要通过在相关海域部署军事力量、派遣舰艇和飞机在相关海域及其上空游弋和巡航等措施，保持对有关海峡和水道的警戒、监视和潜在控制力，一般情况下不会干扰正常的国际航运。但是，一旦相关国家之间关系恶化、处于对抗或发生冲突和战争，海上通道控制的作用就会充分体现出来。届时，掌握海上通道控制权的一方就可能对另

一方实施海上封锁，切断对方的海上交通运输线，从而置对方于被动和不利的境地，以达到迫使对方屈服的政治目的。

岛屿争夺是关键

在激烈的海疆争端中，陆地及岛礁的地理位置在主权归属中起着重要作用，特别是海岛的位置，可以说是海疆争端中的点睛之笔，因为一个面积不大的小岛却能获得半径200海里的专属经济区。岛屿在海岸相向或相邻国家间海洋区域划界中，尤其是在专属经济区或大陆架划界中的作用，世界各沿海国家存在着多种不同的看法，有许多争论。有的国家强调岛屿的作用，在海洋区域的划界中将岛屿与大陆同等对待，主张按岛屿中间线或等距离线方法划界，在无划界协议时，任何一国均无权将本国对海洋区域的主权扩展到中间线或等距离线以外；有的国家正视岛屿的存在，主张按公平原则，照顾到岛屿在地质和地貌上的特点及其他特殊情况，通过协商谈判划定海洋区域的分界线，他们认为中间线或等距离线并不是划界的唯一方法；有的国家主张，位于别国大陆架上的岛屿，不论其大小和性质，以及是否建有灯塔或其他设施，在划界时一律不予计及，可以按照《联合国海洋法公约》的有关规定，在岛屿周围划定海上安全区，但这不影响别国的海洋区域。

【知识链接】“冲之鸟”礁的启示

“冲之鸟”，南部太平洋海域的一处环礁，东西5千米，南北1.7千米，由于海浪常年侵蚀，“冲之鸟”露出海面的部分逐年缩小，涨潮时只有0.3～0.5米，要不了多久，可能就会没于水下。为了抢救“冲之鸟”礁，日本政府特别拨款300亿日元(约合2.3亿美元)，从1987年起，用3年时间对其加固。先是以露出水面的岩礁为中心，修建了一个高潮时高出海面0.2米，直径为50米的铁质环形防波堤，然后在防波堤内，用特殊的防水水泥混凝土填充加固，再在一块岩石上修建一座7米高的灯塔。甚至还筹划在礁上建设发电厂，利用海洋温差发电。他们投资700多万美元用来在此礁上人工养殖珊瑚，培育出5万多株生长快速的鹿角珊瑚。“冲之鸟”礁，茫茫大海中的一片弹丸之地，根本不具备生存条件，日本政府为何要斥巨资对其进行加固呢？原来他们还有自己的如意算盘，想把“冲之鸟”礁变成岛，并根据《联合国海洋法公约》以此来申请专属经济区和面积超过74万平方千米的外大陆架。为此，日本政府还向联合国大陆架界限委员会提出了“冲之鸟”礁的外大陆架划界申请。2012年5月，大陆架界限委员会否决了日本关于“冲之鸟”礁的外大陆架的划界案，仅31万平方千米获得委员会认可，而这一位置位于“冲之鸟”礁以北的四国海盆区块，事实上是基于日本其他陆地领土的外大陆架，与“冲之鸟”礁无关。

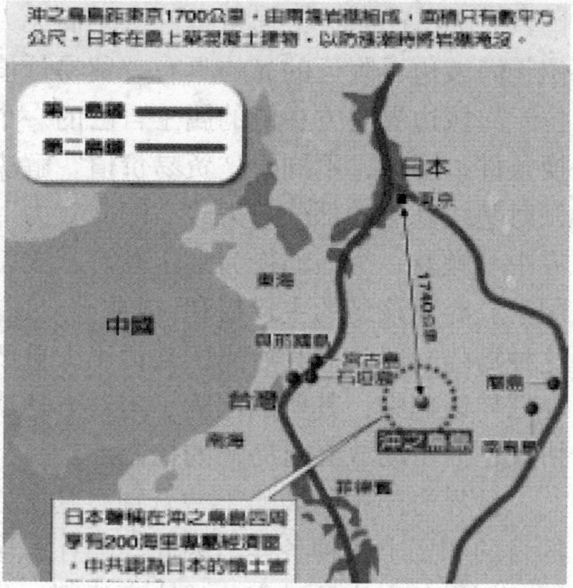

“冲之鸟”礁争议示意图

在海岸相向或相邻国家间海洋区域划界的国际实践中，对于岛屿划界有各种各样的处理方法，大致可分为六种类型：第一，在划界协议中充分考虑岛屿的存在和地位，完全按岛屿中间线或等距离线划界；第二，完全不顾，或有选择地不顾岛屿作为领海基点的作用，一般在大陆海岸线之间确定海域边界线；第三，不给予岛屿作为划定领海基线基点的作用，但允许在其四周划定一个中等的，宽度通常不超过24海里的海洋区域，这种岛屿通常是在闭海或半闭海中越过了划界双方从大陆量起的中间线，并位于海岸相向或相邻

国家大陆海岸附近，通常是一些小而无人居住的岛屿；第四，允许位于海域边界附近的岛屿具有“贸易价值”，即划界双方均不顾及位于海域边界对方一侧的属于自己的一个岛屿或一组岛屿以作为交换条件；第五，不同于“贸易价值”解决方案，给予岛屿作为划定领海基线基点的部分效力或“缩减效力”；第六，在海洋区域的划界中不顾及一个岛屿作为划定领海基线基点的地位，随后由其所属国家放弃对该岛的主权权利，或放弃对该岛的任何海洋区域的主张，这种岛屿一般是对其所属国来说不太重要，小而无人居住的岛屿，在划界谈判中，其所属国为了与对方达成共同开发利用海底资源的协议，而主动放弃对岛屿的控制。

世界海洋中的岛屿千差万别，其所处的海域以及各国在划界中的目的和要求各种各样，因此岛屿在海域划界中的地位应当有所不同，划界各方应通过充分的协商谈判，公平合理地解决岛屿问题，这是国际海洋法关于处理岛屿在海岸相向或相邻国之间海洋区域划界中所处地位的基本原则。

海疆争端新特点

第一，争端的目的“醉翁之意真在酒”。当代任何一个沿海国家都视海洋为生存与发展的重要空间，都加速向海洋进军，向海洋索取资源与空间，因而对海疆的安全与争夺尤为重视。以往的海洋争端的目的表面是争夺海洋，实际则是依靠争夺海洋为夺取陆地服务，可以说是“醉翁之意不在酒”。现在的海疆争端也远远超出以往控制海上交通线和战略要地以及通过海洋影响与制约陆地的范围，发展了海洋本身的安全与控制，由争海为制陆发展到争海为取海的一个新时期，可以说是醉翁之意真的在乎起酒来了。在这个新时期里，原为全人类所共有的全球海洋出现一块块、一片片海域分割为沿海国家所有的状态。海洋与大陆一样被瓜分，被分割占有。因而，取得海洋空间与资源、划分海洋与重新安排海洋的秩序，成了世界各国在海疆争夺中的新目的。

第二，争端依据孰是孰非，孰又能分清。第二次世界大战后陆上世界性的战略争夺告一段落，各个国家的陆地空间与资源的范围基本上大局已定。然而海洋空间与资源的争夺刚刚开始，方兴未艾，因而海洋权益斗争可以说是以往陆地战略争夺的延续，具有以往陆地战略争夺同样的性质，既有正义性又有非正义性。从全人类来说，把海洋作为生存与发展的重要空间，加速开发利用海洋，这是人类社会发展的必然趋势，是全人类的正义事业。有大量人群生活在海边的沿海国家，由于天然的地理条件和历史的各种因素，开发利用海洋有得天独厚的优势，他们取得并开发利用海洋国土，也是势所必然的正义事业。内陆国家通过协商互利互惠地通过沿海的国家去开发利用海洋，也是理所当然的正义事业。全人类对于人类共同继承的财产——公海大洋的开发利用，更是正义的事业。但是，在这总体的海洋正义事业中，必然会有一些非正义的力量进行非正义的掠夺、扩张甚至发动侵略战争，这就是称霸全球的海洋霸主和已经或企图称霸局部海域的霸权主义者的行为，他们的行径充分显露了在海洋权益斗争中的非正义性。

支撑海疆争端的“三驾马车”

当代的海疆争端既然是陆地战略争夺的延续，是世界战略争夺由陆地扩展到海洋，是为了争夺海洋本身，那么参与世界陆地争夺的各种力量必然可能参与海洋上的权益斗争，海疆争端中就有了新的力量。

第一，政治力量。这就是逐渐兴起的专门从事海洋策略斗争的机构和人员。他们研究和制定有关海洋的法规、海洋战略争夺的形势与策略、国家的海洋战略部署以及海上力量的发展战略等问题，起到咨询、宣传和决策作用，使国家在海疆斗争中取得政治上的主动权。这种新型的海洋政治力量是海疆争夺中的先导力量。

第二，经济和科技力量。这方面包括了当代各种经济、科技力量，涉及所有的经济、科技领域，包含有海洋调查、海洋科研、海洋资源与空间技术和工程、海洋地理与环境以至海洋上的各行各业。这是开发利用海洋的基本力量，是海疆争夺的物质基础。

第三，军事力量。向海洋进军虽然从总体上说是正义行动，是和平的进军，但是不能忽视全局或局部存在着霸权主义的威胁，不能排除侵略扩张者的非正义行动，也不能排除在解决争议时采用非和平的方式的可能性，因而海洋上的武力威慑、武装对峙、武装冲突以至局部战争必然会时而出现。非正义者为了侵占他国海疆，正义者为了保卫本国的海疆安全，都需要有海洋上的军事力量，海洋军事力量仍然是强有力的后盾。同时由于从海洋控制陆地的军事作用比过去更大了，海洋军事力量还可以用来为陆上战略争夺以至全球的战略行动服务。所以，现代的海洋军事力量有了巨大的进步，几乎拥有了陆地军事力量的各种兵力兵器，运用了所有的现代化军事装备，其现代化的水平不仅可以与陆上相比而且更胜一筹。当代的海军，具有能活动于全球各个空间——陆地、空中、海面、海水深层以至海底进行多维作战的各兵种，有核动力化、导弹化、先进电子装备和先进结构体系的大容量、高速机动的兵力兵器载体，有不断更新的火炮、导弹、水中兵器、飞机、化学武器，以及核武器、激光武器等现代化武器，有固定设置于沿海要地、海洋岛屿、海水深层甚至海底的军事基地，有隐蔽机动于广阔大洋深处拥有能毁灭全球的战略弹道导弹的核潜艇部队，还有规模巨大的携带核武器在内的多种兵力兵器的航空母舰编队。这些都表明今天海疆争端中的军事力量已经面目一新，发展日新月异，已非昔日可比。

海疆争夺烈度高

当代的海疆争夺，在层次上具有前所未有的新高度，可谓比以往更上一层楼。

第一，海疆争夺是关系国家民族生存发展的高层次战略争夺。国家民族的生存与发展不能离开空间与资源，人类历史上所有的战略争夺都是为了争夺空间与资源。两次世界大战更是明显的全球性空间与资源争夺，法西斯德国和日本发动侵略战争毫不隐讳地宣称是为了夺取“生存的空间”。当今海洋成了人类生存与发展的重要空间，海洋上的权益斗争必然是关系到国家民族兴衰存亡的重大问题，也必然是国家生存与发展战略的重要组成部分，属于国家最高层次战略的范畴。

第二，海疆争夺是国家实力的竞争。在海疆争夺战中如果没有强有力的政治力量为前导，雄厚的经济科技力量为基础，以及强大的军事力量为后盾，就不会有正确的海洋观念和正确的策略去争取国家应有的海洋主权和利益，也不可能有效地开发利用海洋促进国家的富强，更不能保卫国家的海洋国土。所以在当代的海疆争端中必须充分利用国家实力，才能取得胜利。当代的海洋战略争夺实际上是一场利用国家各种力量的竞争，是一种国家实力的竞争。

第三，海疆争夺是更加复杂的斗争。当代海疆争端的领域比过去宽广得多，涉及政治、经济、科技与军事等方面的斗争，涉及世界海洋的多维空间、各种资源以至岛屿陆地空间的开发利用与保卫，涉及世界各个沿海国家与地区以及内陆国的切身利害。随着人类社会发展对海洋需求的日趋迫切，斗争的情况也日趋激烈。因而，当代的海疆争端在复杂性上也上升到了一个新的高度。

第二部分
探析海疆争与夺

当海洋的价值被更多的人认识时，一些贪婪成性的国家开始变得更加贪婪。为了争夺这片蓝色的“沃土”，人们你争我夺，甚至不惜大打出手，点燃了耀眼的蓝色烽火……

“明天的战略必须建立在昨天的教训上。”

——［美国］鲍德温

第四章 岛礁主权风云际会

一、马岛争端硝烟浓

争端始末

英国和阿根廷马尔维纳斯群岛主权争端由来已久，其本质上是殖民主义的历史遗留问题。马尔维纳斯群岛地处阿根廷南端以东500千米的南大西洋，岛上有3000多居民，其中90%是英国移民及其后裔，历史上曾被英国、法国和西班牙先后占领，1816年阿独立后宣布继承西班牙对马尔维纳斯群岛的主权。1833年英派兵重新占领马尔维纳斯群岛，宣布行使

马尔维纳斯群岛卫星图

对马尔维纳斯群岛主权。此后，英国和阿根廷围绕马尔维纳斯群岛主权争夺的冲突不断,1982 年甚至爆发马尔维纳斯群岛战争，英国战胜后继续控制马尔维纳斯群岛，而阿虽战败却一直未放弃对马尔维纳斯群岛的主权要求。1965 年联合国通过决议将马尔维纳斯群岛问题纳入“去殖民化”范畴，自 1983 年其非殖民化特别委员会会议每年以协商一致的方式通过关于马尔维纳斯群岛主权的决议，要求英方同阿方谈判解决争议，然而多年来，双方谈判一直不能达成一致意见，反而双方围绕马尔维纳斯群岛问题龃龉不断，致使马尔维纳斯群岛主权争端不断升温。

【知识链接】马尔维纳斯君群岛地理

马尔维纳斯群岛位于南纬51° 40′ ~53° 00′ 西经57° 40′ ~62° 00′，属于阿根廷南端以东的南大西洋水域，西距阿根廷 500 多千米。在南美洲南端的东北方约 480 千米 (300 海里)，距麦哲伦海峡东口亦约同等距离。全境由索莱达（东福克兰）、大马尔维纳（西福克兰）两大主岛和 200 多个小岛组成，总有 12200 平方千米（4700 平方英里）的陆地面积。首府为其唯一城镇斯坦利（亦称史坦利港）,位于东福克兰岛上。马尔维纳斯群岛海岸曲折，地形复杂，群岛以北为两条东西走向的山脉，最高峰达 705 米。岛上多丘陵，河流短小流缓。气候寒湿，年平均气温 5.6℃。年均降水量 625 毫米，一年中雨雪天气达 250 天左右。

马尔维纳斯群岛同样是海鸟的天堂

马尔维纳斯群岛蕴藏有丰富的泥炭以及铅、煤、铁、银等矿藏资源，近海有石油和天然气。岛上 95% 的劳动力从事畜牧业和渔业，有绵羊 71.2 万只，年产羊毛 230 万公斤。工业有羊毛和渔产品加工业。马尔维纳斯群岛另一重要产业是发行邮票和纪念币。自1987年起，马尔维纳斯群岛当局向在群岛专属区捕鱼的外国渔船征收捕鱼特许税，特许税年均收入约2200万英镑。2000年国民生产总值为5500万英镑。除国防支出仍由英国负担外，马尔维纳斯群岛当局已实现财政自理。马尔维纳斯群岛主要出口产品为羊毛、皮革；进口日用必需品和各类生产资料。主要贸易对象是英国、智利、西班牙等。马尔维纳斯群岛电力完全实现了自给自足，年发电1200万千瓦时。共建有5座中小型机场，智利航空公司有航班飞往马尔维纳斯群岛。公路总长近440千米，主要港口为斯坦利港。

马尔维纳斯群岛最吸引人的是奇花异草、种类丰富的海鸟、海洋哺乳动物以及拥有特殊地理构造的岩石形态。其中海狮岛便是一个不折不扣的动物乐园，岛上共有40多种鸟类和5种企鹅。全岛被数千只企鹅、野鹅、野鸭和海鸥所占领，而海滩则长期居住着上百只海狮和巨大海象，欧洲每年有大批旅行社组织游客前往马尔维纳斯群岛旅行。

为什么大家都对这片寒冷的地带如此重视？翻开地图大家不难发现，这片寒冷而几乎与世隔绝的地带，差不多是这一纬度上的唯一土地，扼守着南大西洋和南太平洋的航道要冲——麦哲伦海峡，是任何想在大西洋地区扩大势力范围的国家极其重要的跳板，堪称南大西洋通往太平洋的“钥匙”。20世纪70年代，马尔维纳斯群岛又发现蕴藏着大量的天然气和石油，据称，其蕴藏量可能达20亿桶，有可能成为一个新的“科威特”，这更使她身价倍增。

那马尔维纳斯群岛之争又是如何产生的呢？根据现有文字，最早有记载的登陆福克兰群岛者是1690年的英国船长斯特朗(John Strong)，他以英国海军官员福克兰子爵的名字命名两个主岛间的海峡，后即成为整个群岛的名称。18世纪初，法国人和英国人陆续到过该岛建立定居点。1766年，在海上称霸的西班牙人插足马尔维纳斯群岛。同年10月3日，法国人以2.4万英镑的代价把东岛卖给了西班牙。4 年后，西班牙军队又以武力赶走了西岛的英国人。1771 年，按西、英两国达成的协议，英国人回到了西岛，重新驻扎在埃格蒙特港，但西班牙声称保留其主权。1774 年，英国以节省军费为理由，主动撤走了西岛驻军，但并未放弃对其主权的要求。1816 年，阿根廷正式宣布独立，并宣称从西班牙那里继承了对马尔维纳斯群岛的主权并派驻官员。但 1833 年，英政府派兵强行占领马尔维纳斯群岛，并将马尔维纳斯群岛上所有的阿根廷居民几乎全部驱逐。从此开始了英国对马尔维纳斯群岛长达 170 年的统治。此间，阿根廷历届政府从未放弃对马尔维纳斯群岛主权的要求。1958 年，阿根廷政府将马尔维纳斯群岛问题提到联合国。此后联合国非殖民化特别委员会多次建议两国举行谈判，以求和平解决两国争端。1965 年，联大第一次审议马尔维纳斯群岛问题。联合国 4 次通过决议要求阿英双方通过谈判解决争端。但在多年的马拉松式的谈判中，双方态度各不相让，谈判时缓时急，争执不断。在围绕马尔维纳斯群岛争端的过程中，英国还把南大西洋辽阔的水域占为己有，武装占领了南乔治亚岛，并且逐步控制了南桑德韦奇群岛。

20 世纪 70 年代初，勘查表明在马尔维纳斯群岛南部海域可能有丰富的石油以及天然气和其他矿藏。1973 年英国和阿根廷谈判气氛急转直下变得更加复杂。一位英国议员说："英国可以失去五个北爱尔兰，但绝不能失去一个福克兰群岛！"英、阿两国政府就马尔维纳斯群岛问题的谈判顿时紧张起来。1976 年终因谈判破裂双方召回了大使。恼怒的英国议员们要求政府从此"冻结"马尔维纳斯群岛问题。1978 年，两

阿根廷前总统加尔铁里

国恢复谈判，到了1982年，英国和阿根廷在纽约再次举行正式谈判，但毫无结果，双方关系趋于恶化。这样两国几个世纪以来对该岛主权的争夺，终于到了剑拔弩张的地步，战争的阴云笼罩在马尔维纳斯群岛上空，大战一触即发。

谈判桌上的不合毕竟只是言语上的争端，始终未曾动起手来。但是阿根廷却按捺不住了，首先点燃了战争的导火索。主要原因便是内忧外困的阿根廷军政府试图通过在马尔维纳斯群岛问题上做文章，从而转化日益激烈的国内矛盾。自1979年以来，阿根廷经济和社会矛盾日趋尖锐，1981年阿根廷通货膨胀率为230%，货币发行量10.5万亿比索，创世界纪录，工人的实际工资仅相当于1970年的50%，外债340亿美元，成为世界主要债务国之一，失业人口占全国经济自主人口1/3以上。国内得到越来越多支持者的工联决定发动长期性大罢工，政府受到人民的唾弃与憎恶。以加尔铁里为首的阿根廷军政府为了转移视线，缓和国内矛盾，决定在马尔维纳斯群岛问题上大做文章，扬言："主权问题不能再拖延下去了！"自认为通过一场干净利落的马尔维纳斯群岛战役，就能以其胜利的结果来转移公众的焦点。于是阿根廷执政当局首先以巧妙的暗示表达入侵马尔维纳斯群岛的意图，并且造成联合国的压力。随后在1982年3月19日，雇佣一群废品商人强行登陆了位于马尔维纳斯群岛以东1390千米处的南乔治亚岛，他们在南乔治亚岛建立了营地，并升起了阿根廷的国旗。为了表示抗议，英国皇家海军派出"坚忍"号破冰船去拆毁这个营地，但是由于"坚忍"号武装程度近于"贫瘠"，带着一个排的陆战队员打算将这些升国旗唱国歌的阿根廷人赶走。但是阿根廷海军5000吨的"喜事湾"号登陆舰已经先放下100名士兵登陆，"坚忍"号只好折返。不确定英国是否漏过还是忽略了这一警告，无论从军事上还是外交上，都没有作出任何反应，这也助长了加尔铁里继续铤而走险的决心。

英国不积极的反应以及1981年英国国防大臣约翰·诺特计划将"坚忍"号从马尔维纳斯群岛撤离（作为在整个英属海外领地裁

军计划的一部分），使得阿根廷认为将英国海军在南大西洋唯一的武力展示撤走就是向阿根廷间接的宣示“英国不会，也不再能够保护自己在海外的领土”。加上同年《英国国籍法》中限制给予马尔维纳斯群岛居民全面的公民权这一系列事件，使阿根廷认为，用武力夺取马尔维纳斯群岛控制权的时机已经到来。

1982 年 4 月 2 日这天，阿根廷开始依据作战计划向马尔维纳斯群岛发动了两栖攻击，海军陆战队在凌晨时分以“迅雷不及掩耳”之势在马尔维纳斯群岛登陆，岛上 100 多名英国守军几乎没有抵抗，就在总督的率领下宣布投降。加尔铁里随即发表电视讲话，宣布收回马尔维纳斯群岛、南乔治亚岛、南桑德韦奇群岛的主权。阿根廷举国上下群情激昂，数十万群众聚集在总统府所在的“五月广场”上，高唱国歌，高呼“马尔维纳斯属于阿根廷”等口号，沉浸在胜利的欢乐之中。整个国家仿佛置身于疯狂的旋涡中不能冷静，民族主义的情绪高涨到了极点。阿军收复马尔维纳斯群岛果然收到了预期的政治效果，全国上下纷纷表示国难当头，一致对外，阿国内矛盾暂时缓和下来。

不过，加尔铁里显然低估了英国人保卫马尔维纳斯群岛的决心。英国迅速地以外交方式回应给予阿根廷压力，英国首相撒切尔夫人立即作出了相当强硬的反应，决定集中皇家海军的主力远征马尔维纳斯群岛。4 月 6 日，集中了皇家海军 2/3 舰船的特混舰队，在英国仅有的两艘航母“无敌”号和“赫尔姆斯”号的率领下离开了朴次茅斯港，开往南大西洋。同时，在世界各大洋中的英国上百艘商船立即应征，并以最快的速度卸货改装，然后调转航向驶往马尔维纳斯。这支颇为壮观的舰队开始分三批万里迢迢驶向马尔维纳斯群岛！

“铁娘子”撒切尔夫人

阿根廷“5月25日”航空母舰

对于这次劳师远征的胜败结果其实撒切尔夫人心中没有底，毕竟作战对象是一个以逸待劳的大陆国家，胜败难以预料。但是这位“铁娘子”把她全部政治赌注都押到马尔维纳斯群岛上了，“福克兰已成了我的生命、我的血液”，她对记者慷慨陈词。战争的阴云越来越浓重，英军的舰队距马尔维纳斯群岛没有几天的航程了，而加尔铁里依然不相信撒切尔夫人敢真打。正是加尔铁里抱有盲目的幻想和没有认真做打的准备，最后给国家和他自己都造成了悲剧。

从4月12日，英军的核潜艇开始执行封锁任务，到6月14日，岛上的阿根廷部队向英方陆军指挥官摩尔少将投降，经过两个多月的激烈战斗，英国重新夺回了对马尔维纳斯群岛的管理权与主权，米字旗又一次重新飘扬在了马尔维纳斯群岛的上空。虽然英军伤亡1000余人，耗资27亿美元，但英国人显然认为，是他们取得了最后胜利。“铁娘子”喜不自禁，声称“伟大的英国现在再度伟大起来了！”

1982年11月，即马尔维纳斯群岛战争结束近半年，联合国大会以90票对12票的压倒多数通过一项决议，要求英国和阿根廷双方恢复关于马尔维纳斯群岛主权的谈判。阿根廷始终没有放弃对马尔维纳斯群岛的主权要求，并把每年的6月10日定为“马尔维纳斯群岛主权日”。1989年梅内姆上台积极调整对外政策，建议暂且搁置对马尔维纳斯群岛主权的要求。1990年2月两国在西班牙马德里签署了复交联合声明，恢复中断的外交关系。但英国和阿根廷关系虽然解冻，两国对马尔维纳斯群岛的争端并没有就此结束。此后的阿根廷几届总统多次重申对马尔维纳斯群岛拥有主权，然而英国或置之不理，或干脆宣布“无可谈判”，英国和阿根廷两国在解决马尔维纳斯群岛争端上存在的原则上的分歧注定短期内难以得到解决。马尔维纳斯群岛主权之争还将持续下去，其前景不容乐观。

发展趋势

就马尔维纳斯群岛主权问题而言，现代国际法范畴内所承认的主权变更方式是：民族自决、公民投票、当事国的协议、恢复主权。尽管在历史和国际法层面上，阿根廷拥有马尔维纳斯群岛主权的依据比英国可靠些，但是国际法没有作出明确判决支持阿根廷在历史上拥有主权，所以“恢复主权”不太适用。公民投票已经被阿根廷否定。早在1966年英国就提出冻结马尔维纳斯群岛主权期限结束时，由岛民自主选择归属。这一建议遭到阿根廷政府拒绝。现在英国政府仍提出由岛民投票决定主权归属的建议，阿根廷同样拒绝。阿根廷不同意岛民自主，是因为阿根廷认为岛民未必是他们自己利益的公证法官。所以，对于民族自决，阿根廷绝不会同意。显然，要想取得马尔维纳斯群岛主权，阿根廷只有通过当事国的协议，即谈判。而英国在1982年战争前采取拖延谈判战略，战争后又一直拒绝谈判。

联合国虽然决心结束任何地方、任何形式的殖民主义，但岛民一直表示他们愿意留在英国，反对改变与英国的关系。2013年3月10～11日，马尔维纳斯群岛就“是否愿意维持当前群岛作为英国海外领土的政治地位”举行公投。马尔维纳斯群岛行政当局邀请了来自美国、加拿大、巴西、墨西哥、智利、乌拉圭和新西兰的9名独立国际观察员监督公投过程。世界各地的记者纷纷涌入斯丹利，打破了当地酒店和数字带宽的极限。在举办了一些公众集会后，福克兰群岛开始了为期两天的艰巨任务——收集选票。手机等新媒体的广泛使用让投票很快就在群岛迅速展开，即使是岛上最偏远的角落也不例外。而市政厅外也排起了由爱国选民组成的长队，并不断延长。最后，行政长官 Keith Padgett 用激动的声音宣布道，“有

90% 的选票是有效的，总计 1517 张，其中只有 3 张是否定票！”

显然阿根廷拒绝接受这一结果，阿根廷人认为马尔维纳斯群岛居民作为英强制移民，是“占领者而非居民”，从未被联合国承认为一个民族，无权援引民族自决原则来决定马尔维纳斯群岛政治地位，因此公投有悖国际法和联合国决议。并宣称公投是“英方扭曲马尔维纳斯群岛领土真正法律地位的一种恶意行为。马尔维纳斯群岛主权归属事关阿核心利益，公投结果不会改变阿在马尔维纳斯群岛问题上的基本立场”。

公投结果虽然“一边倒”，但其合法性难以得到国际社会广泛认可，无法从实质上改变“英实际控制马尔维纳斯群岛、阿英对马尔维纳斯群岛主权存在争议”的现状。巴西、委内瑞拉、古巴、智利等拉美国家表示坚决支持阿方立场。美国国务院发表声明表示“在马尔维纳斯群岛问题上的立场不会因公投而改变”。欧盟发言人称“马尔维纳斯群岛公投和马尔维纳斯群岛主权争端是英国国内事务，欧盟不便评论”。公投之后，英国和阿根廷围绕马尔维纳斯群岛主权争端的角力还将持续，英将挟公投结果在国际场合“造势”，而阿将继续对英施压，通过外交途径广泛做国际社会工作，敦促英按照联合国有关决议解决争议。然而阿虽有拉美及国际社会支持，但缺少改变现状的有效手段。为此，阿英关系虽面临马尔维纳斯群岛战争以来最困难的阶段，但从目前情况看来，两国再次发生军事冲突的可能性不大。

二、佩雷希尔枪声紧

争端始末

佩雷希尔岛（Perejil island，摩洛哥叫做雷拉岛 Leila island）位于摩洛哥北部重镇丹吉尔以东 40 千米、休达以西 4 千米的直布罗陀海峡水域，是一个面积仅有 1350 平方千米的荒岛，距离摩洛哥地中海北部海岸不到200米。由于该岛扼守大西洋和地中海要道，战略地位十分重要，所以其主权归属的历史争端复杂。19世纪，西班牙、英国和摩洛哥都声称拥有佩雷希尔岛的主权。1912年，英国宣布放弃对该岛的主权要求。从这一年开始，西班牙在岛上常年驻有5名官兵。到20世纪70年代，西班牙撤走了军队。从此，这个岛上除偶尔有贩毒分子和渔民活动外，一直是一个无人居住的荒岛。由于该岛恰好地处扼守大西洋和地中海要道的直布罗陀海峡。西班牙人认为，这个岛屿因为历史原因应该属于他们；但摩洛哥人则认为，该岛距离摩洛哥海岸最近，理应归属摩洛哥。尽管西班牙和摩洛哥两国多年来一直对其主权归属存在分歧，但按照两国之间达成的协议，双方均不能派兵占据该岛。2002年7月11日，在摩洛哥国王穆罕默德六世举行婚姻庆典并邀请包括美国前总统克林顿等众多嘉宾观礼的前一日，摩政府突然派出一支由12人组成的小分队登陆佩雷希尔岛，在岛上竖立摩洛哥国旗。随后，摩政府宣布将在佩雷希尔岛建立基地以加强打击非法移民和恐怖主义活动。西班牙政府立即作出反应，于当晚就发表声明，强烈抗议摩洛哥军事“占领”该岛，称摩洛哥的行动严重侵犯了西班牙主权，要求摩洛哥军人立即撤出该岛，恢复佩雷希尔岛被摩占领前的状况。与此同时，西军增加了休达和梅利利亚两块飞地的兵力，并派遣1艘驱逐舰、2艘潜艇和4架军用直升机在直布罗陀海峡巡逻，以防止其他争议地区出现类似情况。

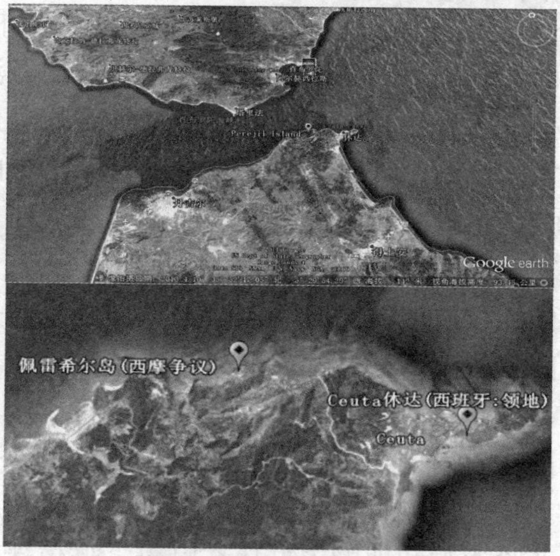

佩雷希尔岛地理位置

15日，西政府向摩发出警告，要求摩立即撤出在佩雷希尔岛的军队，否则将面临来自西和欧盟的经济制裁。欧盟也发表声明，支持西班牙的立场。同日，摩外交与合作大臣穆罕默德·本·伊萨发表谈话，宣布雷拉岛自古就是摩洛哥的领土，在佩雷希尔岛驻军是其主权范畴内的事务，摩不会屈从西班牙和欧盟的压力从该岛撤军。16日，阿拉伯国家联盟召开会议，宣布支持摩洛哥对雷拉岛的主权要求，同时希望摩洛哥和西班牙通过对话与协商解决两国之间的领土争端，并采取一切措施以避免导致两国关系出现紧张。17日凌晨，西班牙政府将其驻摩洛哥大使召回"无限期述职"，与此同时，西班牙军队的行动也随后迅速展开。

7月17日拂晓时分，当西班牙直升机在佩雷希尔岛低空盘旋时，艾哈迈德和他的羊群还在打鼾。这位迷迷糊糊的年轻羊倌一边看着这块有争议的岛屿与摩洛哥之间相距仅183米的海面，一边说："我当时正在睡觉，但直升机和刺眼的灯光在黎明前将我吵醒。一架直升机降落在岛上，另外三架就在我头顶上盘旋。"在一小股摩洛哥部队降落在该岛并搭建两个帐篷近6天后，西班牙夺回佩雷希尔岛的行动开始了。

"超级美洲豹"直升机将特种部队运送至该岛。其他直升机则在空中盘旋以便支援。西班牙海军的两艘轻型巡洋舰、两艘护卫舰和一艘登陆艇则在附近海面巡逻。当特种部队抵达地面时，那6名摩洛哥军人便逃到该岛以北悬崖脚下的一小堆岩石中躲藏起来。全副武装的西班牙部队严格遵守"除非自卫，否则不得开火"的命令，用扩音器劝说倒霉的摩洛哥人放下武器。摩洛哥人显然无心恋战，很快便投降了。仅用了70分钟，没开一枪一炮，一切就都结束了。

"超级美洲豹"直升机

西班牙再次控制了该岛的羊群、蜥蜴和斯库巴潜水地点。两面摩洛哥国旗被换下，红黄相间的西班牙国旗迎风飞舞。

西班牙此次不流血的行动激起了摩洛哥的强烈反应。它向联合国提出控诉，谴责西班牙“不公正的侵略”，要求它立即无条件撤军。阿盟支持摩洛哥，北约支持西班牙。英国、法国和葡萄牙则敦促双方“冷静地”坐下来谈判。联合国秘书长安南对任何“单边”行动都表示遗憾，对迅速升级的冲突表示关注，他说，他准备从中进行调解。马德里方面则坚持说，它是出于自卫而采取行动的。西班牙国防大臣费德里科·特里略说：“用军事术语说，我们谈论的显然是合法自卫情况。”特里略还声称除西班牙在摩洛哥的两块飞地休达和梅利利亚及附近几个岛屿的主权问题不容谈判外，西班牙政府愿意在平等的原则基础上与摩洛哥方面就包括佩雷希尔岛的前途在内的任何双边问题进行谈判。西班牙首相府当天发表的公报说，西班牙政府将继续发展同摩洛哥政府的友好合作关系。18 日，西外交大臣安娜·帕拉西奥也表示，西愿与摩共同享有佩雷希尔岛主权，双方共同组成联合巡逻队对该岛进行巡逻。

佩雷希尔岛危机引起国际社会的极大关注，纷纷就此问题表态或进行居间调停。欧洲联盟与阿拉伯国家联盟、海湾阿拉伯国家合作委员会（海合会）立场迥异，分别支持西班牙和摩洛哥，但均不希望看到双方诉诸武力，而是通过和平谈判化解危机。欧盟站在西班牙一边，认为摩洛哥侵犯西班牙领土在先，甚至以对摩洛哥进行制裁相威胁。欧盟发言人古纳尔·维甘德表示：“这显然是一起令人感到遗憾的事件。这一行动侵犯了西班牙的领土。”时任欧盟主席普罗迪表态说，如果摩洛哥坚持不从佩雷希尔岛撤兵，欧盟将对其实施制裁，“如果有必要的话，这一制裁将涉及整个社会的所有领域”。阿盟则站在摩洛哥一边，支持摩洛哥对佩雷希尔岛的主权要求，强调“雷拉岛”属于摩洛哥，敦促西班牙立即从该岛撤军，同时希望冲突双方采取和平手段解决问题，避免导致地区安全形势紧张。时任阿盟秘书长穆萨表示，在摩洛哥和西班牙围绕“雷拉岛”

发生的领土争端中，阿拉伯国家全都站在摩洛哥一边，一致支持摩洛哥所享有的权利，同时希望冲突双方通过对话与协商解决争端。海合会也发表声明，支持摩洛哥享有“雷拉岛”主权，希望西班牙撤走在该岛的军队，同时呼吁两国通过对话解决领土争端。

美国积极介入调解摩洛哥和西班牙之间的冲突，时任国务卿科林·鲍威尔多次同两国领导人对话，副国务卿阿米蒂奇向两国外长阐明美国的立场，敦促双方通过外交努力和平化解由佩雷希尔岛归属争议引发的危机。法国也进行斡旋，希望摩洛哥和西班牙本着睦邻友好的精神，采取和解措施解决争端，制止局势进一步恶化。联合国秘书长安南对任何一方的“单边”行动表示遗憾，呼吁双方通过和平方式解决争端。伊斯兰会议组织呼吁两国在考虑佩雷希尔岛地理和历史情况的基础上通过协商解决问题。非洲联盟表示使用武力不利于世界和平与稳定，希望摩洛哥和西班牙通过和平方式化解矛盾。

在国际社会的斡旋下，摩洛哥和西班牙最终均做出妥协，于2002年7月20日达成初步协议，同意接受美国国务卿科林·鲍威尔提出的调解方案，使佩雷希尔岛恢复到7月11日冲突发生前的状态。

西班牙军队首先于21日撤离了佩雷希尔岛，进一步为两国签署解决危机的协议铺平了道路。22日，西班牙外交大臣安娜·帕拉西奥和摩洛哥外交与合作大臣穆罕默德·本·伊萨在摩洛哥首都拉巴特就解决此次佩雷希尔岛争端的细节问题举行磋商，随后发表联合声明，表示西班牙和摩洛哥双方都同意不在岛上设立旗帜或主权标志，或者修筑永久性建筑。两国两位外长承诺将“以善意来执行协议”，并“展开坦诚的对话以加强双边关系”。至此，两国因佩雷希尔岛主权归属问题引发的争端告一段落，双边关系也有所缓和。

此次岛屿主权归属争端初期双方都出动了军队，且维护主权的态度坚决，但随后在4天时间内就通过和平对话解决了争端，整个事件在10天之内就全部结束。佩雷希尔岛争端的解决速度之快，在全球因主权问题引发的双边摩擦和冲突中实属罕见，可以说颇出人意料。但如果把佩雷希尔岛争端纳入西、摩两国2001～2002年的系列争端之中，并充分考虑西、摩两国的特殊关系，上述这些看似矛盾的现象也就在情理之中了。

对摩洛哥而言，仅为宣扬主权而军事占领佩雷希尔这一没有任何经济价值的小岛，显然并不是其目的所在。主要原因一是摩在佩雷希尔岛争端中的表态与其采取的实际行动形成了鲜明对比。摩出兵占领佩雷希尔岛后誓言捍卫主权而拒不撤兵，但仅在佩雷希尔岛象征性地留下了6名士兵驻守，而并未在岛屿上设置其他必要的防御武器和安排军舰和飞机在周围巡逻，西军登岛时也未予以反击，充分表明摩政府无意通过军事行动解决岛屿主权归属问题。此后，摩对西军事行动也未做过激反应，并很快承诺不会再派兵登岛。二是使用军事手段解决主权争端问题并不是摩洛哥的最佳选择。摩的经济实力和军事实力与西班牙相差悬殊，挑起军事冲突对其极为不利。阿拉伯国家联盟虽完全支持摩的主权诉求，但希望能和平解决，如爆发战争恐难参与其中。三是单就佩雷希尔岛争端本身而言，摩主动出兵佩雷希尔岛并未使其获取任何实际利益。四是摩无意使双边关系继续恶化，因为西是摩的第二大贸易伙伴和投资国，并是西班牙的第一大对外援助对象国，在经济发展上对西有相当大的依赖。摩政府精心选择国王穆罕默德六世举行婚姻庆典前夕出兵佩雷希尔岛以期引起国际社会关注的原因又何在呢？摩外交与合作大臣穆罕默德·本·伊萨于19日前往欧盟讲话中指出“摩洛哥已不是以前的摩洛哥，希望西班牙尊重摩的国家主权”，可视为摩政府用意的最佳解释。

而一直对佩雷希尔岛享有实际控制权的西班牙也无意通过军事施压解决归属问题，因此其一面采取军事行动以维护主权和自身尊严，一面主动对摩示好，称愿继续发展同摩的友好合作关系，还主动提出共享佩雷希尔岛主权的解决方案，表现出一种让步的姿态，

以求迅速解决佩雷希尔岛争端。西政府采取上述举动除无意在无关大局的佩雷希尔岛问题上继续纠缠外，还有以下考虑：一是西、摩关系持续紧张不利于西与阿拉伯国家发展关系，特别是在西境内穆斯林日益增多的情况下，西、摩争端久拖不决不利于国内稳定；二是西在移民和渔业捕捞等问题上也有待摩政府配合。在非法移民问题方面，摩洛哥一直是非洲非法移民进入西班牙乃至欧洲的跳板，摩政府的配合将有助于缓解正愈演愈烈的非法移民浪潮。在渔业捕捞问题方面，由于摩周边海域渔业资源丰富，是非洲第一大产鱼国，以西班牙为主的欧盟国家曾同摩洛哥签有在摩海域进行渔业合作协议，但协议自1999年到期后因资源补偿费用的分歧未能续签。由于该协议涉及西班牙南部渔民的利益，西一直希望能尽早解决分歧与摩重新签订新的渔业合作协议。

发展趋势

尽管摩、西两国在2001～2002年间在领土与资源勘探等问题上产生了一系列争端，但是作为两个地缘毗邻，历史联系密切，经贸互有需要的国家，他们更愿意走到睦邻互惠的道路上来。对西班牙而言，摩洛哥的稳定和发展有助于缓解非法移民潮问题，而摩洛哥也需要西班牙对其投资和援助发展经济。因此，2002年的佩雷希尔岛争端顺利解决后，西、摩两国关系逐步缓和。

2003年，摩洛哥与西班牙达成协议，两国将于2008年开工共同修建一条穿过直布罗陀海峡的海底复线铁路，这将是连接欧、非两大洲的首条铁路线。同年，西班牙对摩洛哥的投资额达15.41亿欧元，较2002年增长近15倍。2004年3月西班牙首都马德里发生“3·11”恐怖袭击事件后，摩洛哥国王穆罕默德六世打电话给西班牙首相阿斯纳尔表示慰问，并派拉希德亲王作为特使前往马德里出席遇难者追悼仪式。2005年1月，西班牙国王胡安·卡洛斯一世访问摩洛哥，这是时隔26年后西班牙国王首次访问摩洛哥。摩洛哥国王穆罕默德六世在欢迎致辞中表示，两国间一直存在着特殊的睦邻友好关系，虽然近年来双方政治关系经历了一些曲折，但摩洛哥愿意在相互尊重和信任的基础上把两国特殊关系提升到涵盖各个领域的“真正的战略伙伴关系”。胡安·卡洛斯国王在讲话中指出，西班牙愿意在睦邻友好的政策框架内与摩洛哥发展全面友好合作关系，同时愿意在欧盟内部充当摩洛哥的代言人，帮助摩洛哥获得超越欧盟联系国的特殊地位。此次访问标志着两国关系进一步全面改善，具有积极意义。同年 9 月，西班牙首相萨帕特罗和摩洛哥首相杰图在西班牙南部城市塞维利亚举行会晤，商讨合作打击和防范休达与梅利利亚的非法移民闯关事件。两国在其他领域的合作也在不断向前发展，其中包括计划修建直布罗陀海峡海底隧道，以将摩洛哥的丹吉尔市和西班牙的塔里法市连接起来。

但是，在领土和主权问题上，摩洛哥和西班牙之间仍然存在着不可调和的矛盾。对摩洛哥来说，收回殖民主义时期的被占领土，尤其是两块飞地休达和梅利利亚，是其国家、民族利益所在和长期奋斗目标，佩雷希尔岛危机即被认为是摩洛哥出于试探西班牙保卫休达和梅利利亚的决心而为。对西班牙来说，它连一岛一礁都不肯放弃，更不用说已占领几百年的自治市休达和梅利利亚。正是基于此，2007 年 11 月，西班牙国王胡安·卡洛斯和王后索菲娅视察休达和梅利利亚，这是胡安·卡洛斯国王登基 32 年以来首次视察这两块飞地，也是西班牙国家元首 80 年来首次访问这两个城市。胡安·卡洛斯此访再次刺激了摩洛哥的神经，引发了两国之间的外交争端。摩洛哥政府表示强烈不满，称殖民主义时代早就过去，休达和梅利利亚是摩洛哥的固有领土，西班牙国王的举动侵犯了摩洛哥主权，宣布召回驻西班牙大使以示抗议。摩洛哥民众在休达和梅利利亚边境地区举行游行示威，抗议西班牙国王访问两地。所幸，此次纠纷并未持续发酵，摩洛哥保持了克制，西班牙随即采取安抚措施，派外交大臣米格尔·莫拉蒂诺斯访问摩洛哥，双方紧张关系得以缓和。

从目前看，摩洛哥收回休达和梅利利亚的希望渺茫。一是从实力对比来说，摩洛哥的综合国力与西班牙相比差距很大，处于弱势和被动地位，外交手段解决不了问题，军事手段更是无望。2010年，西班牙国内生产总值达14087亿美元，人均国内生产总值达30127美元，为世界第12大经济体、欧盟第5大经济体；而摩洛哥国内生产总值只有917亿美元，人均国内生产总值只有2839美元，与西班牙相比根本不是一个重量级的。目前，西班牙三军总兵力为13.25万人，其中陆军8.56万人、海军1.94万人、空军2.75万人；摩洛哥三军总兵力有19.58万人，其中陆军17.5万人、海军1万人、空军1.35万人。单从人数上看，摩洛哥的兵力超过了西班牙，但从武器装备和作战能力上看，摩洛哥仍然无法与其老牌殖民宗主国抗衡。二是西班牙的背后有欧盟支持，它同时还是北约成员国；摩洛哥虽然有阿盟和阿拉伯国家的支持，但似乎更多是道义和舆论层面的，如果摩洛哥和西班牙之间真的因领土争端发生武装冲突，阿盟的支持力度到底有多大尚令人怀疑。可以说，摩洛哥和西班牙之间的领土争端远未解决，将长期影响这两个地中海国家之间的关系以及它们各自的内政外交，一旦为此发生对抗和冲突，还将产生更广泛的地区乃至国际影响。

三、伊米亚岛换旗忙

争端始末

扼守由黑海进入爱琴海，进而通向地中海航道的国家有两个，即希腊和土耳其。

希腊位于巴尔干半岛南端，三面临海，面积13万多平方千米，其中岛屿面积就达2万多平方千米。希腊是欧洲的文明古国，有2000多年文字记载史。公元前5世纪为全盛时期，后来先后被罗马帝国、拜占庭帝国和土耳其统治。1821年，希腊人民起义，反抗土耳其统治。1829年，土耳其承认希腊为自治公国。1830年，希宣布独立并成立希腊王国。第一次世界大战时，参加协约国，对德、奥作战。第二次世界大战中被德国占领，希腊人民进行了英勇的武装斗争，1944 年 10 月全国解放。显然，希腊人民有过长期、痛苦的亡国史。土耳其则地跨亚、欧两大洲，濒临地中海和黑海，面积 78 万平方千米。土耳其史称突厥，16 世纪为鼎盛时期，此后开始衰落，一度沦为英、法、德等国的半殖民地，1920 年成立国民政府，1923 年成立共和国。显然，土耳其人民也有过痛苦的民族历史。

这两个都有过痛苦民族历史的相邻国家，本应化干戈为玉帛，友好相处，但却于 1995 年为爱琴海上距土耳其海岸不到 4 海里的一个小岛伊米亚岛（土耳其称卡尔达克岛）恶语相向，针锋相对，甚至刀枪相见。

【知识链接】伊米亚岛

伊米亚岛（Imia），是爱琴海上的无人小岛，位于北纬 37° 03′ 03″，东经 27° 09′ 04″，坐落在东爱琴海卡洛利姆诺斯岛（Kalolimnos）东部，土耳其穆拉省海岸以西 3.8 海里处，土耳其人称其为卡尔达克岛。长 0.22 千米，宽 0.14 千米，面积 4000 平方千米。伊米亚岛战略地位十分重要。如果希腊对该岛拥有主权，那么希腊对几乎整个爱琴海就拥有了控制权，这样一来，土耳其在地中海的影响就会大打折扣。因此，土、希对这个小岛都不肯放手。

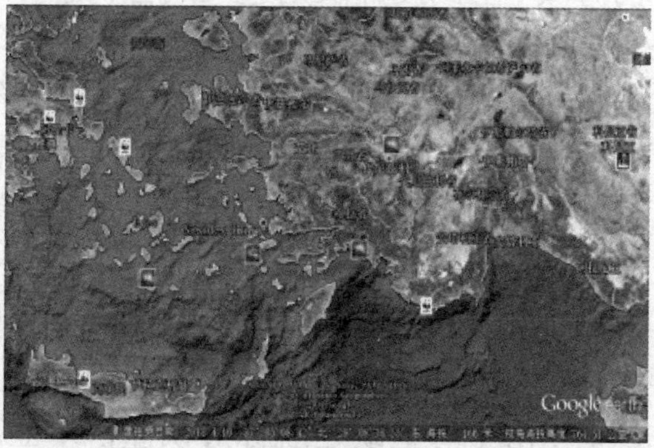

伊米亚岛位置

20 世纪 20 年代以来，希、土两国在爱琴海的岛屿、大陆架、领海等问题上一直有争议。希腊根据1958年日内瓦关于岛屿有岛屿架的规定，认为爱琴海绝大部分大陆架应归属希腊。土耳其则认为，爱琴海东部海底是土耳其小亚细亚大陆的自然延伸，希腊靠近土耳其的岛屿是土耳其大陆架“升起部分”，因而希不应享有大陆架。因此，爱琴海中线以东的大陆架应归土耳其所有。至于领海，两国原确定的在爱琴海领域宽度都是6海里。但是近来随着支持12海里领海主张的国家不断增多，希腊有意扩大其爱琴海领海宽度，两国首脑为此举行多次会谈，没有取得实质性进展。1987年2月18日，希腊决定将由加拿大、美国和希腊等国石油公司组成的北爱琴海石油公司收为国有，并决定于3月28日派船到爱琴海北部的萨索斯岛附近海域进行石油勘探。对此，土耳其反应强烈，向希腊提出强烈抗议，认为希此举违反了两国1976年签订的关于禁止双方在爱琴海国际水域勘探石油的条约，指责希试图造成单方面在爱琴海有大陆架争议的区域进行石油勘探的既成事实，扩大希腊的大陆架。为此，土也派出1艘勘探船在4艘军舰的护卫下驶向同希腊有争议的海域，土武装部队则进入戒备状态。希腊也不示弱，下令陆海空三军迅速进入戒备状态，甚至宣称，如果土舰船到有争议的水域活动，希将“予以阻止”。之后，由于北约的干预，双方才未因此演变成战争，但问题并没有得到解决。不久，希、土双方又发生了伊米亚岛之争，这一次火药味更浓，几乎酿成一场真正的战争。

1995年12月26日，凌晨4时30分，满载3000吨水泥的土耳其“菲根·阿卡特”号货轮在由土耳其的恰纳克卡累港驶往以色列途中，经过希腊的卡洛利姆诺斯岛和土耳其的鲍德鲁姆之间的海域时，由于海上缺乏航标灯误撞伊米亚岛礁而搁浅。按照惯例，海事发生在一个国家领海内时，原则上应由该国抢险公司实施船只抢险。赶来救险的希腊和土耳其公司在该船应由谁实施抢险并得到30万美元抢险费而发生争议。船获救后，土耳其和希腊政府外交部先后向对方发出照会，各自申明伊米亚岛礁归己所有。希、土两国素有嫌隙，外交矛盾更是司空见惯，但小岛事件并未在两国外交机构的文牍往来中平息下去。1996年1月中旬，希腊新政府成立后，小岛上竖起希腊国旗之事被希腊新闻媒体披露，3名敏感的土耳其记者闻讯于28日乘直升机上岛降下希腊国旗，把土耳其国旗插在岛上。随后希腊海军又登岛换下土耳其国旗。接着土耳其突击队夜潜相邻岛礁，再次竖起土耳其国旗。双方俨然展开一场“旗帜战”。

与此同时，希、土双方又打起了“口水仗”，互相攻击对方侵犯了本国领土。希腊称“拥有对付土耳其的手段，并将毫不犹豫地使用这些手段”，“希腊国旗将继续在伊米亚岛上空飘扬”。土耳其则称“希腊争夺这个小岛是没有法律依据的，我们决心捍卫我们的权利”。双方还调动陆海空军，磨刀霍霍，准备真刀实枪地干一场。几天之内，双方在伊米亚岛附近各自集结护卫舰、潜艇等各型战舰达数十艘。双方的战斗机和直升机也在该岛附近空域呼啸而过。1月30日午夜过后，土耳其派出10名突击队员乘橡皮艇登上伊米亚岛，与护旗的希腊海军突击队各据小岛一端对峙。一时间，爱琴海上战云密布，武装冲突大有一触即发之势。

希、土两国伊米亚岛之争骤然升温，不仅两国关系紧张，北约也跟着着急，因为两国均是北约的成员国。成员国内部大动干戈，自然会使北约处于尴尬的地位。如1987年3月，希、土两国发生爱琴海石油勘探争端，希腊就曾宣布，终止美国驻希腊新马克里基地的活动，警告美国及北约不要为土耳其“开绿灯”，甚至称有的国家支持土对爱琴海地区采取“有极大危险”的行动时，希将无法与美国就签订有关新的基地等协议进行谈判等等，把矛头首先指向了美国，实际上也是在敦促美国出面对希、土两国争端进行斡旋。希腊这一招也果真奏效，以美国为首的北约从维护其在地中海和中东地区的战略利益出发，也不希望希、土两个成员国发生武装冲突。两国与西方大国无论在军事上还是经济上关系都相当密切，一旦发生争端和冲突，总会有人急急忙忙出来帮着“灭火”。所以，1996年1月，当两国再次为伊米亚岛发生冲突时，北约秘书长马上与希、土两国领导人通电话，敦促两国缓和关系。美国总统克林顿也要求两国马上停止军事对峙，以谈判解决问题。北约出面连劝带压，希、土两国自然不会不买账。两国虽然都不愿主动放下架子求和，怕伤脸面，但实际上双方都不愿把这个小岛问题闹得太大。尤其是希腊，其所属岛屿遍布整个爱琴海，且直抵土耳其沿岸，双方在伊米亚岛发生武装冲突，且不说胜负归谁家，如果土耳其将战火再燃向遍布土耳其沿岸的其他希腊岛屿，希腊还真的有些难办。因为这些岛屿距土耳其如此之近，简直就是在土耳其的家门口，从军事角度看，土耳其占尽了“天时”“地利”之便。况且一般人认为，土耳其的块头大，国力强于希腊，如果战端一开，土耳其很可能要占大便宜。这样，希、土两国特别是希腊在综合考虑了诸多因素后，借着美国和北约的调解双方顺势下了台阶。1 月 31 日，双方达成在伊米亚岛的“脱离接触协议”。希腊拔掉岛上的国旗，双方军队撤离小岛。显然，在伊米亚岛的争端中，土耳其占了上风，尽管希腊一再声称没有在伊米亚岛的主权问题上让步，也没有承诺在岛屿与主权问题上与土进行谈判，但无论怎样说，希腊声称是在自己领土的岛上拔掉国旗，撤出士兵，实在难以称得上“胜利”。希国民不仅认为政府处理这一问题失当，还对美国强迫希让步不满。考虑到本国国力等情况，防止在与土耳其的争端中吃亏，希腊大力游说德、法、英、意等盟国，力促在欧盟成员国政府间会议上作出决定，把成员国的边界视为欧盟的共同边界，以确保希边境的安宁。应当说，希这一策略收到了效果。为了安抚希腊，2 月 15 日，欧洲议会就伊米亚岛争端召开会议，强调“希腊的边界是欧盟外界边界的一部分”，土耳其必须“遵守国际条约”。欧盟主席则呼吁两国通过“国际仲裁”或海牙国际法院来实现“和平解决”。

发展趋势

希、土两国在爱琴海上的争端是历史遗留问题，一直给两国关系笼罩一层阴影。近年来，作为欧盟成员国的希腊一直使用否决权阻挠土耳其加入欧洲的进程。尽管过去两国领导人利用一些机会进行接触、会谈，并由希腊总理帕潘德里欧和土耳其总理厄扎尔开创了象征和平、友好、妥协的“达沃斯精神”，1995年希腊还同意土加入欧洲关税同盟，使两国关系有所松动，但伊米亚岛危机发生后两国关系又趋紧张，希腊甚至扬言还要使用否决权阻止欧盟对土耳其的财政援助。希、土两国同为北约成员国，两国交恶不仅会使北约名誉受损，还会严重威胁北约南翼的安全，损害美国等西方国家在巴尔干和中东地区的利益。因此，美国、北约不会坐视希、土交战，但希、土双方分歧过大，难以弥合。目前，解决希、土爱琴海争端的条件尚不具备，希、土争端短期内难以解决。

四、北方四岛几易手

争端始末

南千岛群岛（日本称其为“北方领土”或“北方四岛”），位于千岛群岛南端。从17世纪起，俄日两国就开始对四岛归属展开了争夺，数百年来几度易手，第二次世界大战后期，苏联应英、美要求对日宣战，占领了北方四岛，并以《雅尔塔协定》[①]为依据，将其划归苏联版图，但日本一直以苏联“非法占领”为由拒绝承认；从此，苏、日之间多次就南千岛群岛归属问题进行交涉、谈判，由于两国各执己见、互不让步，争端的解决一直未取得突破；苏联解体后，俄罗斯继承了苏联对南千岛群岛的统治权，继续实际控制南千岛群岛。由于争端长期悬而未决，俄、日彼此之间纠纷不断，并且严重阻碍了两国关系的正常发展，迄今仍未签署和平协定，法律上说双方仍然处于交战状态，特别是近两年来，俄、日两国在争端中彼此示强、大秀肌肉的做法使争议热度明显上升，争夺力度明显

① 《雅尔塔协定》规定：“库页岛南部及邻近一切岛屿须交还苏联”，“千岛群岛须交予苏联”。

加大。

【知识链接】南千岛群岛及自然资源

南千岛群岛位于西北太平洋千岛群岛南端，东临太平洋，西濒鄂霍茨克海，东北面择捉海峡沟通太平洋，西南面隔根室海峡与日本北海道相望，总面积5038平方千米，人口16796，居民主要为俄罗斯人。目前，俄罗斯将其行政划归萨哈林州南库里尔斯克县管辖（日本将其行政划归北海道根室振兴局，此举并未得到国际社会承认）。

南千岛群岛共有4个岛屿，分别是：库纳施尔岛（日本称“国后岛”）；伊图鲁普岛（日本称“择捉岛”）；赫巴马伊群岛（日本称“齿舞群岛”）；施科坦岛（日本称“色丹岛”）。群岛东北边为乌鲁普岛（日本称“得抚岛”），西南边是北海道岛，西边是库页岛（俄罗斯称“萨哈林岛”，日本称“桦太岛”）。伊图鲁普岛最大，面积约3200平方千米；其次是库纳施尔岛，面积约1500平方千米；第三大的施科坦岛面积约250平方千米；赫巴马伊群岛是个小群岛，面积约100平方千米。

2010年11月1日，时任俄罗斯总统梅德韦杰夫登上南千岛群岛的库纳施尔岛。这是俄国元首首次视察俄、日存有争议的岛屿。随后，他在微博上发文，称“总统有义务掌握俄罗斯所有地区的发展情况，其中也包括最偏远地区”。同时，他还发了一张登岛时拍摄的照片，留言是“俄罗斯风景秀美之地竟是如此之

2010年时任俄罗斯总统梅德韦杰夫视察南千岛群岛

多”，不禁令人遐思神往。

对于广袤的俄罗斯而言，南千岛群岛虽是弹丸之地，却是名副其实的寸土寸金。千岛群岛位于太平洋火山圈和地震高发带，这里坐落着大小 68 座火山，其中有 36 座火山处于活跃期。这里热矿资源丰富，景色宜人。当然，自然灾害也不少，巨大的海啸及地震时有发生。一般来说，火山活跃的地方往往蕴藏着丰富矿藏，千岛群岛就是一个很好的佐证。在那里，现已探明的天然气、石油、有色金属和商业矿石的储备相当丰富。其中伊图鲁普岛还盛产比黄金还贵重的稀有金属——铼，在库德莉雅韦火山附近是世界上唯一一座铼矿，储量高达 36 吨。据专家估算，整个千岛群岛大约拥有黄金 1867 吨、白银 9284 吨、钛 3970 万吨、铁 2.7 亿万吨、煤气资源储量 16 亿吨。据估计，南千岛群岛及其大陆架矿产资源价值达数千亿美元。

除了岛上的自然资源，附近正好是南北暖寒流交汇之处，丰富的食物资源形成了暖寒流鱼类相聚的盛宴，渔业资源非常丰富，盛产大马哈鱼，是世界上三大著名渔场之一，有“鱼类宝库”之称，当地人曾用“海胆乱滚，螃蟹重叠”来形容这里水产之丰富。日本和韩国的渔船也经常来此“盗猎”，捕捉一些珍贵的海产品，如海参、海蟹和鲸鱼等。

西方史料记载，1643 年，荷兰航海家德弗里斯发现了千岛群岛。18 世纪 60 年代开始俄罗斯渔船更加频繁地前往千岛群岛，18 世纪 70 年代鄂霍茨克港口行政当局指示商人舍巴林，逼迫千岛群岛南部居民——日本虾夷族加入俄罗斯国籍，并且同他们做生意。俄罗斯航海家和实业家就这样占领了千岛群岛，绘制了这些岛屿的地图，在那里建立了自己的过冬地点和落脚处，诱使虾夷族加入俄罗斯国籍，虾夷族向俄罗斯人学会了使用火器、繁殖牲畜及种植某些蔬菜，学习了俄罗斯文化，很多虾夷人甚至接受了洗礼，皈依了东正教。1779 年，根据当时俄罗斯女沙皇叶卡捷琳娜二世的诏令，千岛群岛上凡是未经过圣彼得堡许可的实物税及其他一切苛捐杂税一律废除，俄罗斯事实上实施了正式统治、管理和开发。日本人则以 17 世纪以来就是日本帝国的一部分为由要求归还这些岛屿，直至 1855 年两国签署《日俄和亲通好条约》，约定以伊图鲁普岛与乌鲁普岛之间的海峡为界，海峡以南称为南千岛群岛，归日本所有，由日本设置行政区，中北千岛群岛划归俄国，同时规定库页岛为两国共有，南北分治。明治维新后，日本北海道开拓使次官黑田清隆主张放弃遥远的库页岛，以加快开发北海道，于是在 1875 年，日俄在当时俄罗斯首都圣彼得堡签署《库页岛千岛群岛交换条约》，日本放弃萨哈林岛的主权予俄罗斯，以换取整个千岛群岛的主权，自此整个千岛群岛并入日本版图，向北扩展至堪察加半岛附近。1905 年俄罗斯战败后，日俄又签订了《朴次茅斯和约》，根据该和约，俄罗斯又将南库页岛割让予日本。

1945 年 2 月，在雅尔塔会议上，美、英承诺苏联在战后得以取得南库页岛以及千岛群岛全部主权，并且签订了《雅尔塔协定》。苏联对日宣战后，苏军开始陆续进驻北方四岛，不久即发表声明，将南库页岛收回，同时也把包括北方四岛在内的千岛群岛全部划入苏联版图。1951 年 9 月，英、美、法签署对日和约，即《旧金山和约》，规定日本要放弃千岛群岛等岛屿。对此，日本发表声明，表示不能完全同意，称千岛群岛南部的国后、择捉两岛是日本的固有领土，齿舞和色丹两岛是北海道的一部分，不承认放弃。1956 年 6 月，日本政府向苏联正式提出归还北方四岛的要求，同年 10 月，苏、日复交时签署的《联合宣言》中规定，苏联为了满足日本国的愿望并考虑本国的利益，同意把赫巴马伊、施科坦两岛移交给日本，但同时又表示这些岛屿须在日、苏缔结和平条约后才能移交给日本，然而日本国会否决了放弃库纳施尔、伊图鲁普两岛的方案，因此最后签约时，苏联与日本没有对领土争议达成任何协定，宣言中也没有任何相关内容。1960 年，日、美修改条约时，苏联以备忘录的形式提出，如果日、美安全条约继续容许外国军队驻扎在日本领土上，苏联就不能归还赫巴马伊、施科坦两岛给日本。1973 年 10 月，日本首相田中角荣访问苏联，双方经过激烈交锋，最终苏在联合声明中承认，日、苏之间有“战后悬而未决的各项问题”，据称这“悬而未决”的问题，其中就包括领土问题。此后，两国就北方四岛问题，一直争争吵吵，各唱各的调，立场无法吻合，有时似乎出现了解决契机，很快又转而消失，就这样，一直拖了下来。

苏联解体后，俄政局一度陷入混乱，经济下滑，军事实力削弱，特别是俄政治体制的改变，使日本似乎看到解决北方四岛问题的良机又一次降临，日本经过精心筹划提出解决北方领土问题的“两阶段”软着陆方案，即俄承认日本拥有北方四岛主权，先归还齿舞、色丹两岛，而俄在一定时期内对国后、择捉两岛拥有“施政权”，日本则不再坚持“四岛一并归还”，但俄罗斯予以拒绝。1992 年，鉴于国内严重的经济困难，俄罗斯希望获得日本的经济援助，于是表示可以与日谈北方四岛问题，但俄表示只与日讨论北方四岛非军事化问题，不谈还岛问题。而日本则主张“经济问题要在关于领土问题的讨论后加以解决”。显然，日本是希望利用俄政局不稳、经济困难的局面打“经济”牌，以经济援助为手段迫使俄在北方四岛问题上让步。但是日本低估了俄罗斯，这样的小手段对于像俄罗斯这样的一个大国，羞辱其尊严是不可能被接受的。因而这个分两阶段解决北方四岛问题的软着陆方案又无疾而终。在同年举行的西方七国首脑会议上，在日本的坚持下，会议宣言中写进了关于北方四岛争端问题，意在向俄施加外交压力。但是俄罗斯不仅没有屈服，反而于 1992 年 12 月发布总统令，把千岛群岛辟为经济特区，以吸引外国投资，甚至提出南千岛群岛可以出租给外商，时间甚至可长达 99 年。

进入 21 世纪，关于南千岛群岛的争议依然高潮迭起，俄、日双方都采取各种形式，各自高调宣示对其拥有主权。

2004 年俄罗斯曾再度决定归还较小的赫巴马伊群岛和施科坦岛，但被日本拒绝。2006 年 8 月，俄罗斯巡逻艇向接近争议地区的日本渔船鸣枪示警，并且击中了一个渔民的头部致其死亡，成为了此争议地区的第一个牺牲者，日本舆论大哗。2009 年 7 月，日本参议院一致通过《促进北方领土问题解决特别法》修正案，明确记载“北方领土为我国固有领土”。这是日本首度在法案中将北方领土明定为日本“固有领土”，明确赋予日本拥有南千岛群岛主权的法源依据。俄罗斯外交部则强烈批评法案内容不当，要求撤回，并拒绝承认日本的一切声明。2010 年 11 月 1 日，俄罗斯总统梅德韦杰夫登上南千岛群岛的库纳施尔岛。这是新世纪以来，俄罗斯国家元首首次视察南千岛群岛，此事引起日本的强烈震撼，时任首相菅直人表示遗憾，外务大臣前原诚司召见俄罗斯驻日大使别雷表示抗议。11 月 2 日，俄罗斯外交部长谢尔盖拉夫罗夫于奥斯陆记者会上表示，俄罗斯总统梅德韦杰夫还打算前往千岛群岛的其他岛屿。其后，俄政府第一副总理、地区发展部部长、国防部长等国家领导人和政府高官相继赴北方四岛，考察岛上的社会工程项目，视察驻岛的俄军部队，高调宣示“南千岛群岛属于俄罗斯”。时任总统梅德韦杰夫还明确表示，南千岛群岛是“俄不可分割的领土”，俄必须要发展南千岛群岛的经济，部署“必要的、足够的、先进的武器”，“为俄罗斯领土不可分割的一部分提供安全保障”。日本同样不甘示弱，2011 年 2 月，时任首相菅直人在出席“要求归还北方领土全国大会”时，强烈谴责了俄方的一系列做法，并称俄总统视察国后岛是“难以容忍的粗暴行径”。作为对俄国家元首首次登岛的回应，日本前外相前原诚司、内阁官房长官枝野幸男等政府要员先后从空中视察了北方四岛。

2012 年 3 月，再次返回俄罗斯总统宝座的普京又一次表示俄罗斯愿意归还南千岛群岛中的赫巴马伊群岛和施科坦岛。时任日本首相野田佳彦则在众院预算委员会上就此表示：“这不是四岛归还一半就可以的问题。这两个岛的面积仅占南千岛群岛总面积的 7%，其余 93% 不归还就谈不上公平。”2012 年 7 月，梅德韦杰夫以俄罗斯总理身份再度登上库纳施尔岛视察，日本政府再表不满，内阁官房长官藤村修说："俄罗斯政要前往北方领土与日本的立场相左。这一点，俄方应非常清楚。"而外务省事务次官佐佐江贤一郎更召见俄罗斯驻日大使阿方纳席耶夫表示抗议。俄罗斯才不管这些呢！8月25日俄罗斯太平洋舰队发言人宣布，为纪念二战中苏联军队从日本手中夺回萨哈林岛南部和千岛群岛，已经派遣一艘大型登陆舰和一艘拖船开往北方领土中的库纳施尔岛和伊图鲁普岛。2013年2月7日，就在日本官方确定的"日本北方领土纪念日"这天，俄罗斯四大舰队齐聚南千岛群岛大搞联合演习。

近年来，俄罗斯投入巨资开发南千岛群岛。2007年，俄罗斯制订了《南千岛群岛社会经济发展计划》。计划8年内拨款150亿卢布，用于发展岛上的交通、社会基础设施以及能源开发。2010年俄政府又决定，在前述基础上，将2015年前发展南千岛群岛联邦专项计划的经费再增加84亿卢布，主要用于机场跑道和深水码头建设。此外，在2011年修订的预算中，俄政府还将再拿出12亿卢布用于当地的道路建设。

小贴士：

1945年7月17日，美、英、苏三国最高领导人在德国波茨坦会晤，会议期间发表对日最后通牒式公告。由美国起草，英国同意，以美、英、中三国名义发布。当时苏联受《苏日中立条约》约束，苏联于8月8日对日宣战后加入《波茨坦公告》。《公告》第八条规定："开罗宣言之条件必将实施，而日本之主权必将限于本州，北海道，九州，四国及吾人所决定其他小岛之内。"即从法理上明定了战后日本领土

波茨坦"三巨头"

范围由反法西斯同盟国决定。同年8月，第二次世界大战结束，日本无条件投降后解除武装。苏联即根据第二次世界大战结束后对日本领土的安排，占领了南千岛群岛。

签订旧金山和约的时期，1950年3月8日政务局长岛津久大在日本众议院外交委员会中表明“千岛包括了南千岛”，同样的1951年10月19日的众议院特别委员会中，条约局长西村熊雄，以及同年11月6日的参议院特别委员会中，外交政务次官草叶隆圆，都表示过同样的讯息，但后两人也表示赫巴马伊群岛(“齿舞群岛”)和库纳施尔岛（“国后岛”）并不是千岛群岛。

发展趋势

俄、日南千岛群岛争端受复杂深刻的国际环境、国家发展战略、民族感情、地缘价值、历史纠葛等因素的影响和制约，短期之内看不到解决的希望，必将继续呈现出你争我夺、此起彼伏的斗争态势。

俄、日两国在南千岛群岛争端中的立场和主张存在根本分歧，一时之间不可能彻底解决。在主权归属上，俄、日两国均宣称对南千岛群岛拥有主权，并提出了相应的历史、地理和法理依据。在主权分割上，俄罗斯主张南千岛群岛主权可以分为两部分，曾几次有意将赫巴马伊群岛（齿舞群岛）和施科坦岛（色丹岛）归还日本。日本则一直坚持四岛主权是一个整体，不可分割，必须一并归还日本。在地理归属上，俄认为“北方四岛”在地质构造上属于千岛群岛，并称之为南千岛群岛；日本认为“齿舞岛”和“色丹岛”位于北海道根室半岛延长线上，为北海道附属岛屿，不属于千岛群岛。在解决步骤上，俄罗斯坚持必须先缔结和平条约再解决领土争端；日本则坚持解决北方四岛归属问题是缔结日俄和平条约的前提条件。这些分歧导致双方底线相去甚远，任何一方都难以在原则性问题上做出让步。

俄、日南千岛群岛争端背后同样蕴含着深刻的国内国际影响因素。俄罗斯方面，普京这一代领导人正在带领俄罗斯踏上再度复兴的历史征程，坚守领土主权的完整具有重大政治意义。一是坚守二战胜利果实。俄罗斯同乌克兰、波兰、亚美尼亚、拉脱维亚、芬兰等国的边界划分，大都是二战临近结束时安排的。如果在南千岛群岛问题上对日本让步，极有可能在领土问题上诱发多米诺骨牌效应，必须坚定捍卫占领南千岛群岛是二战结果这一根本立场。二是强化武力后盾。目前，俄罗斯在南千岛群岛的兵力十分薄弱，包括整个远东地区的海空兵力，在数量和作战能力上也均明显弱于日本。尽管日本武力夺岛的可能性不大，但为防范日本在俄无暇顾及远东时“铤而走险”，必须加强这一地区的军备建设。三是迎合国内政治需要。随着近年来经济快速发展，国力逐渐恢复，俄大国心态也在逐步增强，国内民族自豪感重新抬头，主张对外“示强”。为迎合国内民族主义情绪，争取选票，俄当局有意在南千岛群岛问题上继续采取强硬立场。四是提升在亚太影响力。近年来，在美国强势重返亚洲、强化东亚军事存在和美日同盟的大背景下，为避免被排斥在亚洲之外，俄罗斯加大了对亚太事务的关注和参与力度，推进远东地区发展是其重要的举措之一。北方四岛对维护俄罗斯远东地区安全、提高在亚太的影响力具有重要作用。俄加强北方四岛的军力部署，投巨资开发北方四岛，意在显示其在亚太的力量存在，增大与美在亚洲抗衡的砝码，进而增强在亚太事务中的话语权。

日本方面，国家经济长期徘徊不前，政坛整体右倾化加速，民间民族主义情绪不断上升，操纵领土争议既可以转移缓解国内压力，又可以借机实现军事“独立”，意义同样重大。一是缓解内部压力。日本近年来经济持续低迷，全球第二大经济体的地位已被中国取代，政府如走马灯般频繁变换，几届政府政绩平平，导致民众不满和民族主义情绪不断上升，这使得日本政府在处理包括南千岛群岛问题时，为了转移国内矛盾、巩固执政地位，而不断显示强硬立场以获取民众支持。二是谋求成为“正常国家”。这是日本自二战结束以来“矢志不渝”的奋斗目标，收回“北方四岛”作为一个重要标志，日本既可以实现国家领土完整，还可摆脱“战败国”的历史阴影，成为所谓的“正常国家”，进而获得跻身世界政治大国行列的资格。

国际方面，美国作为对争端影响最大的外部因素，在不同时期所持态度也有所不同，但维持俄、日相互牵制、相互争斗局面，从中渔利的目标始终没有变。针对近期南千岛群岛争端持续升温，美国一方面宣称承认日本主张，巩固美、日同盟，另一方面又强调“北方四岛”不适用于《日美安保条约》第5条，以此来安抚俄罗斯。未来，美国为维护其在亚太的军事存在和主导地位，仍将会积极介入争端，以此来达到维持争端现状的目的。

中长期看，南千岛群岛争端将继续保持稳中趋紧、斗而不破的基本态势。俄罗斯目前掌握南千岛群岛的实际控制权，相对于日本在争端中具有较大的主动作为的空间。为保持和巩固目前的优势，俄罗斯必将综合运用多种手段，与日本展开全方位较量，进一步显示强硬立场，表明捍卫主权的意志和决心；加快岛上基础设施建设，扩大军事存在，进一步强化实际控制。俄罗斯清楚地知道，如果南千岛群岛归还日本，美、日还可能在岛上驻军，这不仅将使俄千岛群岛防御屏障洞开，还可能成为美、日封锁俄太平洋舰队的前沿基地，到那时将追悔莫及。因此，克里姆林宫曾放出消息说，任何一位俄罗斯总统都不会将南千岛群岛归还日本，因为日本已经错过了获得争议岛屿的历史性机遇。

日本当然也不会甘心始终处于被动的境地，将会通过继续宣示主权，加大外交交涉力度，并继续利用经济手段与俄罗斯进行斗争。同时，俄、日两国出于维护周边安全稳定和各自经济发展的需要，不会轻易采取使争端激化进而影响大局的做法，因此由于争端发生武装冲突的可能性不大，两国关系也将在你来我往的曲折斗争中继续前行。

五、独岛争议料难平

用锱铢必争来形容日本人对于岛屿的渴望实在是再准确不过了。日本与韩国的独岛之争多年来一直是国际舆论关注的焦点，日本政府一直试图提出与韩国就该岛纷争进行对话，然而吃着泡菜都能长大的韩国人可不是好惹的主，韩国外交通商部对此表示：“独岛问题已不是外交纠纷问题，而是主权问题”，并以主权问题不容谈判为理由断然拒绝。如今，韩国在独岛常年派驻 34 名武装警察，同时配置了驱逐舰、快艇、直升机，并且已经开始在独岛兴建永久性的码头。

争端始末

独岛本岛是由位于日本海西南海域的东、西两个小岛及周围 37 块岩礁构成。韩国称独岛，日本称竹岛，国际上称利扬库尔岩（里昂科礁）。据西方有关日本海考察探险史籍记载，1849 年，法国捕鲸船“利扬库尔”号曾来此查勘，他们据船名将此岛命名为利扬库尔岩。现今英国出版的国际上最有影响的《泰晤士地图集》，仍将该岛标以这一法语名称——利扬库尔岩。

【知识链接】独岛地理

独岛地理坐标为北纬 37° 14′ 12″，东经 131° 51′ 51″，低潮时东岛与西岛之间的最短距离为 151 米。东岛位于北纬 37° 14′ 26.8″，东经 131° 52′ 10.4″，高

独岛位置图

98.6米，周长2.8千米，面积有73297平方米，设有船舶靠泊设施；西岛位于北纬37° 14′ 30.6″，东经131° 51′ 54.6″，高168.5米，呈圆锥形，面积有88740平方米。独岛位于庆北蔚珍郡竹边向东216.8千米处，距离韩国郁陵岛的东南面约87.4千米。两岛中除了东、西两个主岛（日本称：女岛、男岛）以外，尚有37个小岛，所有岛屿的面积合共为25517平方米，大约为钓鱼岛面积的1/37。

从地质结构上看，两岛四周悬崖峭壁，航船难以停泊，只有东岛南部有点滩涂；西岛呈锥体状，海拔174米，东岛海拔为99.4米。该岛距韩国郁陵岛本岛只有92千米（49海里），故在晴朗的日子里，站在郁陵岛的圣人峰上可以依稀望见独岛；而距离日本近段的隐岐诸岛有161千米（86海里）。在地质成因上，它和郁陵岛一样由460万年～200万年前熔岩喷发而形成，独岛上现还可以看到3个火山口，全部位于东岛，西岛无喷出口。东岛和西岛间有兄弟洞，东岛还有天顶洞和海蚀溶洞，其海蚀阶地和海蚀崖地形十分发达。

从环境资源上看，由于湿润的气候条件和长期风化的作用，这里的火山岩土壤上生长有属于31科75种草本植物，近期又发现蒲公英、野玫瑰等品种。每年夏秋两季，色彩斑斓的山花争奇斗艳。同时因为险峻多石，面积狭小，终年大风不断，且缺少淡水供应，两个主岛基本属于无人居住的岛屿，所以该岛自身并没有利益可言，但独岛位于东海寒暖流交汇处，四周海域是一片丰饶的渔场。周围广大的专属经济区的渔业权和海底资源（鱼类和贝类、海藻类水产）十分丰富。海底还可能蕴藏着比较丰富的油气田。

在朝鲜半岛历史上，早在新罗王朝公元世纪就有独岛的记录。公元512年，新罗王国智证王派遣了以夷斯夫将军为首的探险队驾驶航船开赴于山国，而后该岛处于新罗所属国“于山国”的管辖之下，朝鲜渔民也曾驾舟至此岛。

在古代，独岛曾称为三峰岛，是流放罪犯的地方。又因岛上岩石形状像海狮，又被称作“海狮岛”。朝鲜王朝成宗皇帝时（1471～1481

年)，称独岛为于山岛，属郁陵岛群管辖。1667 年日本在《隐州视厅合记》中，也承认独岛是韩国的领土。1896 年日本外务省编辑的《朝鲜国交始末内深书》中，明确标明独岛是朝鲜所属领土。1900 年，朝鲜末代国君高宗颁布第 41 号法令，宣布郁陵岛等归江原道三阶县管辖。当时三阶县将独岛命名为石岛，后来又改名为独岛。独岛是韩语句玻方言对标准语石岛的读音，独岛、石岛其实是一个意思。

据日本媒体报道，17 世纪初，当时江户幕府渔民大谷甚吉在海上作业时，遭遇暴风雨，被迫漂泊于无人岛郁陵岛。他以为发现了一个新岛屿，回国后，1616 年与同乡村川向当时江户幕府提出航渡被称为“松岛”的郁陵岛权利的许可请求。尔后，大谷和村川两家先后至郁陵岛猎捕海驴和捕捞鲍鱼，持续有七八十年。到了 1692 年，村川的后代去郁陵岛捕捞，与朝鲜渔民相遇，由此便引发了双方对该岛归属的外交纠纷。

日俄战争爆发后，朝鲜被迫与日本签订“日韩协定”，成为日本保护国，随后又在 1905 年 1 月 28 日的内阁会议上提出独岛是无主岛，可见独岛编入日本领土的议案，并获得通过。同年 2 月 15 日，根据该议案将独岛改名为竹岛，并编入隐岐岛司管辖，并通知岛根县知事议案的具体内容，岛根县知事接到这一指示之后，随即在隐岐地方报纸简短发布告示声称：位于北纬 37° 9′ 30″，东京 131° 5′，距隐岐岛 85 海里处的岛屿称为竹岛，从现在开始隶属于本县。此时的朝鲜早被以“日韩合并”的名义并入日本版图，实则沦为日本的殖民地，也就没有人提出抗议和申诉，竹岛(独岛)之争暂时告一段落。

第二次世界大战结束后，美国为有效控制日本，于 1946 年 1 月 29 日以盟国最高司令部的命令颁发了有关从政治和行政上分离日本若干周边区域的备忘录，并将此指令传达给了日本政府。备忘录中对关于竹岛(独岛)从日本领土中分离出来等内容做了规定，要求竹岛(独岛)从日本本土分离。其中第三条规定如下：为确保此

项指令的目的，这里把日本定义为：日本由日本的四个本岛和约1000个较小的邻接岛屿所组成，包括在1000个较小的邻接岛屿有马尔维纳斯群岛及北纬30° 的琉球诸岛，同时排除在外的较小岛屿有利扬库尔岩（独岛）、济州岛、北纬30° 以南的琉球（南西）诸岛（包括口之岛）、伊豆、南方、小笠原及火山（琉黄）群岛和包括大东诸岛、冲鸟岛、南鸟岛、中之鸟岛的其他所有外部太平洋诸岛、千岛列岛、齿舞群岛、色丹岛等。同时附有详细地图作为参考，地图中也描绘了独岛的详细情况。

如果完全按照备忘录规定来处理独岛领有权纠纷问题的话，韩日间关于独岛领有权的纠纷应该到此结束。但是这份备忘录性质的指令性文件，最终还是不具备法律效应。到了1951年，正式的外交文书《旧金山对日和平条约》签订之后，独岛问题变得更加复杂起来。

由于美国否定韩国在反法西斯战争中的地位等原因，韩国完全被排挤在旧金山对日和平条约参与国的行列。因此在《旧金山对日和平条约》签署完成后，我们发现，其中没有明确提及竹岛（独岛）的归属，这也可能是美国人故意留下的隐患，目的便是以岛礁主权争端制约东亚地区的和平发展，防止东亚地区形成繁荣稳定的良好局面，以维持美国世界霸权的统治地位。然而就在《旧金山对日和平条约》生效日的前一天，韩国政府发布了关于邻接海洋主权的总统宣言，宣言中声明：韩国对邻接其领土半岛和岛屿沿岸的大陆架及所属范围的全部海域行使国家主权，并明确规定经纬度坐标，确定邻接海域的区域范围，将独岛纳入韩国的领土范围之内。当然，日本一如既往地提出了强烈抗议，主张独岛为日本领土，自此，两国长达数百年的岛礁争端再次凸显出来。

《旧金山对日和平条约》发布以后，针对竹岛（独岛）主权争端的宣示主权活动可谓是此起彼伏。1952年1月18日，韩国发表海洋主权宣言，将独岛划入其领海范围内。日本政府对韩提出抗议，不承认韩国的领海划分法。1953年，日本在独岛上建立领土标志牌。1953年7月12日，韩国武装渔船登上独岛，完全控制了该岛。

1954 年，韩正式将独岛划归郁陵岛行政管辖。日本对此提出数十次抗议。自 1952 年日本首次提出独岛归属问题以来，年年都定期向韩国递交外交照会，提议商讨这一问题，而韩国则回应主权不可讨论。在韩日建交谈判中，独岛问题又成为一颗定时炸弹。1962 年 9 月，日方有代表认为："因为竹岛（独岛）这样一个小岛引起纠纷，不如干脆把它炸掉。"五六十年代，日本都是通过右翼团体宣布对独岛拥有主权，但从 70 年代后期开始，日本首相、外相也开始提出对独岛拥有主权的主张。1974 年两国在谈判划分对马海峡大陆架时，回避了独岛主权问题，将界线暂划至该岛西南 713 海里处。1977 年 8 月，日本海上保安厅的巡逻船到独岛附近活动，韩国以"侵犯韩国领海"为由，派军舰驱赶，并通告日本政府。1981 年 1 月，韩国海军在独岛修筑守岛工事。1982 年，针对苏联军用飞机在独岛上空飞行，为了显示"主权"，日本政府向苏联提出强烈抗议，称其"侵犯"了日本的"领空"。在 1993 年召开的韩日外长会谈中，日外相称，独岛从历史和国际法上是日本领土，韩国占领独岛非常"令人遗憾"。1995 年，韩国海军和海洋警察在独岛海域以"第三国入侵独岛"为背景举行联合军事演习。针对日本在宣布 200 海里排他性经济水域时把独岛作为基点的意图，1996 年 2 月 7 日，韩国政府宣布，将在独岛上修建一座能停靠 500 吨级船舶的码头，以便为岛上人员提供生活补给品和人员轮换。对此，日本立即作出强烈反应。2 月 9 日，日称韩国在独岛修建码头是"侵犯日本主权的不可容忍的行为"，并要求韩国拆除岛上所有设施，韩国则说日本的主张是"毫无根据的一派胡言"。

尽管韩、日两国在独岛主权问题上拉拉扯扯，但是两国都不想把事情闹大，军事力量始终没有介入。独岛一直在韩国的掌控之中，日本想要夺回来可能性不大，但是日本依然保持争端，丝毫没有放弃，这也跟日本与周边国家多存在岛礁争端，害怕在独岛问题上让步，引发连锁反应相关。从目前情况看来，韩国寸步不让，日韩嘴上打仗的局面还要继续持续下去。

近年来，韩、日关于独岛领有权的纠纷问题愈演愈烈，引起了国际社会的广泛关注，两国之间的争端也逐渐白热化，冲突不断。

韩国为了巩固实质控制权和向世界宣传韩国对独岛具有主权的事实，发起了一波又一波的“护独岛运动”，韩国政府、军队、文化界、国民及海外韩人均有参加。首先韩国政府在独岛上修有灯塔一座、通信塔两座、哨所两个、营房一幢以及各种天线和石碑等军用设施，并派遣了一个连驻扎在岛上；1981 年 12 月为了应对突发事件及增强海上补给能力，又在岛上修建了直升机平台；近年来还在独岛东岛上修建了耗资 180 亿韩元（当时约合 1850 万美元）、可停靠 500 吨船舰的码头。

在实施军事控制的同时，韩国还派遣大批居民上岛居住，并在独岛的东西两岛上修建了渔民住所、20 吨储水箱、净水设施、食品储藏设施、发电室、通讯设施及简易气象站等生活设施。1981 年 10 月郁陵岛渔民崔钟德决定把居民登记地（即户口）迁移到独岛，陆续又有几名渔民迁居该岛。在独岛居住的居民开始虽然只有 3 名，但在 1990 年户籍程记报道之后，展开了“泛国民独岛户籍迁入运动”。据韩国《文化日报》报道，截至 2013 年 1 月底，已有 2204 人将户籍迁到独岛。而韩国网络，公营、私营电视台的天气预报都会播报独岛天气情况，借以提醒国人“独岛是我们的”。

韩国民间对于岛屿主权的宣传也很活跃，韩国人最常说的是：“我们是一个小国，但偏偏坐落在世界大国之间，在我们 5000 年的历史里，充满着无限的‘恨’（指的是悲伤和无奈），从历史中我们学会‘聚则生、散则亡’的道理。”因此韩国人在面临国家危机时，往往表现得很团结。每当日本右翼发出一些关于独岛主权的言论时，总会有一大批激进的韩国人，选择断指、焚身等极端方式在日本驻韩大使馆门前抗议，显示他们誓死捍卫国家主权的坚定决心。韩国网民效仿加拿大网民对汉斯岛主权宣示的做法，在互联网上发起“主权攻势”，在众多官方网站上创建了各种独岛社区，并募捐资金在美国《纽约时报》《华盛顿邮报》、CNN 等各大世界媒体上刊登一系列独岛宣传广告。

日本方面，其政府自 1954 年以来，每年都要向韩国政府递交备忘录，指出竹岛 (独岛) 是日本领土，韩国必须立即撤出该岛。不过日本国民对此岛归属问题普遍并不十分关心。然而日本也有一部分人对该问题反应十分激烈，日本也有一些政治家强烈要求日本政府“收复竹岛”。而韩国政府则一再声明，独岛是韩国固有领土。双方各执一词，针锋相对。

发展趋势

从军事实力来看，虽然日本的综合军事实力远远超过韩国，短时间内就可夺占独岛，但这是国际社会所不能容忍的，日本恐怕也不敢这样做。因为如果这样，俄罗斯等强大的邻国就有机会介入这个冲突，向在东亚处于孤立状态的日本施压，日本就可能陷入困境。另外美国从其在东北亚的战略利益考虑，也不允许出现这样的局面。因此日本要想通过武力改变实际控制的现状是很困难的。

就目前的情况来看，通过司法途径解决韩、日独岛争端尚有一线余地，但是无论诉讼还是仲裁解决争端，都需要争端当事国之间达成提交仲裁的决议。韩国对于提交仲裁一向坚决反对，韩国政府认为独岛自古以来就是韩国领土，领土主权问题不容谈判，韩、日之间在这个问题上根本没有争议。尽管日本一再提出将独岛争议提交国际司法裁决，但最后也由于韩国的坚持而不了了之。既不能武力解决，也不能递交国际司法仲裁，看来，独岛主权几百年来的争端局面还得继续延续下去。

六、海湾三岛锁霍峡

争端始末

海湾即波斯湾，阿拉伯国家称之为阿拉伯湾，具有极其重要的

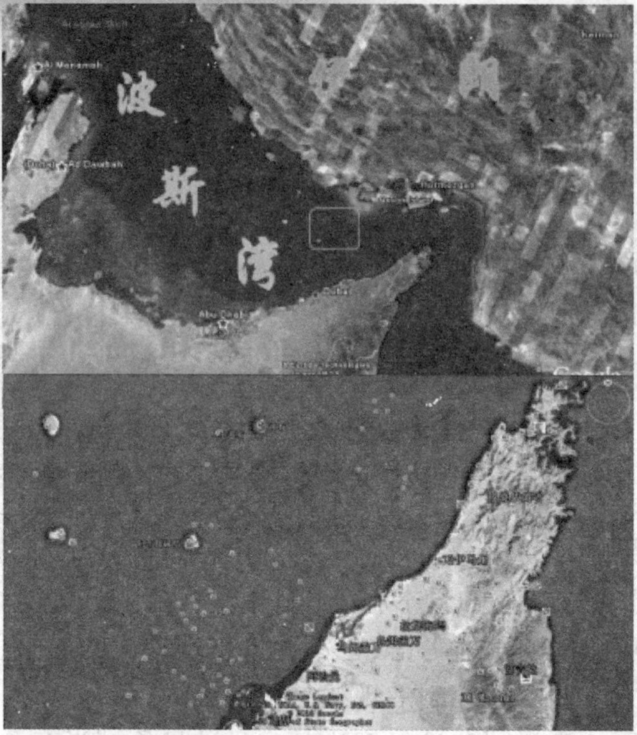

海湾三岛位置图

战略地位。自从发现了石油以后，海湾的战略地位更为提高。经海湾输出的石油相当于世界石油出口量的62%，占日本石油消费量的90%，欧共体石油消费量的70%，美国石油消费量的50%。所以伊朗和一些阿拉伯国家都想控制这一战略地区。通常所说的海湾三岛是指位于波斯湾东部，紧邻霍尔木兹海峡，控制海湾入口处的阿布穆萨岛、大通布岛和小通布岛。

阿布穆萨岛地处波斯湾东南部邻近霍尔木兹海峡的水域，距离霍尔木兹海峡160多千米，左与阿拉伯联和酋长国的沙迦相距75千米，北与伊朗的伦格港相距95千米。该岛呈矩形，长7千米，宽5千米，面积约为35平方千米。四周的海岸比较平缓，风平浪静，是一个天然的优良避风港。自古以来，海湾沿岸居民常到这里捕鱼。岛上大都为平坦的沙质平原，也有几处火山状的丘陵。岛中央有一山丘，高约60英尺，是该岛的最高点。岛上气候宜人，土地肥沃，有利于农业发展。岛上有淡水和椰枣林，盛产羚羊和野兔，还有丰富的水产资源。岛上现有居民2000多人，大都来自沙迦，也有一些伊朗人和受聘的外国人。居民多从事畜牧业、渔业、采珠业和商业活动。

大通布岛又叫上通布，地处霍尔木兹海峡入口处伊朗最大岛屿格什姆岛的西南大约 27.2 千米处，距阿布穆萨岛约 50 千米。该岛呈圆形，面积约有 8 平方千米。岛民约有 50 人，大都为阿拉伯人。岛民主要以放牧和捕鱼为生。岛的南边有淡水井，种植有椰枣树，岛上多海鸟、蝴蝎和蛇。该岛南部海岸是一个理想的渔船天然停泊处。

小通布岛又称下通布，距离大通布岛约 8 千米。该岛呈三角形，面积将近 3 平方千米。岛的北部有一深色小丘，高约 116 英尺。岛上没有淡水，植被稀少，但海鸟极多，还有很多蛇，岛上无人居住，偶尔有猎人出没。

历史上，海湾三岛曾先后被波斯帝国，阿拉伯帝国和奥斯曼帝国的统治。18 世纪，在阿曼曾有一个亚里巴王朝，曾统治海湾三岛。亚里巴王朝灭亡后，在这一地区兴起了克瓦塞姆王朝。18 世纪末和 19 世纪初，克瓦塞姆部落在如今阿拉伯联合酋长国一带建立了克瓦塞姆国。阿布穆萨岛和大、小通布岛当时属于克瓦塞姆国的沙迦和哈伊马角两个酋长国。波斯人与阿拉伯人在历史上曾多次发生战争，经常兵戎相见。海湾三岛是他们争夺的目标之一。

克瓦塞姆人是阿拉伯部落的一支，早先居住在沙迦和哈伊马角一带。在波斯强盛时，他们被迫接受波斯人的统治。克瓦塞姆人的酋长曾宣布效忠于波斯王朝，从波斯人那里领取薪俸。当波斯统治者纳迪尔沙于 1747 年去世后，波斯在海湾的势力日渐衰弱，为克瓦塞姆人的兴起创造了机会。他们自 18 世纪末开始活跃在伊朗南部地区。据有关史料记载，鼎盛时期的克瓦塞姆王朝，除统治着阿曼沿海地区外，还曾统治伊朗南部地区和海湾一些岛屿。

18 世纪末 19 世纪初，英国殖民势力开始渗入海湾地区。1819 年英国军队占领阿曼海岸后，在 1820 ~ 1853 年期间，强迫克瓦塞姆国签订了一系列不平等条约，控制了海湾三岛。1879 年英国驻海湾领事也曾证实海湾这些岛屿归克瓦塞姆人管辖。当 1887 年波斯占领部分岛屿并提出对阿布穆萨等岛屿的主权要求时，英国通过

驻德黑兰公使向伊朗表明，这些岛屿属阿拉伯酋长管辖，他们与英国签有条约，受英国保护，英国负责他们的外交事务。

波斯再次对上述岛屿提出主权要求是在 1923 年。当时瓦迪黄金公司在霍尔木兹岛发现了矿藏，促使波斯欲将其业务活动延伸到阿布穆萨岛。于是波斯派兵占领了该岛，升起了波斯国旗，并于 1925 年派地质考察队登上该岛进行勘察活动。英国人出面阻止了波斯人的考察活动，把波斯人赶出该岛，并再次声明这些岛屿属于阿拉伯人，然而波斯人一直不甘心。

1968 年年初，英国宣布英军将于 1971 年年底全部撤离海湾后，伊朗声称三岛是被英国强占的伊朗领土，应该归还伊朗。阿拉伯国家则宣称三岛是阿拉伯领土。1970 年 12 月 27 日，伊朗外交部长发表声明说，伊朗绝不“放弃”它对这些岛屿主权的合法要求，如果这些权利没有完全得到承认，海湾也就没有和平和安全。1971 年 2 月 16 日，伊朗国王表示，如果年底英军撤走前不能用和平手段收回三岛，必要时将用武力予以占领。伊朗的言行在阿拉伯世界引起了强烈反响。伊拉克强烈谴责伊朗对三岛的主权要求。1971 年 6 月 30 日，伊拉克总统贝克尔在巴格达大学发表讲话说：“阿拉伯湾的每寸土地都是阿拉伯的土地，历史和阿拉伯民族的良心要求我们和所有阿拉伯兄弟们保持这块土地的阿拉伯特性。为英、美帝国主义效劳并不客气地宣布愿意在英军撤走后接替英帝国主义的伊朗统治者似乎已经忘记，他们扬言要霸占的那块土地是属于 1 亿阿拉伯人的阿拉伯土地，1 亿阿拉伯人是绝不能容忍任何这种霸占企图的。”

英国出于自身利益的需要，希望撤军后由军力强盛的伊朗接管位于海湾入口处的三岛，以便保护海湾石油航道的畅通，从而保持西方经济的稳定。1970 年 7 月，英国派遣特使威廉·卢斯去海湾解决三岛主权问题和确定英国与海湾酋长国的未来关系等事宜。威廉·卢斯抵达海湾后，先后与有关各方进行了多次磋商。他告诫沙迦和哈伊马角当局，伊朗将于 1971 年年底武力占领三岛，届时英国不会向他们提供援助，建议他们务必与伊朗谈判。

1971年11月29日，英国特使威廉·卢斯代表沙迦当局与伊朗国王就阿布穆萨岛问题达成协议，即1971年11月29日签订的谅解备忘录。

【知识链接】备忘录内容

备忘录规定，无论是沙迦还是伊朗，都不放弃对阿布穆萨岛的主权要求，也不承认对方对该岛的主权要求。在此基础上双方达成以下协议：

1. 伊朗军队进驻阿布穆萨岛。他们将占领本备忘录所附地图上经双方同意划定的区域。

2. 在伊朗军队占领的地区，伊朗将享有完全的司法权，并悬挂伊朗国旗。沙迦将保留对该岛其余地区的完全司法权。沙迦国旗将继续飘扬在沙迦警察所的上空，同理，伊朗国旗将飘扬在伊朗军事驻地的上空。

3. 沙迦和伊朗都承认阿布穆萨岛的领海宽度为12海里。

4. 阿布穆萨岛及其海床和领海底层的石油资源的勘探，由巴蒂斯石油天然气公司按已有的协定（必须得到伊朗的同意）进行开采和经营。政府应得的石油收益由该石油公司对半平分直接交给伊朗和沙迦。

5. 伊朗公民和沙迦公民在阿布穆萨岛领海内享有平等的捕鱼权。

6. 伊朗同沙迦将签订一项财政援助协定。

威廉·卢斯带回备忘录，沙迦领导人哈立德酋长虽对备忘录表示不满，但还是勉强接受了这个事实。备忘录规定伊朗与沙迦共同占有阿布穆萨岛，并划定了分界线。按照协议规定，伊朗有权在岛上建立军事基地；沙迦有权选择外国石油公司在附近海域勘探石油，石油收入将由伊朗与沙迦平分；伊朗同意在9年内，每年向沙迦提供价值 150 万英镑（约合 350 万美元）的援助，直到沙迦的石油年收入超过 300 万英镑为止。

然而备忘录的墨迹未干，伊朗便采取了军事行动。1971 年 11 月 30 日晨，伊朗利用英国军队撤出海湾和阿拉伯联合酋长国正要宣布成立之际，出兵占领了阿布穆萨岛和大、小通布岛。此举在阿拉伯世界引起巨大反响。阿拉伯联盟理事会立即在开罗举行紧急会议，商讨对策。阿联酋于 1971 年 12 月 3 日发表声明，谴责伊朗武力占领阿拉伯领土，表示要捍卫自己的合法权益，强调国与国之间的任何分歧都应通过协商以和平方式加以解决。阿拉伯方面认为，沙迦与伊朗之间的协议是在压力和武力威胁的情况下签订的，因而是无效的，是违背联合国宪章的。哈伊马角向英国提出抗议，反对伊朗用武力占领海湾三岛。哈伊马角、迪拜、阿布扎比和沙迦等国还发生数起示威和焚烧伊朗银行和企业事件。伊拉克当天就宣布同英国、伊朗断交，并要求安理会讨论伊朗和英国合谋占领三岛问题。伊拉克外交部长说，伊朗的这个行动是对阿拉伯湾的安全和国际通航的严重威胁。伊朗占领海湾三岛，加深了阿拉伯人对伊朗的偏见和不满。

伊朗占领三岛后，伊朗与阿拉伯国家的矛盾加深，双方在三岛主权问题上的分歧并未解决，时有摩擦发生。1992 年 3 月，伊朗总统拉夫桑贾尼突然造访阿布穆萨岛，使这一问题再次掀起轩然大波。

拉夫桑贾尼对阿布穆萨岛的造访，是自 1971 年伊朗占领海湾三岛以来的首次最高领导人到访。在此之后，伊朗采取一系列措施以确立对海湾三岛的实际占领和完全控制。伊朗驻岛军事当局将一系列安全和行政管理措施强加给住在该岛的阿联酋公民。把他们的活动范围限制在 1 千米之内，只允许渔民在指定的日子里于该岛领海范围内捕鱼，只保留一个消费协会供应居民的生活用品，其余商业网点都被关闭，货物、车船未经许可不得上岛，并禁止岛上居民新建住宅和兴修服务设施，还不断蚕食备忘录中划归阿联酋的土地，在上面建伊朗示范村和居民定居点。驻岛的伊朗军事人员从 120 人增加到500人，还建立了导弹发射场。

上述情况引起阿拉伯国家的强烈不满。阿联酋对此多次提出异议。1992年4月，沙迦曾试图将受聘的巴基斯坦、印度和菲律宾籍的技术工人和埃及籍教师送到阿布穆萨岛工作，但遭到伊朗当局的阻止。5月，阿联酋最高委员会开会研究该岛问题，会上各酋长国达成共识，坚持统一口径，统一原则。并宣布，1971年前每个酋长国所承担的国际义务和持有的国际权利也就是阿联酋的义务和权利。并说，解决沙迦同伊朗之间关于海湾岛屿的争议，已经历史地落在阿联酋的肩上。接着，阿联酋再三表示要同伊朗解决海湾岛屿的主权问题。对此，伊朗的态度是，大、小通布岛是伊朗领土不可分割的一部分，两岛的主权不容讨论。至于阿布穆萨岛的问题，可以在谅解备忘录的框架内进行讨论，但必须有利于伊朗在海湾的安全，有利于伊朗的经济发展和战略利益。不允许大国以任何借口介入，不得把地区问题提交国际社会。1992年8月，阿联酋派往阿布穆萨岛的工作人员再次遭伊朗的阻挠，后经确认是教师携家眷前去该岛的学校履行考试任务，遂于11月予以放行。双方的态度有所缓和。但1992年12月底阿布扎比电台广播了海湾合作委员会首脑会议的声明，要求伊朗结束对大、小通布岛的占领，使其回归阿联酋，导致双方的矛盾再度激化。伊朗态度进一步强硬起来，拉夫桑贾尼在12月25日的讲话中警告海湾合作委员会："谁想进入这些岛屿，必先通过血染的海洋。"伊朗认为这三岛的主权是一个不需要讨论的问题。

鉴于上述情况，阿联酋感到无法同伊朗达成谅解，便向海湾合作委员会，向阿拉伯国家联盟，甚至向联合国发出呼吁，还向安理会常任理事国分发文件以阐明它对三岛的主权和立场，希望得到国际社会的同情和支持。在阿联酋的呼吁下，1994年12月在巴林召开的海湾阿拉伯国家首脑会议上，提出了海湾三岛的归属问题。会后与会国一致决定将此问题提交第49届联合国大会讨论，使这一问题再次引起国际社会的关注。

鉴于三岛的重要战略地位，伊朗与阿联酋在此问题上的争端不仅影响双边关系，而且影响伊朗同整个阿拉伯世界发展关系。伊朗同阿联酋同处海湾地区，双方在政治、经济、社会等各方面都互有所求，三岛问题的妥善解决，将有利于双方关系的正常发展，大大推进伊朗与阿拉伯国家之间的长远合作，促进经济的发展。

2001 年 12 月 31 日第 22 届海湾合作委员会最高理事会讨论了伊朗占领属于阿拉伯联合酋长国的阿布穆萨岛和大通布岛、小通布岛这三个岛屿的问题，回顾并确认了理事会在第 21 届会议上所作的决定。

最高理事会审议了阿拉伯联合酋长国与伊朗伊斯兰共和国之间的接触，确认阿拉伯联合酋长国对阿布穆萨岛和大通布岛、小通布岛这三个岛屿及其领水、领空及相关的大陆架和专属经济区作为国家组成部分的充分主权。

理事会依据海合会集体安全原则表示支持阿拉伯联合酋长国采取一切步骤，以和平手段恢复其对所有这三个岛屿的主权，理事会申明无条件反对伊朗对这三个岛屿提出的一切主张和采取的措施，宣布这些主张和行动无效，无法律效力，并且有损阿拉伯联合酋长国对这三个岛屿的既有权利。理事会再次要求伊朗伊斯兰共和国同意将这一争端提交国际法院处理。经过全面评估后，最高理事会指示部长理事会继续审查任何可能有助于阿拉伯联合酋长国恢复对这三个岛屿的合法权利的和平措施。2002 年 12 月 22 日第 25 届波斯湾合作委员会成员国首脑会议的会后声明也宣布，支持阿联酋对波斯湾伊朗三岛拥有主权。

2007 年，阿联酋总统哈利法表示，必须从伊朗手里收回自己的领土——阿布穆萨岛、大通布岛及小通布岛，同时呼吁通过双边谈判或国际仲裁解决这一问题。这是哈利法 2007 年在阿联酋成立 36 周年庆祝大会上讲的这番话。

半岛电视台引用哈利法的话说，“阿布穆萨岛、大通布岛及小通布岛是阿联酋领土不可分割的一部分，我们将竭尽全力收复自己的领土”。他强调，“阿联酋政府向国际社会和伊朗政府表达了我们的愿望和决心，对伊朗继续占领三岛表示担心，我们主张通过双边谈判或国际仲裁解决这一问题，阿联酋保证尊重国际仲裁机构作出的结论”。

伊朗外交部发言人则针锋相对地表示：阿布穆萨岛和大通布岛、小通布岛永远属于伊朗领土，任何毫无根据的宣称都将不会对伊朗主权产生影响。据伊朗广电局新闻中心报道：伊朗外交部发言人梅赫曼帕拉斯特在驳斥波斯湾合作委员会秘书长关于伊朗岛屿的讲话时强调，波斯湾合作委员会更应当将加强地区合作纳入自己的工作日程表之中，而不是进行一些会产生分歧的问题。关于阿布穆萨岛执行情况存在的误解只能通过双边对话解决，在社会各界掀起此事不会有助于问题的解决。

战略价值

阿布穆萨岛与大、小通布岛大体上构成一个不等边三角形，盘踞在波斯湾的中心航道上，扼守着波斯湾入海口的霍尔木兹海峡。霍尔木兹海峡是全球最重要的海上交通要道之一，是波斯湾进入阿拉伯海、印度洋的必经之地，素有“海湾咽喉”之称。该海峡承担着全球10%、西方60%的石油需求量的运输。一旦通过海峡的航运受到威胁或海峡被封锁，无疑会直接影响到全球的石油供应。从目前情况看，伊朗完全拥有封锁海峡的能力。伊朗通过海峡沿岸及岛上部署的岸炮或反舰导弹基本可以实现对海峡的封锁，还可以用水雷和潜艇辅之。

正是由于三岛具有如此重要的战略价值，因此，位于霍尔木兹海峡两侧的阿拉伯联合酋长国与伊朗围绕三岛主权展开了旷日持久的争夺。从战略上来讲，谁控制了三岛，谁就更易于控制霍尔木兹海峡，进而控制所有出入波斯湾的船只。海湾其他国家出于自身利益和地区安全的考虑，对三岛争端均很关注，一致支持阿联酋对三岛的主权要求。西方国家，特别是美国对三岛问题也十分关注。有

专家估计，如果伊朗将霍尔木兹海峡关闭3个月，再加上伊朗停止供油带来的损失，美国的GDP大约会下降4%～5%，失业率会上升2%。再者，美国还必须依靠霍尔木兹海峡向驻扎在伊拉克和其他海湾国家的基地和部队运送武器弹药和供给。因此，美国在海湾的主要战略目标就是保障这条西方国家的生命线的安全与畅通。

发展趋势

2012年5月，伊朗总统内贾德访问阿布穆萨岛再次引发两国外交风波。阿联酋召回其驻伊朗大使并向联合国提出抗议，海湾合作委员会也发表声明谴责伊朗，力挺阿联酋。伊朗则毫不示弱，陆军司令普尔德斯坦声言，“如果外交渠道不能消除分歧，伊朗军队将向对方展示自己的实力”。伊朗革命卫队前司令雷扎伊也警告，阿联酋当年企图与萨达姆勾结占领三岛，“现在最好不要再犯类似错误”。

从目前情况来看，三岛问题再次陷入口舌之争中，解决的前景不容乐观。要想在短时期内全面妥善地解决三岛问题难度很大，除了其他国家和组织的调解斡旋外，两国更需要在某些问题上作出退让，真正拿出诚意来解决问题。

七、汉斯岛争怪招多

争端始末

在北冰洋中有着众多的岛屿，总面积达380万平方千米，其数量和面积仅次于太平洋，居第二位。主要的岛屿有：加拿大北极群岛、新地岛、斯匹次卑尔根群岛、北地群岛、新西伯利亚群岛、法兰士约瑟夫地群岛、弗兰格尔岛、扬马延群岛、熊岛和格陵兰岛等。这些岛屿基本属于大陆架延伸而成的大陆岛，因此在主权归属问题上极易引起周边大陆国家的争议，其中大部分岛屿的主权地位基本得到确立，而对加拿大北极群岛、斯瓦尔巴德群岛的相关问题以及北冰洋中面积仅有 1.3 平方千米的汉斯岛（Hans Island）的主权地位至今仍然存在争议。

汉斯岛位于丹麦格陵兰岛与加拿大埃尔斯米尔岛之间内尔斯海峡的中心——肯尼迪海峡，正是这个海峡将埃尔斯米尔岛与北部的格陵兰岛分隔，再以林肯海连接巴芬湾。汉斯岛是肯尼迪海峡中 3 个岛屿中最小的一个,其他两个岛屿分别是富兰克林岛与克罗兹岛。据史料记载，第一个发现小岛并登陆的是美国人查理斯·佛兰西斯豪，在远征北极点的途中他发现了小岛并随之登陆，由于在地图上并没有记载这一小岛。于是便以他的向导，当地土著汉斯·亨惴克的名字命名了这个小岛。在 20 世纪末，北极的战略地位远没有今天这么重要，因此，多年来，汉斯岛一直渺无人烟，在这里游荡的只有海豹和它的“好朋友”北极熊。

1973 年，加拿大与丹麦签署了大陆架边界协议（1973 Delimitation Treaty）。该协议列出了戴维斯海峡与罗伯逊海峡（Robeson Channel）间的 127 个基点，在所连接的直线、基线、中间线的基础上，建立了格陵兰岛与加拿大北极群岛之间的大陆架分界线。这条分界线一直是持续不断的，除了在 122 点（经度 80° 49′ 2″、纬度 66° 29′）和 123 点（经度 80° 49′ 8″、纬度 66° 26′ 3″）之间有一个 875 米的间隙，而汉斯岛恰好位于这个间隙上，于是两国对小岛的主权归属产生了分歧。条约签署之后，加拿大首先在小岛上开展了一系列研究活动。1980 ~ 1983 年的夏季，加拿大多

汉斯岛位置图

第二部分 探析海疆争与夺

姆石油公司派遣科学家前往汉斯岛进行实验研究。因为多姆石油公司打算在海中建立人造岛屿以固定钻井平台，而汉斯岛恰好是测试人工岛屿是否能抵御多年浮冰块冲击的一个最为合适的地点。

1984 年，来自加拿大努纳武特一个历史学家肯·哈珀报道了此事。肯·哈珀的报道在丹麦转载后，马上引发了丹麦官方对汉斯岛的关注，丹麦政府决定向汉斯岛派出自己的人员。1984 年 7 月 28 日，丹麦格陵兰事务部的部长汤姆·侯吉姆立刻乘直升机飞往小岛。据报道，汤姆·侯吉姆在小岛上插上了丹麦的国旗，而且开启了“造访者”的新模式，留下了一瓶写有“欢迎来到丹麦小岛”标语的白兰地。1988、1995、2002 和 2003 年，丹麦士兵都“造访”过汉斯岛，每次都竖起一面新的丹麦国旗。要知道，要想在天寒地冻、狂风大作的汉斯岛插上一面国旗，绝非易事。士兵们带着国旗来到这座位于北冰洋上的小岛时，他们甚至还必须带上用于固定旗杆的石头，否则旗杆就难以插下。

加拿大这边也不甘示弱。2000 年，加拿大的一组地质学家飞往汉斯岛，从小岛上收集地质样本并圈定位置；2005 年加拿大士兵在汉斯岛特意埋下印有徽章的传统因纽特人的石头雕像并插上了枫叶旗，一周后加拿大外交部长比尔·格雷厄姆乘坐直升机亲自踏上汉斯岛。他声称：“此次访问汉斯岛就是为了坚定地宣示加拿大对该岛的主权。如果由国际法庭来裁决汉斯岛的主权之争，除加拿大土著人、军队和由近 4000 名土著人组成的加拿大北极点巡逻警卫队之外，在该岛上的所有活动都可以作为存在的证据。”加拿大的这一主权宣示行动立即引起了与丹麦外交关系的紧张，丹麦政府声称加拿大的行动是“侵略”，第一次向加拿大政府提出了正式抗议并且准备派遣本国军队前往汉斯岛。

近年来，汉斯岛争端不但没有降温，反而更趋白热化。从官方到民间，争吵激烈，争夺主权的活动也层出不穷，花样繁多。2004 年 8 月，加拿大军队在北极圈内展开了一场声势浩大的代号为“独角鲸”的海、陆、空联合军事演习，以宣示其军事力量在北冰洋存在的决心。加外交部发言人表示："丹麦人的挑战是全新的，但不会改变任何事情。"加拿大军官宣称："我们要坚决保卫自家后院，防止他人觊觎。"2005年，丹麦海军派出"瓦迪伦"号护卫舰驶进加拿大和格陵兰岛海上边界有争议的海峡。此外，丹麦还派出精锐的"天狼星"巡逻队，对格陵兰岛东北海岸进行了一次冒险巡逻。同年，丹麦又宣称北极点所在的"罗蒙诺索夫海岭"是其所属的格陵兰岛的自然延展海脊，并据此宣称：依据《联合国海洋法公约》，北极为丹麦所"拥有"。丹麦科研大臣桑德表示："这是一个机会，可以让北极为丹麦所有，这能让我们得到石油和天然气。"至此，加、丹两国军舰都加强在汉斯岛周围巡逻，提防对方进一步动作。

除了官方你来我往的插国旗比赛外，加拿大军方还特意在汉斯岛附近开展了代号为"独角兽行动"的小型军事演习。在2007年8月北美三国首脑会议上，加总理哈珀曾当面对时任美国总统的布什提出加方对北极"西北航道"的主权要求，恳求美国予以支持。针对加拿大的宣示主权行动，丹麦政府向驻哥本哈根的加拿大大使提出了强烈抗议，丹麦驻加拿大大使保罗·ED.克里斯滕森还在《渥太华公民报》发表文章，重申丹麦对汉斯岛的主权要求，还威胁要派遣"HDMS Tulugaq"号军舰前往该岛。这些行动促使联合国做了大量协商工作，试图化解两国的领土争端。虽然两国也积极寻求达成和解，但至今没有找到任何处理手段。

与此同时，加、丹两国的汉斯岛争夺战由官方打到了民间。为了给政府打气，两国"爱国人士"纷纷出谋划策，各显其能。网络成为这场"人民战争"的最"前线"。Google网站上的付费广告即为武器之一。一条广告被做成了一枚飘动的红色枫叶，链接至加拿大人布罗德黑德专门为此事建起的网站。他还郑重地建议政府，与其花费数十亿美元军费，不如花点小钱建网站。甚至还出现了一个第三方网站，是一个戏称为汉斯岛解放阵线的组织所建。网站上说，汉斯岛人民渴望呼吸自由的空气，渴望从加拿大和丹麦入侵者的压迫中获得自由。一位给布罗德黑德发送电子邮件的网友说，问题远

远超越这个荒凉的石头小岛，随着全球变暖，北极在矿藏和航运方面的经济潜力增加，于是主权争议也空前激烈。一位因纽特人在电子邮件中说：汉斯岛能反映加拿大对整个北极的态度，全世界都在看，如果我们退缩，就只有跟西北通道（大西洋至太平洋水路）吻别了，而这仅仅是一个开始，作为因纽特人，我希望保卫汉斯岛。

而一名挪威人则表达对邻居丹麦的支持：还是小心别让加拿大被美国占领吧，这个小岛是丹麦的。一名美国人说：我支持加拿大，如果法国想要回新奥尔良，也希望你们能支持美国。

除网络战役外，加拿大人怪招迭出。一些人建议，他们应效仿美国人在伊战期间抵制法国商品的做法，抵制丹麦糕点。还有人认为，加拿大应派军队去岛上看看丹麦人是否在那里藏下了大规模杀伤性武器。还有人善意建议，不要打仗，打场冰球比赛吧，两国在汉斯岛上打一场冰球争霸战来决定小岛归属。

战略价值

长期以来，人们对北极地区的财富都是可望而不可即的。根据美国地质调查局的报告，北冰洋地区拥有世界 1/4 的石油和天然气储量。眼下，挪威和俄罗斯已经展开了对北冰洋巴伦支海钻井权的争夺战，加拿大也已开始在北极圈内的岛屿上开采钻石，不久其产量将达到世界天然钻石产量的 10% ~ 15%。随着北冰洋浮冰消融和航海制造技术的不断进步，一旦北冰洋航道贯通，将使亚、欧和美洲之间的航线缩短 6000 ~ 8000 千米。

关于北极地区的边界划分已被列入周边各国政府的议事日程，它们所要争夺的是对数量可观的资源以及航线的控制权。正是由于这一原因，原来大家都看不上眼，只有海豹和北极熊喜欢的汉斯岛突然变成了香饽饽，要知道不久前，小岛附近海域甚至还被蔑称为“地球最北端的茅坑”。而今小岛的主权归属将对丹麦和加拿大两国依据《联合国海洋法公约》主张各自的大陆架权利至关重要；而且随着全球变暖，加拿大与格陵兰岛之间的海域一年的大部分时间可以适航，而汉斯岛正好位于未来“黄金水道”——西北通道的东部入口。因此，对丹麦和加拿大两国来说汉斯岛目前已不仅仅是地图上一个小小的斑点，更预示着在未来的北冰洋权益分割中谁将占据优势，由此小小的岛屿也卷入了北极海域的“混战”之中。

发展趋势

口舌之争毕竟不是解决问题的最终途径，对汉斯岛的主权之争，加拿大与丹麦可以通过法律方法与政治方法两种途径予以解决。从两国目前“势在必得”的现状来看，不排除通过法律方法解决小岛主权的可能性。国际法院虽然不是解决领土争端唯一的国际争议解决机构，但是国际法院不仅审理了众多的领土划界争端，而且其判决往往具有“先例”的作用或代表着国际法原则、规则和制度的发展趋势。

但从目前情况看，小岛与两国的大陆都相离遥远，而且两国都提交不出历史上曾经对汉斯岛“有效占领”的证据，尽管在主权争议产生之后，两国频频造访该岛，悬挂国旗、竖立碑文、派遣军队，甚至通过网络等现代社会科技的运用来宣示主权，但是这些行为在依据国际法解决该岛的争端中究竟起多大的作用还有待国际法院的裁决。从 2005 年起，加拿大和丹麦似乎都意识到了这点，转而寻求在汉斯岛地质勘探方面的新合作，而科学研究的合作将为两国未来以协商一致的方式解决汉斯岛的主权之争奠定良好的基础。

八、哈尼什岛仲裁新

争端始末

在世界最大的半岛阿拉伯半岛和非洲大陆之间，有一条狭窄的海上通道，北连红海，南接亚丁湾，这就是著名的曼德海峡。曼德海峡是欧洲、地中海地区和亚洲间海上交通的重要通道。船只由苏伊士运河、红海通过曼德海峡即可驶入印度洋，进而通过马六甲海峡进入太平洋。它是太平洋、印度洋、大西洋三大洋的海上交通要道。目前，曼德海峡已成为世界上最繁忙的海上通道之一，在这条航道上，随时都可以看到巨大的油轮、集装箱货船以及色彩缤纷的游船穿梭驶过。

由于曼德海峡重要的地理位置，它一直是列强争夺、控制的目标。冷战期间，美、苏等国通过对海峡两岸国家进行政治控制、经济渗透、建立军事基地等手段，在这一地区展开了激烈的争夺。冷战后，海峡沿岸各国在海峡的控制问题上经常发生摩擦，甚至不惜兵戎相见。在这中间，争夺最为激烈的无疑是曼德海峡哈尼什群岛。

【知识链接】哈尼什岛地理

哈尼什群岛从北向南有祖盖尔岛(最大岛屿)、小哈尼什岛、大哈尼什岛和苏尤勒哈尼什岛4个主要岛屿。大哈尼什岛是哈尼什群岛中较大的一个岛屿，面积为90平方千米，位于红海东南端海域正中，东距也门、西距厄立特里亚均为40千米，距红海东南端出口处的距离约110千米，是哈尼什群岛的主岛，且居中于红海主航道上，战略位置十分重要，既是块“一夫当关，万夫莫开”的战略要地，也是个可坐收过往船只费用和开发旅游资源的“聚宝盆”。在此还可以严密监视过往红海的船只，并仅用普通的“冥河”或“飞鱼”反舰导弹，就可以将红海东南端完全封锁。中东航运界人士指出，哈尼什群岛不仅扼守着连接亚洲和欧洲的水上交通枢纽，还具有良好的经济开发前景。也门已在一些岛上发现石油和硫磺矿，这一水域还有着丰富的渔业、海生物、珊瑚礁及清澈的海水资源，旅游业大有可为。

哈尼什群岛自奥斯曼帝国灭亡后一直被认为是“无主”土地，作为两个与该岛屿有着特殊关系的当事人来说，谁都有权利来“认领”这块土地。长久以来，无论是也门，还是埃塞俄比亚以及后来的厄立特里亚，都没有拿出确凿的证据来证明对该岛屿拥有完全主权。然而，20 世纪 90 年代发生的一系列事件成为哈尼什群岛冲突发生的导火索。

1990 年 5 月 22 日，南北也门实现统一，成为阿拉伯半岛人口最多的国家。1991 年 5 月，厄立特里亚人民解放阵线与埃塞俄比亚人民革命民主阵线的武装力量一起推翻了门格斯图政府。同年 5 月 29 日，“厄人阵”宣布成立厄立特里亚临时政府，随后又与埃塞过渡政府达成互不干涉协议。1993 年 5 月 24 日，厄立特里亚正式宣告独立。独立后的厄立特里亚起初和也门保持着良好关系，双方也曾就哈尼什群岛主权问题交换过意见，但无果而终。

进入 1995 年，双方矛盾不断出现，有传言说哈尼什海域发现了石油，这一消息更是让双方增强了占有这块海域的欲望。取得哈尼什群岛就意味着拿到了海底石油和丰富的矿产，对于两个刚刚经历战乱的国家来说诱惑实在是无法阻挡。先是也门将哈尼什海域划入第 24 号石油勘探区块，然后厄立特里亚政府也于当年 9 月将哈尼什海域划为石油开发区，两国各自主张的石油勘探区域重叠。接着，也门政府允许一家德国公司在大哈尼什岛上修建旅馆和潜水设施，以开发该岛的旅游资源。这一举动让厄立特里亚紧张万分。一方面，若是项目建成，也门必然派兵驻守哈尼什群岛，来保证旅游业的兴旺，那将形成也门对哈尼什群岛的实际控制，即使在将来的国际谈判中，也门也将因此占据优势，从而最终获得该岛屿的主权；另一方面，也门在大哈尼什岛修建旅馆等设施将对厄立特里亚在达赫拉克岛的娱乐设施计划产生竞争，厄立特里亚计划投资 2100 万美元在该岛修建旅馆和赌场，这是厄自独立以来最大的一项工程，预计每公顷年租金为 1250 美元，另加赌场 40% 的毛收入。

厄立特里亚政府迅速与也方进行交涉，抗议也门政府的行为侵犯了厄主权，并于同年 11 月向也门发出警告，要求也方人员立即撤出并中止施工计划。在此期间，双方互相指责，厄立特里亚称也门派军队占领哈尼什群岛的相关岛屿并阻止厄立特里亚渔民进入该海域捕鱼，也门方面则谴责厄军队占领了属于也门的岛屿。随后双方进行了两轮会谈，在会谈中，也门重申愿意进行对话，并就双方关于海上疆界的谈判原则与厄立特里亚签署一份谅解备忘录，同时提出如果不能达成解决办法，可以实行仲裁或提交国际法院判决。此间阿拉伯联盟和非洲统一组织分别表示了对各自成员立场的支持。在这轮会谈中，双方同意以后进行第三轮会谈。然而，还没等到第三轮会谈开始，武装冲突就爆发了。

1995 年 12 月 15 日晚，厄立特里亚突然出动海军向大哈尼什岛上的也门驻军发起袭击。经过 3 天的战斗，厄立特里亚官方宣布，厄军已于 18 日攻占了大哈尼什岛。随后，也门空军的 4 架俄制米格 -29 战斗机从也门首都萨那郊区的一个基地紧急起飞，轰炸了大哈尼什岛。根据双方的声明和报道，在这起冲突中，至少有 10 名也门人和 6 名厄立特里亚人丧生。厄军方还声称，它击落了一架也门直升机，俘虏了包括岛上也门驻军司令在内的 180 名也门军民。

为什么厄立特里亚在谈判尚未结束的情况下发动突然袭击呢？这其实是厄立特里亚人早就算计好了的。厄立特里亚人经过几十年的斗争终于取得独立，此时正是国内士气高昂，凝聚力大，军队战斗力强的时候，且因在反抗埃塞俄比亚的斗争年代曾以哈尼什群岛为基地，对该岛屿的地形较为熟悉。反观也门方面，1994 年内战已经给国家造成了重大损失，加上与沙特阿拉伯的边界矛盾日益激化，就在 1995 年 12 月 11 日，也门和沙特军队还在科哈拉克尔地区发生流血冲突，也门不得不将大量军队调往边境以防范沙特，没有太大力量顾及红海中的岛屿。因此，厄立特里亚政府判断此时是获得哈尼什群岛主权的最佳时机，尽管也门有着比厄立特里亚强大得多的军事优势，但这是最好的战略时机，错过了也就很难再有良好机会了。

大哈尼什岛的失守，震惊了也门朝野。也门政府一面敦促厄军立即撤军，一面调动部队准备不惜一切代价收复该岛。厄立特里亚也在积极备战，同时呼吁国际社会进行调解。12 月 21 日，埃塞俄比亚外长访问了萨那，提出包括释放战俘，双方军队在第三方监督下从争议岛屿撤出，将争端提交国际法院等三项提议，但也门因对撤军存在异议而没有接受埃塞俄比亚的提议。12 月 23 日，埃及派出特使乌马尔·苏莱曼在阿斯马拉、萨那和开罗之间进行穿梭外交，穆巴拉克总统提议举行峰会讨论和平解决冲突，同样没有得到也门方面的支持。

在联合国的推动下，法国派出特使弗朗西斯·古特曼于 1996 年 1 月 6 日开始斡旋，并逐渐获得了也厄两国的认可，终于促成了也门和厄立特里亚两国外长于 1996 年 5 月 21 日在巴黎签署原则宣言，两国同意将争端提交常设仲裁法院仲裁，表示通过和平手段解决两国争端，不以武力解决问题。但不久，也门指责厄立特里亚违反原则宣言再次入侵小哈尼什岛，双方在撤军问题上始终缺乏信任。1996 年 10 月 3 日，双方又签订了仲裁协议，就仲裁的细节问题做了规定。至此，也门与厄立特里亚之间的岛屿争端终于走上了和平解决之路。

仲裁解决

在厄立特里亚和也门同意将哈尼什群岛问题提交国际仲裁以后，很快就进入了仲裁审查阶段。从冲突爆发前厄立特里亚就对仲裁或国际法院解决方式充满了热情，与也门的双边谈判缺少耐心和信心，甚至将与也门爆发冲突视为压也门接受国际调解的手段，厄立特里亚的目的就是将哈尼什岛问题国际化。在与也门进行的几轮双边谈判中，厄方对也门方面提出的通过双边对话解决争端不感兴趣。而也门一直主张通过谈判解决与厄立特里亚的海域争端，一方面，这样自己占有主动；另一方面，也门当时处于内忧外患状况中，通过与厄方的对话，可以将问题延迟，待也门处境改善后再做打算，为自己赢得时间。同时，也门是常设仲裁法院的缔约国，而厄立特里亚不是。根据仲裁法院的惯例，也门可以选择自己国家的两名仲裁人，这样在仲裁中总比提交给没有说话权的国际法院更有利。

也门与厄立特里亚领土争端仲裁案从仲裁原则协议达成到最终裁决书的发布经历了3年多的时间。1996年5月21日，也门与厄立特里亚签署将争端提交给常设仲裁法院仲裁的原则协议，同年10月3日，两国又签署了仲裁协议，仲裁法院随后开始正式工作，并于1998年10月9日公布第一份仲裁裁决书，对两国争端的范围和岛屿主权归属作出裁决。1999年12月17日，仲裁法院发布了第二份即最后一份仲裁裁决书，对两国海域疆界作出了划分。两国对常设仲裁法院的仲裁结果都表示接受，裁决书正式生效，标志着两国岛屿争端最终得到和平解决。

从国际仲裁的结果来看，总体上是有利于也门一边的。也门获得了大、小哈尼什岛、祖库尔岛及周边小岛和岩礁、贾巴尔·塔叶岛和祖巴叶群岛的主权，为其利用和开发红海海域资源提供了安全保障，也得以避免了与厄立特里亚的武装冲突升级，从而维护了主权和领土完整，保持了社会安定。不过，正如当时也门不情愿将争端提交给常设仲裁法院所担心的，国际仲裁也使也门让出了部分利益，西南岩礁和海克科群岛归厄立特里亚所有。另外，虽然海域进行了划界，但有关传统捕鱼体制的规定着实让也门放心不下，尤其是也门承担着永久保持捕鱼体制的义务，实质上是与厄立特里亚分享了这种原属于也门的权利。

国际仲裁也对也门与沙特的陆上边界和海域争议产生了一定影响。也门在将与厄立特里亚的争端提交国际仲裁后，把重点放在了解决与沙特的领土争议上，两国最终签订协议，解决了困扰多年的纠纷。

国际仲裁方式是厄方所积极主张的，因此厄立特里亚很乐意地接受了仲裁裁决。表面上看上去厄立特里亚是败诉方，没有获得哈尼什群岛的任何一块土地，实际不然。厄立特里亚获得了西南岩礁、默哈巴卡群岛和海克科群岛的主权，尽管这些似乎原本就应该属于它。海域划界使得厄立特里亚获得了海洋权益，尤其是在红海这个重要的通道上，其意义是重大的，为其发展海洋经济、勘探石油和矿产、实施红海自由港计划提供了国际法上的保障。另外，捕鱼体制在法律上得到了确认，对于只有400多万人口的小国来说意义是重大的，这种捕鱼体制将保证厄渔民不会受到来自也门方面的施压，从而保证了稳定的渔业活动。

通过国际仲裁，厄立特里亚政权得到了进一步的巩固和国际承认，有利于其发展与包括美国在内的国际社会的联系。也为后来厄立特里亚和埃塞俄比亚将两国边境纠纷提交仲裁法院仲裁提供了经验和借鉴。

也门与厄立特里亚领土争端的国际仲裁堪称20世纪末最重要的国际仲裁案之一。对国际法的应用和探索都起了模范作用，在解决国际纠纷中发挥了巨大作用，化解了矛盾和冲突，避免了战争，促进了国家间友好关系，其意义极为深远。

【知识链接①】有关仲裁的概念和常设仲裁法院情况

仲裁，亦称公断，是当事国把争端交付自己选任的仲裁者解决争端，相约服从裁决的以法律方式解决争端的方式。它是和平解决国际争端的一种法律方法。仲裁是介于司法解决与谈判、调停、斡旋、调查和调解等政治解决之间的一种方法，它与法院判决有着共同的司法基础，但在操作中又有本质不同，仲裁更加灵活。仲裁早在中国的春秋战国时期、古代希腊和罗马时期就已出现，中世纪欧洲广泛使用仲裁来解决各种纠纷，既有国家之间又有个人行为体之间的仲裁实践。近代仲裁的发展则是从1794年以美国国务卿杰伊得名的“杰伊条约”——《美英友好、商务和航海总条约》开始的。相比较而言，传统上仲裁职权由几个人或团体组成法庭的形式行使，自由性较大。

常设仲裁法院。1899年第一次海牙会议制定的《海牙和平解决国际争端公约》中做出了建立常设仲裁法院的决定，常设仲裁法院由此宣布成立。1907年第二次海牙会议对原公约予以修订。常设仲裁法院于1902年正式开始工作，设在荷兰海牙的和平宫。

1922年根据国际联盟大会通过的规约，常设国际法院宣告成立，与常设仲裁法院并行。常设国际法院，以及二战后作为其替代者的国际法院，无疑对常设仲裁法院的作用构成巨大影响。长期的“冷战”，也使常设仲裁法院很难发挥自身作用。从1902～1922年的20年间，常设仲裁法院共审理了18起仲裁案。1923～1940年，审理了5个案件。此后直至1980年，才审理了2个案件，其中一个还是30年代提交的旧案。1993年第48届联大通过了大会决议，确认了常设仲裁法院在大会的观察员地位，但该法院仍独立于所有其他国际组织之外。截至2008年1月常设仲裁法院公约缔约国为107个。

【知识链接②】常设仲裁法院与国际法院的区别

常设仲裁法院和国际法院，虽是比邻而居但却有着众多差异。常设仲裁法院严格意义上不是真正的常设法院，它由当事方指定仲裁员，当事方商定程序，选择正式用语，程序不公开，仲裁费用由当事方承担。而国际法院是常设的，程序事先确立，正式用语为英文和法文，程序大部分公开，费用由联合国承担。

当事国自己选出的仲裁员组成的常设仲裁法庭，比由代表世界各大法系的法官组成的国际法院要有利的多，特别是在涉及有关政治性问题时。虽然也是第三方解决争端，但是争端当事各方能够自主地控制整个争端解决过程，可以选择具体的仲裁程序以及适用的法律，可以有机会自由地选择仲裁员，包括可以有当事方自己国家的人充当仲裁员。而且，常设仲裁法院的程序比国际法院的程序要简单得多。常设仲裁法院具有更多的灵活性，其作用是具有较严格的司法性质，管辖权有限的国际法院所替代不了的。与国际法院的判决一样，仲裁法庭的裁决是有法律约束力的，只要不发生解释无效等方面问题，它能够有效地解决争端。

成立于1899年的常设仲裁法院受“冷战”的影响，在很长一段时间内并没有发挥多大作用，加上国际法院作为联合国的主要机构之一在解决国际争端中所发挥的巨大影响，使得常设仲裁法院门可罗雀，甚至在1996年以前的几十年里都没有仲裁过一件国家间争端。1996年5月21日也门和厄立特里亚签署仲裁原则协议，将两国领土争端提交常设仲裁法院仲裁，这也成为50多年里常设仲裁法院仲裁的第一件国际领土争端案，常设仲裁法院视本次仲裁为契机，作为常设仲裁法院首要人物的秘书长蒋克曼先生（P.J.H. Jonkman, 1990 ~ 1999年在任）为本案积极奔走，邀请了包括国际法院院长在内的多名法官亲自出面担当仲裁员，他自己也不惜屈驾出任也、厄仲裁案的书记官，足以看出常设仲裁法院对也、厄仲裁的重视程度。

也、厄领土争端仲裁不仅使也厄两国关于红海岛屿主权和海域划界争端走上了和平解决之路，缓和了地区紧张局势，更为重要的是，此次仲裁为长久以来处于英雄无用武之地的常设仲裁法院带来了“生机”，它点燃了常设仲裁法院的“青春激情”，代表了常设仲裁法院的“新生”。也、厄仲裁后的短短10年内，常设仲裁法院就仲裁了包括荷兰与法国关于莱茵河污染问题争议案、马来西亚与新加坡土地争议案、巴巴多斯与特立尼达和多巴哥有关专属经济区和大陆架划线案、圭亚那与苏里南海域划界案以及厄立特里亚与埃塞俄比亚边界争端等十几个案件，而在1996年以前的50多年里，该法院仲裁的案件总共还不到10件。也、厄仲裁案中应用了许多国际法原则和规定，并创造了多处裁决“闪光点”和先例，为日后国际纠纷的法律解决作出了贡献，代表着国际仲裁制度发展的新阶段。

九、白礁岛争靠判决

争端始末

1853 年，荷兰航海家林可登记载白礁岛为：来自中国及航向中国船只必经之岛，对航行的船只构成威胁。英国殖民政府在 1840 年占领了白礁岛，并于 1851 年在岛上建造了一座灯塔。相关的中岩礁则位于白礁岛以南 0.6 海里，它由两块礁石组成，南礁则距离白礁岛以南 2.1 海里，它只有在低潮时才露出海面。白礁岛原本应该为柔佛王国的领土，1824 年，英国和荷兰签署了《英荷条约》，根据条约，新加坡完全处于英国的统治之下。19 世纪末马来西亚也完全沦为英国的殖民地。为了航海安全，英国殖民者从 1847 年开始在白礁岛上修建霍斯堡灯塔。1851 年灯塔竣工后，英属海峡殖民地当局实际上就行使了对白礁岛的管理权。1867 年，新加坡成为英国的直辖殖民地，新加坡殖民政府继续管理白礁岛和岛上的霍斯堡灯塔。新加坡独立后，继续管理灯塔，这也成为新加坡争取主权的最有力武器。

白礁岛位置图

【知识链接】白礁岛地理

白礁岛位于新加坡海峡与南中国海交汇的地点，在新加坡以东 25.5 海里，距离马来西亚南部的柔佛 7.7 海里、面积 2000 平方米。这块面积比一个足球场还小的礁石，并没有居民居住。白礁岛在 1847 年之前是个无人拥有的荒岛，其名最早见于 1583 年荷兰航海家林斯霍滕所著的《早期东印度的葡萄牙航行者》一书。Pedra Branca 是葡萄牙语，意思是“白色的礁石”，它因礁上终年都被白色的鸟粪覆盖而得名。英国殖民地政府在 19 世纪 40 年代占领了白礁岛，并于 1851 年在岛上建造了一座灯塔，称为霍斯堡灯塔（Horsburgh Lighthouse）。

白礁岛位于新加坡海峡的东面出口，占有重要的地缘战略位置。不管是从传统安全还是从非传统安全来说，白礁岛对新、马两国都极其重要。从传统安全来说，拥有主权的国家可以在白礁岛兴建一个海军基地，加强对国家安全的保护。正如马来西亚媒体所报道的，白礁岛介于马六甲海峡和南中国海之间，是战略要冲，对强化马、新海上防卫有直接帮助。对新加坡而言，它分别被马来西亚及印尼南北包围，形成一个“三明治”，曾经被印尼前总统哈比形容为“地图上的小红点”。但是一旦新加坡拥有白礁岛主权后，新加坡可一举突破马、印的包围，让其领土及军事延伸至南中国海，控制白礁岛等于控制有关水道通过权，这有利于新加坡及其盟友美国控制南中国海至马六甲海峡的水道，强化其在地区中的军事地位。

1979 年 12 月 21 日，马来西亚在公开出版的地图中把白礁岛划入其领土范围，这个举动引起新加坡的抗议，引发两国对白礁岛主权争端。为了加强对白礁岛的控制，新加坡在这个无人荒岛上兴建了一座两层楼的建筑物、直升机降落坪及军事通信设备，同时派驻军舰巡逻，阻止马来西亚渔民在附近海域捕鱼。

1994 年，在双边谈判不能取得任何进展的情况下，马来西亚与新加坡签署特别协议，同意将白礁岛、中岩礁及南礁主权争端提交国际法院裁决。

尽管两国都同意通过国际法院解决争端，但两国关系依然持续恶化，冲突不断升级，最后几乎到了爆发战争的边缘。2002年12月，马来西亚国阵青年团喊出了“浴血保卫领土完整”的口号，声明白礁岛属于马来西亚领土。新加坡政府就此针锋相对地指出，“白礁岛主权争议关乎每一个新加坡人，因为它是新加坡的领土，新加坡人要捍卫自己的国土”。

2003年年初，马来西亚外长赛哈密说：“新加坡有两个选择，如果它拒绝妥协，将只好开战。”这并不是口头威胁，马来西亚派出了军舰、警艇到白礁岛水域巡逻。但新加坡外长贾古玛仍然强力回应称“领土主权对任何一个国家来说，都是至关重要的，对新加坡这样一个小国来说，更是如此”“新加坡目前的领土面积是在1965年确定的。我们要珍惜每一寸土地，并且将不惜代价捍卫自己的领土”。而在马来西亚媒体上，骂“新加坡贪婪”、新加坡是“犹太人的代理”“新加坡是小偷”“新加坡是海盗”“新加坡蹂躏马国人”的声音也不绝于耳。新加坡人同样也做出了针锋相对的反击。两国间一时间充满了浓重的火药味。

直到2003年2月6日两国终于在浦特拉贾亚签署了特别协定，两国在特别协定第2条中请求法院判定下列地方的主权应属于马来西亚或属于新加坡：（1）白礁岛；（2）中岩礁；（3）南礁。该协定第6条规定：两国“同意接受法院的判决为终局判决并在它们之间有约束力”。双方还就应遵循的程序提出自己的意见。该协定已于2003年5月9日生效。2003年7月24日，马来西亚和新加坡共同通知国际法院就该特别协定及其生效情况提交国际法院。2007年11月6日，国际法院开庭审理了此案。

有趣的是，随着仲裁结果出来的临近，两国官员和媒体出现了意料之外的和解局面，新加坡外长杨荣文在宴请马来西亚外长莱士雅丁时对媒体表示：“我们都同意如果马来西亚获胜，新加坡将恭贺它。莱士雅丁也对我说，如果获胜的是新加坡，他也会恭贺我们。”这样的表态，与5年之前双方“浴血保卫领土完整”的姿态可谓天差地别。

法院判决

最后，经过研读双方书面的备忘录和反诘备忘录以及听取双方的口头陈述，2008 年 5 月 23 日，国际法院对新、马岛屿争端做出判决。听取案件的 16 位国际法院法官以 12：4 的多数票判决白礁岛主权属于新加坡，以 15：1 的多数票判决中岩礁主权属于马来西亚，以 15：1 的多数票判决南礁的主权属于领有南礁所居水域主权的国家。最终在此基础上形成决议，对新、马两国长达 29 年的白礁岛主权争端案做出了最终判决：白礁岛归新加坡所有，而与白礁岛临近的中岩礁则归马来西亚所有，南礁主权的归属则取决于新、马两国的水域划分，还有待两国进一步协商解决。

对于这一结果，尽管马来西亚国内还有一些异议，但总的来说，对新、马两国而言，白礁岛问题已不复存在。

事实上，失去白礁岛主权对马来西亚影响很大，尤其是对政治上正面临内忧外患的首相巴达维而言。马来西亚政府在判决前已制造舆论，要人民冷静对待国际法庭的判决，同时将接受后果。率领专家团到海牙聆听裁决的马国外长莱士雅丁也在法庭判决后形容这是“双赢”的局面，试图淡化问题的严重性。然而，在国内，许多朝野政党领袖却表示对判决感到失望，同时质疑政府捍卫领土主权的能力，也质疑政府把白礁岛主权交由国际法庭裁决的做法，并对巴达维政府的能力提出了质疑，正是这些质疑，最终导致了巴达维政府的倒台。

而新加坡从占据变成拥有白礁岛主权，其兴奋心情可以理解。对它而言，控制白礁岛不仅得以保障该国的经济命脉——海港业，也同时扩大其领土范围，强化了它在东南亚的军事及战略地位。

然而，让世界各国关注的是，马、新交由国际法庭解决领土纠纷的做法，是否将成为东南亚解决双边争议的模式，而世界各国从白礁岛、西巴丹岛与利吉丹岛的主权判决也引发了这样一个判断：岛屿主权的争夺不在于其与距离争议国家的远近，而在于谁占据并对该岛屿行使了主权。

“战争是可以学会，而且必须学会的。广泛而深入地研究战史，理解战争的本质是研究用兵之术的基础。”

——［法国］福煦

第五章　海域划界吵吵嚷嚷

一、缅因湾里谈划界

缅因湾是一个地处美国东北部、与加拿大东南部相邻的半封闭海湾，由于北美短暂的历史，缅因湾并不被大众所熟知，但是它出产的海产品却风靡全球。缅因湾盛产龙虾，它所出产的龙虾统称“波士顿龙虾”，是与澳洲龙虾齐名的著名海产品。美国和加拿大的渔民曾经多次因为龙虾的捕捞、加工、进出口而爆发“龙虾战争”。尤其是在缅因湾发现石油之后，美国和加拿大才认真考虑海域划界问题，1981 年双方将争端提交国际法庭寻求和平解决。

【知识链接】缅因湾的“龙虾战争”

缅因湾（Gulf of Maine）位于大西洋西部，是北美洲大陆东海岸的一片广阔的凹形海湾，为美国和加拿大两国陆地所环绕的半封闭海湾。湾内海岸主要为美国的缅因州，湾西南为美国的马萨诸塞州，湾东北为加拿大新斯科舍半岛，其出口被相当浅的乔治滩和布朗斯滩将其与大西洋隔开。缅因湾内最大水深200米，自然环境好，又有陆上径流注入，鱼类资源丰富，是世界上最富有生产力的海区之一，有“海洋奇迹地之称”。由于适宜的海洋自然环境加上淡水径流的流入，湾区内繁衍生长着高品位的浮游动植物和大叶藻，适宜众多鱼类和贝虾类的生存，种类达数百种，主要商业性种类有鳕鱼、鲽鱼、鲱鱼、鲭鱼、扇贝、龙虾、金枪鱼、鲑鱼、鲨鱼等。尤其以出产龙虾著称，出产的“缅因龙虾”又称“波士顿龙虾”，是加拿大重要的出口产品。美国和加拿大渔民经常因为捕捞作业和渔产品加工爆发“龙虾战争”。

缅因湾盛产大龙虾

美国竟然没有挥舞大棒

美国自1776年独立以来，奉行“胡萝卜加大棒”的外交政策，先后与英国、西班牙、墨西哥、日本发生战争，并获得了大量领土与岛屿，还通过向法国购买阿拉斯加大大扩充了陆海疆界。但是美国对自己的北方近邻加拿大却一直爱护有加，竟然没有像对待自己的南方邻居墨西哥一样，通过战争侵占其近乎一半的国土面积，甚至在缅因湾划界陷入僵局的时候，还积极寻求第三方国际法院的介入，运用和平的方式解决。

美国对加拿大不是没有企图，早在1782年，只身在巴黎代表美国与英国和谈的富兰克林曾经索要过加拿大，以此作为美国独立与停止战争的条件。但是由于英国的坚决反对而作罢，并且当时的加拿大有部分省份是美国盟友法国所控制，以美国当时的实力，能脱离宗主国的控制、摆脱殖民地的身份就算不错了，还没有心思去“解放”同为殖民地的小兄弟——加拿大。1783 年美、英签订《巴黎和约》约定新独立的 13 个殖民地（美国）将拥有美国海岸外 20 里格（约 70 英里）内的所有岛屿，但曾经被加拿大新斯科舍省所辖的任何岛屿都不在以上条款的适用范围内，由此确定了美、加之间的大致疆界。

此后，美国和加拿大的渔民虽然偶有冲突，但是双方政府都没有诉诸武力解决冲突，始终保持谈判沟通渠道，甚至设立特别谈判代表，专门负责缅因湾划界谈判。1970 年 7 月 9 日起正式开始谈判，由于差距太大，双方互不相让。1974 年 1 月，美国曾颁布关于美洲龙虾的立法，由此引起“龙虾战”，为不影响划界谈判，美国宣布此法不适用于加拿大渔民。1976 年 11 月，美国通过《渔业养护和管理法》；1977 年加拿大政府宣布 200 海里专属经济区，使争端从大陆架扩展到上覆水域。为了不影响两国渔民的生产活动，美、加双方于 1977 年 2 月 24 日签署了一项《临时互惠渔业协定》，规定保持两国渔业的“现有格局”，双方渔民可以继续在争议地区捕鱼，这一临时措施一直维持到国际法院审理之时。

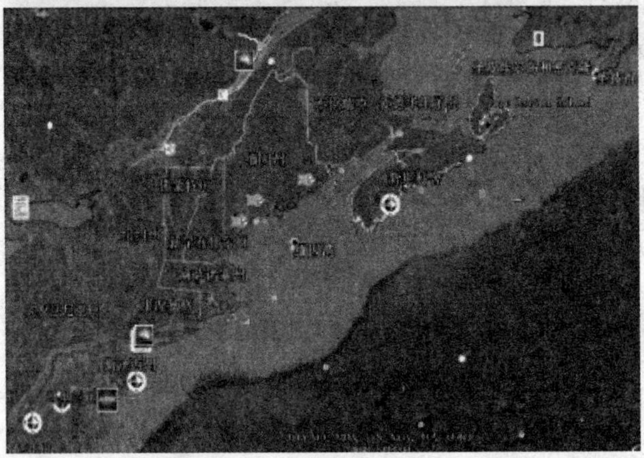

缅因湾位置

由此可见，美国对于加拿大这位同宗同源的小兄弟真是宠爱有加，而加拿大也无视超级大国的超级武力，无视对美国经济的严重依赖，无视缅因湾的海岸大部分为美国所有的事实，极力要求平分缅因湾海域。

没有执行力的第三方介入大国纷争

美、加双方的特别代表谈判，自1970年开始花了7年时间，谈出了一个《临时互惠渔业协定》，规定保持两国渔业的“现有格局”，相当于又回到了原点。毕竟海域划界是涉及国家主权与海洋权益的大事，仅靠两个特别谈判代表是作不了决定的，谁也不愿意一不留神就成了本国的“卖国贼”，被子孙后代有事没事拿出来痛骂一顿。此后两年，谈判陷入僵局，进展缓慢。这时候，美加特别谈判代表，于1979年各自向本国政府提出了一揽子解决的两个条约《关于将缅因湾海洋边界划定的争议提交有约束力司法解决的协议》和《关于东海岸渔业资源的协定》。这个一揽子解决方案包含两层意思：一是双方的谈判是艰苦的、卓有成效的，好歹是拿出了一个协定；二是总统要是不同意这个方案，两国谈判代表也不愿意再谈了，大家找个第三方，双方通过国际仲裁解决争端。美国总统也不愿意承担责任，直接把《关于东海岸渔业资源的协定》给否了，批准了《关于将缅因湾海洋边界划定的争议提交有约束力司法解决的协议》。

于是，1981年11月25日，美国和加拿大联合致信国际法院递交了一份特别协定的正式文本。这是第一次要求国际法院设立特别分庭，划定边界以解决争端，而不是仅仅要求法院指明划界过程中应适用的原则和规则。国际法院于1982年1月选举5位法官组成分庭，开始审理此案，并于1984年10月12日以4票对1票做出了对该案的判决。国际法院其实并无强制执行力，也就是说判决之后，当事国可以接受也可以不接受，并且不得上诉。

超级大国在缅因湾划界案中反而吃了亏

常言道弱国无外交，可加拿大却在超级大国面前占尽了便宜。缅因湾是个C形的半封闭海湾，其中3/4的海岸线为美国所有，加拿大只占1/4。可是加拿大于1964年就主张以等距离中间线原则划定界线，要求平分缅因湾，并且在1977年改变自己的立场，声称由于特殊的地理特征对等距离中间线具有不对称的歪曲效果，因此调整后的中间线应更偏向于美国一方，应将乔治滩东北部的一大部分（近40%的渔业资源）划归加拿大。

美国主张以水深200米的东北水道作为两国大陆架自然延伸的中断,美国认为划界区域内存在着三个各自分离的海洋“生态体系”，即缅因湾盆地、乔治滩区域和纳塔基特沙洲区域，东北水道在这种情况下构成一条“分界线”和“海洋环境明显的界限”，对维护渔场的统一性具有重要意义。并且，美国自独立起就有渔民在湾内从事捕鱼活动，历史更悠久、范围更宽广；直至最近，乔治滩的渔业资源几乎都是由美国渔民进行专属的单独开发；美国在200多年中承担了缅因湾更多的航海救助、防卫、科研和渔业资源保护的主要责任。因此，美国主张的以东北水道为主的界线，划分了近乎2/3的海域面积，并拥有乔治滩的全部主权。一般情况下，以3/4的海岸线，要求2/3的海域面积已经是极大的让步了，何况还是超级大国美国作出的让步，可加拿大偏偏就是不领情，坚持“得寸进尺”。

国际法院分庭首先确定了缅因湾地区的地理环境，指出双方都承认缅因湾海底区域的统一性可以由地貌资料来证实，原则上都同意乔治滩是北美大陆架的一部分。分庭没有接受美国把东北水道视为自然延伸中断的观点，也没有接受美国把自然延伸作为“生态系统”的分界线的说法。分庭认为“不相信，从如此不稳定的海洋水域及其动植物环境中，能分辨出任何真正、准确及稳定的‘天然界线’”。

国际法院分庭指出仲裁的首要原则是公平原则以及公平标准，但是每个案例的情况都不同，很难用一种或几种标准去确保公平。因此，分庭按照公平原则，依据当事国海岸的特殊地貌和双方主张线造成的重叠区域，通过综合几种几何方法来实现划分。分庭将有关区域划分成三段进行处理，大致上是将双方争议的重叠部分，平均分为两个部分，将双方争议的焦点乔治滩一分为二，其中东北部划给了加拿大，支持了加拿大的大部分主张。

美、加双方政府官方都认为国际法院对缅因湾边界的判决是公平合理的，均表示接受国际法院的仲裁。然而，官方与民间对于同一件事往往有不同的态度。裁决首先受到美国渔业界的反对，这是因为边界将乔治滩内生长最丰富的扇贝资源划分给了加拿大，划线明显有利于加拿大。另外，边界附近两侧的扇贝资源基地面积大小和种类质量上具有强烈差别，美国捕捞业由于捕捞能力过剩而大大亏损，加拿大却维持着高生产力，加拿大一侧的资源刺激和诱惑着美国渔民。由于缺乏跨边界渔业资源合作管理与保护，美国渔船常常在加拿大一侧海域对扇贝、底层鱼和其他鱼种进行非法捕捞。加拿大政府渔业管理部门为此作出反应，他们通过采取各种监督、监视和强制手段在边界区对美国渔民的违法活动加以制止，此外还向美方提出交涉和抗议。经过双方共同努力，目前美国和加拿大在缅因湾区域增强了边界协议的执法力度，并建立了一支专业的渔业执法力量。同时，进一步加强了对共享渔业资源共同管理的政策，以增加边界两侧的鱼群丰度，共同进行区域性渔业开发合作。

缅因湾划界案的意义

缅因湾划界案是第一次由国际法院接受当事国申请，成立特别分庭来审理一个特定的案件。在本案中，根据美国和加拿大的意愿，国际法院分庭由西方（西欧和北美）国家的 5 位法官所组成。当事国在一定程度上可以控制参加审理的法官人数和人选，可以选择对自己有利的法官进行审理。缅因湾划界案是国际法院在大国之间行使仲裁权并得到当事国认可和执行的典型案例，给和平解决国际领土和主权纠纷提供了平台和榜样。弱国也可拥有与强国据理力争、讨价还价的法律权利。

二、直布罗陀现霸权

2012 年是英国女王伊丽莎白二世登基 60 周年。英国王室和各界的相关庆祝活动一个接一个。5月18日，英国女王要在温莎城堡举行午餐会，邀请一些国家的王室成员参加。但西班牙王后索菲娅在接受邀请后却取消了行程。索菲娅王后按辈分算起来是英国维多利亚女王的玄孙女，还是伊丽莎白二世女王丈夫菲利普亲王的远房表妹。但是由于国家之间的主权纷争，两家的关系也受到了影响。影响英、西两国和两个王室关系的是英国在欧洲唯一的殖民地——直布罗陀。

【知识链接】“地中海咽喉”——直布罗陀

直布罗陀位于西经5° 22′，北纬36° 07′，面积6.5平方千米，人口约3万（不包括英国驻军），其中直布罗陀人（意大利、马耳他、西班牙人的后裔）约2万，英国人约5000，摩洛哥人3000，还有印度人、葡萄牙人、巴基斯坦人和西班牙人。多数居民信奉天主教。通用西班牙语和英语。位于伊比利亚半岛南端沿地中海沿岸的一狭窄半岛上，以一地峡与西班牙南部的直布罗陀区相连，濒临直布罗陀海峡，扼地中海和大西洋通道的咽喉，战略地位十分重要。

直布罗陀海峡

直布罗陀是军事重镇，直布罗陀海峡则是沟通地中海和大西洋的唯一通道，被誉为西方的“生命线”。尤其是在19世纪苏伊士运河通航后，直布罗陀海峡更成为大西洋与印度洋、太平洋之间海运的捷径。目前，直布罗陀海峡已成为世界上最为繁忙的海上通道之一。从西、北欧各国到印度洋、太平洋沿岸国家的船只，一般均经由直布罗陀海峡—地中海—苏伊士运河—曼德海峡这条航路。而从波斯湾运载石油的船只也通过直布罗陀海峡运往西欧和北欧各国。从军事角度看，直布罗陀海峡是美国海军第6舰队和北约各国海军进出地中海的要道。西班牙罗塔海军基地是美国地中海舰队的根据地，美军可借此随时控制和封锁直布罗陀海峡。直布罗陀海峡也是俄罗斯黑海舰队出入大西洋的必经之路。

西班牙心中“永远的痛”

作为曾经的欧洲封建主义海上霸主，西班牙拥有辉煌的历史，曾经的西班牙帝国是世界上第一批真正意义上的全球帝国和殖民帝国之一，也是世界历史上最大的帝国之一。西班牙征服者推翻了阿兹特克、印加和玛雅文明，并对南北美洲大片领土宣称拥有。凭着其经验丰富的海军，西班牙帝国称霸海洋；凭着其可怕、训练有素的步兵方阵，主宰欧洲战场。时至今日，西班牙还保留着原属摩洛哥的休达和梅利利亚两块飞地，拒不归还。可令西班牙人心痛的是，自1704年被英国打败后，割让的直布罗陀就再也没有回来。尽管大英帝国在20世纪衰落之后，归还了很多殖民地，但直布罗陀地区却像是代表大英帝国昔日辉煌的勋章一般，骄傲地插在西班牙的胸口。更让西班牙心痛的是，被“殖民”了300多年的直布罗陀人，一点都没有回到祖国母亲怀抱的意思。自1713年西班牙签订《乌德勒支条约》将直布罗陀永远割让给英国以来，英国给予直布罗陀本地人种种优惠政策，使得直布罗陀人愿意接受英国的统治，在多次公投中，都以压倒性的优势否定了回归西班牙或与西班牙共治的提案。

直布罗陀到底属于谁

探讨直布罗陀的归属，首先要从它的历史说起。历史上，直布罗陀的原住民是图尔德泰尼人（文化上属于希腊人），但最早建立政权的是迦太基帝国。后来罗马人也统治过，西哥特人也统治过，阿拉伯人也统治过，穆斯林摩尔人也统治过，直到1462年才由卡斯蒂利亚王国（现代西班牙的雏形）真正占领，并于1501年正式纳入西班牙版图。可见，在西班牙人统治直布罗陀前，直布罗陀已经多次易手，其原住民早已不知所踪，只存在考古学意义。西班牙既不是最早建立统治的国家，也不是统治时间最长的国家，只是凭借当时强大的武力把其他对手打跑，就理所当然地宣称拥有它。西班牙之前统治过直布罗陀的国家都已经灭亡，而且那时候还不流行签订割地赔款条约，把强取豪夺披上合法的外衣，所以今天西班牙想要回直布罗陀却没有什么协议条约，而英国人熟谙国际法律规则，手里捏着西班牙永久割让直布罗陀的《乌德勒支条约》，即使到国际法院打官司都不怕。

那么直布罗陀是怎么到了英国手中的呢？这起源于18世纪初的西班牙王位之争。1700年属于哈布斯堡王室的西班牙国王卡洛斯二世去世，没有留下子嗣，于是两个派系为争夺王位发生战争。一方是他的外甥腓力，受法国支持；另一方是同属哈布斯堡王室的奥地利的查理，受奥地利和英国支持。欧洲国家在封建时期通过王室姻亲来缔结同盟，维持统治，由此导致的王位继承战争多如牛毛，基本上没有正义与非正义之分，是封建时期欧洲的正常政治生态。战争从1701年打到1713年，查理一方占据上风，但是也无法完全灭了腓力一方。1711年，查理的哥哥（奥地利皇帝去世），查理继承皇位成为奥地利的查理六世，不能再跟腓力争夺西班牙王位了。最后，各方缔结了《乌德勒支条约》，英国和奥地利承认腓力为西班牙国王，而西班牙割让部分属地给奥地利和英国作为战争补偿，其中直布罗陀割让给英国。当时，领土是属于国王的私产，通过继承、婚姻和战争掠夺等手段把一块领土转让给另一个国家是司空见惯的事情，我们不能用现在的思维去看待当时的历史，不能用当代的道德标准去衡量前人的行为。在腓力五世的眼中，割让直布罗陀跟赌博输点钱没什么区别，根本不涉及国家主权、尊严。从目前的国际法来讲，英国拥有直布罗陀似乎是合理、合法的。

西班牙的努力全白费

在《乌德勒支条约》之后，西班牙曾经数次和法国一起对直布罗陀进行围攻，但都不是英国的对手。西班牙在军事上不行，就转而在法律上动脑筋，可人家英国毕竟是通过割让协议合法取得，于是只能在割让范围有多大、割让范围是否包括领海之类的细枝末节上纠缠不清。相当于一个赌徒赌输后，钱都付给赢家了，还心有不甘想着要回来，拳头又不硬打不过人家，只能耍无赖想要回点零头。就这样英国占领直布罗陀 300 年，比西班牙占领时间还要长。直到第二次世界大战以后，英国世界老大的位置被美国所取代，全世界的殖民地纷纷要求独立，又让西班牙看到了新的希望。

1964 年西班牙成功地说服联合国召开直布罗陀问题听证会，主张英国应该按照联合国去殖民化的宗旨，放弃直布罗陀的主权。同时，根据《乌德勒支条约》规定，如果英国放弃直布罗陀主权，必须将其交还给西班牙。西班牙的算盘打得精，可惜不如英国老谋深算。英国主张如果西班牙认定直布罗陀属于殖民地，那么根据联合国决议，殖民地人民有权决定自己的政治前途。而英国在占领初期就大量驱逐西班牙人，现在的直布罗陀人主要是意大利、马耳他、西班牙人的后裔，和英国人、摩洛哥人。在 1967 年举行的直布罗陀主权问题全民公决中，12138 人赞成留在英国，只有 44 人赞成加入西班牙，狠狠地扇了西班牙一个耳光。1969 年英国推动直布罗陀制定新宪法，宣布直布罗陀是英国的一部分，同时规定英国政府无权在直布罗陀人民没有参与的情况下与其他国家决定直布罗陀的主权问题。

西班牙于公投后封锁了同直布罗陀的边界。1969 年“新宪法”出炉后，西班牙继续打造“铁幕”，撤走在直布罗陀的西班牙籍工人，中断与直布罗陀的通讯和交通联系，禁止英国飞机飞越西班牙领空，使直布罗陀成为孤岛。这一“铁幕”持续了 10 多年，直至 1982 年 12 月新上台的西班牙政府重新开放边界。

1983 年，直布罗陀被定为英国附属领土；1991 年 3 月 18 日，英国正式将直布罗陀的防务移交由当地人组成的团队，从而结束了英国在这个地区长达 287 年的军事存在；2002 年直布罗陀被定为英国海外领土；2004 年西班牙外交大臣莫拉蒂诺斯与英国外交大臣斯特劳在马德里发表联合公报宣布，两国决定暂时搁置长期以来对直布罗陀主权问题的争议；2006 年，直布罗陀通过全民公投，产生了自己的国会和行政首长，英国派驻的总督仅负责国防和外交。自此，直布罗陀与西班牙渐行渐远，即使英国同意归还，直布罗陀也可独立自治，再也不用回到西班牙。

未来命运仍未知

直布罗陀问题背后有历史原因，更有着复杂的地缘政治背景。狭窄的直布罗陀海峡全长约 90 千米，两岸景色优美，坐落着直布罗陀、阿尔赫西拉斯和休达等港口。由于英、西、摩三国均未采取武力解决纠纷，这条地中海“生命线”绝大多数时间里保持着宁静。

目前困扰英国和西班牙的主要是直布罗陀的管理问题。由于远离英国本土，英国为拉拢直布罗陀居民制定了优惠的税收与金融制度，吸引众多的金融、保险业和律师、会计事务所云集在这仅几万平方千米的土地上，形成一个新的世界“金融天堂”。同时，由于扼守海峡要道，港口建设和服务不断完善，成为过往船、舰检修和增加补给、燃料的理想“驿站”，每年途经直布罗陀海峡咽喉处的船只达 5.5 万艘。繁荣的经济和便利的交通，使直布罗陀逐渐成为毒品走私、黑社会、恐怖组织和其他犯罪团伙走私、洗钱的“安全基地”和毒品转运站。据联合国经合组织最新统计，直布罗陀在经合组织按犯罪资金属性分类的3份名单中，两次“榜上有名”。如今，每日经直布罗陀出境的“鱼龙混杂”的汽车排成长龙，有时要等待几小时的警方反走私检查才能通过，但仍解决不了“车满为患”的问题。面对日益严重的混乱状况，英国似乎感到鞭长莫及，只有与西班牙共同管理才能有效控制那里的犯罪势力蔓延。

虽然直布罗陀争端在英国和西班牙两国激起不小波澜，两国民间不时说出“不理智的气话”，但从双方官方表述来看，基本没有脱离欧盟法律，双方都没有诉诸武力解决的打算。目前，英、西两国在处理直布罗陀主权问题上的分歧在缩小，而直布罗陀地方独立意识在增强。直布罗陀绝大部分居民，既想在未来的欧洲事务中扮演新角色，又不想放弃自由天堂的所有特权；既不同意西班牙收回主权的要求，也不满英国目前关于进行建设性对话的立场；希望在不失掉对英国政治上的依赖和作为“金融天堂”的条件下去掉“殖民地”的称呼。因此，直布罗陀当局将采取“不谈历史，维持现状”的态度，甚至有可能走上独立自治的道路。西班牙的立场是，宁可接受“直布罗陀是英国的殖民地”，也不想看到直布罗陀成为独立国家，希望在西收复主权前，英不要放弃对直的殖民地政策，阻止其独立倾向。英国则在权衡利弊之后，会选择倾向西班牙态度。但直布罗陀问题的最终解决恐怕还是遥遥无期。

三、北海划界论公平

与孕育出繁荣的古希腊文明的地中海一样，北海可算是近代欧洲国家的福地。北海周边围绕着曾经号称“日不落帝国”的英国、“海上马车夫”的荷兰、欧洲强国法国和德国，以及当前福利制度最好的丹麦、挪威等，可以说富饶的资源和特殊的地理位置使北海成为这些国家经济政治大发展的关键。尤其是作为欧洲强国的德国，由于其特殊的地理位置导致其海岸线向内凹陷，无法主张与其大国地位相称的海域面积，但德国从未放弃扩张海域疆界的野心。

【知识链接】北海地理

北海位于大西洋，面积大约57万平方千米，是一个属于半封闭海域的浅海。整个海床除了挪威海槽均由水深小于200米的大陆架所构成。挪威海槽是一个深度200～650米不等的地质构造带，位于挪威南部和西南部海岸边缘，平均宽度为80～100千米。北海的西部由英吉利海峡与大西洋相通，东部则由斯卡格拉克等海峡与波罗的海相连。围绕北海海岸的国家是一些工业和技术比较发达的国家，东侧有挪威、丹麦、德国、荷兰、比利时和法国，而整个西侧则是大不列颠以及奥克尼群岛和设得兰群岛。由于比利时和法国在海域的南端，海岸线很短，它们在北海的划线微不足道，故参与北海大陆架划界的国家仅有挪威、丹麦、德国、荷兰和英国五国。

北海受北大西洋暖流的影响，海域内海洋生物生长茂盛，它一直是欧洲最重要的渔场之一，该渔场的捕鱼量可占整个世界海洋商业捕鱼总量的5%以上，年鱼获量达300万吨，鲱鱼和鲭占总产量的一半，其他鱼类有大头鱼等。北海海底蕴藏着十分丰富的石油和天然气资源，是世界上最著名的油气开采区。目前有数百座油气井架矗立在海面进行作业。随着欧洲经济增长，北海海洋资源的开发量在增加。北海海域也是欧洲国家之间和欧洲与中东之间主要的海上运输区。

战败国再提领土要求

第二次世界大战结束后，德国作为掀起这场人类浩劫的罪魁祸首，遭到了同盟国的严厉制裁，整个社会、政治、经济都被毁坏殆尽；又由于地处美、苏争霸的最前沿，被活生生地一分为二，变成美、英、法控制的西德和苏联控制的东德两部分。一般来说，一个这般处境的国家，日子应该好不到哪去，应该谨小慎微夹着尾巴做人，尽量不跟别国起纠纷。可德国又一次让人大跌眼镜，撕毁与荷兰、丹麦刚签订的北海划界协议，要求分得更大面积的大陆架与海域，更让人大跌眼镜的是荷兰和丹麦竟然没有谴责德国的不守信诺行为，也没有借机报二战时德国不宣而战之仇，竟然同意把纠纷提交国际法院，通过文明方式解决争端。

德国敢这么做自然有他的底气。首先，德国从来没把荷兰和丹麦看作是二战战胜国。德国于1940年入侵丹麦，丹麦军队未作抵抗直接宣告投降；入侵荷兰时，荷兰军队只抵抗了5天就宣告投降，连荷兰皇室都差点被俘；在整个被占领期间，荷兰和丹麦被强大的德国军队牢牢控制着，除了有零星的游击队抵抗，军队和民众没有抗击德国铁蹄的行为和勇气。即使后来德国战败，交还了所有占领的领土，但是从德国的内心深处来讲，打败他的是英国、美国和苏联，而不是懦弱的丹麦、荷兰、挪威等被占领国，尚武的德国人宁可尊重英勇顽强的苏联红军，也不会瞧得起胆小畏战的北欧近邻。其次，经济基础决定政治地位。二战战败后，德国经济一度崩溃，尤其是分为西德、东德以后，德国传统的农业被苏联控制，西德人民不得不过节衣缩食的生活，但是德国强大的工业生产能力被西德所继承，西德保留下了一大批熟练的工人队伍，大批专业技术人才没有因为战争而耗尽，这对于西德来说是一个强大的智力支持。再加上美国实施马歇尔计划，大力扶持德国经济，使得德国在短短20年间一跃而起，20世纪50年代德国工业生产平均增长率高达11.4%，工业生产总值增长2.4倍；国民生产总值增长2.1倍。60年代工业生产年平均增长5.8%，工业总产值增长1.2倍，国民生产总值以美元计算增长1.6倍，一举超越英、法等老牌资本主义国家，重新回到欧洲经济强国行列，荷兰、丹麦的经济总量与德国相比自然是小巫见大巫。重新崛起的经济使德国拥有了重回欧洲政治谈判桌的资本。再次，重要的战略地位，提高了德国参与国际事务的话语权。二战后，德国处在美、苏两强争霸的最前沿，战略地位急剧上升。1946年6月美国国务卿贝尔纳斯在斯图加特演说中公开表示："美国不再奉行一个强大的欧洲、一个虚弱的德国的政策。"他声明"德国是欧洲的一部分，如果有着巨大工业的德国变成贫民窟……欧洲的重建，特别是德国邻国的重建将会是十分缓慢的”。随着德国更多地参与“欧洲防务”，其国际地位与重要性不是荷兰、丹麦等小国可以比拟的，德国因素在美、英、法等国家心目中更有分量。因此，德国敢于向邻国提出自己的要求。

德国不愿吃哑巴亏

德国地处欧洲腹地，虽然是北海沿岸大国，但是由于其特殊的地理位置，所拥有的海岸线长度还不如国土狭长的丹麦，甚至不如荷兰。按照等距离原则划分的海域面积不能满足德国对于北海海域的需求，因此，德国要求与荷兰、丹麦重新划分北海海域。海域划界问题原本只是个地理概念，重新掀起波澜的是美国。1945 年，美国总统杜鲁门发布《美国关于大陆架底土和海床自然资源政策宣言》（简称《大陆架公告》，宣称“鉴于养护和慎重地利用其自然资源的紧迫性的关心，美国政府认为连接美国海岸、处于公海之下的大陆架底土和海床的自然资源归属于美国，并受其管辖和控制”，由此引起了新形势下的蓝色“圈地”运动。

德国（西德）于 1964 年与荷兰、1965 年与丹麦分别签订了一个关于近岸海域大陆架侧向划界条约，在等距离原则基础上部分划定了三国的界线，但是三个国家未能就海岸附近的大陆架界线向海延伸的终点达成协议。照理说，既然界线划定了，协议也签了，一切纠纷按照合同办就行，可是现实情况就是这么出人意料。由于这笔买卖是德国与荷兰、丹麦分别商定的，德国人自己也没有想到，貌似公平的交易背后会隐藏巨大的风险。由于德国处于荷兰和丹麦中间，并且海岸线明显凹陷，按照传统的等距离原则划出的两条界线向海延伸没多远就相交了，德国所分得的海域成为一个封闭的菱形。荷兰和丹麦一看这种情况，乘机落井下石，依据与德国签订的划界协议，共同划分了剩余大陆架和海域，这两国宣称他们的大陆架区域是相邻的，把德国的大陆架及海域限定在了那个小小的菱形区域内。德国当然不能吃这个哑巴亏，在签订协议 9 个月之后就反悔了，要求废除这种不公平的划界方法。由于三方争执不下，联邦德国分别与荷兰、丹麦商定，将争议提交国际法院审理。国际法院一看，两个案子的诉讼利益是一致的，那就两个案子合并成一个案子一起审理。

国际法院判决只做一半

德国和丹麦、荷兰虽然协定把纠纷提交国际法院，但三国其实都留了个心眼，他们只请求法院决定“当事国在划分 1964 年、1965 年协定所确定的部分界线以外属于每一方的北海大陆架区域时应适用何种国际法原则和规则”，“当事国政府将按照国际法院所做出的判决，通过协议划分他们之间的大陆架界线”。也就是说，这三个国家并不是要国际法院直接给他们划分大陆架及海域，只要求国际法院，告诉他们用什么原则和规则来划分，至于究竟怎么分，还是要靠三个国家之间协议来解决。

为什么这三个国家会有这种诉求呢？让国家法院直接划分不是更简单、更快捷吗？其实在这种诉求背后有着深层次的原因。首先，国际法院没有强制执行力，理论上讲，国际法院的判决当事国可以不遵守，万一国际法院的判决结果让其中一方利益严重受损，肯定不愿意执行，这样三方就没有周旋的余地，只请求判决划界的原则和规则，不会直接损害各方利益，各方可以酌情考量。其次，这种请求在实际操作层面也有意义，当时的丹麦和荷兰是 1958 年《大陆架公约》的缔约国，而当时《大陆架公约》第 6 条规定的等距离方法是常用的划界方法，1964 年、1965 年与德国签订的协议就是以等距离法为基础。现在，德国开始反悔了，总要找点理由，德国就说：第一，我虽然在《大陆架公约》上签字，但我还没有批准公约，不是缔约国，不能接受依据《大陆架公约》第 6 条规定的等距离方法划定的界线；第二，我的海岸线特殊，不能按照等距离法来划界，请法院指导我们依据什么规则来重新划分大陆架及海域。

国际法院也不傻，一眼就看穿了这三个国家的心思。国际法院指出，北海海水浅平，整个海底，除挪威海槽外，都是水深不足200米的大陆架。大部分沿岸国都已划定它们之间的大陆架边界了，德荷、德丹之所以未能划出它们的大陆架边界，是因为荷、丹两国坚持按等距离原则划界而德国则认为这样划界会缩小了它根据自然延伸所应得到的大陆架，因而产生不公平的结果。国际法院首先驳回了丹麦和荷兰的主张，指出等距离法只是划界的一种方法，不是划界的国际习惯法规则，虽然它很方便、精确，但是并不适用于所有情况，在本案中就不适用。其次又驳回了德国的主张，大陆架是大陆领土的向海延伸，是一个国家的固有权利，是一种事实存在，“划界是一个过程，是确立已原则上归属于沿海国的一个区域的界限，而不是重新确定这样一个区域”。德国这种将划界区域看作一个整体并进行公平份额分配的想法是错误的。再次德国不管是不是《大陆架公约》缔约国，都要遵守一些既定的国际原则和规则。最后国际法院确认的大陆架划界法律原则和规则是：（1）协议划界；（2）公平原则。也就是说，第一，双方不许打架解决问题，必须通过谈判解决；第二，要综合考虑各种因素，尽量做到公平，只有公平，大家才能满意。

德国第一次用文明的方式扩大了疆域

根据国际法院的判决，德国、丹麦和荷兰三国于1971年1月28日共同签订了《丹麦、德意志联邦共和国和荷兰关于北海大陆架划界的几项协议》以及相应的划界条约。在公平原则基础上，而不是根据等距离—中间线方法，当事国三方确定了各自大陆架向北海中央延伸的界限。在最后的划界方案中，联邦德国大陆架面积由严格按中间线划分所确定的大约23700平方千米，增加到大约3.5万平方千米，其中7000平方千米由原丹麦的部分划入，5000平方千米由原来荷兰的部分划入，其西界延至与英国大陆架相连接，长约30千米。

此次海域划界虽然背后也有大国角力的身影，但毕竟是德国第一次通过非战争的手段扩大了疆域，给全世界面临领土纠纷的国家提供了一条和平解决的途径。应当强调的是，北海划界案例虽然是国际法院对大陆架案的裁决，但是由于目前国际海洋划界趋于把大陆架和专属经济区边界两者合二为一，这里的海洋划界原则与国家实践完全适用于世界沿海国专属经济区的划分操作。根据统计，世界上像北海这样的半封闭海区总共有24个，如白令海、鄂霍次克海、日本海、黄海、东海与南海、地中海和波斯湾等，而毗邻这些半封闭海区的沿海国共有85个以上。半封闭海区地理位置的局限性使某些沿海国同时面临着相向和相邻划界的极其复杂的各种问题，给各国在划分大陆架和专属经济区海洋边界时带来诸多困难与麻烦。北海大陆架划界的成功无疑为公平合理地解决国际海洋边界争端带了个好头，起到了促进和效法作用。它为国际海洋边界的划分树立了榜样，具有深远的影响。

四、"兄弟"争执加勒比

谈起加勒比海，很多人脑中浮现出的是15世纪大航海时代，海盗与西班牙、英国船队驰骋战斗的画面。数百年之后，南美国家通过长期的斗争赶走了欧洲殖民者，可南美人民却没有从此过上幸福的生活，贫困与战乱一直困扰着加勒比海周边国家。其中，尼加拉瓜和洪都拉斯甚至为了获取台湾的金援与我中断外交关系。2007年这对难兄难弟更是为了争夺加勒比海海底资源打起了国际官司。

【知识链接】加勒比海自然地理

加勒比海是沿岸国最多的大海。在全世界50多个海中，沿岸国达两位数的只有地中海和加勒比海两个。地中海有17个沿岸国，而加勒比海却有20个，包括中美洲的危地马拉、洪都拉斯、尼加拉瓜、哥斯达黎加、巴拿马，南美有哥伦比亚和委内瑞拉，大安的列斯群岛的古巴、海地、多米尼加共和国以及小安的列斯群岛上的

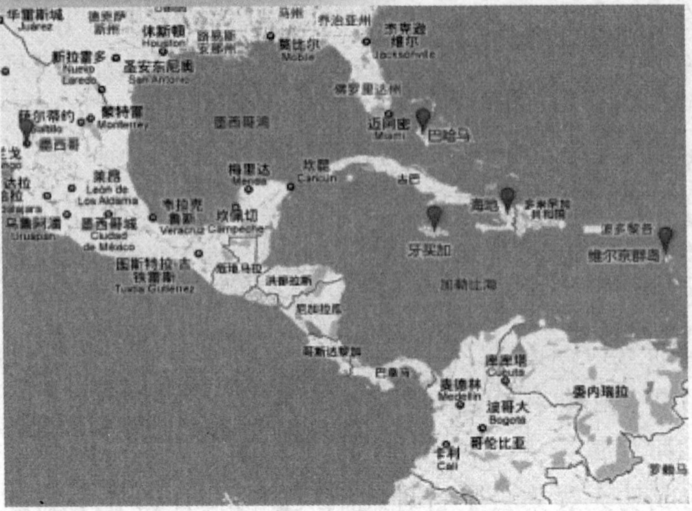

加勒比海地图

安提瓜和巴布达、多米尼加联邦、特立尼达和多巴哥等。

1492年哥伦布首次在巴哈马群岛登上美洲，由于当地的印第安人对欧洲外来者所感兴趣的财富不感兴趣，因此他们虽然在加勒比海群岛上殖民，但大多数人继续航行到美洲大陆上去了。继西班牙人和葡萄牙人后英国、荷兰和法国都在这里建立了殖民地。连丹麦和爱尔兰都在这里建立了殖民地。

16世纪加勒比海成为海盗的天堂。许多海盗甚至是由他们本国国王授权的，加勒比海上的众多小岛为他们提供了良好的躲藏地，而西班牙运送珠宝的舰队是他们的主要攻击对象。

在过去10年内，中国对加勒比海地区进行大量的经济援助。在此基础上，中国2012年年底宣布，再向该地区贷款63亿美元。中国的企业以经济援助的方式打入该地区，一家企业出重金租下牙买加的甘蔗地用来生产蔗糖。2010年，牙买加首次将著名的蓝山咖啡出口到中国。

命运多舛的亲兄弟

加勒比海周边环绕着世界上最大的带有血缘关系的沿岸国家族，这个家族成员多达20个，他们有着几乎相似的历史，曾经一起抵御外侮，也曾经相互攻讦，留下了精彩纷呈的历史与文化。虽然兄弟阋墙的事情常有发生，但随着时代与文明的进步，诉诸法律解决领土与领海纠纷成为更加文明高效的一种方式。2007 年，尼加拉瓜和洪都拉斯就加勒比海地区岛屿主权与海域划界争端通过国家法院得到解决，避免了武装冲突的发生。

在哥伦布发现新大陆之前，整个南美洲都是印第安人的王国，他们创造了辉煌的印加文明，建立了不少王国；15 世纪后，这些国家先后沦为西班牙的殖民地。由于缺乏劳动人口，西班牙殖民者贩卖大量黑奴到南美洲，经过数百年的历史演变，南美洲逐渐成为白人和印欧混血种人为主的大陆。无论从人种学还是文化学角度来说，南美洲国家之间有着千丝万缕的血缘关系。18 世纪末到 19 世纪初，南美洲掀起了以白人和印欧混血种人为主体的风起云涌的独立解放运动，经过多年的较量，西班牙殖民者以失败而告终，南美各国在 19 世纪 20 年代纷纷独立。其中就包括尼加拉瓜与洪都拉斯这对难兄难弟。

1821 年尼加拉瓜和洪都拉斯先后脱离西班牙殖民统治成为独立国家，并于 1822 年一起并入墨西哥伊图尔维德帝国，1823 年加入中美洲联邦。1838 年 10 月退出中美洲联邦，各自成为独立共和国。在随后的近百年间，由于外部势力，尤其是英、美等超级大国势力的加入，这对难兄难弟一直命运多舛，多次经历独裁统治和人民起义，长期动荡的社会局势使他们错过了资本主义发展的最好时机，逐步成长为靠天吃饭的单一经济的农业国家，沦为西方国家的农业原材料产地，对外贸易绝大多数被美国所控制。1929 年世界资本主义经济危机席卷全球，南美国家经济受到沉重打击，人民生活水平急剧下降。此后半个世纪受美国支持的独裁者和起义民众多次较量，据统计，从 1821 ~ 1978 年的 157 年中，洪都拉斯共发生 139 次政变，是拉丁美洲政变最频繁的国家之一，尼加拉瓜的成绩也不遑多让。

划界争端从陆上发展到海上

1821 年之前，尼加拉瓜和洪都拉斯都是西班牙的殖民地，自身对于领土问题是没有发言权的，自然也就没有领土纠纷。自从独立之后，尼洪两国一方面于 1850 年和 1866 年分别与西班牙国王签署条约，明确两国的陆地主权和邻接海岸的岛屿主权；另一方面于 1894 年缔结了一个双边边界条约，由此确定了两国陆地 1/3 的边界。剩余边界的争端双方提交给西班牙国王阿方索十三进行仲裁，阿方索十三于 1906 年做出裁决划定了从位于格拉西亚斯—阿迪奥海角的可可河河口到波尔蒂洛的边界。但是，尼加拉瓜一看结果对自己明显不利就不干了，尼洪两国为解决此问题又进行了多次交涉，甚至还于 1957 年发生了一系列的边界冲突。其实，这正是西班牙要的结果，这两个殖民地是难兄难弟，他们闹独立可不是兄弟俩跟老父亲分家，而是两个长工分地主家田地，地主没有能力阻止，就只能暗中使坏，给两兄弟分家的时候故意偏袒，制造矛盾。

后来，经美洲国家组织会议建立的一个临时委员会的调解，尼加拉瓜和洪都拉斯都同意将其关于仲裁裁决法律效力和约束力的争端提交国际法院解决。1960 年，国际法院做出裁决，认定西班牙国王 1906 年做出的仲裁裁决有效并具约束力，尼加拉瓜负有实施义务。从国际法角度来讲，尼加拉瓜这场官司只会越打越输，因为两国以前都是殖民地国家，此前没有有效的划界协议，西班牙给出的划界方案是有据可查的第一份，尼加拉瓜只能吃这个哑巴亏。

一败再败的尼加拉瓜还是不甘心，他要求美洲国家间和平委员会介入，最后该组织建立的一个委员会于 1962 年划定了两国之间的边界并设置了界标。美洲国家间和平委员会的方案确定，两国陆地边界的终点在北纬 14° 59′ 8″ 和西经 83° 8′ 9″ 的可可河河口，该方案将边界线向洪都拉斯方向移动了一点点，一方面没有损害洪都拉斯的重大利益，另一方面又给了尼加拉瓜一点点好处，让他这么多年的折腾没有白费。由此可见，第三方介入划界谈判大多采取和稀泥的方式，双方各让一步达成协议就算完成任务。至此，尼加拉瓜和洪都拉斯陆地边界问题得到了彻底解决。

20 世纪 80 年代起，随着海洋意识的觉醒，尼加拉瓜对于加勒比海海域的领海主权开始重视，1977 年尼加拉瓜通过外交照会的方式，要求和洪都拉斯谈判解决两国在加勒比海的海洋边界问题，洪都拉斯对此表示欢迎。但是，由于尼加拉瓜 1979 年 7 月的革命，两国的谈判没有取得任何进展，两国间的关系直到 1990 年一直在恶化。1990 年 9 月 5 日，两国通过外交部长联合声明成立了海上事务混合委员会，以“防止和解决两国的海上问题”，并“优先研究丰塞卡湾和大西洋海域的边界问题以及由此产生的捕鱼问题”。在随后的近 10 年里，两国多次就尼加拉瓜扣押洪都拉斯渔船问题发生争端。1999 年 12 月 8 日，两国将争端诉诸国际法院。

无理闹三分 不一定占便宜

洪都拉斯方面认为两国海域存在一条传统分界线，就是由西班牙国王当年所划分的北纬 15° 线，对北纬 15° 以北的岛屿，自独立开始实际控制至今，应当拥有主权，包括伯贝礁岛、南礁岛、萨凡纳礁岛和皇家港礁岛。

尼加拉瓜方面认为两国海域不存在传统分界线，要求以等分法划分双方海域。北纬 15° 以北的 4 个岛屿在 1821 年两国独立之前不是无主之地，但是应该归尼加拉瓜所有。换句话说，尼加拉瓜之前通过半个世纪的折腾，一路败诉，最终通过协商在陆地划界中尝到了甜头，认为海上划界也是如此，只要经得起折腾就能获得利益，于是对原本由洪都拉斯实际控制多年的 4 个岛屿提出了要求。

国际法院首先判决了 4 个小岛的归属，根据双方提供的材料，法院认定“保持占有”原则不能充分证明岛屿的主权归属，没有证据清楚地表明争议岛屿在独立前和独立当时是否已经归属于尼加拉瓜或洪都拉斯，1906 年西班牙国王的仲裁只能确定两国陆地边界，没有证据表明殖民时代哪个国家对这些岛屿“有效统治”。在殖民

时代，这些岛屿甚至连名字都没有。但是，国际法院认为，20世纪90年代洪都拉斯对于4个岛上发生的刑事案件的判决和1993年美国药品管理局的联合禁毒行动，确认了洪都拉斯对这4个岛屿的“有效统治”，并且在正式文件中首次明确提到了这4个岛的名称。同时，洪都拉斯关于四岛的移民管制、渔业活动管理以及石油开采和公共设施建设活动，都属于“有效统治”，而尼加拉瓜在1990年之前对于这些活动没有提出抗议。因此，判定洪都拉斯根据殖民时代的“有效统治”拥有对这些岛屿的主权。

由于确定了4个岛屿的归属，海域划界就容易得多了。国际法院否定了洪都拉斯所谓的“传统分界线”，认定殖民时代所采用的北纬15°线划分方式只是西班牙国王的习惯便捷方式，不是两国之间真正的分界线，应该按照尼加拉瓜提议的等分法划分。于是，双方的海上分界线由一条平行于纬线的直线变为一条偏向洪都拉斯方向的斜线，尼加拉瓜这种无理也要闹三分的方式似乎又要得逞了。可没想到，国际法院留了一手，按照之前对于争议岛屿的判决和尼方原本就拥有的附近岛屿（爱丁堡礁），双方根据《国际海洋法公约》可以以岛屿为中心拥有不超过12海里的领海，由于尼、洪双方岛屿间距离小于24海里，这样就造成了重叠部分，这些重叠部分可以采用等距离法划分海域。最终，尼、洪之间的海上分界线由一条从陆上划界的终点——可可河河口（约北纬15°）向北偏移的斜线和以争议四岛为中心12海里为半径的弧线组成，实际判决效果是尼加拉瓜得到了北纬15°以北的小部分海域，而洪都拉斯不但明确了争议岛屿的合法归属，还以此为依据获得了北纬15°以南部分海域。尼加拉瓜可算是偷鸡不成蚀把米。

五、里海五国互不让

苏联解体后，很多中亚国家迅速投入美国的怀抱，其中就包括里海周边的阿塞拜疆和土库曼斯坦，特殊的地理位置和政治生态使得原本平静的里海波涛汹涌，美国曾多次以里海安全为名，组织周边国家举行联合军演。尤其是近年来，在里海周边发现了大量油气资源，更是引得大国蠢蠢欲

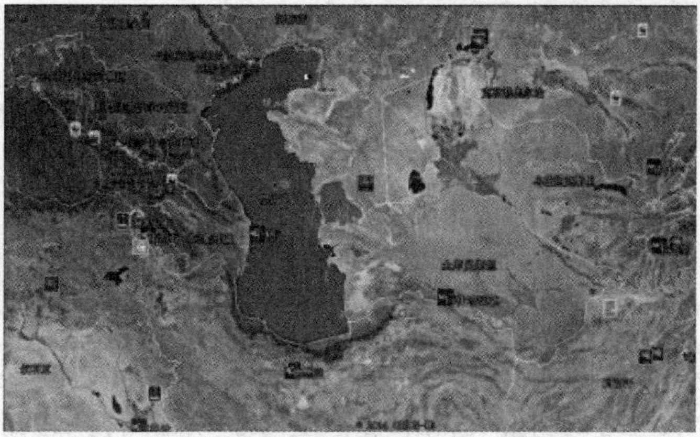

里海位置

动，意欲染指里海油气开发和管道建设。俄罗斯对此也是心知肚明，一方面利用自己地缘政治大国地位与美国为首的西方势力角力，另一方面争取团结里海周边具有共同利益的国家，竭力维护自己在里海地区的影响力。

【知识链接】里海自然地理

里海位于高加索山脉以东，制约着中亚巨大、平坦的土地。漫长的海岸线从北向南延伸近1200千米，不过其平均宽度仅320千米。面积约38.64万平方千米，而其表面约低于海平面27米。靠近南面，最大深度为1025米。海的东北为哈萨克，东南为土库曼，南面为伊朗，西南为阿塞拜疆，西北为俄罗斯。里海的南面和西南面被厄尔布尔士山脉和高加索山脉所环抱，其他几面是低平的平原和低地。里海南北狭长，形状略似“S”形，南北长约1200千米，是世界最长及唯一长度在千千米以上的湖泊。东西平均宽约320千米，湖岸线长约7000千米，面积37.1万平方千米，大小几乎与波罗的海相当，规模为亚速海的10倍，相当全世界湖泊总面积（270万平方千米）的14%，比著名的北美五大湖面积总和（24.5万平方千米）还大出51%。湖水总容积为7.6万立方千米。里海地处欧亚交通要冲，是欧亚大陆的心脏地带，它南连伊朗、阿富汗，北接俄罗斯，

向西经格鲁吉亚、土耳其可抵欧洲，往东穿过哈萨克斯坦和中国可直达东海之滨。里海地区的石油和天然气储量非常丰富，据美国能源部 2002 年 7 月的统计，该地区已探明的石油储量为 100 亿桶，可能的储量还有 2330 亿桶；天然气约有 170 兆立方英尺。

是湖是海很关键

里海是一个地地道道的内陆湖，那为什么又被称为“海”呢？从里海的自然特点来看，里海水域辽阔，烟波浩渺，一望无垠，经常出现狂风恶浪，犹如大海翻滚的波涛。同时，里海的水是咸的，有许多水生动植物也和海洋生物差不多。另外，从里海的形成原因来看，里海与咸海、地中海、黑海、亚速海等，原来都是古地中海的一部分，经过海陆演变，古地中海逐渐缩小，上述各海也多次改变它们的轮廓、面积和深度。所以，今天的里海是古地中海残存的一部分，地理学家称之为“海迹湖”。因此，人们就把这个世界上最大的湖称为“里海”了。换句话说，传统观念认为里海以前是海，现在不是海。也有人对此持有不同意见，因为科学研究表明，里海经由亚速海、黑海和地中海与世界大洋沟通。它依然是世界大洋的一部分，只是由于这一部分海平面较低，只有流入没有流出。因此，学术界对于里海的地理学定位尚未确定。

地理界纷争尚未尘埃落定，法律界又来凑热闹。沿岸五国中俄罗斯、哈萨克斯坦和阿塞拜疆坚持里海为内陆海，应依据国际海洋法公约，对里海水体及海底进行划界，明确各国的主权和专属经济区范围，因为他们海域附近的油气资源丰富。而伊朗、土库曼斯坦两国则因为附近水域油气资源相对较少，坚持认为里海是内陆湖泊，按国际法里海资源应当是沿岸各国共同财产，任何国家开采里海任何资源必须征得各国同意或经共同协商后方能进行。到底依据何种法律来划分里海利益格局，是里海争端首先要解决的难题。

1997 年阿塞拜疆与哈萨克斯坦，1998 年俄罗斯与哈萨克斯坦，

2001 年俄罗斯与阿塞拜疆都同意以中间线原则划出相互之间海上区域的边界。土库曼斯坦原则上同意这种处理方式，但是在方法上意见不一。它认为运用中间线没有考虑到岸线的特殊性，特别是现在由阿塞拜疆主张的具有潜在丰富石油的阿普歇伦半岛（阿塞拜疆首都、石油城巴库所在地）的岸线。伊朗不同意采用中间线划分海域，它主张的划线不仅比采用中间线划分能够得到更多的海域，而且能够把阿塞拜疆主张拥有的潜在石油资源海域划归本国所有。

郁闷的伊朗

伊朗在中东地区是个异类，在中亚里海争端中依然是个异类，由于利益诉求不同，伊朗很难与另外四国结成可靠盟友，在划界争端中他的利益受损最严重。早在 1801 年，为了制衡当时的俄国，伊朗与域外势力英国签订了协议：在发生武装冲突的情况下，英国将向伊朗提供军事援助。伊朗以为傍上了当时的世界第一强国就可以高枕无忧，与俄国的关系不断恶化甚至爆发了战争。在多次武装冲突中吃亏以后，伊朗国王在 1805 年要求英国提供协议中规定的援助，可没想到英国趁机提出租用里海所有港口、在布什尔省建立堡垒以及割让哈尔克岛等要求，骑虎难下的伊朗只能与英国签订了一系列不平等条约。原本想寻求域外势力的帮助，没想到反而引狼入室，此后百年间伊朗只能在英国的“庇护”下生存。

1920 年 4 月苏联红军将英军赶出里海地区，阿塞拜疆、哈萨克斯坦、土库曼斯坦先后成为苏联领土，里海沿岸国只剩下苏联和伊朗两国。出于政治和军事安全方面的考虑，也为了防止西方势力再次插手里海地区，苏联与伊朗于 1921 年签署了友好合作条约，伊朗承认苏联对里海地区的控制权，以此换取在遭受侵略时的援助。随后，苏联与伊朗又签订了一系列协议，规定只有悬挂苏联和伊朗两国旗帜的船只才能在里海航行，里海不对第三国开放。从纯粹交易的角度看，苏联是做了让步，伊朗用 1/5 的海岸线换取了里海 1/2 的权利（不包括海底资源）；而苏联通过这桩买卖成功地将里海域外势力排除在外，与伊朗共享里海利益。苏联与伊朗的蜜月持续了 70 多年，由于没有后顾之忧，又有苏联的大力扶植，伊朗逐步成为波斯湾的霸主。

1991 年苏联解体以后，里海沿岸国家由原来的苏联和伊朗两国变成了俄罗斯、伊朗、哈萨克斯坦、土库曼斯坦、阿塞拜疆等 5 个国家，因而苏、伊两国于 1921 ~ 1940 年间所签署的有关里海的一切条约不再具有法律效力。新独立的哈萨克斯坦、土库曼斯坦、阿塞拜疆急需开发里海蕴藏的油气资源发展经济，由此开始了对里海海底划界之争。俄罗斯和伊朗当然不希望看到里海被瓜分，但是又无法阻止，只能在操作层面上采取拖延战术。由于美国等西方势力的介入，俄罗斯、伊朗在拖延，而哈萨克斯坦、土库曼斯坦、阿塞拜疆却加紧与西方国家合作，联合开发里海油气资源。俄罗斯一看拖延不成，转而采取积极推动能源开发维护原有控制力的新策略以拉拢里海沿岸国。普京上台以后，为了增强独联体的聚合力，调整了对中亚的政策，将中亚国家视为俄外交的“绝对优先发展方向”。俄罗斯“海底划分，水面共享”方案的提出，基本上是考虑了哈萨克斯坦、土库曼斯坦和阿塞拜疆三个独联体国家的利益。

2003 年 5 月 14 日，俄罗斯、哈萨克斯坦、阿塞拜疆代表在阿拉木图签署了里海相邻部分划界协议，协议全称为《俄罗斯、哈萨克斯坦、阿塞拜疆关于里海海底相邻部分分界线连接点的协议》，三国的外交部副部长分别代表本国政府签字。阿塞拜疆外交部副部长哈拉弗夫在签字后评论说：“协议的签订使三国关系达到一个全新的水平，为其余两个里海沿岸国家——伊朗和土库曼斯坦的榜样。”俄罗斯外交部副部长卡留日雷说，三国划分了里海海底 60% 以上的面积，俄罗斯得到约 19%，哈萨克斯坦得到 29%，阿塞拜疆得到了 21%。按照海岸线比例划分，土库曼斯坦只能分得 17%，伊朗只能分得 14%，与他们期望的五国均分尚有差距，所以土、伊两国迟迟不愿签订划界协议。

从原本与苏联平分里海，到争取五国平分未果，伊朗的心理落差之大可想而知。郁闷的伊朗一方面要在南部波斯湾与美国及其盟友作斗争，另一方面北部后院又不太平。喜欢在大国间周旋，搞平衡战略的伊朗，向来不是个高明的玩家，结果是越玩越砸，国家主权与领土一再受损。目前，由于伊朗在里海的油气资源较少，转而与政治利益高度一致的俄罗斯结盟，把主要精力放在共同抵制域外势力介入，共同维护里海安全与航行自由上。

海域划界远不是终点

虽然里海划界问题暂时告一段落，但是围绕里海油气资源的纷争将长期存在。如何把里海地区的油气资源输送到国际市场一直是困扰沿岸国家的难题。从目前技术手段来说，管道是运送大量油气的唯一可行途径。因此可以说，控制了油气资源的外运，实际上就等于控制了这些国家的油气阀门；对里海油气资源的争夺，实际是对油气管道控制权的争夺。

从经济学角度来讲，里海开采的油气资源经伊朗输送到欧洲及亚洲是最佳方案，但是以美国为首的西方国家不愿看到伊朗一方面威胁着中东石油安全，另一方面又控制着中亚油气资源阀门。其他沿岸国更不愿意将自己的油气出口权交到伊朗手中。因此，最经济高效的油气管线设计方案反而没有人支持。

苏联解体后，阿塞拜疆和土库曼斯坦早就跟以美国为首的西方势力眉来眼去。一方面这些独联体国家工业基础薄弱，没有能力开采和输送这些石油，迫切需要欧美等西方势力的技术资金支持；另一方面美国等西方势力既需要拓展能源渠道多样化，不想让俄罗斯继续掌控欧洲天然气阀门，又需要在战略上围堵俄罗斯，防止它再度崛起，因此双方一拍即合，在经济军事上展开了全方位的合作。阿塞拜疆和土库曼斯坦多次参加由北约主导的军事演习。一旦这些独联体国家摆脱了俄罗斯油气管线的垄断，拥有了完全独立的油气出口权，将进一步摆脱对俄罗斯的依赖，全方位地投入西方怀抱。目前，阿塞拜疆已拥有多条独立的管线，但是其天然气体量小，处于吃不饱状态。而土库曼斯坦拥有巨大的天然气储量，但是被夹在哈萨克斯坦和伊朗中间，无法摆脱俄罗斯向外输送。因此，阿塞拜疆和土库曼斯坦希望建立一条跨里海海底的油气管道，将土库曼斯坦开采出来的天然气通过海底管道从里海东岸输送到里海西岸的阿塞拜疆，然后再输送到欧洲和亚洲。

俄罗斯对这些国家的小算盘一清二楚，独联体国家在政治上算是基本独立，但是在经济上却迟迟不能断奶，依然保持着对俄罗斯的依赖。俄罗斯通过经济手段保持着对中亚局势的控制力。尤其是通过近百年的建设和巨大投资，俄罗斯修建了庞大的管道体系，可以将苏联地区的油气资源输送到欧洲，并且还控制着油气资源的定价权和结算权。换句话说，俄罗斯只要关闭管道阀门，欧洲老百姓连取暖做饭都困难；俄罗斯只要不高兴，就可以拒绝支付中亚国家的能源结算款。再加上还有哈萨克斯坦这个油气资源丰富、地理位置特殊的亲密小兄弟，俄罗斯牢牢把握着能源出口渠道。因此，俄罗斯坚决反对欧美和阿塞拜疆、土库曼斯坦提议的跨里海海底油气管道方案，主张修建一条沿里海天然气管道，将里海沿岸国天然气通过俄罗斯原有的管道体系再出口到欧洲。

2008 年，在俄罗斯总统普京的大力推动下，俄罗斯、土库曼斯坦和哈萨克斯坦三国对现有的自中亚通向俄罗斯的天然气管道进行更新改造，并沿此线路铺设一条新的沿里海天然气管线。“沿里海天然气管道”政府间协议最终得以签署，是俄、哈、土“三赢”的结果，更是俄在同美、欧能源博弈中所赢得的一场关键性战役。但是，有美国撑腰的阿塞拜疆，不会眼睁睁看着俄、哈、土独享胜利果实，一旦时机成熟，必将掀起里海资源的新一轮争夺浪潮。

六、非洲海疆浪难平

非洲拥有漫长的海岸线和辽阔的海域，海洋是非洲大陆与国际社会联系的重要纽带。其中，西非的几内亚湾附近国家密集度最大，在长达3000千米的沿海区范围内就有17个国家，海洋划界在这里被认为是最敏感的问题。在最大凹面处，尼日利亚、喀麦隆、加蓬、赤道几内亚与圣多美和普林西比五国共享有一个狭窄的海洋区域。尤其是西非近海发现的巨大石油藏量，更是加剧了海上划界的复杂性。1985年几内亚和几内亚比绍通过国际法院裁决，解决了困扰双方多年的海上划界争端，为非洲国家和平解决海洋争端作出了榜样。

几内亚湾里的争议

几内亚与几内亚比绍两国位于非洲的西北部。几内亚海岸线长达154海里，地形平直，几乎无近岸岛屿。阿尔卡特拉斯、乌瑞别克和塞尼岛位于两国争议边界附近，大陆架向海延伸约100海里；几内亚比绍海岸线长达128海里，一些岸区呈锯齿状。比扎戈斯群岛从大陆附近向海扩展约45海里，地质学家将比岛喻作生息在小河流水中一只巨大的河马，而整个几内亚比绍则为一个两栖动物。这里是具有最大潮差的区域。低潮时，海岛与大陆连成一片；高潮时，高地消失，海岸线一改模样。海洋法公约第121条第二款明确写道：“除第三款另有规定外，岛屿的领海、毗连区、专属经济区和大陆架应按照本公约适用于其他陆地领土的规定加以确定。”于是，几内亚比绍因比扎戈斯群岛的大量岛屿的存在而获得了利益。

几内亚湾

近岸石油是两国分歧的焦点。由于非洲国家在海洋石油生产上已不再是新手，一些西非国家依靠石油换取

外汇，促进了本国经济的发展。在非洲，外国石油公司对沿海国的石油生产起到重要作用，埃索公司一直勘察着几内亚比绍的近岸区。勘探结果显示了两国边界区域具有矿藏的可能性。由于两国在海洋事务主张上存在潜在冲突，于是在1983年双方寻求仲裁方式来解决海洋事务问题。

【知识链接】怎么这么多“几内亚”

非洲有三个用几内亚命名的国家，它们是几内亚、几内亚比绍和赤道几内亚。几内亚湾的名字来自国名几内亚。“几内亚”在当地语言中就是“我是妇女”的意思。据说，当欧洲探险家初次登上几内亚湾的海岸时，遇到一位妇女，他们就向她打听这个国家的名字。这个妇女听不懂他们的问话，就说“几内亚”（意思是“我是妇女，有事请问男人。我不懂”），欧洲人误以为这就是国名了，一直沿用至今。同样，“比绍”在巴兰特语中意为“前面就是村子”。当初入侵的葡萄牙人误以为这是地名，沿用至今。

殖民时期的协议是否能影响独立后的国家

几内亚和几内亚比绍是非洲西海岸的国家，两国的海岸线从北面几内亚比绍的罗舒角至南面几内亚的萨拉图克角呈西北—东南走向。两国现有的陆地边界在殖民时期已经确定，不存在任何争议，但海上边界却迟迟没有划分。

1964年率先脱离法国获得独立的几内亚颁布法令，单方面划定了与葡属几内亚（后来的几内亚比绍）之间侧向领海界线，接着于1965年颁布法令将领海扩展至200海里。葡萄牙政府虽然认为几内亚单方面划定领海界线是非法的、无效的，但当时忙于对付几内亚比绍人民的民族解放战争，无暇顾及，没有对几内亚提出抗议。当时整个非洲正处于反殖民地浪潮之中，葡萄牙眼看着大势已去，不仅无暇，更是无心为将来不属于自己的国家去争取权益。

几内亚比绍在1973年取得独立后，于1974年颁布法令，宣布并确定了150海里的领海，单方面划定了一条等距离线。几内亚与几内亚比绍所主张的界线形成了一个呈扇形的争议海区。双方虽然在主权问题上争执不下，但毕竟是睦邻友好国家，又刚刚获得独立，不能窝里斗让原宗主国看笑话，因此双方都同意通过和平谈判解决争端。

几内亚援引1886年殖民地时期当时双方的宗主国所签订的《法国和葡萄牙条约》，要求按照协议划分领海。《法国和葡萄牙条约》是帝国主义划分非洲西部两国边界包括海岸外岛屿归属的条约，条约规定：位于罗舒角经线、海岸和由一条沿卡吉特河主航道延伸，然后朝西南走向穿过派勒兹通道到达北纬10° 40′纬线，接着一直沿着条纬线延伸到经罗舒角经线所构成的南部界限之间的全部岛屿应属于葡萄牙。几内亚主张一条与纬线平行的界线。

而几内亚比绍认为1886年条约虽然是殖民者签订的不平等条约，但依然具有法律效力，可是条约只规定了双方岛屿的归属，不能决定双方海域的界限，几内亚比绍主张一条225° 方位角的界线。

由此可见，几内亚和几内亚比绍虽然通过长期艰苦的斗争脱离了殖民者的统治，但殖民者的影响仍在，殖民时期签订的不平等条约并没有完全废止，还将长期影响殖民地的国家事务。

一边忙政变一边打官司

由于几内亚和几内亚比绍都是刚脱离殖民统治的新国家，国内外斗争矛盾尖锐，各种利益集团急于争取各自的政治诉求，还处于枪杆子里出政权的阶段。历史经验告诉我们民族斗争结束后往往会迎来民主斗争。1980年，几内亚比绍当时的总理若昂·贝尔纳多·维埃拉发动政变推翻政府，1981年11月～1984年5月，权力落入由维埃拉所领导的革命委员会；1984年，单党制的国会通过新宪法，选出维埃拉继任下一任总统。在该制度下，总统同时是国家元首和政府首脑，亦是几内亚和佛得角非洲独立党的领导和军方首领，几

内亚比绍实质上进入军政府统治时期。

几内亚的情况也好不了多少。1984 年 3 月底首任民选总统塞古·杜尔总统逝世，4 月 3 日以兰萨纳·孔戴为首的军人发动政变，接管了国家最高权力，宣布改国名为“几内亚共和国”（亦称几内亚第二共和国），几内亚也进入军政府统治时期。

两国军政府在与反对派武装作斗争的同时，也不忘争取海洋权益。1978 ~ 1982 年间，两国多次谈判未果，都单方面颁发石油许可证，并开展捕鱼活动，引发彼此间相互抗议。由于两国军政府都需要把有限的军力运用于镇压国内反对派武装上，在海域划界争端中都保持了克制，没有爆发武装冲突。

1982 年，两国在签署《联合国海洋法公约》后，于同年 12 月 28 日重开谈判，决定将争议交由国际仲裁法庭来审理。请求仲裁法庭决定如下事项：（1）法国和葡萄牙 1886 年条约是否确定了两国在西非各自属地之间的海洋边界？（2）1886 年条约所附的议定书和文件对该条约的解释具有什么法律效力？（3）根据对上述问题的回答，几内亚比绍共和国和几内亚共和国各自拥有的海上领土之间的边界走向应是什么样的？

1985 年，国际法庭通过审理一致作出裁定：1886 年《法国和葡萄牙条约》没有明确两国之间的海洋边界；附属条约的议定书和文件具有重要作用；两国之间边界走向是一条 236° 方位角的等角航线，与几内亚比绍主张的界线基本一致。国际法院裁决后，两国都表示对判决满意，将按照法院判决划定两国之间的海域界线，自此几内亚湾暂时获得了宁静。

划界案的意义与影响

几内亚与几内亚比绍海域划界案在海域划界史上具有多重意义。第一，这是非洲国家第一次通过国际法院仲裁和平解决海域划界争端。广袤的非洲被殖民者人为地分割成现有格局，非洲各国由于民族、信仰、政治诉求的不同，往往存在不可调和的矛盾，加上部分国家由军政府执政，用武力解决分歧与争端在独立初期是一种常态。通过政治协商解决争端，往往伴随着妥协与让步，更给国内反对派留下口实，一不留神就会成为煽动民众的导火索。此次，通过国际法庭的裁决和平解决困扰双方多年的划界争端，为非洲国家解决分歧提供了新的模式，对于保持非洲国家团结、维护共同利益具有重要意义，也为几内亚湾周边还存在划界争端的国家作出了榜样。

第二，这是《联合国海洋法公约》签署以来，和平解决划界争端的第一个案例。《公约》等国际法或协定将国家间在海上的权利与义务用法律的形式确立下来，赋予其法律约束力，由各国自愿承认和遵守，有利于防止因海洋争端而引发冲突或战争，有利于促进和平用海和海上秩序的协调发展，对维系国家间的友好关系、维护世界和平与发展具有积极的作用。几内亚和几内亚比绍划界争端案，是《公约》签署以来国际法庭审理的第一例划界案，并且得到了当事国的赞同，为少数一心谋求自身利益而不肯加入《公约》，不愿履行国际义务的发达国家作出了榜样。

第三，国际法庭在技术上确定了旧条约对于现实情况的约束力。国际法庭确认了很久以前由殖民地宗主国间签订的条约的有效性，为今后国际法庭审理类似案例提供了参考。例如，菲律宾脱离殖民统治后，依据1898年《美国和西班牙和平条约》，对条约规定的菲律宾群岛范围线以内水域主张领海，是没有国际法依据的，因为1898年签订条约时还没有领海的概念，条约只是确定了范围内岛屿的归属，对于海域没有约束力。同样，对于菲律宾超出条约范围向我南沙群岛提出的领土要求，也是没有依据的。

第四，再次肯定了海洋划界国际法则的发展趋势。国际法庭在审理过程中再次肯定了宏观地理因素在海洋划界中的重要作用。沿海国享有海洋权利广度同其拥有的海岸面有关，而与其大陆背后的领土幅员大小则无关，为今后几内亚湾东北部的尼日利亚、喀麦隆、加蓬、赤道几内亚与圣多美和普林西比五国海上划界提供了参考与借鉴。

七、孟加拉湾忙争气

缅甸与孟加拉地处南亚和东南亚的交界，温暖湿润的气候条件和特殊的地理位置使得缅、孟两国各自孕育出了悠久的古代文明。近代以来，两国有共同反抗英国殖民统治和反对印度霸权的患难经历，更使两国结下了深厚的友谊。进入21世纪，两国却为了争夺资源吵得不可开交，一直闹到国际海洋法庭。正应了那句“共患难容易共富贵难”的老话。

【知识链接】孟加拉湾自然地理

孟加拉湾——印度洋北部一海湾，西临印度半岛，东临中南半岛，北临缅甸和孟加拉国，南在斯里兰卡至苏门达腊岛一线与印度洋本体相交，经马六甲海峡与暹罗湾和南中国海相连。面积217万平方千米。它的底部覆盖着由沉积物形成的世界海洋中最大的深水冲积锥。在孟加拉湾周边可划分出3个继续向海湾区延伸的沉积盆地：孟加拉盆地，克里希纳—哥达瓦里盆地和科罗曼德尔盆地。根据计算，按孟加拉湾海底油气形成规模来评价可以得出，在沉积盖层厚度超过11千米的海湾北部，油气形成过程达到最大的幅度。在作为油气生成源的剖面地段，埋藏着由晚中新世至早白垩世的沉积层。储集岩（砂）和气液阻挡岩（黏土）的交替，再加上黏土富含有机质，决定了三角洲、前三角洲和浊流沉积层具有

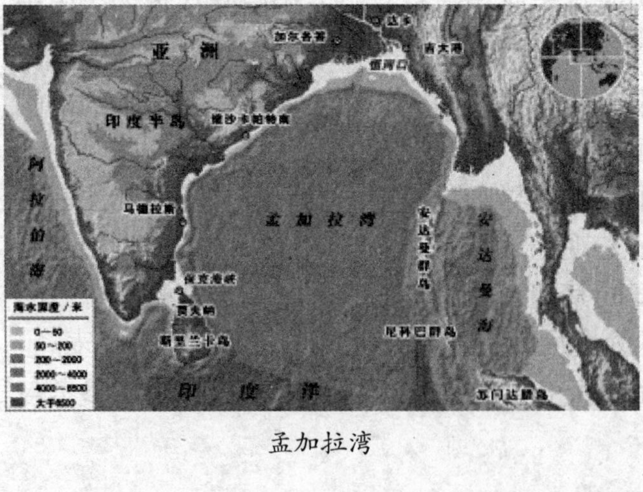

孟加拉湾

极大的油气远景。仅仅油积物中烃类的储量评估就超过12亿立方。

捧着“金饭碗”讨饭吃的缅甸

缅甸并非只是贫穷、战乱的代名词，这片富饶的土地上曾经孕育出辉煌的蒲甘王朝，历史上清朝乾隆皇帝10次征伐缅甸都无功而返，由此可见当时缅甸的繁荣强大。近代以来，缅甸于1885年沦为英国殖民地，与中南半岛的印度、巴基斯坦、孟加拉国等国共同沦为英国的原材料产区。英国殖民者为从经济上控制这些殖民地，摧毁了这个国家的基础工业，并大力扶植单一作物，缅甸由于特殊的自然资源，成为以稻米为单一作物的产区。1937年缅甸通过选举成立了一个英国控制下的傀儡政府，取得了名义上的独立。第二次世界大战时，反对英国殖民政府、渴望独立的缅甸国父——昂山将军组织缅甸独立义勇军与日军一起参加了对英军的战斗，然后在日军支持下宣布缅甸从英国独立。1944年，昂山开始支持英、美同盟国，组织“反法西斯人民自由同盟”以对抗日军。战后的缅甸仍受英国控制，直到1948年才正式独立成立缅甸联邦。独立后的缅甸由于政治派系的纷争和外来势力的干涉，陷入长期动荡，国内经济在20世纪90年代以前长期低迷。

从整个东南亚来说，缅甸的自然资源最多最丰富。独立初期，全世界都看好缅甸，认为他得天独厚的自然条件可以有良好的经济前景。但是军政府执政期间，缅甸却捧着“金饭碗讨饭吃”。上天的慷慨赠予并没有给缅甸人民带来福祉，毒品、战乱、犯罪和军阀暴行总是和这个国家联系在一起，缅甸成为名副其实的“富资源穷国”，人民生活苦不堪言，反政府武装拥有广泛的民众基础。

随着孟加拉湾油气资源的开发，全世界的目光再一次会聚到了缅甸。周边大国都希望能从缅甸油气资源开发中获得红利，缅甸经济对油气资源出口的依赖度也越来越高，据缅甸石油天然气公司公布的最新数字，缅甸陆地和近海已探明天然气储量达1.442万亿立方米。长期依靠稻米、林木等农产品出口经济低迷的缅甸终于有机会搭上能源开发的快车，面对像中东国家一样一夜暴富的机会，缅甸自然不会放过，即使面对长期睦邻友好的孟加拉国也坚持“寸海不让”。

兄弟反目为口“气”

孟加拉国和缅甸地处孟加拉湾东北部，在殖民时代同属英国殖民地，各自独立后虽然国内局势动荡、混乱，但是两国关系一向睦邻友好，很少发生外交纠纷。直到2005年以后，随着大量天然气资源在孟加拉湾的发现，两国的争端迅速升级。缅甸在其近海海域发现的天然气储量约10万亿～21万亿立方米；而据估计孟加拉国近海海域也有高达5万亿～13万亿立方米的天然气。非争端海域蕴藏的巨大天然气储量增加了两国对争议海域油气资源储量的“预期”。一方面，天然气开发已成为缅甸政府维系自身生存和牵制区域大国的砝码；另一方面，孟加拉国面临天然气的短缺，2008年曾向缅甸提出购气需求，但是缅甸政府声称要优先满足泰国、中国、印度的需求之后，才能考虑卖给孟加拉国，这自然引起了孟方的强烈抗议。

早在1968年11月缅甸就首次公布了自己的海岸基线，其中在孟加拉湾和安达曼海域实行直线基线法原则，而当时的孟加拉国还没有从巴基斯坦独立出来，海上划界不是他的主要矛盾和关注点。直到1974年2月，独立后的孟加拉国才宣布采取直线基线法原则划定自己的海岸基线，并对孟加拉国与印度和缅甸在孟加拉湾的领海、专属经济区和大陆架做出了规定。由于缅、孟两国在孟加拉湾的海域主张产生了重叠，导致了海域争端。在1974～1986年间，两国共举行了8轮谈判，在采取什么原则划分200海里专属经济区和大陆架划界问题上未能达成一致，最终双方只签署了一个没有法律效力的会议纪要，但是双方达成了不在争议海区单方面勘探的共识。此后数十年，缅孟双方将主要精力放在国内，无暇顾及海域划界，海域争端就这样搁置下来。

2005 年，急于开发天然气资源的缅甸政府，对有争议的 AD7 区块进行公开招标，试图对 AD7 区块的油气资源进行开发，韩国大宇国际公司中标。该公司于 2007 年开始勘探，并于 2008 年 9 月开始试验性开采。孟加拉国随即作出强烈反对，孟加拉国认为，缅甸的行为侵犯其领海主权，要求缅甸停止勘探行为。但是，缅甸认为“缅甸政府根据领土主权和国际法行事，不能接受孟加拉国的错误要求”。缅甸将继续在该海域作业，直至完成所有工作。

2008 年 11 月，缅甸在争端海域部署军舰以协助韩国大宇国际公司勘探天然气，结果引起孟加拉国的强烈反应。孟加拉国派出 4 艘军舰前往争端海域，与缅甸军舰形成对峙，声称将采取“所有可能的措施”保护其主权。缅甸政府则召见孟加拉国大使，对孟加拉国派遣巡逻队表示不满，并表示将继续勘探活动。

2008 年 11 月 3 日，孟加拉国看守政府外交顾问伊夫特卡尔召见缅甸驻孟大使，对缅甸船只进入“孟海域”表示抗议。伊夫特卡尔说，几艘缅甸船只进入位于孟加拉湾东北部、孟加拉国东南部的孟深海海域进行油气勘探。“我们派遣特使是为了向缅甸方面提出抗议，以保护我们自己的利益，确保事情不要失控。”但是，同日 4 名孟加拉国伐木工人在闯入缅甸后被缅方开枪打死，给缅、孟海域争端增添了几分紧张气氛。

面对不断升级的事态，孟加拉国保持了克制与冷静，一再向缅甸政府表明，愿意通过政治谈判解决争端，避免与友好邻邦缅甸有任何冲突。2008 年 11 月 7 日，缅、孟两国官员开始就海域争端问题进行正式谈判。经过 3 轮谈判，双方均表示在争端解决之前将不再对争端海域进行探测开发，双方对孟加拉湾 AD7 区块的争端暂时得到了平息。但政治谈判只是缓和了冲突，未能彻底解决两国之间的争端。

2009 年 10 月，孟加拉国提出要依法进行解决，缅方接受了此提议。双方同意就此提交国际海洋法庭进行解决。2009 年 12 月，缅、孟两国正式将这一问题提交国际海洋法庭裁决。这是国际海洋法庭受理的第一起海洋划界案。

和平解决意义重大

国际海洋法庭于2009年12月正式受理了该案的书面诉讼程序，分别规定了缅甸和孟加拉国提交书面文字材料的日期。在书面诉讼程序结束后，2011年9月，法庭举行了15轮口头诉讼。在经过6个月的审理之后，国际海洋法庭于2012年3月14日作出最终裁决。判决规定孟加拉国军舰、政府船舶和核动力船只仅能在圣马丁岛附近以“无害通过”的形式航行；认同了等距离线方法在200海里外大陆架的划界问题中的有效性。法院最终判决两国的大陆架边界在200海里外继续沿215°线向外延伸，实际上支持了孟加拉国的主张，总体上来说，这是一个比较公正的判决。缅、孟两国都表示接受法庭的裁决，两国在孟加拉湾长达38年的海域划界争端终于画上了句号。

此次和平解决缅孟争端对于两国来说意义重大。两国都曾历经殖民地斗争、国家分裂与独立斗争、军政府统治等，两国人民都十分珍惜来之不易的睦邻友好关系。在以和平与发展为主旋律的国际大趋势下，两国的主要任务都是大力发展经济，消除贫困，提高人民生活水平。通过国际海洋法庭和平解决两国争端，使两国避免了民族情绪对主权问题的干扰，维持了和平稳定的大局。

和平解决对周边国家意义重大。缅甸是世界第十大天然气出口国，根据缅甸政府公布的数据，目前缅甸已探明的原油储量为32亿桶，天然气储量为2.46万亿立方米。缅甸的天然气对亚太地区的能源消耗大国——中国、日本、印度、韩国以及泰国都有很大吸引力。缅甸西南临印度洋，北部与中国接壤，已经建成的中缅油气管道将缅甸的天然气和原本通过马六甲海峡运输的油气资源直接输送到中国的西南部，缩短数千千米的路程。巨大的油气储量和特殊的地理位置使得缅甸成为影响南亚、东亚能源格局的关键，一个和平稳定的缅甸是南亚和东亚各国经济发展的重要保障。

“成功的秘密在于永不改变既定之目标。”

——［法国］卢梭

第六章　海疆安全护卫国运

太平洋战争结束后，世界发生的真正能称得上是海上战争的恐怕只有英国和阿根廷之间的马岛战争。其他要么就是小打小闹的小型武装冲突，比如，中越之间的西沙海战、“3·14”海战；要么就是附属于陆上战争的海上作战，比如，历次中东战争中的海上作战、印巴战争中的海上作战。但是，不论海上作战的规模是大还是小，都对整个战争进程和最终结局产生了不可替代的影响和作用，海疆安全始终是国家安全的重要组成部分。

能否打赢海上冲突或战争，能否捍卫国家的海疆安全，最终将决定一个国家能否保卫自己的领土完整和主权独立，能否护卫得了自己的国运。比如，第三次印巴战争，由于印度拥有了英国的退役航母，对巴基斯坦海军形成巨大威慑，并成功对巴基斯坦海岸实施了海上封锁，强有力地支援了陆上战争，最终通过战争肢解了巴基斯坦，迫使东巴基斯坦独立成立了孟加拉国，极大地消除了国家的陆上威胁，大大改善了印度在南亚次大陆上的地缘环境。而对于巴基斯坦而言，海疆安全的丧失，最终导致了战争失败、主权沦丧、国家被肢解的悲惨命运。时至今日，巴基斯坦与印度的经济和军事实力距离拉大，国运至此，不能不让人扼腕叹息。

马岛战争之后，导弹等精确制导武器的出现，引发了军事领域的信息化革命，海上战争的形态和作战方式也发生了巨大变化。特别是冷战结束之后，美国以及以他为首的庞大战争机器北约，在整个世界再无敌手。此后我们所见到的战争往往是不对称战争，美军及其盟友依靠无与伦比的强大海上力量，从海上发起对作战对象的陆上目标的纵深打击，实施“由海向陆”作战。这样的战争，结局自然是一边倒，强大的一方“大获全胜”，弱小的一方“惨遭蹂躏”，国家被分解、政权被更迭、首领被判决的比比皆是。

本章选取了自马岛战争以来，几场典型的从海上发起的重要战争，希望能够为读者建立这样一个概念：海疆安全并不仅仅局限在那些狭隘的岛屿争端和划界争议以及海洋资源的争夺上，更重要的是这些争议可能引发的海上冲突，进而发展到海上战争，而战争将决定国家的命运。对此，不可不察、不可不备。

一、马岛战争见证大不列颠最后辉煌

一望无际的大西洋上，晴朗的天空，海风微拂，如果不是海面上聚集的舰队，实在是让人难以把眼前的景色和战争联系在一起。繁忙的航母甲板上，一架架飞机不断起飞，直升机螺旋桨快速转动，马上要起飞去完成新的任务。驾驶这架直升机的是一个年轻英俊的飞行员，他的真实身份只有舰队司令和军事当局知道，其他人就算知道也当做是秘密。他就是现任英国女王伊丽莎白二世的次子：安德鲁王子。年轻王子不顾各方阻止，随“无敌”号航母远征马尔维纳斯群岛，这只是他完成众多反潜战和反水面作战任务中的一次。年轻王子还巧妙地利用一面反光镜来阻止飞鱼反舰导弹的碰炸，因此海军官兵纷纷赞赏王子的机智，英国皇家海军一直流传着安德鲁王子“智钓飞鱼”的英勇事迹。虽然这个故事纯属虚构，但不失为一个有趣的媒体噱头。

马尔维纳斯群岛战争，简称马岛战争，是1982年4～6月间，英国和阿根廷为争夺马岛（阿根廷称“马尔维纳斯群岛”）的主权而爆发的一场战争。

出征马岛的“无敌”号航母

阿根廷在20世纪80年代初发生严重的经济危机和大规模的反对以加尔铁里总统为首的军政府运动。阿根廷政府试图通过对马岛采取军事行动，来缓解国内危机。1982年3月19日，阿根廷人登陆南乔治亚岛并升起国旗。4月2日，加尔铁里总统下令出兵占领马岛，马岛战争正式爆发。英国最初对阿根廷的进攻感到吃惊，派遣了一支海军特遣舰队远涉重洋来“收复领土”，皇家海军陆战队也加入了战斗。在一番激烈和艰苦的争夺后，英军夺回了马岛的控制权。

战争缘由

1981年阿根廷通货膨胀率高达600%以上，国内生产总值（GDP）下降到11.4%，制造业产量下降为22.9%，薪资成长只达到19.2%；国内得到越来越多支持者的工联决定发动长期性大罢工，军政府受到人民的唾弃与憎恶。加尔铁里面对严重的国内经济问题和人权问题，选择通过一场自认为干净利落的马岛战役，来转移公众的焦点。1982年3月19日，一些阿根廷五金商人在位于马岛以东1390千米处的南乔治亚岛登陆。他们随后建立了营地并升起阿根廷国旗。英国海军“坚忍”号驱逐舰搭载了皇家海军陆战队一个排的兵力，试图前往拆毁该营地并驱逐阿根廷人。但面对阿根廷海军的5000吨级运输船“喜事湾”号运抵登陆的100名阿根廷士兵，

“竞技神”号航母

英国人无功而返。

英国和阿根廷的正式外交关系在冲突发生后已经中断。在英、阿两国就马岛归属问题进行的外交斡旋失败后，阿根廷最终确定了武装攻占马岛的作战计划。这个代号为“蓝色作战”的军事行动于4月1日展开，海军少校吉列尔莫·桑切斯—萨巴洛兹率领一支特种部队在鲱鱼湾的雷克岬登陆。他们很快占领了慕迪溪兵营、总督府以及斯坦利港。4月4日，英国驻马岛政府宣布投降。这一阶段军事行动中，阿军有一人阵亡，英军有一人受伤。

英国迅速以外交方式回应给予阿根廷压力。同时迅速派出了英国皇家海军特遣舰队，舰队最高统帅为海军上将约翰·费德豪斯。特遣舰队的核心，包含了两艘航空母舰“竞技神”号和新服役的“无敌”级航空母舰“无敌”号，由海军少将伍德沃德指挥。其上20余架“海鹞”战斗攻击机是整个特遣舰队能用来对抗阿根廷军队的空中力量。海军准将麦可克拉普指挥的另一支海军特遣舰队，以两栖部队为主，搭载皇家海军陆战队第三突击旅（包含英国陆军伞兵团和皇家装甲团）。两栖部队由陆军准将朱利安汤姆生领导，这支部队大多部署在临时征用的“堪培拉”号邮轮上。第三特遣群由3～4艘潜艇组成。行动开始前，英国宣布福克兰周边200海里内的范围为禁航区，不准外国船只进入。在整个行动中，有43艘英国商船被征召为特遣舰队服役或补给，这些货柜船及油轮形成了一条来往英国至南大西洋的8000海里后勤线。

4月中旬，英国在南大西洋的英国海外领地阿森松岛建立了前进基地。英国将其反攻军事行动代号为“共同作战”。当特遣舰队由英国出发时，美国的《新闻周刊》杂志封面头条为“The Empire Strikes Back”（帝国大反击），用刚上映的星球大战电影名称语带双关。

战争简程

英军攻占南乔治亚岛

英军收复南乔治亚岛行动代号为“小鹦哥作战”，由皇家海军陆战队少校盖·薛利丹率领，包含皇家海军陆战队第42突击营的士兵、一小队英国陆军特种空勤团及皇家海军特殊舟艇队。4月19日首先抵达作战地区的英军是“丘吉尔”级核攻击潜艇“征服者”号，4月20日具有雷达成像功能的“胜利者”空中加油机飞越南乔治亚岛进行侦察。特别空勤队4月21日的第一次登陆，受风速过大、能见度低等恶劣天气影响而失败，从“潮泉”号上起飞的“威塞克斯”五号直升机于浓雾中在“财神”冰河坠毁。4月25日，阿根廷海军潜艇“圣达菲”号被“安特里姆”号上的直升机发现，并被深水炸弹攻击。显然“圣达菲”号在行动前没有收集足够情报，它所面对的是一整支英军舰队，除了“安特里姆”号之外，还有“朴莱茅斯”号护卫舰、“光辉”号护卫舰以及“坚忍”号驱逐舰。这3艘战舰马上派出全副武装的战机：从“朴莱茅斯”号与“坚忍”号起飞“黄蜂”Mk I型直升机各1架，从“光辉”号上起飞“山猫”Mk II型直升机1架。“山猫”直升机发射了1枚Mk-46型鱼雷，“黄蜂”直升机发射了AS-12导弹。“圣达菲”号上的官兵挣扎着用潜艇上的机枪和Robot 53导弹还击，但这时潜艇已严重损毁，无奈下弃船登岸向英军投降了。当日薛利丹少校召集手上的76名士兵，再次组织登陆进攻，经过短暂的强袭前进，加上“安特里姆”号与“朴莱茅斯”号向阿根廷守军进行“火力示范”，很快，岛上阿根廷守军就不战而降，英军随之收复南乔治亚岛。

“黑公鹿”加油机显威

“黑公鹿”作战是连续5次由阿森松岛起飞的皇家空军“火神”

"火神"式轰炸机

式轰炸机群所进行的远程轰炸行动。"火神"轰炸机原本设计为执行中程战略轰炸任务，可以携带21枚1000磅的炸弹，其设计航程为4171千米，不过从威迪亚威克起飞后到马岛的单程就有6260千米，再加上满载时机身重达77吨，往返需要至少4次空中加油。而皇家空军大部分的空中加油机都是改装自"胜利"式轰炸机，执行支援时同样需要别的"胜利"式加油机进行多次空中加油。因此，两架"火神"轰炸机执行一次任务就需要11架空中加油机进行支援。这样，单趟任务时长16小时，来回共计12520千米的突袭，成为当时史上最长程的轰炸。直到1991年海湾战争时，美国空军一架B-52"同温层堡垒"轰炸机从美国本土在前置空中加油机协助下空袭伊拉克，原有纪录才被刷新。

尽管"黑公鹿"作战代价不菲，但是战果有限。其首要行动目标斯坦利港机场在3次突袭中只被击中跑道一次，阿空军地勤人员在24小时内就将跑道修复到可供C-130运输机起降的标准。但是"黑公鹿"作战的附带战果是诱使阿根廷为了应对英国轰炸机可能对本土城市发动的攻击，而将"幻影"Ⅲ型战斗机调往北部担负包括首都布宜诺斯艾利斯在内的防空任务，因此远离了主战场。事实上如果阿根廷将"幻影"Ⅲ型战机部署于阿国南部执行护航与拦截任务，或许能将对特遣舰队与登陆英军的空袭成功率提升50%。

马岛上空的空战

马岛有3个小机场，最长与最完整的跑道在首府斯坦利港。然而斯坦利机场的跑道还无法供战斗机使用，所以阿根廷空军的战斗机必须从本土起飞。这严重影响了阿根廷空军的打击范围、战斗空巡的频率和紧急支援的能力，阿军飞机在马岛滞空时间因此而缩短。战争后期，随着包围圈的形成，阿军对马岛的任何空袭皆被迫飞越英军部队上空而增加了被发现与击落的机会。

5月1日，阿根廷对英军发动了由36架飞机组成（包含A-4“天鹰”式攻击机、“匕首”式战斗机、“堪培拉”轰炸机以及“幻影”式战斗机）的第一次大规模袭击。然而只有2架“匕首”式战斗机发现了正在炮轰岛上阿军的英舰，这2架战斗机在发动攻击后安全返航。在这次攻击中，阿军飞行员无意中实践了借助超低空藏匿于地面杂波中来躲避雷达追踪，瞬间爬升再进行突击以对抗现代军舰雷达技术的空中突击战术。同一时间，阿军机群中的许多飞机遭到了从“无敌”号与“竞技神”号上起飞的英军“海鹞”战斗机的拦截，1架“匕首”战斗机与1架“堪培拉”轰炸机被击落。

“海鹞”式短距垂直起降战斗机

空战的开幕戏由英国海军801中队的“海鹞”式与阿根廷第8大队的“幻影”式战斗机展开，由于双方的空中优势高度不同以至于无法立即接战，直到有2架“幻影”式战斗机受不了这种和平假象而放弃战术上的本位条件，从高空向英军“海鹞”式发动俯冲攻击。这种匹夫之勇的后果就是1架“幻影”被“海鹞”以“响尾蛇”导弹从容击落，另1架虽成功躲过英军攻击，但是由于机身受创加上油料不足飞回本土而改迫降斯坦利港，不幸被友军炮火击落。

阿军依据这一次略显惨痛的经验重新调整部署，改以“天鹰”攻击机与“匕首”战斗机为攻击特遣舰队主力，早已变成“活靶”的“堪培拉”轰炸机被限定只能在夜间活动，无法空中加油，而且没有配备合适空对空导弹的“幻影”式战斗机则被用作诱饵，负责

“天鹰”式攻击机

把英军“海鹞”战斗机诱离攻击机群。战争后期，阿军甚至以民用飞机担负诱饵任务，全天24小时对英军发动佯攻，并为此成立了一支特种部队“凤凰中队”。战争期间，该中队执行了126次突击，较好地完成了空中掩护任务。

斯坦利港因为是阿军重要据点，尽管始终遭受英军的空中攻击和轰炸，但直至冲突结束，对驻岛阿军的补给作业却从未停歇。阿军将“罗兰”导弹、“虎猫”导弹混编成机动防空导弹系统，低空近距离则以瑞士制造的“俄利康”35毫米口径双管快炮进行防御。每天晚上，C–130运输机总会降落在斯坦利港，带来岛上需要的补给，包括粮食、弹药、车辆，甚至是“抵万金”的家书，并且撤运伤患。由于英军的“海鹞”数量少，而且机上“蓝狐”雷达的“下视”功能不佳，因此英军不愿在夜间出动“海鹞”执行封锁，所以整场战争中仅有1架阿军C–130运输机被击落。

阿根廷巨舰之殇

阿根廷海军“贝尔格拉诺将军”号巡洋舰是马岛战争中第一艘被击沉的舰只。面对全世界最老牌而且依旧强大的英国海军，在战役的最初阶段，阿根廷海军就“明智”地要大部分的舰艇避免与皇家海军的水面及潜艇战斗群正面冲突。但是尊严和荣誉感又迫使阿海军不得不作出一些姿态上的表示。尽管“贝尔格拉诺将军”号巡洋舰是一艘舰龄超长的老旧舰艇（曾在日军偷袭珍珠港行动中幸运存活下来的美军退役舰艇），但它仍然是阿海军吨位最大的军舰，排水量1.2万吨，几乎占阿海军总吨位数的1/6。尽管明知在现代战争中已经难有作为，但阿海军仍然派出该舰象征性地到英军划设的马岛周边 200 海里封锁区去走一遭，却不曾想踏上了一条不归的航程。

“贝尔格拉诺将军”号巡洋舰

事实上，“贝尔格拉诺将军”号刚一靠近封锁区，就被英核动力潜艇“征服者”号盯上了，尽管“贝尔格拉诺将军”号仅仅只是在封锁区边沿“虚晃一枪”便打算打道回府，但是英军仍然没有打算放过它。经请示英国首相撒切尔夫人和国会之后，最终获得授权在封锁区外依旧发起攻击。5 月 2 日下午 3 时 57 分，皇家海军“征服者”号核潜艇在进入攻击位置后发射 3 枚 800 磅弹头的第二次世界大战时期的 8 号 4 型鱼雷，2 枚命中，1 枚击中舰头后方 15 米处装甲带，并未造成杀伤，另 1 枚击中舰身 3/4 处，穿透到机械室附近爆炸，炸穿了两层餐厅与娱乐室；有报告说这次爆炸造成 275 名官兵死亡。爆炸使舰内迅即充满浓烟，并损坏了舰上的电力设备，大量海水从缺口涌入舰内，舰只开始下沉。4 时 24 分，舰长邦索海军上校下令弃舰逃生。

此时两艘护航的驱逐舰对“贝尔格拉诺将军”号的处境一无所知，亦没有看到求救火箭或灯号，不过“布查”号感觉到“撞击”，因此开始一边向西航行一边不断丢出深水炸弹（事后查验船底的确有鱼雷撞击痕迹）。等后来两舰发现旗舰可能遭到打击而掉转准备救援时，天色已黑，恶劣的天气把救生艇冲散了，在寒冷、狂风和巨浪的冲击下，一些人在救生艇上被冻死，总计有 323 人丧生。这一战的死伤人数占整个战役中阵亡人数的将近一半。

“贝尔格拉诺将军”号沉没带来的战略影响是巨大的。从此以后，阿根廷海军在整个战争中都只能龟伏在本土港口，再未主动出击，彻底失去了马岛海域的制海权。皇家海军特遣舰队可以不受干扰地从容组织封锁、补给和后续的登陆作战。而且核心主力舰被击沉，也对阿根廷的军民士气带来了重大打击，

击沉“谢菲尔德”号

整场战争，阿根廷空军的表现要比海军表现好多了。“贝尔格拉诺将军”号遭击沉后两日，阿根廷空军用“飞鱼”反舰导弹将皇家海军一艘最新型的42型导弹驱逐舰“谢菲尔德”号击沉，也算是给海军报了“一箭之仇”。

42型导弹驱逐舰“谢菲尔德”号

5月4日，“谢菲尔德”号正作为雷达哨戒舰部署于英国特遣舰队最外层。当其被阿根廷海军“海王星”式海洋巡逻机捕捉后，两架部署在火地岛里约格兰地，携带“飞鱼”反舰导弹的“超军旗”式攻击机立即升空，在接受阿根廷空军KC-130H“大力士”型运输机的空中加油后，两机便贴着浪尖以超低空掠海进袭。当飞到距离目标50英里处跃升执行雷达搜索获取目标后立即返回低空继续飞行，在距离目标20 ~ 30英里处再次跃升并发射导弹。

“谢菲尔德”号的同型舰“格拉斯哥”号导弹驱逐舰，与另外3艘位于最北方的雷达哨戒舰都捕捉到了阿军机的第一次跃升，并在第一时间通报给了设在“无敌”号上的舰队防空指挥所。然而，由于当天早晨发生过一次误报，“无敌”号上的防空指挥所便忽略了这次警告。很快“格拉斯哥”号导弹驱逐舰持续监控到“超军旗”的第二次跃升。同时，英舰上的告警装备接收到了来自“飞鱼”反舰导弹的雷达信号。

第一枚导弹错失了“亚尔矛斯”号，朝其所发射的“干扰片云”而去。这时，“格拉斯哥”号导弹驱逐舰企图以“海标”导弹迎击另一枚“飞鱼”导弹却由于系统故障而无法发射。

“超军旗”式攻击机

然而“谢菲尔德”号却无法及时探测到来袭的导弹。最后，“谢菲尔德”号的电子对抗系统在目视监视哨报告发现导弹尾迹的前一秒，也无法实施任何反制手段。“飞鱼”导弹击中了“谢菲尔德”号的舰身中段，尽管弹头引信未能启动，但大火却一发不可收拾，造成了20人死24人重伤。由于大火无法控制，数小时后“谢菲尔德”号被抛弃，弯曲变形的残骸仍然持续漂流燃烧了6天之久！最后，于5月10日在接受“亚尔矛斯”号拖带时沉没在公海上，成为墓标。

“飞鱼”反舰导弹

“谢菲尔德”号的沉没，也给英国的舆论带来了巨大影响。透过BBC的报道，英国人终于认识到这次“福克兰危机”并非只是“危机”那么简单！

英军海滩登陆

战争进程在5月中旬逐渐加速。英国拒绝了联合国的和平方案，他们认为，此时任何的拖延，都会使战事无法在南半球隆隆风暴来

临前结束，进而导致军事上的失败。

5月21日晚，英军在位于东马岛北岸、圣卡洛斯水域的海滩登陆。共约4000名来自第三陆战旅、伞兵团的战士乘登陆船只登岸，并成功地在次日建立安全的滩头阵地。英军计划先占领达尔文和鹅绿（Goose Green），接着是斯坦利港。为回应英军部队的登陆作战，阿根廷空军以“堪培拉”轰炸机的夜间轰炸与之对抗。

很快约500人的英军第2伞兵营逼近并攻击了由阿根廷第12步兵团防守的达尔文和鹅绿。激烈的战斗从夜晚持续到白天，英军损失了17名士兵，阿根廷阵亡了55人、另有1050人被俘。第45突击队和第3伞兵营开始步行穿越东马岛，朝聚落蓝绿湾前进。在马岛的陆上作战中，英国皇家海军陆战队与阿根廷部队陆续发生了几次规模不大的作战，包括牧羊小屋之战、肯特山之战，由于在作战素质、武器装备和空中支援方面的差距，战事基本以英军绝对优势获胜。

战争尾声

6月11日夜，在经过数日侦察与休整后，英军向斯坦利港周边各高地发动大规模夜袭，皇家第三陆战旅同时向哈丽山、两姊妹与朗敦山发动攻势。在本次攻势中，“格拉摩根”号在支援陆战队攻击向阿军阵地实施炮火支援时被阿军车载“飞鱼”导弹击中，造成13名船员阵亡，再次显示了水面舰只在反舰导弹面前的脆弱。经一夜战斗，所有预定目标皆被肃清。6月13日夜，英军乘胜追击，攻占无线电山、烂屋山。

当英军攻破最后一道阿根廷的天然防卫线后，6月14日，阿根廷驻军司令梅南德兹少将向英国皇家海军陆战队的摩尔少将投降。9800名阿根廷军人成为战俘；还有4167名阿根廷军人被遣返回阿根廷。6月20日，英军重夺南乔治亚与南三明治群岛并接受当地阿根廷军队的献降，参战双方正式停火。长达74天的马岛战争结束。此战，英军阵亡255人，阿军阵亡649人。

战后点评

马岛战争是一场现代典型意义的因岛屿争端而引发的海上战争。虽然它并没有最终解决英阿之间关于马岛的争议，但它从各种角度阐释了海疆安全对国家安全的重要意义。

对英国而言，由于国力日渐衰落，英国已经从那个曾经纵横全球的超级海上霸权上退位，并且日益萎缩。此时，阿根廷以武力夺取马岛，几乎要把大英帝国的脸面彻底撕碎踩烂。如果英国吞下苦果，恐怕将再也无法立足于列强面前。所以“铁娘子”撒切尔夫人，不顾美国最初的“中立”表态，义无反顾地踏上了“远征之路”。马岛战争的胜利不仅挽回了大不列颠的颜面，而且使“日不落帝国”的最后余晖得以保存，进一步稳固了英国在国际上的地位，也赢得了列强的尊重。

对阿根廷而言，抢夺马岛算得上是一次重大军事冒险。战争进程中包括美国给予英国支援帮助、法国禁运“飞鱼”导弹等事实证明，整个世界仍然处在列强可以予取予求的控制之下，广大发展中国家的第一要务仍然是“发展自强”。

从战术角度看，马岛战争真正引出了现代军事技术革命和信息化时代海上作战的曙光。“飞鱼”导弹击沉“谢菲尔德”号，海战模式彻底改写，导弹攻击成为海战的第一手段，防空作战和电子对抗也成为海战中最重要的防御手段。而“黑公鹿”行动则开创了加油机中继接力实施远程战略打击的先河。

二、格林纳达遭遇“海空立体入侵”

1983 年 10 月 25 日凌晨，美国出动“快速部署部队”，采用突然袭击手段，对加勒比海岛国格林纳达发动了一场海空联合作战，这是自越南战争失败以来美国组织的最大一次军事行动。一时间，格林纳达这块过去几乎无人知晓的弹丸之地成为全世界瞩目的中心。

【知识链接】加勒比海诱人的“石榴”

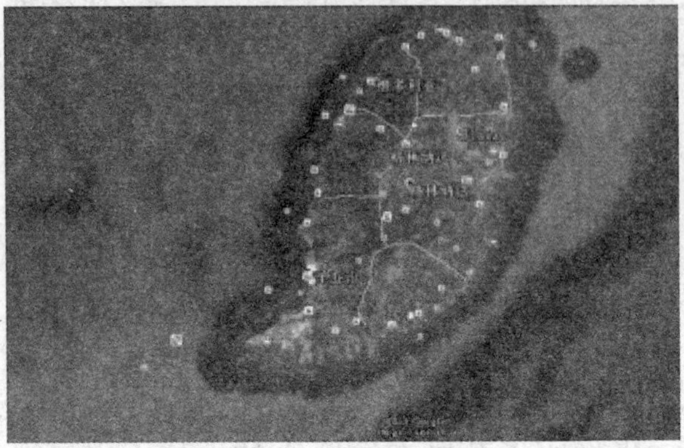

格林纳达

格林纳达是世界上最小的国家之一，在常见的世界地图上，它小得甚至不足以标下它的国名。但在世界政治家、军事家的眼中，它的分量不低于世界战略要冲马六甲、直布罗陀、霍尔木兹。它处于加勒比海东部向风群岛的最南端，西濒加勒比海，东临大西洋，南和委内瑞拉、特立尼达及多巴哥隔海相望，东近巴巴多斯，扼守着加勒比海出入大西洋的门户。也许就因为这个原因，17世纪中叶，一伙白人从海上登上小岛，用了一把斧头、两瓶白兰地和几颗玻璃球，从无比剽悍但同时又无比纯朴的印第安酋长手中，换取了这个岛屿的所有权。从此，这里的统治者便变成了欧洲人。

格林纳达由主岛格林纳达和卡里亚库、小马提尼克等一些小岛组成。主岛上多山多水，河川数以百计，还有一批火山口湖。这个弹丸小国共344平方千米，10多万人口，风景秀丽，气候宜人。格林纳达这个词，在西班牙语中是石榴的意思，这个美丽而又富于想象力的名字，据说是1498年哥伦布登上该岛时取的。几百年来，这颗石榴太具诱惑力了，法国人、英国人来来回回争夺，直到1974年2月，才独立为“英联邦”成员，英国女王派去了一位总督——72岁的保罗·戈德温·斯库恩。

入侵缘由

格林纳达独立后，成为英联邦成员国，由统一工党执政。以埃利克·盖里为总理的统一工党政府奉行亲西方和亲美政策，引起了在野党“新宝石运动”的不满。“新宝石运动”又称“争取福利、教育和解放的联合进军”运动，成立于1972年，由格林纳达亲苏联和古巴的人士组成，主张“恢复一切民主和自由”，举行“自由和公正的选举”，实行“经济革命化”，建立“人民参政的国家”，走社会主义道路。该运动于1979年3月13日发动政变，推翻了盖里政府，成立了以莫里斯·毕晓普为总理的新政府。毕晓普政府成立后，在外交上奉行向苏联和古巴“一边倒”的政策。大量接收苏联和古巴的经济和军事援助，成立“人民革命军”和民兵队伍。古巴派出工程部队在岛上修建新的“旅游机场”，主跑道长达3000米。美国认为“格林纳达已经成为苏联和古巴的殖民地，用来作为输出恐怖行动和颠覆民主的基地”(里根总统语)。如果格林纳达被苏、古完全控制，由格林纳达、古巴和尼加拉瓜三国机场构成的“铁三角”，将使作为美国传统“后院”的中美洲加勒比海地区处于苏、古作战飞机的直接威胁之下，美国海上运输线的畅通和本土的安全将受到严重威胁。鉴于格林纳达有成为“第二个古巴的危险”，美国不断地向毕晓普政府施加压力，处心积虑地试图推翻格林纳达的亲苏、古政权，将其纳入“民主国家”之列。随着格林纳达形势的发展，格实质上已逐渐成为美、苏争霸和美、古矛盾的

“独立”号航空母舰

一个斗争焦点。

迫于美国的压力，毕晓普政府开始采取措施缓和与美国和其他西方国家的紧张关系。1983年6月7日，毕晓普还亲自访问美国，并与美国达成了一项“谅解”。但是，毕晓普的上述行动引起了政府内部以副总理科尔德和政府军司令奥斯汀为首的亲苏、古“强硬派”的激烈反对，并且苏联和古巴对此也耿耿于怀。10月13日，“强硬派”突然发动政变，将毕晓普软禁起来。19日，数千群众在首都圣乔治游行支持毕晓普，并将毕晓普解救出来，随之，这些人与政变者发生冲突，毕晓普又重新落到政变者手中，当天便被秘密处决。20日，军方接管政权，并成立了以奥斯汀为首的“革命军事委员会”，格政权完全落入亲苏、古的“强硬派”手中。

政变使里根政府有了派兵干涉所急需的理由和借口：“由于格林纳达成立新政权，居住在该岛的上千名美国人遇到了危险。”害怕苏、古、格“输出革命”的所谓“东加勒比组织”于21日开会，“要求”美国出兵格林纳达。22日，美国副总统布什便召开国家安全委员会计划小组会议，初步决定出兵。24日，美国总统里根再次召开国家安全委员会计划小组会议，正式决定出兵。

入侵过程

美军入侵行动的总指挥是坐镇于华盛顿的大西洋舰队司令威廉·麦克唐纳海军上将；第2舰队司令约瑟夫·麦特卡夫海军中将为战场指挥官。美军先后投入的主要作战兵力为：各型舰船15艘，主要包括航空母舰1艘(“独立”号，排水量7.8万吨，载机85架)、导弹巡洋舰1艘、导弹驱逐舰1艘、驱逐舰2艘以及包括1.83万吨的两栖攻击舰“关岛”号在内的两栖舰船5艘；各型陆基与舰载飞机和直升机共230架；地面部队主要包括陆军第82空降师1个旅部率4个营(5000人)、特种部队第75团2个营(700人)、海军陆战队1个加强营(1900人)等。上述部队均来自美“快速部署部队”。另外，巴巴多斯、牙买加、圣文森特、圣卢西亚、多米尼加和安提瓜等6国还派出396人的分遣队配合美军行动，这支分遣队实质上是2支警察部队。

“独立”号航空母舰编队和“关岛”号两栖攻击舰编队于23日便部署到达了格林纳达周围海域，并在格岛周围建立了半径为50海里的海空封锁区，对格林纳达实施全面封锁。24日，美军又将部分陆军别动队员和武器装备运往距格岛只有250千米的巴巴多斯。同日，配合美军行动的加勒比国家的部队也集结于巴巴多斯。

11月25日5时，美军从巴巴多斯、海上和国内3个待运点，分批搭乘直升机、运输机，对格岛实施伞降和机降着陆。以连排为单位，分散防守海滩及战略要地的格军，在美军海、空立体登陆面前措手不及，无力组织有效反击，交战不久即投降，格岛东北部珍珠机场被美海军陆战队1个加强连攻占，格岛西南部萨林斯机场因防守部队有高炮和路障（古巴军），美伞兵被迫在150米高度低空跳伞，美军占领机场跑道后立即清理障碍，后续部队第82空降师2个营随即机降。美军集中力量摧毁机场附近抵抗古军，占领发电厂，进而沿濒海公路北上，向首都圣乔治方向进攻。为增强西部作战力量，美军派出250名陆战队员乘“关岛”号两栖攻击舰，由格岛东海岸转移至西海岸登陆，搭载5辆BTR–60坦克，突袭总督府，抢出被软禁的原英国总督思库恩。经过1天战斗，美军基本形成了从格岛东北部和西南两翼向格首都突击的钳形态势。在岛西南战斗中，美军遭到了古军“出乎意料”的强烈抵抗。为速战速决，美国当天从国内空运2个伞兵营（次日又增运2个营）增援，使上岛兵力达6000余人，形成对古、格守军的绝对兵力优势。10月26日，美军攻占格军司令部。28日，美军控制了首都圣乔治，主要战斗基本结束。此后，美军派出小分队，对撤至格岛北部山区的古军残部进行搜剿，抓获古军首脑及10多名格政府要员，查缴了岛上所有武器弹药库。美军控制格岛后，由英国女王任命的格林纳达总督重新组织新政权，美军陆续撤离。

此次战争，美军仅18人阵亡，90人受伤，损失直升机10余架。

格军亡 40 余人，被俘 15 人，其余逃散。古巴人亡 69 人，伤 56 人，被俘 642 人。

战后点评

这场战争对美国来说是一场代价小、收益大的速决战，它促使美国在对外交往中考虑以武力推行其对外政策的倾向重新抬头，从而给世界的和平与稳定造成威胁。众所周知，越南战争的失败曾使美国一度陷入内外交困之中，在与苏联的争霸斗争中，美国不得不处于守势，在对外动用武力的问题上，美国更是慎之又慎，以至越战后相当长一段时间里，美国几乎没有在国外进行过较大规模的军事行动。入侵格林纳达战争是美在越战后采取的第一次较大规模的军事行动，在这场战争中，美国以很小的代价速战速决，8 天就达成了战略目的。美国借助超强的军事优势，逐渐摆脱了因旷日持久、损失巨大的越南战争的惨痛教训所带来的在使用武力问题上的顾虑和谨慎，更加放手地以武力推行其对外政策。毫无疑问，美军事力量在美国对外政策中的地位因此而回升。这种情况再次使广大第三世界国家，尤其是其中的弱小国家的安全受到严重挑战，世界也因此而更加动荡不安。以后的事实也陆续证明了这一点。

高技术条件下的局部战争是美国入侵格林纳达的最典型特征。战争实践表明，在现代技术条件下，武器装备及其配套的战术对局部战争进程和结局的影响比以往任何一种战争都要大。在高技术条件下，拥有武器装备质量优势的军队将拥有极优越的战略优势。在入侵格林纳达作战中，美军三军出动，上有卫星、现代化作战飞机和各种直升机，下有包括航空母舰在内的大型水面舰艇、坦克和各种装甲车辆，有大量的精确制导武器，有先进的 C^3I 系统，还有现代化的后勤保障装备，组成了一个高技术化、高效能的作战系统，各军兵种互相配合，伞降、机降、垂直登陆样样都来，完美地演示了一场海空立体登陆战。而格林纳达方面既没有飞机、舰艇，也没有坦克、大口径火炮。虽有装甲车，但数量很少，性能又很落后，根本起不了多大作用。格、美对抗，实质上就相当于拿着棍棒的人与拿着自动步枪的人打仗，军事技术代差条件下的美军优势不言自明，格方要争取主动谈何容易，更不用说夺取胜利了。

三、“烈火、峡谷”凸显“外科手术”威力

苏尔特湾

1986 年 3 月 22 日美丽的地中海天气晴，海况良好，原本安详平静的海面却迎来了美国海军第 6 舰队航母攻击群的“例行演习”，共计 34 艘舰船，其中包括 3 艘航母，以及超过 240 架的飞机。舰载飞机发动机的轰鸣一次又一次的打破了大海的宁静，不断散发着战争来临的恐怖气息。3 月 23 日，美军航母攻击群驶入锡德拉湾（苏尔特湾）北部，随着地理位置越来越靠近利比亚，演习部队舰载航空兵的飞行强度大幅提升。3 月 24 日，美军越过了的黎波里官方于 1983 年正式宣布的利比亚领海界线：北纬 32° 30′ 线。24 日下午，利比亚以美军入侵其领海为由，通过部署在苏尔特市的利比亚防空军对美军舰载歼击机进行攻击，正式拉开了“草原烈火”行动的序幕。

这是美国精心策划的一场旨在“消灭”利比亚领导人卡扎菲的海空联合空袭行动，五角大楼把此次“斩首”行动命名为“草原烈火”。它也是现代世界战争史上第一次“外科手术”式精确打击战争。

行动缘由

美军此次空袭利比亚是美、苏争霸和美、利矛盾尖锐化的双重结果。1975 年以来，苏联向利比亚提供了价值约 60 亿美元的军火，其中包括 2000 辆新式坦克、大量米格 –23、米格 –25 战斗机和潜艇、导弹，苏还向利比亚派遣了多达 1000 人的庞大军事顾问团。利比亚则将原由美军使用的惠勒斯空军基地转交给苏军使用，还废除了原来与美英签订的多项协定。在美国眼中，利比亚在苏联支持下，已成为“支持恐怖分子”活动的基地。1981 年 8 月 19 日，两架利比亚飞机用导弹攻击正在锡德拉湾水域演习的美海军飞机，被美机悉数击落，两国矛盾进一步激化。

“草原烈火”和“黄金峡谷”

1986 年 1 月起，美海军第 6 舰队就调集了 34 艘舰船，包括“美国”号、“珊瑚海”号、“萨拉托加”号 3 艘航母，在地中海举行“例行演习”。3 月 24 日，编队进入卡扎菲宣布的“死亡线”（北纬 32° 30′）后，美军建立起一个半径 120 千米反舰防护网，由 3 ~ 5 艘装备“宙斯盾”舰用导弹系统的驱逐舰、护卫舰组成，舰艇在舰载航空兵的掩护下机动，空中活动的 4 架 E–2C“鹰眼”预警机则负责情报侦察保障工作。下午 2 时 52 分，部署在苏尔特市的利比亚防空军“萨姆 –5”防空导弹营对美军舰载歼击机进行攻击，2 枚苏制“萨姆 –5”导弹因受到美军电子干扰机干扰，没有击中目标。利比亚空军随后出动 2 架米格 –25 歼击机升空，结果被美机拦截，

“珊瑚海”号航母

无功而返。傍晚时分，利比亚防空导弹营又先后发射了 3 枚“萨姆 –5”导弹和 1 枚“萨姆 –2”导弹，仍然未能击中目标。美国海军航空兵立即对该阵地进行了打击，2 架 A–7 攻击机在电子干扰的掩护下，发射“哈姆”反辐射导弹，摧毁了苏尔特市防空导弹发射阵地。美军舰载机还同时攻击了利比亚海军舰艇，23 日晚，2 架从“美国”号航母上起飞的 A–6 攻击机攻击 1 艘正向美国海军航母攻击群逼近的利比亚导弹艇，2 枚“鱼叉”导弹直接命中，该艇连同 27 名利比亚海军官兵迅速沉入海底。23 日夜，2 架 A –6 攻击机从“珊瑚海”号航母起飞，击沉了 1 艘从班加西港口驶出的利比亚导弹巡逻艇。25 日凌晨，2 架从“萨拉托加”号航母起飞的 A –7 攻击机摧毁了利比亚防空导弹部队刚刚更换的新型制导雷达站，随后又用 1 枚“鱼叉”导弹击沉了 1 艘利比亚导弹巡逻艇。

E–2C“鹰眼”预警机

在 3 月 24 ~ 25 日“草原烈火”行动初期，美军击沉击伤了利比亚 5 艘导弹巡逻艇，摧毁了 2 座防空导弹发射阵地，杀伤 150 余人，美军无一伤亡。主要由美海军航母攻击群完成。不过，这只是美军“草原烈火”总体行动中的一部分，只是为后来大规模突袭做的准备前奏，更猛烈的打击将来自随后发动的“黄金峡谷”空袭战役。

经过 2 天的初期行动，美军首先摸清了利比亚指挥机构、防空军部队和兵力行动变化情况，探查了美军预期突破方向上的利比亚防空系统无线电电子设备的工作规律和工作频率，了解了利比亚空军基地导航设备工作规律。此外，考虑到海军航空兵在夜间战斗条件下的行动特点，提前探查标注了将要打击的目标，拟制了突击海军航空兵飞行路线，确定了明显地形地标。很快，1986 年 4 月 15 日美军决定展开“黄金峡谷”行动。

“黄金峡谷”行动主要使用第6舰队舰载歼击机和部署在英国本土F–111歼击轰炸机作为突击兵力。4月12～14日，部署在英国境内的F–111歼击轰炸机开始了行动前的准备，完成了约20架次从基地到亚速尔群岛的飞行演练任务，主要练习航行时的空中加油和进入既定作战地区后对预定目标实施炸弹袭击。美军共计划出动150架飞机参与“黄金峡谷”行动，其中突击编队由F–111、A–6、F/A–18歼击机组成，加油机编队由KC–10、KC–135空中加油机组成，行动保障飞机编队由E–2C“鹰眼”预警指挥机、EF–111和EA–6B“徘徊者”电子干扰机、A–7和F/A–18防空设备火力压制战机、F–14和F/A–18掩护歼击机、A–6和F/A–18佯攻飞机组成。“草原烈火”为“黄金峡谷”进行了非常充分的准备，美军飞行员还最大限度在接近实战条件下进行了行动预演，利比亚防空系统对他们来说已不是秘密。

1986年4月14日21点，美军24架F–111歼击轰炸机、5架EF–111电子干扰机、18架KC–135型、10架KC–10型空中加油机，从英国本土起飞。由于法国和西班牙政府拒绝开放空中走廊，美、英战机无法直接通过，只好绕经比斯开湾，沿葡萄牙沿岸、直布罗陀海峡、地中海中部飞抵的黎波里地区，行动后原路返回。当时，很少有军事专家会预测到F–111歼击轰炸机能在空中多次加油，顺利完成如此远距离的飞行“马拉松”，完成似乎不可能完成的任务。事实上，美军F–111歼击轰炸机飞行员在1986年4月“黄金峡谷”行动中，创造了飞行耐力的世界纪录，要知道仅在F–111歼击轰炸机狭窄的座舱中停留14个小时就已经是非常了不起的成绩了。F–111歼击轰炸机编队在飞抵利比亚沿岸200～300千米时，开

F–111歼击轰炸机

始降低飞行高度，直至100米以下，之后分散行动。6架F–111以50 ~ 60米的超低空飞行，顺利地从利比亚防空导弹部队雷达场和火力系统的缺口中滑进，从南部方向对贝西纳军用机场和阿奇奇亚兵营、西迪比拉尔港进行打击。其余歼击轰炸机采用“小队飞行纵队”战斗队形，平均6架飞机，以1分半钟的间隔，从北部方向飞抵利比亚首都上空，发射1000磅重的破片式航空炸弹和专门用于摧毁地下防护目标的特种炸弹，轰炸卡扎菲可能的藏身之处。其中一个小队6架F–111轰炸机未能完成突破任务。

EF–111电子干扰机

4月15日0点30分，两个A–6、F/A–18歼击强击机编队，分别从“美国”号和“珊瑚海”号航母上起飞，每队4 ~ 6架飞机，从低空突击班加西地区的目标。为保障F–111轰炸机、A–6强击机、F/A–18歼击机在6 ~ 8分钟内突破利比亚防空系统，在战机飞临预定目标之前，美军实施了主动干扰。在1 ~ 2分钟之内，美军火力压制飞机编队发射了大量“哈姆”反辐射导弹，攻击利比亚防空导弹部队和无线电技术部队的雷达设备。同时，美军无人机在空中飞行佯动，以吸引利比亚防空部队战斗班组的注意力，诱使利比亚导弹发射阵地雷达开机。E–2C“鹰眼”预警机则进行空中雷达控制，从希腊起飞的RC–135战略侦察机则负责4月14日22点40分至15日7点30分的空中侦察任务。事实上，美军航空兵对的黎

EA–6B“徘徊者”电子战飞机

波里和班加西的空中打击是同时进行的，攻击方向也完全相同，分别从陆上和海上两个方向突入。16 架 F–111 歼击轰炸机对既定目标实施轰炸之后，于 4 月 15 日 10 点 30 分至 11 点先后返回英国基地，1 架 F–111 战机于 4 月 15 日 9 点在西班牙罗塔空军基地降落。参与第一波次打击任务的美海军舰载航空兵飞机，于4月15日3 ~ 4点，先后全部在各自航母上降落。

“黄金峡谷”行动，美军在短短 17 分钟的攻击波中投掷了约 150 吨弹药，命中摧毁了各主要突击目标，对利比亚军用设施造成了严重破坏，14 架米格 –23 和伊尔 –76 飞机被炸毁，100 余人被炸死，600 余人受伤，法国驻利使馆被误炸。卡扎菲住所被击中，其本人则幸免于难，两个儿子重伤，一名养女死亡。美军 1 架 F–111 飞机被利防空炮火击落坠海，两名驾驶员死亡。

战后点评

此次空袭行动是空军和海军航母攻击群联合实施的空中打击，开创了舰载航空兵与岸基航空兵远程联合作战的成功范例。战斗航路起点相距遥远的舰载飞机和岸基飞机按照周密的协同计划，在时间、空间、目标、任务上协调一致、相互配合地联合行动，产生了巨大的作战效能。

航空母舰的前沿威慑作用与实战攻击能力得到充分发挥。从20 世纪 80 年代初起，美国航空母舰编队一直在地中海靠近利比亚附近进行前沿部署，在锡德拉湾海域来回进出、显示炫耀，借此保持着对利比亚的高压军事威慑。通过“常态化演习”既

“哈姆”导弹

摸清了利比亚防空部队的各种规律和底细，又让利比亚军队产生了“狼来了”式的麻痹心理，达成了战术上的突然性。

军事技术进步为航空母舰和舰载机适应信息化条件下海战注入了新活力。随着计算机技术、信息技术、制导技术、电子技术的飞速发展，航空母舰和舰载机参加的这次联合作战比以往有更大、更高的技术含量，使得整个作战过程的每一个细小环节以及最终的攻击效果都达到了极为精密准确的程度。这次作战对所有目标实现了误差率几乎为零的极快速精准打击，被军事专家们形象地喻为“外科手术”式打击。

此战电子对抗在现代的重要意义凸显出来，制电磁权与制空权、制海权相融合，共同决定着战场的主动权。美军在空袭过程中，利用技术上的绝对优势，一方面确保己方的雷达、通信、制导、指控系统等电子设备正常工作，一方面致使利比亚雷达迷茫、通信瘫痪、制导失灵、指挥中断，赢得战场单向透明，取得了重大战果。现代条件尤其信息化条件下的海空作战，“制电磁权”的争夺日益具有战略意义。

四、海湾战争揭开现代高科技战争序幕

1990年8月2日，伊拉克总统萨达姆·侯赛因用他的手打开了“潘多拉魔盒”，悍然出兵占领了邻国科威特。随后美国等国家先后介入，海湾战争全面爆发。

战争缘由

【知识链接】海湾明珠——科威特

人们总习惯对迪拜津津乐道，其实今天迪拜的许多成就，科威特早在若干年前就已实现，到过科威特的人都会惊叹，科威特城就像海湾的一颗明珠，镶嵌在阿拉伯海湾岸边，闪闪发光。科威特位于亚洲西部阿拉伯半岛东北部，波斯湾西北岸。面积17818平方千

科威特

米（包括阿拉伯半岛的东北角及其附近的布比延、费莱凯等岛屿）海岸线长213千米。在南部与沙特阿拉伯、北部与伊拉克分别接壤。人口270万（2002年），是个不大的国家，科威特拥有丰富的石油储藏。它拥有占世界第四位的石油储量，石油的大量开采，给科威特带来了滚滚财源，在近1/4的世纪里创造了令人赞叹的“沙漠奇迹”，其迅速发展的经济使世人艳羡瞩目，同时也引来了居心叵测者的窥视。伊拉克就是距离最近且最危险的一个。

【知识链接】“世界第四军事强国”——伊拉克

1990年的伊拉克拥有一支阿拉伯国家中最强大的军队，总兵力包括95万正规军、48万预备役部队，装备坦克5600辆、装甲车7500辆、火炮3800门、作战飞机770架。此外伊拉克还有65万人的准军事部队。经历了8年的两伊战争，在惨烈的战争中，伊拉克军队急速膨胀，先后建立了规模庞大的装甲部队、现代化的空中力量、中东地区最先进的一体化防空系统、用于袭城战的弹道导弹部队，并获得了令人生畏的生化武器能力。战争不仅完善了伊军装备体系，也使其获得了宝贵的作战经验。伊拉克空军早在80年代中期就

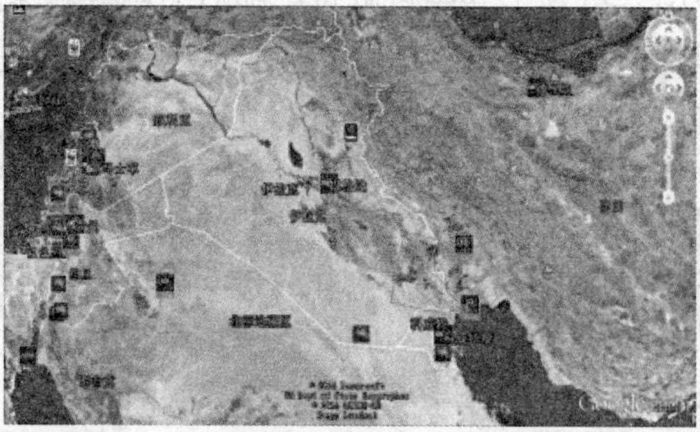

伊拉克

成功实施了较大规模空中进攻行动，并获得了空中加油与精确制导武器的使用经验；在战争后期，伊拉克军队先后实施了多次大规模诸军兵种合成进攻战役，成功的击败了伊朗军队的“人海战术”；伊拉克的“飞毛腿”导弹部队在战争中也得到了成功应用，其经验甚至在海湾战争中都发挥了重要作用。总之，海湾战争之前的伊拉克军队虽然距离美苏两个超级大国仍然有不小的差距，但综合其规模、装备和人员素质还算不错。海湾战争前萨达姆自称伊拉克为“世界第四军事强国”，强大的武装力量也支撑着其不断膨胀的野心。

明珠瞬间陨落

1990 年 8 月 2 日，对于绝大多数科威特人来说本该是一个愉快的日子，这天是周四，是国家法定休息日的第一天，许多政府官员和部队军官都回家团圆，没有任务的部队要员们还带着家属去国外消夏。2 日凌晨 2 时，驻守在边境的科威特士兵发现一支穿着科威特军服，涂着科军标记的部队出现在科伊边境线附近，他们以为是友邻部队，因而未加阻止。这支部队在未遭到任何抵抗的情况下沿海滨公路长驱直入，轻而易举地就进入了没有任何防备的科威特国内。当太阳升起的时候，科威特人看见一支部队正包围着他们的王宫，还见怪不怪地以为是科军增加的王宫卫队。然而，枪炮声打破了黎明的宁静和安定，科威特人曾经的好邻居——伊拉克人发动了对邻国的突然侵略，10 万伊拉克精锐军队兵分两路大举入侵科威特，大批伊拉克轰炸机、歼击机、强击机和武装直升机群在科威特上空呼啸盘旋，对着可疑的地面目标狂轰滥炸。下午 2 时 30 分，伊拉克军队攻占了埃米尔王宫，控制了科威特城。

世界警察强势介入

伊拉克占领科威特的爆炸性消息马上传遍了整个世界，全世界都在谴责伊拉克践踏国际法，侵吞了一个没有防卫能力的主权国家。就在伊拉克入侵科威特的当天，联合国安理会通过第 660 号决议，要求伊拉克立即无条件撤军，恢复科威特的合法政府。

此刻，除了满心委屈流亡国外的科威特前政府，还有人比他们更加愤怒。在海湾地区有着巨大经济利益，并且刚刚赢得冷战、意气风发正想要建立“国际新秩序”的美国人如坐针毡。一直以来，有着丰富石油蕴藏的海湾地区就是美国和西欧世界的生命线，伊拉克的入侵行动使得国际原油价格直线上涨，让美国蒙受了巨大的经济损失。为了控制海湾的石油资源，从经济和军事上打垮伊拉克，维持中东地区的稳定和势力均衡，美国布什政府声称：“不能容忍伊拉克吞并科威特，要通过实际控制或威慑手段防止伊拉克控制中东石油，以确保美国在中东的利益不受损害。”并宣布冻结伊、科在美的全部资产，并要求伊拉克立即撤军。8 月 7 日，布什总统正式批准了“沙漠盾牌”行动，宣布应沙特请求派兵进驻海湾。

战争简程

“沙漠盾牌”行动

“沙漠盾牌”行动命令下达后，五角大楼迅速行动起来。经过 3 个月紧张的海空运输，到 11 月初，到达海湾地区的美军总兵力达到 24.5 万人。其中，地面部队 17 万人，800 辆坦克；空军部队 3 万人，各型飞机 444 架；海军部队 4 万人，各型舰船 85 艘，舰载机 553 架。或许在美国总统布什看来，经过 3 个月的禁运、封锁和经济制裁，再加上 20 多万大军压境，应该足可以让萨达姆从科威特滚蛋。然而，布什的判断又错了，萨达姆根本不买他的账。萨达姆不仅没有从科威特撤军，反而在国内加紧备战，并向科沙边境又增调了 20 个师的兵力。与此同时，萨达姆还展开宣传攻势，宣布扣留西方人质，号召阿拉伯人开展“圣战”，打击美国并“推翻阿拉伯的统治者”。

萨达姆的言行激怒了布什。11 月 8 日，布什总统宣布，在 2 个月内再向海湾增兵 20 万，以便使美军“拥有在必要情况下采取适当的进攻性军事行动的选择”。他要主动出击了。

在美国大举进兵海湾的同时，布什还派人四处游说，动员说服它的西方盟国以及部分阿拉伯国家派兵参战和担负战争费用。到1991年1月15日，有30多个国家答应出兵参战，这样再加上海湾地区的6个国家，共有40多个国家的多国部队云集在海湾地区，总兵力达70万人，装备飞机3510架，坦克2900辆，装甲车2200辆，舰艇400艘。在多国部队中，美国军队占绝大多数，总兵力为52.7万人，其中陆军29.5万，海军陆战队9.4万、海军8.2万，包括6个航母编队，空军5.6万。部署坦克2200辆，装甲车2000余辆，飞机2800架。

“盾牌”升级为“风暴”

1991年1月15日的最后通牒时间到了，伊拉克没有从科威特撤军，1月16日也平静地过去了，萨达姆依然没有撤军。17日凌晨1时，美军4架AH-64“阿帕奇”武装直升机率先进攻，摧毁了伊、科边境线上的伊军雷达阵地，“沙漠风暴”行动正式拉开了帷幕。

“沙漠风暴”行动共包括四个阶段，前三个阶段是空中战役阶段，包括战略性空袭、夺取科威特战区制空权和为地面进攻做好战场准备。按计划三个阶段同时开始，齐头推进，逐一达到既定目标。多国部队始终保持了强大的空中攻势，日飞机出动量达2000～3000架次。11天后，多国部队已完全掌握制空权。进入第三周后，空中行动的重点转入科威特战区。至2月23日，多国部队共出动飞机近10万架次，投弹9万吨，发射了288枚战斧巡航导弹和35

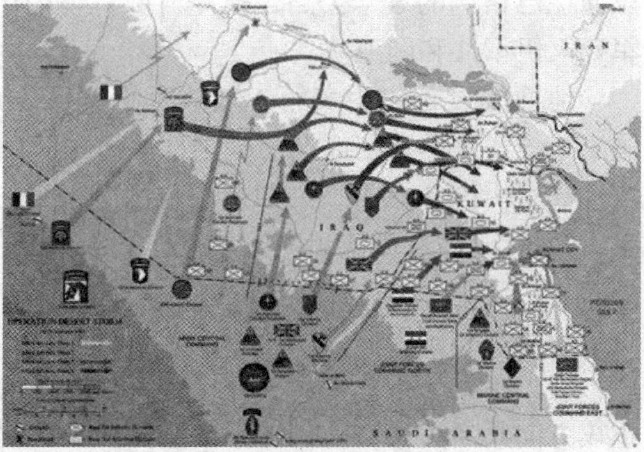

“沙漠风暴”行动态势图

枚空射巡航导弹，并使用一系列最新式飞机和各种精确制导武器，对选定目标实施多方向、多波次、高强度的持续空袭，极大削弱了伊军的 C^3I（指挥、控制、通信和情报）系统、战争潜力和战略反击能力，使科威特战场伊军前沿部队损失近 50%，后方部队损失约 25%，为发起地面进攻创造了条件。

地面战役发起前，多国部队又成功实施了战役欺骗。美第 7 军和美第 18 空降军从沙特边界以南向西机动数百千米，进抵沙伊边境的进攻出发地域。多国部队于 1991 年 2 月 24 日当地时间 4 时发起地面进攻，在沙科、沙伊边界约 500 千米正面上由东向西展开 5 个进攻集团：阿拉伯国家东线联合部队，沿海岸向北进攻，占领科威特市；美第 1 陆战远征部队从沙科边界“肘部”向北进攻，夺取穆特拉山口，切断科威特市通往科东北部的道路，将伊军主力吸引到科威特；阿拉伯国家北线联合部队从沙科边界西段向阿里塞米姆机场方向进攻，协同友邻部队消灭科威特境内伊军并占领科威特市；美第 7 军实施主要突击，从巴廷干河以西向北推进，直插伊拉克纵深，尔后挥师东进，与其左邻第 18 空降军协同作战，将伊拉克共和国卫队（约 8 个师）围歼在巴士拉以南地区；美第 18 空降军实施辅助突击，从沙伊边境突入伊境至幼发拉底河岸，控制塞马沃以东通往巴格达的 8 号公路，孤立科威特境内伊军部队，协同美第 7 军歼灭伊军共和国卫队。

地面战役首先由美第 1 陆战远征部队发起进攻，尔后阿拉伯国家东线联合部队在波斯湾多国部队海军和两栖部队配合下发起进攻，吸引伊国注意力，为西部主攻部队发展进攻创造条件。美第 7 军于 24 日午后发起攻击。美第 7 军和美第 18 空降军利用空中机动和装甲突击力强等优势，在海空军支援下实施“左勾拳”计划，将伊拉克共和国卫队合围于巴士拉以南地区 。伊军遭受 38 天空袭后，损失惨重，指挥中断，补给告罄，战场情况不明，对多国部队主攻方向判断失误，防御体系迅速瓦解。在此期间，伊军继续向沙特、以色列和巴林发射导弹 ，使美军伤亡百余人；在海湾布设水雷1000多枚，炸伤美海军两艘军舰，但未能扭转败局。1991年2月26日，萨达姆宣布接受停火，伊军迅即崩溃。28日晨8时，多国部队宣布停止进攻，历时100小时的地面战役至此结束。

战争结果以美国为首的多国部队以较小的代价取得决定性胜利，重创伊拉克军队。伊拉克最终接受联合国660号决议，并从科威特撤军。3月10日起，美军告别“沙漠风暴”行动，从波斯湾撤军。

实力悬殊的海上作战

随着海湾战争大幕的拉开，旨在摧毁伊拉克海军和海上防御力量的海上作战行动也正式启动。根据作战目的，多国部队针对不同的目标主要实施了水面作战、防空作战、反水雷作战、舰炮火力支援和两栖作战等海上作战行动。

从力量对比上看，伊拉克海军有导弹快艇13艘，其中7艘为苏联制造的“奥萨”级导弹快艇，装备有最大射程约37海里的“冥河”导弹；6艘为从科威特缴获的TNC-45和FPB-57快艇，装有最大射程81海里的“飞鱼”导弹。此外，伊拉克还有各类舰艇约165艘，但大部分是小型巡逻艇，较大的船舶有布雷艇、气垫艇、“北方”级两栖坦克登陆艇和辅助舰船等。反观多国部队，共在海湾地区集结了247艘舰船。其中，美国海军舰船约占一半，且多为以航母、驱逐舰为核心的主力作战舰艇；英国和法国海军分别为12艘和14艘，其他国家则主要以辅助船只为主。显然，不论是从舰艇数量，还是舰艇吨位以及舰艇装备分析，双方的海军实力完全不在一个

“奥萨”级快艇

等级，甚至是相差几个数量级。多国部队根据作战需要，将战区内所辖海军力量编组为多个作战编队，即红海作战编队、波斯湾作战编队、中东作战编队、两栖特遣编队、后勤支援编队和地中海攻击大队，其中规模最大、战斗力最强的是红海作战编队和波斯湾作战编队，它们包括了美国6个战斗力强大的航母战斗群。

水面作战乏善可陈，基本都是对伊拉克小型水面舰艇以及伊拉克占领的海上钻井平台的“屠戮”，多国部队还进行了攻势布雷。最大的海上作战发生在1月30日，多国部队在波斯湾北部的布比延岛进行了一场持续时间13个小时的“布比延之战”。战斗中，多国部队利用P-3C飞机确定伊舰艇的位置，其他作战飞机则根据情报信息对目标进行了21次攻击，重创伊海军1艘FPB-57导弹艇和2艘TNC-45导弹艇，另有3艘“奥萨”级导弹艇和1艘TNC-45导弹艇被击伤，3艘“北方”级两栖舰被击伤，同时被击伤的还有1艘布雷舰，伊军只有2艘受损的舰艇逃到了伊朗。此战之后，多国部队基本上消除了伊水面舰艇对海湾地区船运队伍的威胁。截至到2月，伊海军能够发射反舰导弹的13艘水面舰艇已经全部被摧毁或遭到重创，伊海军已经失去了战斗力，多国部队掌握了制海权。总之，在水面舰艇作战中，由于实力相差巨大，多国部队以极微小的代价几乎全歼伊海军水面舰艇力量，牢牢控制了波斯湾海域的制海权。

“冥河”导弹

反水雷作战方面。伊海军入侵科威特后，将大量水雷布设于波斯湾海域，据统计各种水雷多达1167枚。水雷战也是伊拉克在海上作战中唯一取得战果的方式。为应对伊军的水雷威胁，多国部队在战争之初就建立了一支反水雷部队，分为以英军为主的英国反水雷编队和以美军为主的美国反水雷部队。他们早在“沙漠风暴”进攻前几个月就已经展开，开战后的第二个月，英美反水雷部队会合，打算在科威特海岸以东约 54 海里的海域扫出一条长约 13 海里、宽近 0.5 海里的通道。2 月 18 日凌晨，由于水雷密集，美舰“特里波利”号、“普林斯顿”号先后触雷，造成严重损失。对此，多国部队紧急重新修订了反水雷计划，将扫雷部队后撤近 24 海里，重新开始扫雷。战后，来自比利时、法国、德国、意大利、日本和荷兰的扫雷舰艇与美英反水雷部队又一同承担了清扫通向科威特各港口通道上伊军水雷的任务，并于 1991 年 9 月终于完成了整个波斯湾的扫雷工作。

美舰“普林斯顿”号

舰炮支援及两栖佯攻作战方面，美军动用了在海战中早已“退居二线”的战列舰，包括二战中的明星“密苏里”号和“威斯康星”号，它们 406 毫米的巨型火炮，对伊军陆上掩体、炮兵阵地和装备设施的轰击震撼人心，这也成为“大舰巨炮”这个上一代海上霸主，在高技术时代的最后绝响。为配合“沙漠风暴”地面行动，2 月 20 ~ 22 日美军第 4 陆战远征旅的 AV-8B 攻击机从美舰“纳索”号上起飞，佯动攻击了费莱凯岛。2 月 24 ~ 26 日，两栖特遣编队分别在谢拜赫港、法奥、布比延岛多次实施佯攻，干扰了伊军的防御判断和部署，有效地配合地面部队的进攻和推进。

战后点评

海湾战争是冷战结束后的第一场现代化局部战争。20 世纪 80

年代末期，随着东欧和苏联剧变以及苏联在全球范围内的战略收缩，世界形势开始发生战后最深刻的变化。东西方两大阵营长达40年的冷战局面被打破，旧的世界战略格局开始瓦解，美苏争霸在国际事务中的主导地位和作用逐渐下降。这个新旧格局交替的过渡时期，既给和平与发展创造了有利条件，又酝酿和产生了新的矛盾与不稳定因素。海湾战争正是在这样一个大背景下发生的。伊拉克对科威特的入侵和吞并，是中东地区力量对比失衡的产物，也是萨达姆政府狂妄野心的咎由自取。作为政治的继续，海湾战争在一定程度上达到了胜利一方政治上的目的。科威特的主权得到了恢复，美国在西方世界和中东地区的“盟主”地位更加强化；西方发达国家的石油利益得到了维护；中东格局表面上恢复了战前状况。但是，作为一场局部战争，海湾战争没有也不可能从根本上解决引发这场战争的所有世界基本矛盾。

“密苏里”号战列舰

战后，由于美国霸权主义思想的膨胀，在建立世界新秩序的过程中，霸权与反霸权的斗争更加突出；西方发达国家在共同的目标达到之后，都想在战后中东格局的建立和科威特重建中捞取实利，在原有各种摩擦继续存在的基础上，矛盾难以弥合；第三世界国家经济受到了石油的冲击，凸显出同发达国家在经济发展上的不平等关系更加突出，南北矛盾愈益加剧；中东地区仍然是在世界新秩序建立过程中斗争的重点地区，各派力量重新排列组合，原先已有的多种矛盾更加复杂；世界各国从这场战争中重新认识到军事力量的地位和作用，加强军备的势头又有所发展，战争与和平的矛盾又增添了新的内容。

海湾战争再次证明了海军在军事行动中的作用和地位。首先，海军是一支跨区域的国际性军种，其最大优势就是可以在自己主权范围以外的海域进行军事活动。海湾战争中，不少国家对沙特等国是否允许外国坦克和军队进驻、是否允许外国飞机飞越领空或利用该国军事基地等事项踌躇犹豫。而海军却可以随意在地中海、红海、阿拉伯海，甚至是波斯湾进行巡航和机动，无须别国事前批准和同意，在战略和战术实施上有很大的主动性，因此具备了强大的政治影响和外交威慑力。其次，海湾战争中海军作为一支可以遂行多种使命任务的军事力量，功不可没。多国部队的海上力量主要完成了三大战略任务：一是战略投送。美国海军在7个月的时间内，利用快速海运船舶和其他后勤船舶向海湾战区运送了大量的士兵、弹药、坦克、车辆、火炮等各类装备和保障物资。二是海上封锁。多国部队海军通过使用几百艘舰艇和多架飞机对伊拉克—科威特周边海域数千平方海里的海空域实施了严密封锁，拦截、临检了近千艘船舶并取得很好的封锁效果，极大地协助其他军种军事行动的推进。三是对陆攻击。显然，现代战争中，对陆攻击已经成为海军的一项重要任务，有条件的舰艇都装备了射程远、威力大、精度高的导弹和舰炮等武器。未来，由海向陆作战将成为海军运用的重要方面。

海湾战争标志着战争的高技术时代已经到来。在海湾战争之前的几场局部战争中，高技术战争的特征已初露端倪，其最为突出的标志是高技术兵器的使用。但是，就使用的广泛程度来说，那几场战争都无法同海湾战争相提并论。在海湾战争中，多国部队尤其是美军使用的高技术兵器几乎包括陆海空的各个方面，其中主要有军用卫星、

“威斯康星”号战列舰

全球定位系统、精确制导弹药、远程巡航导弹、夜视器材、新型坦克、隐形飞机、防空导弹系统、电子战武器、军用计算机、C^3I系统等等。高技术兵器的大量使用，前所未有地展示了高技术局部战争新特点和新规律。就海军方面来说，航母的价值仍然无与伦比，6艘超级航母的强大战力，不但在争夺制海权、制空权上作用巨大，更是在对陆打击实施“由海向陆”战略方面价值凸显。水雷虽然是一种“古老”的兵器，但是在海战中的地位作用却仍然强大，不论是进攻方还是防守方都可以利用它达成低成本高价值的战役目的。此次战争中潜射型、舰射型巡航导弹开始显现巨大价值，使海军在对陆作战中发挥了进一步的作用，大国海军纷纷在此方面加快发展，并在日后的作战中大显身手。

五、伊拉克战争美军步入“战争泥淖”

巴格达时间2003年3月20日凌晨5点30分，一枚“战斧”式巡航导弹呼啸着从停泊在波斯湾的美国海军“考彭斯”号巡洋舰前甲板腾空而起，导弹尾焰发出的耀眼光芒划破长空，美、英联军终于按捺不住，公然违反联合国宪章，悍然发动了旨在推翻伊拉克萨达姆政权的大规模战争，即伊拉克战争又称美伊战争。这场战争是以英美军队为主的联合部队对伊拉克发动的军事行动，美国以伊拉克藏有大规模杀伤性武器并暗中支持恐怖分子为由，绕开联合国安理会，单方面对伊拉克实施军事打击。到

“考彭斯”号发射“战斧”巡航导弹

2011 年年底美国军队完全撤出伊拉克为止，历时 8 年多，美方直到最终也没有找到所谓的大规模杀伤性武器，反而找到萨达姆政权早已将其销毁的文件和人证。

战争缘由

自 1991 年的海湾战争之后，联合国一直对伊拉克进行武器核查，一查就是 12 年，联合国秘书长都换了两届，核查人员也换了好几茬，联合国关于伊拉克的决议多达 60 多项。伊拉克总统萨达姆时而配合，时而表示不服与不满，这种状态一直延续到 2003 年。美国政府一直难以容忍萨达姆桀骜不驯的态度，只是苦于没有合适的借口将其铲除。2000 年，当年海湾战争时美国总统老布什的儿子小布什当选美国总统，他一上任就明确表示："改变伊拉克现政府是美国本届政府的既定方针，将使用一切手段完成这一目标。""9·11" 恐怖袭击终于给了美国一个合理的借口，美国立即将伊拉克列为"邪恶轴心"之一，必欲除之而后快。2002 年阿富汗战争初期阶段的"速胜"，再次给美国军事高层巨大的信心和动力，从 2002 年 10 月开始，美国不断向海湾地区增兵，2003 年元旦刚过，小布什总统就表示："与萨达姆算账的日子就要到了……"

萨达姆

战争过程

作战双方的军事实力再次没有任何可比性，美英联军出动了至少 6 支航母编队，包括"亚伯拉罕·林肯"号、"哈里·S. 杜鲁门"号、"西奥多·罗斯福"号 3 艘"尼米兹"级核动力航母、"星座"号、"小鹰”号2艘常规动力航母以及皇家海军“无敌”级航母“皇家方舟”号，后期“尼米兹”号航母也加入了行动。此外美国海军还派遣了6艘多用途两栖攻击舰，它们分别是：LHA1“塔拉瓦”号、LHA2“塞班”号、LHD3“奇尔沙治”号、LHD4“拳师”号、LHD6“好人理查德”号，共计100多艘舰艇，加地面部队近40万人。而伊拉克则从海湾战争后遭遇了长达12年的经济制裁和武器禁运。美国为了限制伊拉克，还推动联合国以北纬36°和32°线为界，在伊拉克北、南分别划设了禁飞区。12年来美、英以各种理由持续不断地对伊拉克军事和战略目标实施空中打击，几乎每年都会实施数十枚巡航导弹规模的攻击，最大的要算1998年“沙漠之狐”行动。到2003年战争发起前，伊拉克事实上的军事力量已经疲弱不堪，几乎无还手之力。

2003年3月20日美英联军向伊拉克发动代号为“斩首”行动和“震慑”行动的大规模空袭和地面攻势。布什在战争打响后向全国发表电视讲话，宣布推翻萨达姆政权的战争开始，强调战争将“速战速决”。美英联军先后向巴格达、巴士拉、纳杰夫、摩苏尔、基尔库克、乌姆盖斯尔等10余座城市和港口投掷了各类精确制导炸弹2000多枚，其中“战斧”巡航导弹500枚。第一波攻击规模之大，确有“震慑”人心的架势。

尽管由于供给线较长和伊拉克方面的抵抗，地面进攻曾一度受阻，但凭借空中优势和机械化部队，美英联军兵分几路发起强大攻势，先后攻陷伊南部巴士拉等重要城市和战略要地，并对巴格达形成合围，美英联军“快速决定性作战”的目标算是基本实现。4月8日，美军夺取了巴格达东南的拉希

“杜鲁门”号航母

德军用机场，很快坦克开进巴格达并占领了萨达姆城。美军拉倒巴格达城内巨大的萨达姆铁像，成为这场战争的标志性画面。

4 月 15 日，布什总统亲自飞临“亚伯拉罕·林肯”号航母并发表演讲宣布，联军“已控制了伊拉克全境”，伊拉克战争的主要军事行动已结束。当时美官方公布，在伊拉克战争中死亡的美军人数为 262 人，其中 139 人阵亡，123 人死于事故。英军士兵死亡 33 人。战争花费 230 亿美元。如果这场战争就这么结束了的话，确实有可能成为历史上最成功的战争范例。然而主要作战行动结束后伊拉克内部原有的政治平衡和安全秩序被打破，从此陷入了漫长的无政府状态，始终笼罩在内乱、暴力和恐怖袭击的血雨腥风之中，一场“人民的战争”才刚刚开始。从 2003 年 3 月美国开打伊拉克战争，到 2011 年奥巴马总统草草宣布美军撤出伊拉克结束伊战时，在长达 8 年多的伊拉克战争期间，美军死亡人数已达 4475 人，其中 90% 以上是 2003 年 5 月小布什宣布“伊拉克战争胜利了”之后出现的，另有近 3.2 万人受伤。除人员伤亡外，美国付出的经济、外交代价也极其惨重。美国政府的直接战争花费高达 8450 亿美元，美国布朗大学 2013 年的研究称战争总费用高达 1.7 万亿美元，经济学家斯蒂格勒茨研究得出的数据则是 3 万亿美元。外交上，美国动武招致法、德等国激烈反对，所谓的大规模杀伤性武器查无实据令盟友错愕。从地区战略看，伊战破坏了美国数十年来建立的中东格局。反美的萨达姆政权倒台了，伊拉克却出现了亲伊朗的什叶派政权，美国惯用的“以伊拉克遏制伊朗”策略失效；中东地区教派平衡被打破，历史上长期处于弱势的什叶派力量崛起，与沙特等逊尼派国家矛盾凸显，沙特因此极度不满美国的伊拉克战略，美国与海湾盟国的关系出现隔阂。伊拉克本身则在失败国家的死亡线上挣扎。虽然美国为其战后重建投入了相当资源，但伊拉克满目疮痍，暴恐事件频发，近 5 年来平均每年都有超过 3000 名平民因此丧生；伊拉克名义上建立了民选制度，实际操作中则是库尔德人、什叶派、逊尼派分权，什叶派、逊尼派争权夺利，库尔德自治政府独立倾向

愈演愈烈。小布什的“大中东民主计划”早已灰飞烟灭。对美国而言，在伊拉克战场上耗费的时间、金钱、国际信誉和生命的代价如此巨大，不啻陷入又一场“越战”式的泥淖。

战争中的海军

毋庸置疑，与海湾战争一样，伊拉克战争中美英联军的海上兵力仍然是作战中的主力之一，尽管陆上作战更吸引眼球，但海上兵力不论是运用的力度，还是担负任务的频度都不亚于当年的海湾战争。

“洛杉矶”级核攻击潜艇

伊拉克战争中，美国海军出动的兵力兵器不但在编成数量上，而且性能上也有很大的提高。战争主要行动期间，美国在海湾地区共部署6个航空母舰战斗群、6支舰载机联队、5个两栖戒备大队、11艘“洛杉矶”级核动力攻击潜艇、2支扫雷舰队，以及大量的作战支援与补给舰船和后勤保障舰船。6个航空母舰战斗群中，“罗斯福”号和“杜鲁门”号航母战斗群部署在地中海，“林肯”号、“星座”号、“小鹰”号以及“尼米兹”号、“皇家方舟”号航母战斗群游弋于波斯湾。5个两栖戒备大队包括至少有6艘两栖攻击舰。2支扫雷舰队由6艘“复仇者”级扫雷舰组成。在这次战争中，美国海军还动用“供应”级快速战斗支援舰、“萨克拉门托”级快速战斗支援舰和“亨利·凯泽”级补给油船。此外，美海军还出动有“仁慈”级“舒适”号医院船、2艘“戈登”级大型中速滚装船、2艘“大陵五星”级高速海运船等后勤保障舰船，用于支援保障。

伊拉克战争中，美国海军运用新的战略理论指导战争实践，效果较好。伊拉克战争，美军祭起了“网络中心战”的大旗，该理论强调以信息战为中心,以牢牢掌握战场感知能力为目标,综合陆、海、空各作战平台,大幅度提高战场的侦测能力、机动能力和打击能力。美英联军在“网络中心战”理论的指引下,运用近年来在精确制导武器和高新技术武器方面取得的突破性进展,采用了异于1991年海湾战争时的空袭策略,并尽量避免摧毁桥梁、发电厂等基础设施和民用设施。就海军而言, 美国海军2002年10月推出名为《21世纪海上力量——海军构想》的新海军战略,强调以“21世纪海上力量”面目出现的美国海军不过多地强调海军的多功能性,而是更加强调海军的战争功能。它提出“海上打击”“海上盾牌”“海上基地”三个基本作战概念,突出以海上力量为基础,从海上向陆上投送精确和持续的进攻力量和防御力量的能力,从而提高了联合作战的独立性,同时加快远征部署速度,克服岸上设施政治成本高、易受攻击的弱点。在“伊拉克自由”行动中,“海上打击”“海上盾牌”“海上基地”概念均发挥了重要作用,美海军新战略经过了战争检验,并得到初步的认可。

伊拉克战争中,美国海上兵力承担的任务依然多样,发挥了无可替代的作用。第一,航母作用价值更加增强。由于伊拉克战争从一开始就遭到了世界各国,尤其是阿拉伯世界各国的普遍反对,因此到开战前夕,伊拉克周边国家基本上都不愿意向美国提供机场和基地,包括沙特、土耳其甚至都不允许美军导弹、飞机经过其领空,所以美英联军在很大程度上必须依赖航空母舰提供海上基地。因此,美国海军在战争最紧张的阶段,始终部署有6艘航空母舰,几乎达到了可出动率的极限。6艘航母舰载机总数接近500多架,加上两栖攻击舰上的攻击直升机和数十架AV-8B垂直/短距战斗机,舰载机出动比率将大大超过海湾战争。而且,这次战争期间舰载机执行任务更加灵活迅捷,绝大多数“时间敏感目标”打击任务由其完成。

第二,以“战斧”巡航导弹为代表的海上对陆打击武器发挥出更大威力。战争初期,美军非常倚重“战斧”巡航导弹的打击作用,战争前两周,美海军发射了750多枚“战斧”巡航导弹。美军不但

“战斧”巡航导弹

为航母战斗群中各舰艇配备了超过了1000枚的“战斧”巡航导弹，甚至派遣了多达11艘的“洛杉矶”级核攻击潜艇用来发射巡航导弹，创了历史之最。

第三，海军信息战装备使美军“猛虎添翼”。航母上的E-2C预警机、P-3C“猎户座”反潜巡逻机、EP-3E“白羊座”电子战飞机，以及SH-60R“海鹰”直升机和无人飞机等航空兵传感器、海基传感器，与其他军兵种传感器综合集成一体，最大限度地提高联合情报、监视、侦察和电子对抗能力。其中EA-6B“徘徊者”电子战飞机是整个战争中美军唯一可用的电子战专用飞机，它对压制致盲敌方雷达探测、干扰敌方通信设施，保护己方机群安全起到了不可替代的作用。

第四，海上扫雷行动仍然是海军承担的独特任务。上次海湾战争爆发前，多国部队军舰曾受到水雷战的严重威胁。此次战争前，美国海军特地派出了由6艘“复仇者”级扫雷舰组成的2支扫雷编队赶赴波斯湾海域，专门担负扫雷任务。3月24日，伊军4艘布雷船被截获，这4艘船在波斯湾水域共投下了86枚水雷。可靠有效地扫雷行动，有力保护了其他海上行动的顺利进行。

EP-3E“白羊座”电子战飞机

第五，海军陆战队在整个战争中的角色非常重要。海湾战争中，海军陆战队只起着佯动与侧翼支援作用，没有与伊拉克地面部队展开大规模、激烈的正面交锋。在这次伊拉克战争中，美军精锐的海军陆战队第一远征部队，拥有重型直升机、主战坦克、自行火炮和大量的两栖运输工具，可以从海上、空中和地面多方向发起进攻。开战后20多天的战斗也证明，海军陆战队不仅在攻占巩固了法奥半岛和乌姆盖斯尔这两个补给和物资转运桥头堡，而且一直打到巴格达及提克里特，发挥了前所未有的作用。

战后点评

伊拉克战争是一场充满争议的“非法”战争，它既没有得到联合国安理会的授权，也没有取得国际上的共识，甚至没有得到西方传统盟友法、德、北约以及阿拉伯国家联盟的支持。美、英两国打着萨达姆拥有大规模杀伤性武器的借口，悍然攻打占领并推翻了一个主权国家的政府，树立了滥用武力的国际形象和恶劣榜样。而且随着战争时间的延长，战争代价迅速上升，当初开战的“虚伪”借口也大白于天下。因此，伊拉克战争受到美国国内和国际的共同谴责，对整个美国国家实力，包括硬实力和软实力都是一种巨大的耗散。如果从更长的历史时段来看，伊拉克战争或许将成为美国冷战后全球超级霸权的历史性拐点，真是一场得不偿失的“胜利”。

纯从战争本身来说，伊拉克战争是一场21世纪初典型高技术条件下的局部战争，呈现出非线式作战、精确作战、高速机动作战和三军联合作战等一系列信息化战争特征。双方打的是一场力量悬殊的隔代战争，不仅作战理论存在鸿沟，装备技术更是相差几代。海湾战争以来，装备技术的发展和战争实践，诱发和促进了美军不断研究并提出新的战略、作战、装备发展及部队编成等方面的新理论，推出了大批诸如“主宰机动、精确交战、全维防护、聚焦后勤”“网络中心战”“斩首”“震慑”等作战概念和理论。美军在“网络中心战”等作战思想的指导下，利用信息化装备验证新世纪作战理论。反观伊军仍采用消极防御思想，用的是半机械化装备，作战理论和装备的巨大差距导致作战样式和效果的迥然不同。美军充分利用掌控着信息、速度、精度、火力、机动等优势，使部队“耳聪目明，身手敏捷，出拳快速，招招致命”；伊军在联军高强度大规模轰炸、精确打击、快速机动作战面前，指挥瘫痪，装备被毁，处处被动，屡屡受挫，束手无策，毫无招架之功和还手之力。这样一场战争其实是对全世界提出了这样一个议题：处于劣势的一方如何才能设法战胜占有优势的一方？这也是我们无法回避、必须面对的严峻挑战。

六、“奥德赛黎明”奏响卡扎菲丧钟

一代枭雄卡扎菲

2011年10月，在利比亚苏尔特，哒哒哒……密集的子弹声响起了。在黎明前最黑暗的时刻，一个车队开始突围——企图撤离包围圈，在夜幕的掩护下车队突围成功。车队在苏尔特以西三四千米的地方停下休整。其中一辆车里走出了利比亚的“伟大领袖”——一代枭雄卡扎菲，在经历了多日的逃亡和不久前的激战，卡扎菲显得疲惫不堪。他和他忠诚的卫队打算利用一点时间稍作休整，并商量下一步的计划。可是敌人并没有给他任何多余的时间，头顶轰鸣的战机和不断响起的爆炸和子弹破空而来的啸叫声在不断的提示一代枭雄的时日不多了。在一波袭击之后，卡扎菲的双腿受伤，他和保镖不得不躲在废弃的下水管道中，最终被抓住惨遭虐待、伤重身亡。谁也不能预知这位利比亚曾经的领袖，这位阿拉伯世界在位时间最长的政治强人竟会如此凄惨地结束其传奇的一生。可无论如何，卡扎菲的死终于让利比亚当局“全国过渡委员会”有机会宣布利比亚的“解放”战争结束了。然而战争的结束并不能阻止战争本身所引发的争议，战争本身所具有的独特性更加值得关注和研究。

【知识链接】“富饶”的利比亚

利比亚位于地中海南岸，具有十分重要的战略地位。利比亚曾是意属殖民地，1951年独立，由伊德里斯一世国王领导，称利比亚联合王国。1969年卡扎菲领导自由军官组织发动革命推翻了伊德里斯王朝，建立利比亚共和国。卡扎菲执政后充分利用部族之争维持统治，他任用亲信、铲除异己，成功地维持了长达42年的独裁统治。虽然它是石油输出组织的重要国家，其原油产量占全球的2%，据2010年统计，其人均GDP多达1.2万美元，为非洲最高。但是由于独裁统治，利益高度集中在卡扎菲家族及维系其统治的相关人员手中，巨额石油财富并没有惠及其600万人口，21%的利比亚人处于失业状态。大多数民众处在贫困之中，民众、特别是年轻人对卡扎菲政权的不满情绪日渐增加，卡扎菲政权逐渐丧失民心。而且卡扎菲对反对派采取毫不留情的铁血手段，不惜代价地武装镇压那些异己分子。他曾下令在三小时内屠杀了阿布萨利姆监狱中的1200名囚犯。此外，利比亚是一个多部落的国家，卡扎菲自己部落“卡扎法”控制着大部分武装部队，但其他部落也拥有自己的武装力量，这为利比亚骚乱、战争埋下了致命隐患。

战争过程

利比亚战争肇始于2010年年底至2011年席卷西亚北非阿拉伯世界的“阿拉伯之春”政治动荡浪潮，在利比亚国内常称为“2月17日革命”，其开端是利比亚民众对利比亚政治变革不断发出强烈的要求和呼声，最初的示威抗议是从利比亚第二大城市班加西开始，并逐渐向全国蔓延，民众要求从1969年就已经上台统治长达42年的革命领导人穆阿迈尔·卡扎菲上校下台和进行民主变革。反对卡扎菲的势力组成“全国过渡委员会”，以推翻卡扎菲的独裁统治和建立民主政体为宗旨。2011年2月26日，联合国安理会通过首项决议，冻结卡扎菲资产，并把事件交由国际刑事法院处理。

3 月初，卡扎菲军进攻反对派据点班加西。3 月 17 日，联合国安理会再度通过决议，授权成员国在利比亚设置“禁飞区”，“要求有关国家采取一切必要措施保护利比亚平民和平民居住区免受武装袭击的威胁”。随后，以法国牵头，法、美、英、意等北约国家以及部分海湾国家派遣兵力实施了“奥德赛黎明”行动，对利比亚军事力量实施空中打击，并对反对派武装的作战行动实施空中支援和掩护。3 月 19 日法国率先空袭利比亚，美国海军于深夜通过其部署在地中海上多艘军舰，向利比亚北部防空系统发动了导弹攻击，英国皇家空军派出多架战机参与随后的空袭。西方多国正式开启了对利比亚卡扎菲政权之战。之后西方各国向利比亚发动了多次空袭，并且对其实施海上封锁。经过 5 个月的激烈争夺，利比亚反对派武装在以北约为首的西方国家的大力支持和武力协助下于 8 月攻占首都的黎波里。8 月 24 日，反对派占领象征卡扎菲政权的阿齐齐亚兵营，从此利比亚开始正式进入后卡扎菲时代，“全国过渡委员会”逐渐得到国际和联合国承认。穆阿迈尔·卡扎菲一度逃避追捕，直至 10 月 20 日在苏尔特被捕遭杀。10 月 23 日“全国过渡委员会”宣告全国解放，战斗结束。

“奥德赛黎明”行动

“奥德赛黎明”是以法国、英国、美国、意大利等为首的联合军队针对利比亚采取的军事行动。2011 年 3 月 19 日利比亚问题巴黎峰会结束后，西方国家正式揭开了军事干预利比亚的大幕。“急先锋”法国一马当先，在峰会结束后不到两个小时，就出动 8 架“阵风”和 3 架“幻影 2000-

法国“阵风”战斗机

5” 型战机，6 架 C-135 加油机和 1 架预警机在利比亚第二大城市、反对派据点班加西地区发动四次空袭，摧毁多辆利比亚政府军的坦克和装甲车。当夜，美、英军舰共向利比亚目标发射了 112 枚“战斧”导弹，向利比亚 20 多处海岸目标发动袭击，包括地对空导弹阵地、预警系统等。

3 月 20 日西方国家军队持续对利比亚空、海目标实施军事打击，法国当天出动了至少 15 架战机，美军出动了 19 架战机，其中包括 3 架 B-2 隐身轰炸机，从美国密苏里州的惠特曼 (Whiteman) 空军基地起飞，中途不经任何停留，直飞利比亚，向其一个主要机场投下了 40 枚炸弹。此外，美军此次虽然没有出动航母，仅派遣了“卡尔萨基”号两栖攻击舰参战，但是舰上搭载 AV-8B “鹞”式垂直起降战机，与英、法两国战机一道协助反政府武装在班加西附近攻击利比亚政府军。美国海军还派出 EA-18G“咆哮者”电子攻击机“保驾护航”，确保联军在军事行动中不损失战机。

此后，利比亚政府军只能实施小规模反抗，西方国家军队轰炸则步步紧逼。3 月 31 日，北约正式从美国手中接管了对利比亚军事行动的全部指挥权。从 4 月 2 日起，美军飞机将主要从事侦察、空中加油和救援工作。除非收到北约特别请求，并且得到美国批准，美国战机不再执行空袭任务，而由法国、英国和其他参与行动的国家承担起对利比亚的空袭任务。

由于西方国家军队一直没有大规模派遣地面部队对卡扎菲军队实施决定性打击，只是派遣小规模特种作战部队和军事训练人员对反对派武装进行支援和培训，辅以空中支援和打击。因此，“奥德赛黎明”行动之后的战事显得既拖沓冗长又混乱不堪，直至卡扎菲被杀，战争时间持续了长达 8 个月之久，以双方力量对比而言，这样的“胜利”真是“来之不易”。

战争中的海军

与 1986 年的“草原烈火”和“黄金峡谷”行动相似，此次利

法国“戴高乐”号核动力航母

比亚战争行动中，西方多国部队主要采用的仍然是空袭方式，多国部队除了使用几个较近的陆地空军基地外，还在利比亚近海部署了航母战斗群，形成离攻击目标较近的海上基地，并利用航母攻击群在掌握制空权的同时牢牢掌握了制海权。

海军在整个战争中发挥了主要作用，最出风头的要属法国海军的“戴高乐”号航母。3 月 19 日，法国、美国、英国对利比亚进行联合军事打击后，3 月 20 日法国“戴高乐”号航母驶离位于地中海基地土伦军港。航母编队由驱护舰 3 艘，补给舰 1 艘，攻击型核潜艇 1 艘组成。该航母舰上搭载 8 架“阵风”–M 战斗机、6 架“超军旗”攻击机、2 架 E–2C“鹰眼”预警指挥机，以及“黑豹”直升机等 30 多架飞机。3 月 22 日“戴高乐”号抵达利比亚并立即参与到打击利比亚的军事行动中。22 日早晨，航母弹射 2 架“阵风”–M 战斗机，在利比亚领空首次执行侦察任务，中午顺利返回。25 日夜间，从航母上起飞的 2 架“超军旗”攻击机在 1 架 E–2C 预警指挥机的支援下，对利比亚发动了地面攻击。尽管大张旗鼓、兴师动众，“戴高乐”号航空母舰此次出击利比亚却大多执行的是封锁、侦察等任务，在直接打击的行动中并没有非常抢眼的表现。美军虽然此次没有出动航母，仅派遣了“卡尔萨基”号两栖攻击舰参战，但是舰上搭载的 AV–8B“鹞”式垂直起降攻击机却发挥了强大威力。在 20 日的第二轮攻击中，从“卡尔萨基”号上起飞的 19 架 AV–8B 攻击机对利比亚目标实施了攻击。战争期间，从“卡尔萨基”号上起飞的 AV–8B 攻击机、V–22“鱼鹰”偏转翼飞机和 CH–53E 直升机参与了海上搜救行动。

从水面舰艇发射巡航导弹实施远程对陆攻击是利比亚战争中海军另一个主要任务。在3月19日的首轮攻击中，美英海军首先使用大量“战斧”式巡航导弹对地中海沿岸22处防空设施进行了突袭，完全摧毁其中20处，另2处受损，致使利比亚防空系统遭到严重的破坏。就此，多国部队战机可以安全进入利比亚领空，为后续近距离空中精确打击提供了有力保障。战争的前4天，美、英舰艇就发射了“战斧”导弹约170枚，法军则发射了大约30枚的“风暴之影”防区外空射巡航导弹。此后，美、英军舰持续发射巡航导弹对利比亚陆上目标进行纵深打击，至3月底美军撤出打击行动时，美、英两国舰艇共发射199枚“战斧”导弹，取得了显著战果。

“卡尔萨基”号两栖攻击舰

利用舰载指控设施协调指挥联军行动也是利比亚战争中海军发挥的另一项关键作用。在军事行动的初级阶段，西方国家部队将指挥中心设在美国海军“惠特尼山”号指挥舰上，由美国驻欧洲部队司令进行战术指挥，直至4月初北约接过指挥权。在美军移交指挥权后，西方国家部队才将指挥中心设在了意大利的那不勒斯。将指挥中心设置在海上平台上的最大优势是灵活机动，尤其在远离本方基地的地方作战时，便于靠近前沿进行指挥。“惠特尼山”号指挥舰的姊妹舰“蓝岭”号曾在海湾战争期间担任多国部队的旗舰，美国的航母在伊拉克、阿富汗战争期间也曾担任前出指挥部。海上大型作战舰艇的协调指挥能力已经受到海军强国重视，尤其在当前强调多军种联合作战的情况下。美军航母和两栖攻击舰用ACDS先进作战指挥系统替代原来的NTDS海军战术数据系统，提高了战斗群

战术指控的自动化程度；改进现有电子信息系统，并按照联合作战三互能力的要求发展新的电子信息系统，如对联合海上指挥信息系统（JMCIS–N)进行改造，形成海上全球指挥控制系统(GCCS–M)，能够与其他军种的GCCS系统互操作，成为与其他军种联合作战的基础设施之一。

战后点评

从政治上看，利比亚战争本身并不复杂，是利比亚国内不同部落和不同派别之间的争斗而引发的国内战争，然而由于西方国家的介入发展为西方国家在阿拉伯世界的一场国际战争。是继科索沃战争、阿富汗战争、伊拉克战争后，以西方国家为首的军事联盟第四次对主权国家发动的旨在颠覆执政当局的军事行动。战争的特点：首先是表现在西方国家“选择性干预”策略的典型运用，即按照有利于自身战略利益的原则，选择施加影响或进行干预的对象和目标，通过干预利比亚实现引导和控制“阿拉伯之春”的政治走向。其次是体现在“有限干预”模式的使用，即借助联合国授权和利比亚内部反对派力量，使用有限军事打击行动来实现干预目标。

尽管利比亚战争本身的规模并不大，西方军队也没有实施地面占领，但是战争产生的政治影响却是深远的。第一，北约军事干预行动再次践踏了国际行为准则中的主权理念。联合国1973号决议指出，为保护利比亚平民所采取的一切必要措施中并不包括派遣地面部队占领利比亚。但是，北约军事干预行动远远超越和突破了联合国的授权，属于滥用联合国授权。这反映出联合国作为国际治理的主体，在能力上和制度上的缺陷。第二，北约军事干预行动显示出它继“东扩”之后，

欧洲“台风”战斗机

"南扩"的意图，包括它与印度之间的联系以及向亚太地区扩张的企图。随着北约的作用功能逐渐向全球迈进，必将对国际格局产生深远的影响。第三，利比亚战争不仅激化了利比亚内部纷争和部落对立，导致国内安全局势的复杂化，更加造成了强大的溢出效应，使整个撒哈拉地区成为极端势力活动新的主阵地，特别是马里局势恶化后再次引发了以法国为首的军事介入，这对地区安全和国际安全都带来了新的挑战。

与前几场战争不同，美国并非这场战争的主导者，它主动在"奥德赛黎明"中选择退居幕后。美国海空军参与空袭仅 10 余天，4 月 2 日退出直接战斗，转而为北约提供情报、后勤支持。美军此战无人员损失，总开支约 20 亿美元，堪称简约，其军事力量的投入极为克制、有限。在战争工具选择上，美军也更加倚重无人机的作用，据美国防部统计，在美军 1000 多次空袭行动中，100 余架次由"捕食者"无人机执行，"全球鹰"无人侦察机还被用于评估空袭效果。历经在伊拉克、阿富汗的惨痛教训后，奥巴马政府在中东用兵的胃口小了很多，但也不至于全无。利比亚战争美国的主要战略考量也就是借推翻卡扎菲进一步引导控制"阿拉伯之春"的发展方向。但是，历史和美国开了个玩笑。"阿拉伯之春"很快就变质了。叙利亚动荡升级为内战和代理人战争，埃及军事政变推翻了民选的穆兄会政府，突尼斯民选政府也屡遭民众抗议。独裁与民主的界限已经模糊。在利比亚，不仅民主制度步履蹒跚，还出现了民兵割据、暗杀频发、中央政权弱化的不稳局面。2012 年 9 月，美驻班加西领馆遭暴徒袭击，美驻利比亚大使当场身亡，引发美国各界对动武价值的强烈质疑。

E-3D 空中预警机

就作战行动本身而言，利比亚战争也有其特殊之处。2011 年 3 月 19 日，在法国的牵头下，西方以保护平民为由在利比亚设立禁飞区，很快发展为滥用联合国决议对卡扎菲政权的空中打击，主动成为地面上反对派武装的“开路先锋”。然而由于美国的撤出导致北约能够实施的攻击能力大减，而且由于坚持不大规模派遣地面部队参战，而反对派的物质力量又基本属于临时组织的民兵，导致尽管双方力量悬殊，但地面战事仍然长期延宕，耗时超过了半年，实际上是增加了战争的成本，也增加了极端势力扎根生长的土壤和机会。

从海军角度看，利比亚战争中的海军仍然发挥了较强的作用。但是由于利比亚地理上临近地中海沿岸的法国、意大利、西班牙等国，从这些国家的陆上基地起飞的战机可以很好地完成对利比亚目标实施攻击的行动。西班牙开放了2个可以供西方部队使用的基地，意大利开放了7个可以供西方部队使用的基地。意大利的西西里岛距离利比亚非常近，一般的普通飞机也可以往返三到四次不用加油。而且安全系数高，出击速度快，补给及时，能收到很好的打击效果，并节约经济费用。此外法国自己在科西嘉岛也有自己的基地，可以从那里出发进行打击行动，也是很好的选择。由此来看，法国出动“戴高乐”号航空母舰其实宣传象征意义更大于实际需要，其主要目的在于摆明法国立场，显示军事实力和打击利比亚行动的决心，进而促动北约相关国家表明态度、坚定决心、予以支持，并对利比亚卡扎菲力量形成心理震慑。

B-2 隐形轰炸机

军事技术上，利比亚战争与前几场战争一样，再次沦为了西方国家试验新式武器装备，验证新式战法的试验场，也成为西方展示高技术武器装备、推销军火的演示场。不仅法国派出了最先进的“戴高乐”号航空母舰和“阵风”战斗机，其他各国也都拿出了最先进武器，比如美国的 B-2 隐形轰炸机、“全球鹰”长航时无人侦察机和“捕食者”无人攻击机等，英国动用了 E-3D 空中预警机，以及欧洲多国联合研制的“台风”战斗机，此外动用的还有核潜艇和“风暴之影”巡航导弹等高新武器装备。

“军事比其他大多数职业更需要依靠前人明智的解释作为制定未来方案的参考。”

——［美国］麦克阿瑟

第七章　世纪新“冷战”：再次升温的北极争夺

北冰洋是地球上较为特殊的一片海域，它是世界上纬度最高、气候最为寒冷的海域，但这并没有阻挡人们对它的关注、开发和利用。冷战时期，北冰洋是美、苏对抗的一个重要场域，政治、军事与经济上的争夺几乎将人类推至核战争边缘。冷战结束后，这片曾拥有数百万年宁静的苦寒冰川似乎安静了许多。然而，进入 21 世纪以来，储量巨大的能源资源、具有战略意义的海上通道、地球顶点的全新战略空间，促使北冰洋沿岸各国加速推动主权声索、勘探开发与相关军事准备，席卷全球的金融危机也未能阻挡他们迈向北冰洋的坚定步伐。由此，北冰洋问题再次成为国际海疆争夺的热点问题。

一、 北冰洋之争的历史演变

北极之海——北冰洋

北冰洋面积 1310 万平方千米，约相当于太平洋面积的 1/4，占世界海洋总面积 4.1%，是地球上四大洋中最小、最浅的海洋。从传统世界地图上看，北冰洋在世界的边缘，但在以北极为中心的地图上，北冰洋处在世界的中心，介于亚洲、欧洲和北美洲之间，为三大洲所环抱，犹如世界的地中海。也正是其地中海的属性，同样注定它难逃被纷乱争夺的命运。

【知识链接】是洋也是海——千里冰封的特殊海域

北冰洋旧称北极海，“洋”是以大陆陆地为边界的广阔海域，中间没有陆地间隔，“海”则是组成大洋的较小海域单元。1650 年，北极探险家巴伦支首先把它划为独立的海洋，称之为“极北的海洋”或“寒冷的海洋”。1845 年，伦敦地理学会正式将其命名为北冰洋。“北冰洋”一词源于希腊语“熊”，意指正对大熊星座的海洋。北冰洋表面广被海冰覆盖，冬季海冰覆盖面积最大，可达 1140 万平方千米，约占总面积的 77.3%。夏季海冰覆盖的最小面积为 700 万平方千米，约占总面积的 47.5%。北冰洋大部分面积位于北极圈内，海冰平均厚度约 3 米，其中央部分海冰已有 300 万年以上的历史，

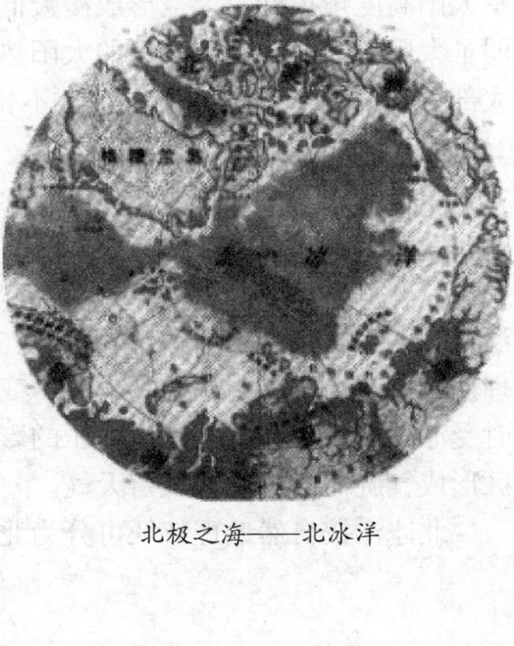

北极之海——北冰洋

为终年不融海冰。北冰洋有 8 个附属海：挪威海、格陵兰海、巴伦支海、喀拉海、拉普捷夫海、东西伯利亚海、楚科奇海和波弗特海。北冰洋中岛屿众多，总面积约 380 万平方千米，占世界岛屿总面积的 41%，基本上属于陆架区的大陆岛。其中最大的岛屿是格陵兰岛，面积 217.5 万平方千米，比西欧加上中欧的面积总和还要大一些，因此，也有人称之为格陵兰次大陆。岛上的冰盖被称为世界著名的“冰期化石”，中央冰层厚度达 3400 米，冰盖几乎覆盖全岛。北冰洋最大的群岛则是加拿大的北极群岛，由数百个岛屿组成，总面积约 160 万平方千米。

北极的冰山

北冰洋是世界上条件最恶劣的地区之一。冬季有极夜现象，夏季太阳高度角很低，天空形成漫天低云雾气弥漫，能见度极低，削弱了太阳的辐射，达到洋面的太阳热量少，所以北冰洋气候寒冷。大部分洋面终年覆盖冰层，常年不化的巨大冰层占北冰洋面积的 2/3。

东格陵兰寒流把漂浮在北冰洋上一些冰块带入大西洋，影响航行，以至出现“泰坦尼克”号邮轮沉没的惨剧。11 月到次年 4 月，气温一般在 -20℃ ~ -40℃之间；7 ~ 8 月为短促的夏季，平均气温也在 -8℃以下。年平均降水量仅 75 ~ 200 毫米。由于海陆的物理性质不同，常有明显的“季风”变化，而且风速很大，加上冬季时受冰岛低气压和阿留申低气压的影响，北冰洋海陆交界的边缘地区形成气旋而产生多暴风雪天气。

北冰洋按自然地理特征可分为北欧海域和北极海域。北欧海域，大致位于斯瓦尔巴群岛以南，包括挪威海、巴伦支海和白海，面积约 408 万平方千米，占北冰洋总面积的 31%。它是北冰洋中水温和气温较高、降水量较多、冰情较轻、海洋生物资源较丰富的海域。北极海域，位于斯瓦尔巴群岛和阿拉斯加、加拿大北极群岛之间，是一个长 3000 千米、宽 2000 千米的椭圆形海域。按其水深及成因又可分为两部分：一是大部分属于大陆架范围的边缘海，如喀拉海、拉普捷夫海、东西伯利亚海、楚科奇海、波弗特海、巴芬湾以及北极群岛间各大小海湾与海峡；二是北冰洋的中央部分或主体部分。这两部分的共同特点是水温、气温较低，各类浮冰分布范围广，海洋生物种类和数量较少。北冰洋略呈椭圆形，沿矩轴方向排列着三条主要海脊和两大海盆。三条海脊是：北冰洋中脊、罗蒙诺索夫海岭和门捷列夫海岭。两大海盆是：欧亚海笳和加拿大海盆。北冰洋洋底地形复杂特殊，其最突出的特点是：大陆架发育非常广阔，面积约 400 万平方千米，几乎占整个北冰洋面积的 1/3。在亚洲大陆以北，其大陆架从海岸一直自然延伸 1000 ~ 1200 千米；在北美洲大陆以北，其大陆架比较狭窄，只有 20 ~ 30 千米。

北冰洋有着丰富的石油、天然气和煤炭资源，被称为“世界最后的宝库”。北冰洋海域已探明的石油储量约 125 亿吨，天然气 62.5 亿吨，相当于全球碳氢资源储量的 25%。仅在俄罗斯领海范围内的北冰洋地区蕴藏的矿物价值就高达 2 万亿美元，其中天然气储量巨大，西伯利亚西北部可采的天然气至少有 13.5 亿立方米，很可能超过 17 亿立方米。另外，北冰洋还拥有储量巨大的煤炭资源，估计占世界煤炭资源的 9%。在矿产资源方面，北冰洋拥有大量的铜—镍—钚复合矿和黄金、金刚石、铀等矿藏。在生物资源方面，北冰洋有着相当数量的动植物资源。巴伦支海、挪威海和格陵兰海有暖流通过，是世界著名的渔场。

北冰洋上还存在着“东北航道”和“西北航道”两条沟通太平洋和大西洋的航道。“东北航道”主要是指从俄罗斯西端的巴伦支海，沿西伯利亚海岸向东至太平洋的楚科奇海，直至东北亚的海运

前景巨大的“北极航道”

通道，航线的大部分经俄罗斯内水和专属经济区，依靠破冰船航行，“东北航道”每年有数月的通航时间。“西北航道”指的是东起戴维斯海峡和巴芬湾，向西穿过加拿大北极群岛水域，到达美国阿拉斯加北面波弗特海，连接大西洋和太平洋的一条航道。由于地处北极圈内，特定的地理环境因素使得“西北通道”在全年大部分时间里处于封冻状态，只有在夏季非常短暂的一段时间里可以通过破冰船航行。

人类第一场北冰洋争夺

北冰洋周边的陆地和绝大部分岛屿从17世纪开始直至20世纪初都已陆续各归其主，成为各国的领土，只剩下斯瓦尔巴群岛仍然在国际主权之外游荡，成了各国瞩目的焦点。斯瓦尔巴群岛(也译作斯匹次卑尔根群岛)地处北极圈内的北冰洋上，位于巴伦支海和格陵兰海之间，总面积约6.2万平方千米。由西斯匹次卑尔根岛、东北地岛、埃季岛、巴伦支岛等组成。多为山地，最高点海拔1712米，沿岸多峡湾。其中，以西斯匹次卑尔根岛为最大，约占总面积的一半。斯瓦尔巴群岛气候寒冷，冬夏各有100多天的极夜、极昼，是最接近北极的可居住地区之一。按照传统的国际惯例，若想获得对一片土地的领土权，应当具备两个起码的条件，即“首先发现”和“有效的行政管辖”。而对于斯瓦尔巴群岛来说，没有任何国家拥有这两个条件。

一般认为，斯瓦尔巴群岛是荷兰探险家巴伦支于1596年6月首先发现的。那是他死前的最后一次航行。当时他率领船队经过熊岛继续向北挺进，看到前方出现一片几乎全被冰雪覆盖的岛屿。一些陡峭的山峰屹立在白雪之上，笔直地刺向灰色的天空，附近水域大量的格陵兰鲸群在游弋。船员们都被眼前这雄伟险峻的景色惊呆了，于是把这片岛屿称作“斯匹次卑尔根”，意即“冰原上的尖峰”，也就是我们今天常用的术语“冰原角峰”。遗憾的是，巴伦支没有来得及回国复命，就在新地岛北岸越冬时，由于饥寒交迫和坏血病而死去。他临死前写了一份关于这次探险的报告，却没有说明他是否曾经“以国王陛下的名义宣布对该群岛的领土所有权”。

从那以后便开始了300年的欧洲国家对这块无主之地的掠夺史。10年之后，英国探险家亨利·哈得孙乘坐一艘80吨4桅帆船“好望”号到达了位于北纬80° 237′的斯瓦尔巴群岛中最大的岛屿——斯匹次卑尔根岛的北端，并在那里发现了大群的鲸和海象。自1858年起，芬兰籍的瑞典探险家诺尔登肖尔德先后5次率探险队去斯瓦尔巴群岛探险考察，并在那里发现了欧美工业发展所急需的大量煤矿及其他矿产。该群岛的主权随即成为各国争论的焦点。一批又一批勇敢的欧洲人乘船渡海去探宝，其中人数最多的是挪威人和俄国人。他们先是捕鲸猎熊，后来渐渐转向开采煤、磷灰石、石棉、石膏等矿产资源。这些欧洲移民甚至逐渐形成一些城镇，其中最有名的就是西斯匹次卑尔根群岛的首府朗伊尔城，这是人类建在地球最北端的城市，约在北纬78° 14′。若从人口数量及实际行政管辖的角度看，挪威和俄国所占的分量似乎更重一些。但是挪威毕竟国力有限，俄国当时又正处于革命与内战时期，无暇西顾。这对于不愿意放弃斯瓦尔巴群岛利益的欧美列强来说无疑是个最好的时机。于是各国急忙展开穿梭外交，你来我往，讨价还价，运用许多的“主义”与“原则”，经过无数个回合较量，终于达成了有关北冰洋的第一个也是唯一的条约——《斯瓦尔巴条约》。

【知识链接】《斯瓦尔巴条约》

《斯瓦尔巴条约》于1920年2月9日，由英国、美国、丹麦、挪威、瑞典、法国、意大利、荷兰及日本等18个国家在巴黎签订。1925年，中国、苏联、德国、芬兰、西班牙等33个国家也参加了该条约，成为《斯瓦尔巴条约》的协约国。该条约使斯瓦尔巴群岛成为北极地区第一个，也是唯一的一个非军事区。条约承认挪威“具有充分和完全的主权”，该地区“永远不得为战争的目的所利用”。但各缔约国的公民可以自主进入，在遵守挪威法律的范围内从事正当的生产和商业活动。该条约签署消除了北冰洋历史上的第一次争夺，也是迄今为止在北极地区唯一的具有足够国际色彩的政府间条约。尽管签约国的数量与现在的《南极条约》差不多，但是《斯瓦尔巴条约》涉及的土地范围却仅仅限于斯瓦尔巴群岛，是远不能与南极大陆及《南极条约》相比较的。

如今，在挪威属斯瓦尔巴群岛首府朗伊尔镇的博物馆里还保存着几张已经发黄的纸张，上面密密麻麻地写着许多国家的名字，这就是著名的《斯瓦尔巴条约》，CHINA(中国)赫然在内。当时的北洋政府为何在战事混乱中去签订这样一个条约呢？有份文书如此记录：“我国经法国之邀请并承认荒岛主权本系国际间一种事实。如我国加入该约，则侨民前往该岛经营各种事业即取得条约保障而享有均等权利。”众所周知，我国近代和外国签订了许多不平等条约，大多丧权辱国，至今令国人心头阴影不散，贻害无穷。但这个《斯瓦尔巴条约》则完全不同，据此，我国公民可以自由出入、逗留斯瓦尔巴群岛，也为我国后来进入北极铺平了国际法理之路。从20世纪80年代起，中国人陆续抵达北极。1991年秋天，中国探险家高登义应挪威卑尔根大学的邀请，参加了挪威、苏联、中国和冰岛四国科学家联合的北极综合科学考察。开启了长达10年的中国民间北极考察之路，从而为中国政府的北极考察奠定了基础。而此行的根本依据就是《斯瓦尔巴条约》。不过也许是由于年久原因，

中国北极“黄河”科学考察站

当时知道这一条约的实在是不多。1993年，香港地区科技协进会理事李乐诗乘飞机到达北极点，插上了中国的五星红旗；1993年，中国科协批准成立了中国北极科学考察筹备组；2002年夏天，中国科学探险协会在北极斯瓦尔巴群岛的朗伊尔建立了“中国伊立特·沐林北极科学探险考察站”；2004年夏天，中国政府在北极斯瓦尔巴群岛的新奥尔松建立了“中国北极黄河科学考察站”。

二、真正的“冷战”——美苏在北冰洋的军事对抗

冷战期间，美国和苏联在世界各地展开了激烈的争夺，然而，让人想不到的是，他们在北极争夺的激烈程度要远远高于其他地区。

北冰洋作为“世界地中海”的地理位置和全球制高点的战略要冲，使这片广袤的冰海成为美苏对抗的竞技场，给世人带来的是惊心动魄的冰原传奇和核威胁下的毁灭恐惧。北冰洋70%以上的面积被冰层覆盖，常常暴风雪肆虐，电离层的扰动频繁，核潜艇一旦钻入厚达数米的大冰盖之下，可完全逃过包括最先进监视卫星在内的所有传感器的跟踪和监视。躲在冰层底下待命的核潜艇，还可躲避不能破冰的水面舰艇的袭击。核潜艇完全可以在神不知鬼不觉的情况下，携带核武器潜伏在海底，独力完成一场战争。而且世界上

主要军事强国都在北半球，北极圈与这些国家有着相同的最短距离，因而这里便成了地球上最安全、最具威慑力的水下导弹发射阵地，北极地区也很快成为全球洲际导弹最密集的地区。在北冰洋皑皑冰盖之下，隐藏着的是战略威慑力量角逐的暗流。

水下“猫鼠游戏”

早在 1946 年，美国便开始在北极地区进行每周 2 架次的航空考察活动，以获取建立军事基地的数据。而在 1949 年北约组织成立后的岁月里，美国更是在从阿拉斯加到冰岛的漫长北极线建起了弹道导弹预警系统，部署了相当规模的远程相控阵雷达、战略核潜艇、弹道导弹和截击机，并联合加拿大成立了“北美空间防御司令部”。通过一系列实质性的行动，美国已在北极周边部署了强大的联合军事力量，为其政治意图的实现打下了坚实的实力基础。1954 年，美国第一艘核潜艇“鹦鹉螺”号开始服役。1958 年，美国核潜艇已经能在北极冰层下自由航行，必要时可直接向俄本土发射导弹。

第一艘核潜艇——“鹦鹉螺”号

美国在北极地区活动的加剧引起了苏联的警觉，苏联认为自己的海上战略远远落后于美国，尤其是水下对抗方面，必须迎头赶上。苏联海军派遣了几批科学家在极地进行长期科学实验，研究如何对付美国核潜艇。最后，苏联科学家和军事专家得出结论：对付美国核潜艇最好的办法是发展自己的核潜艇力量。从此，美苏核潜艇长期游弋在北冰洋海底。由于双方都在这一公共区域出没，并没有固定的航线，加上互相追逐跟踪，所以潜艇相撞事故频繁发生。苏联 K-19 号核潜艇是发生事故最多的一艘潜艇，有“寡妇制造者”之称。1961年4月12日，K–19号核潜艇在巴伦支海潜航时差点与美国的“鹦鹉螺”号核潜艇相撞，由于事发突然，匆忙躲避，急速向海底冲去，艇首重重地撞到了海底，幸运的是潜艇并未发生爆炸，安全地返回了基地。1969年11月14日，在巴伦支海科拉半岛附近，K–19号核潜艇在60米水下潜航时突然与不明物体相撞，致使潜艇上的照明灯全部熄灭，并开始下沉。艇员们费尽周折才使潜艇返回基地。事后他们才得知，与自己潜艇相撞的是美国的“小鲨鱼”号核潜艇，对方也遭重创，但也侥幸返回。

【知识链接】“皇后鱼”的北极探险

1970年，美国开始秘密的北极潜艇军事行动，以确保在每次的军事竞赛中不输给苏联，这也使得美国“皇后鱼”号核潜艇成为北极浮冰下绘制西伯利亚大陆架地图先驱者。“皇后鱼”也是第一艘巨型潜艇，是美国专为极地全年军事行动而设计的。“皇后鱼”拥有一套先进的专业声学传动装置以帮助其呈现浮冰下的纷繁世界。例如，潜艇有一套特设传感器，用于发现海底冰山。从船首到船尾，它共有7件声敏组件以帮助工作人员判断冰山的厚度。“皇后鱼”在冰下隐秘而安静地穿梭着。为了寻找潜艇航行的安全路线，它要绘制上千英里的海床地图。为了执行任务，它还不得不在浅水区和冰层之间游荡，或深入30多米的海底。这给潜艇本身和117名工作人员的生命带来了极大的威胁。另外，潜艇还有被冻在水下的危险，既没有出路，也没有食物和其他供给品的援助。美国海洋与大气总署前高级科学家、海洋研究员塞尔维亚·厄尔勒评价道，危险水域中的壮举使“皇后鱼”成了英雄，“这艘潜艇在航行中有可能会消失，那样就有可能没有人知道关于它的任何事情，然而，他们克服了困难走到了最后，这真是一次妙不可言的探险历程”。

“皇后鱼”任务之后，北极便变成了军事区域。苏、美双方又派遣了更多的潜艇去北极冰下，苏联试图在那儿的浮冰边缘处隐藏

“皇后鱼”号核潜艇

载有导弹的潜艇，美国则想用潜艇跟踪它们，目的是在它们向美国发射导弹和核弹头之前能够及时地反应过来摧毁苏联潜艇。美国核潜艇经常冒险在苏联海岸附近游荡，它们还在北地群岛调查了十月革命岛和布尔什维克岛。1972 年 2 月 24 日，K–19 号核潜艇在从北极返回基地的途中，发现左侧有一艘美国潜艇。在匆忙躲避过程中，由于操作不当，潜艇起火，造成 28 名艇员遇难。

1979 年深冬，美国攻击核潜艇“帕切”号从北冰洋厚厚的冰层下悄然驶入巴伦支海。它此行的目的是在茫茫的海底寻找一条电缆，这条电缆一端连着苏联北方舰队司令部，另一端连着该舰队一个重要的海军基地。巴伦支海底有数百条电缆，美国人整整花了两周时间才找到他们需要的那条电缆。此后，美军利用这条线路上的窃听装置，获得了大量非常有价值的苏联军事情报。其中包括有关苏联海军进行未来核战争的详细计划。一年半后，苏联才发现了这些窃听装置。此外，美军还有更为大胆的行为。曾在美国海军服役的一名军官透露，由于美军潜艇性能较好，噪音较小，有时即便接近苏联海岸也很难被发现。为此，美军潜艇曾成功潜入苏联某海军基地，拍下了大量潜艇照片，甚至还在苏联潜艇底部安装特制的窃听器，成功截获了苏军潜艇与基地及其他舰艇之间的通话内容。

冰上间谍侦听

就在冰盖之下核潜艇展开惊心角逐之际，冰上舞台的争夺表演也从未消停过。美国早在第二次世界大战期间就已经看到了北冰洋地区的重要军事意义。1941 年，美国就与丹麦共同在格陵兰岛上建立了空军基地，并于1946年开始每周2次的北冰洋地区侦察飞行。随着通信技术的发展并应用于军事，监听成为北冰洋海域谍报暗战的主角，而美国于1867年从俄国手中“购”得阿拉斯加成为最初的舞台。阿拉斯加离苏联只有一条海峡相隔，美军通过大功率的接收天线可以截获苏军的通信内容。随着时间的推移，美军不再满足从海峡对岸获得的支离破碎的苏军信息。为了获得苏联在欧洲地区的驻军及北方舰队更多的通信秘密，美国人决定在北极的冰山中找到另一个“舞台”。

北极地区与南极不同，没有陆地，只有北冰洋上的巨大冰山，而冰山在海水推动下，慢慢地漂移、碰撞、解体、凝聚。因此，要想找到一块适合的冰山搭建“舞台”十分不易。在1951 ~ 1965年期间，美国在北极先后修建了9座监听站，前5个浮冰站全部是由美国空军建立的，后来美国海军的北极研究实验室又建立了4个浮冰考察站，即ARLIS系列。其主要任务是监测北极的地理环境和气候变化。他们通过长年对北极冰层、海底地形、大气环流的研究，为美军从事冰下侦察、通信和导航工作服务。由于条件恶劣，经验不足，这些监听站存在的时间都不长，最短的只有23天。其中真正发挥作用的是T3站和“阿尔法”站。T3站一直比较稳定，受冰层挤压和海水冲击的影响都不是非常严重，但是T3后来漂移出了理想区域，最终失去了利用价值，美军痛失所爱。1957年4月，美国又在一块浮冰上建立了“阿尔法”监听站，并一直沿用到1959年，后来又因冰情危险而被迫放弃。

1970年以后，建设冰站的技术逐渐成熟，美国建立了一些大型冰站。这些冰站由一个中心站和4个小站组成，面积大约为20平方千米。工作人员都居住在中心站上，环绕在周围的4个小站设有监测设备。

苏联建设的冰站与美国相比毫不逊色。冷战期间，苏联的“北极”系列冰山站达13个以上。1959年，苏联在一座5万米长的冰山上修建了“北极8号”间谍站，并在此工作达1055天。直到1962年，由于冰山破裂，苏联人才被迫撤离。与美国人一样，苏联人遇到的主要问题也是浮冰的断裂和漂移。1955 年建成的“北极 5 号”站所在浮冰在短短的一年半内断裂了 100 多次，而“北极 7 号”站在 1959 年被弃于格陵兰岛以北，原因同样是它已经远离了需要的工作区域。

在这场北冰洋争夺战中，苏联略占上风，苏联潜艇极地航行次数近 200 次，远超过美国，冰下航行的技巧和水平也强于美国。苏联潜艇在北极航行过程中，解决了冰下发射导弹的问题，试验了新型的武器装备。苏联潜艇部队在北极取得的战略优势，确保了苏联能够在冷战中与美国保持战略平衡。苏联解体后，苏联的北极军事基地都停止了工作，北冰洋下的潜航也基本暂停下来，而美国在北冰洋的活动却有增无减。

三、新的角逐——21 世纪北冰洋之争的升温与发展

苏联解体后，那曾沉睡百万年的北极冰川似乎渐渐淡出世人的视线，只留下那条北冰洋上空的“北极空中航线”。然而，由于“地球升温”，北极区常年海冰的覆盖面积近 10 年以每年 1%的速度快速缩小。海冰减少，“东北通道”和“西北通道”这两条航道每年可通航时间大大增加，并且由于气温、水温上升，北冰洋海域可能会形成新的渔场。因此，随着全球变暖的逐渐加剧，北冰洋在能源资源和航运方面的价值日益展现在世人面前。然而，所谓战略家的惊喜却是全人类的担忧。隐藏在冰盖之下的资源宝藏和战略通道，随着地球温度的升高迅速再次点燃了北冰洋争夺的导火索。

北冰洋争夺全方位展开

苏联解体，冷战结束，美国在北冰洋上似乎缺少了战略对手。俄罗斯由于经济原因，也无力继续保持冰盖上下全方位的战略夺控能力。围绕北冰洋的夺控战表面上进入了较为安静的冬眠期。然而，

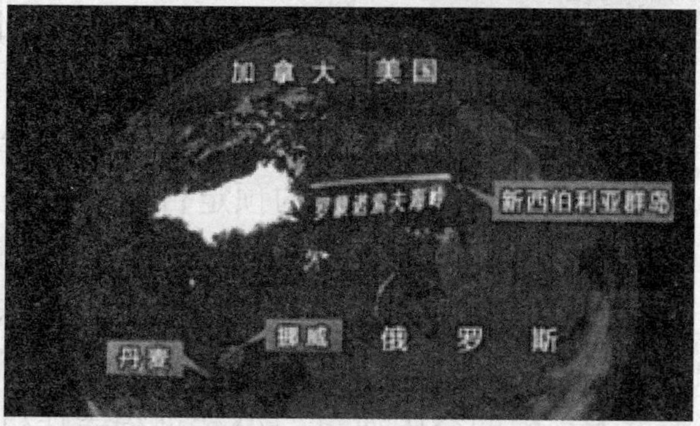

罗蒙诺索夫海岭位置示意图

进入21世纪以来，各国对北冰洋的争夺重新燃起战火，而且是政治、经济、军事全方位展开。

俄罗斯在2001年12月向联合国大陆架界限委员会提交申请，要求对北冰洋200海里以外的外大陆架，其中包括“罗蒙诺索夫海岭”俄方一侧大陆架行使主权管辖。“罗蒙诺索夫海岭”是苏联1948年在北冰洋洋底发现，并以18世纪俄罗斯科学家米哈伊尔·罗蒙诺索夫的姓氏命名的一条海岭。但这一申请立即遭到北冰洋周边国家的反对，且被大陆架委员会以证据不足为由拒绝。

2003年，丹麦军舰突然造访了位于加拿大和格陵兰岛之间内尔斯海峡以及与加拿大存在主权争议的汉斯岛，并且在该岛插上了丹麦国旗，宣示其对汉斯岛的领土主权。为此，丹麦和加拿大两国将汉斯岛主权之争抬到了桌面上，并开始角力。一向平和的加拿大也加大了在北冰洋的军事存在，其接连举行的军事行动令各方侧目。当然，作为北极国家之一的挪威也不可能将自身放置在北冰洋争夺之外，2006年，挪威向大陆架界限委员会递交了申请书，对很大一部分海域提出了领土要求，并开始积极收集北冰洋海底数据。

美国于2004年在阿拉斯加中部建立起第一个陆基“美国战区高空防御系统”之后，一直在加紧编织围绕北冰洋的导弹防御网。不仅如此，美国还设法动员北约一些成员国从北冰洋西部遏制俄罗斯，形成东西夹击的战略态势。2006年6月，12架F-22第一次奔赴阿拉斯加参加空战演习，演练拦截俄军远程轰炸机和与俄军战斗机格斗的能力。俄罗斯军事分析家认为，俄罗斯为了国家安全利益，必须加强北冰洋地区的远程作战能力。在美国四处围堵的情况下，俄罗斯不得不再次将核威慑主要阵地转向北冰洋，以突破美国反导系统的包围，提高对美国的核威慑力度。2006 年 9 月 9 日，俄在北冰洋活动的一艘核潜艇发射了一枚洲际导弹，其携带的 3 枚弹头均摧毁了俄西北端靶场的预定目标。这是俄战略核潜艇 11 年来首次从北冰洋发射洲际导弹。当时的美国《新闻周刊》惊呼：美国随时面临被人从背后捅上一刀的危险！这么短的时间，美国任何反导系统都来不及拦截。2006 年 9 月下旬，俄罗斯空军也进行了多年来最大规模的空中演习，70 架远程轰炸机参加，试射了 18 枚巡航导弹。其中，一些远程轰炸机飞越北冰洋，穿过北极。还有一些远程轰炸机从北冰洋南下，逼近阿拉斯加美军，尔后，进入太平洋，一直飞到日本西海岸上空附近。

【知识链接】幸运的“亚历山大”

2007 年 3 月 21 日凌晨，美国海军“亚历山大”号潜艇与英国皇家海军“不懈”号进行代号“2007·冰”的联合军演。这是一场秘密演习，目的是探摸北冰洋潜艇通道。演习在戴德霍斯以北约 274 千米的海域进行，“不懈”号扮演的是“猎人”，在冰盖下追踪、锁定、击杀“可疑目标”——美国洛杉矶级“亚历山大”号核潜艇。不料，20 时 20 分，首舱突然传出一声巨响，整艘艇剧烈地摇晃起来，所有的官兵都闻到了刺鼻的焦味，原来一台制氧机在密闭的潜艇舱内爆炸。艇长伊恩·布莱克里奇立即下达了紧急上浮的命令。潜艇撞破北极海面上的冰盖，破冰浮出海面获取新鲜氧气。一架救援直升机随后赶到，降落在冰面上，将受伤者接离核潜艇。幸好事发地点的北

幸运的“亚历山大”号潜艇

极冰并不太厚，所以潜艇能够及时破冰而出。北极其他地区的冰层都非常厚，如果潜艇在其他地方出事，他们可能永远也无法破冰而出。非常幸运的是，这场爆炸和火苗也没有引爆附近堆放的鱼雷和“战斧”巡航导弹，否则后果不堪设想。这起爆炸事故只对核潜艇造成了轻微损害，所幸核反应堆也未受到影响。

正是这起意外事故将这场秘密演习曝光在公众视野之下，才将美英等国对北冰洋的霸占野心与战略意图显露无遗，而对北冰洋周边国家却无疑是进军北冰洋的号角。俄罗斯自然感受到了来自即将融化冰层下的威胁，决定抢先行动。2007 年 8 月 2 日，俄罗斯进行了代号为“北极—2007”的北极深海考察，其间，俄国家杜马副主席、极地专家奇林加罗夫，乘潜水器在北极点附近 4260 米深的北冰洋底插上了一面高 1 米、能保存 100 年左右的钛合金俄罗斯国旗，并留下了一个密封舱，里面存有考察队给后人的信件，用这种方式向世界宣示了俄罗斯对北极的主权。此举在国际社会掀起轩然大波，美国、加拿大、挪威、丹麦等国表示强烈不满并立即采取了跟风行动。

在北冰洋海底“插旗”的俄罗斯深海潜水器

美国于俄“插旗”后的第 4 天就派出海岸警卫队“希利”号重型破冰船开赴北冰洋进行为期两个月的考察活动。这是 2003 年以来的美第 3 次北极考察，虽然美国还没有批准《联合国海洋法公约》，但是这次行动被认为是美对未来宣示主权的“未雨绸缪”。加拿大也于 2007 年 8 月开始了行动，总理哈珀开始了其任内的第 3 次北极之旅。8 月 10 日，哈珀在视察加拿大巴芬岛的南尼斯维克镇时说，加拿大将在北极地区建立两个军事基地，其中包括加在北极地区的首个深水港和一个军事训练中心，扩大加拿大骑兵巡逻队的计划和在这一地区部署长航时的无人机来执行监视任务的可能性。丹麦政府则于 8 月 12 日派出科考队急赴北冰洋，对“罗蒙诺索夫海岭”进行为期一个月的考察，以显示自己对北极的主权。2008 年 2 月 12 日，美国国家海洋大气局在华盛顿宣布，去年夏秋之季美国在楚科奇海进行的极地科考结果将能够使美国北极经济区边界顺着此前的阿拉斯加海岸线再向前推进 100 多海里，此举被认为将会巩固美国在北极自然资源争夺大战中的地位。美国海岸警卫队还计划在北极地区建立基地，地点在美国领土最北端的巴罗镇附近。同时，美国国会还考虑批准再建造两艘更高级的破冰船。

为了缓和局势、化解矛盾，避免各国在北冰洋“擦枪走火”，2008 年 5 月 27 日，俄罗斯、加拿大、美国、丹麦、挪威 5 个国家(称为 Arctic Five，A5) 高官聚首格陵兰岛讨论北冰洋问题。会议的主要成果就是 A5 同意由联合国根据《联合国海洋法公约》来解决他们之间关于北冰洋的纠纷，并且承诺将协调各自市场，共同保护北极地区环境。但这次会议被外界认为是一次 5 国间“内部协商，外部排他”，瓜分北冰洋的会议，受到了不少指责。

此后，俄罗斯国家安全会议在 2008 年 8 月通过了俄 2020 年前关于北极的国家政策。2011 年 8 月，俄安全会议成员聚首西伯利亚西部靠近北冰洋的涅涅茨自治区，就北极问题召开专门会议。俄罗斯看重北极主要有两个考量：一是如总统梅德韦杰夫所指出的，北极是俄罗斯在 21 世纪关键的战略资源基地；二是随着北冰洋洋面的解冻，一条新的海上运输线路将随之形成，今后若干年其货运量有望大幅增长 10 倍。通过北方海上航线运输货物比通过苏伊士运河要节省 2440 海里路程和 10 天运输时间，每艘船平均可节省大约 800 吨燃料。

美国方面，奥巴马政府在 2010 年国家安全战略中称美国是“在北极地区有着广泛和重要利益的北极国家”。美国军方声称，通过导弹防御和预警、战略威慑、海空部署等确保在北极地区的国家利益，而海上航行自由是优先考虑的问题。美国国防部称，当前美国在北极地区的军事部署能够满足从现在到2030年的防务需求。

美国与加拿大之间既有战略合作，也有战略争夺。一方面，双方宣称将“以互补方式”来确保在北极的共同利益。另一方面，加拿大坚称对连接大西洋和太平洋的西北航道拥有主权，有关国家使用该航道时必须征得其同意；美国则认为这是一片潜在的开放水域，其军舰自动拥有通行权。2011年8月23日，加拿大总理哈珀再次前往北极地区进行视察，主要目的就是向国际社会显示其维护主权的决心。

2011年8月22日，丹麦公布了其北极战略，宣布将在2014年12月之前向联合国提交延伸大陆架200海里的申请。

挪威、丹麦、美国、加拿大和俄罗斯希望通过“内部协商，外部排他”来处理北极领土和权益问题，并进行北极治理。北极理事会第七届外长会议公布的《努克宣言》公开声称，只有承认北极理事会成员国对北极的主权和管辖权，其他国家才能成为该理事会的观察员。同时，有关国家就通过合作管理北极地区也取得一些进展。与会国家外长签署了北极理事会成立15年以来首个正式协议《北极搜救协定》，协定就各成员国承担的北极地区搜救区域和责任进行了规划。美国国会研究人员撰写的一份关于“北极地区变化”的报告称，到21世纪30年代末，北极将出现无冰之夏，各国对于资源及航道等的争夺将更趋激烈。

【知识链接】北极航道的价值

在21世纪初期，北冰洋之争之所以再度升温，最主要的原因是自然因素，即气温上升、地球变暖、冰层融化的趋势使北冰洋的资源和通道价值再次凸显。联合国2006年公布的全球气候变化评估报告说，地球变暖将在不久的将来使北冰洋地区1年有5个月适航。气象学家甚至预言，如果全球气候变暖趋势继续，2020年，普通商船夏季可独自航行北冰洋。以从圣彼得堡到海参崴为例，走

“西北航道”示意图

北冰洋航线为1.428万千米，走大西洋—地中海—苏伊士运河—印度洋—太平洋航线的路程为232万千米。从荷兰鹿特丹到日本横滨，经由北极的航线要比现在经由苏伊士运河的航线缩短40%的路程。从中国上海到德国汉堡的距离将缩短6400千米。从英国伦敦到日本东京的习惯航线需经巴拿马运河，整个航程约13万海里，若能采用北极航线则航程将缩短为8850海里。而且，近年来索马里海盗的猖獗使通过苏伊士运河船只的安全费用增加了10倍，北极地区海上通道更加受到关注。另外，气温上升和冰区缩小，也使北冰洋潜在的海底矿产资源的勘探开发更加可能。当然，说到底，是各相关国家看到了蕴含在北冰洋的巨大资源和利益，并决定采取实际行动加以维护和拓展。

争议各方政策主张

综观当前北冰洋之争的现状，在未出现任何超国家的权威管理机构之前，北冰洋周边主要国家的政策立场仍是北冰洋之争中冲突与合作的基础要素。目前，主权纠纷、资源争夺与排外性合作主要集中在俄罗斯、美国、加拿大、丹麦与挪威5个北冰洋沿岸国家，这5个国家的北冰洋政策，在实质上主导了北冰洋问题的发展方向。

俄罗斯的北冰洋政策立场主要包括：捍卫并扩大领土主权、确保能源经济利益以及维持地缘战略优势。自苏联时期开始，莫斯科即透过各种途径扩大在北冰洋地区的领土主权。1926年4月，苏联中央执行委员会采取“扇形理论”观点，以行政命令方式划定对北冰洋部分岛屿的主权，并诉诸武力排除他国在附近海域的科学与经济活动。1997 年 3 月，俄罗斯批准《联合国海洋法公约》后，改为遵循国际法的途径确保其在北冰洋的领土主权，同时透过科学考察，搜集有利于扩张俄国大陆架界线的相关证据。2007 年 8 月，推动“北极—2007”科学考察，并于北冰洋底进行插旗。此举除了为再次申请大陆架划界提供有利证据，也向世人展现俄国在洋底活动的科学技术与先进设备。同时，维持地缘战略优势是俄罗斯北冰洋政策的另一项重点。冷战期间，“北方航道”是苏联军事力量向外投射的重要通道。苏联为保护北冰洋周边海域，成立海军三大舰队中装备最先进的“北方舰队”，并将舰队的总部和母港设在靠近芬兰和挪威边境的摩尔曼斯克。苏联解体后，俄罗斯的安全环境持续恶化，除了北大西洋公约组织与欧洲联盟相继推动东扩政策外，美国也计划在捷克、波兰等中欧地区部署导弹防御系统，严重挤压俄罗斯的战略空间。因此，普京总统上任后积极加强“北方舰队”的建设，借以突破西方国家的战略围堵。

2009 年 1 月 9 日，美国政府综合各部门之间的利益，由布什总统签发了《美国北极政策指令》，指令明确了美国对一些搁置已久或模棱两可问题的主张,重申了北极与美国国土安全的重大问题。美国的政策立场主要包括三个方面：一是保护美国在北冰洋地区的利益。确保能源与通航利益是美国北冰洋政策的首要目标。二是强化美国在北冰洋地区之战略优势。2008 年 10 月，美国智库“传统基金会”发表《新冷战：恢复美国在北极地区的存在》一文，建议筹组“北极司令部”，确保美国在北冰洋的战略利益。三是推动北冰洋安全事务的多边治理。针对气候变迁、环境污染和生态保护等非传统安全威胁，美国则主张采取多边国际治理途径，透过联合国架构及其专门组织，推动北冰洋各国之间的多边合作，借以维护美国在该地区的利益。

加拿大自视为北冰洋的合法拥有者，持续透过各种方式，声称相关岛屿与水域之主权。冷战结束后，加拿大透过防务自主与军备扩充的国防政策，逐渐摆脱美国对其北冰洋政策的干预。2003 年加拿大在马丁总理上台后，大幅增加军事预算，同时借反恐之名扩大在北冰洋地区的军事部署，并于2005年正式退出美国导弹防御系统计划。此外，为垄断北极航道的通行权，加拿大分别从国际法与国内法途径，贯彻本国捍卫“西北航道”主权的立场。国际法方面，加拿大援引《联合国海洋法公约》第7、第8条，同时积极争取汉斯岛的所有权，借以支持将“西北航道”划为本国内水的主张。国内法方面，加拿大国会通过《北极水域污染防治法》，以保护海洋环境为由，在北冰洋水域设置了100海里的污染防治区，并赋予加拿大在该区域规定船舶建造和航行标准之权利，必要时可禁止航道的通行。加拿大另一重点是扩大本国在北冰洋的军事存在。2008年8月，加拿大进一步在北冰洋地区举行代号为“2008纳鲁克”的陆海空联合军事演习，借以宣示加拿大对北冰洋地区的主权，同时应对各种潜在的问题。

丹麦本身并未在北冰洋内拥有领土，它长期以来参加北冰洋事务，主要源于对格陵兰岛的主权管辖。面对来自环北极诸国在北冰洋事务中的竞争，丹麦政府所采取的政策立场较为灵活，包括巩固与格陵兰的关系、加强安全保障以及进行共同开发，期待能借此在北冰洋事务中稳占一席之地。鉴于格陵兰的自治倾向，早在格陵兰进行完全自治公投前，丹麦外交部与格陵兰自治政府共同公布一份《北极转型时刻：北极地区活动的规划战略》文件，确保双方未来密切而全方位的合作。该份文件由此而成为丹麦持续涉入北冰洋事务的重要基础。安全保障方面，无条件支持美国在北冰洋地区的军事计划，一直是丹麦确保国家安全与利益的重要途径。透过与美国全方位的军事合作，丹麦可让其在推动北冰洋政策时获得更多的外交与军事筹码。丹麦北冰洋政策的重要立场，还包括区域资源的共同开发。2008年，丹麦主动召开“伊卢利萨特会议”，希望透过多边国际合作，集体垄断北冰洋资源的开发权利。该会议签署一项共同宣言，主张由丹麦在内的北冰洋沿岸5国共同管理北冰洋安全事务，排除其他国际组织的涉入。

挪威的北冰洋政策立场主要包括两个方面：一是确保本国对周边海洋资源的独占；二是避免单一国家对北冰洋资源进行垄断。挪威独吞周边海洋资源的企图,体现在它对斯瓦尔巴群岛的管辖措施。1971年9月，挪威加入《日内瓦大陆架公约》后，据此宣称本国对斯瓦尔巴群岛周边水域的排他性权利，同时限制各国依《斯瓦尔巴条约》在该水域所进行的相关活动。1976年12月，挪威制定第91号法并发布“皇家命令”，宣布自1977年1月起建立200海里的专属经济区，以及授权本国渔业部长拟定斯瓦尔巴水域的渔业规范。挪威政府的另一重要立场是避免单一国家垄断北冰洋资源。为能与其他沿岸国家分食北冰洋大陆架资源，挪威政府于2006年正式向联合国大陆架界限委员会递交申请书，希望借此扩大开发北冰洋底资源的主权权利。因此，当2007年俄罗斯透过插旗行动展现垄断北冰洋资源之企图时，挪威积极争取北约在北冰洋划界过程中的积极介入。挪威外交部长史托尔更在2009年“北冰洋疆界会议”中，公开呼吁俄国应在北冰洋政策上表现更大程度的合作意愿。

由此可见，尽管北冰洋周边国家都声称对北极部分地区享有主权，但直到今天，谁又都无法提供足够的证据。其实，无论是1958年的《大陆架公约》，还是1982年的《联合国海洋法公约》，都只是规定了对200海里专属经济区的资源享有专属开采权，但并没有规定大陆架和经济专属区是任何一个国家的领海。虽然俄罗斯到北极进行勘探也并不违反任何国际法，但所谓的俄罗斯在北冰洋底插上该国国旗是“宣誓主权”的说法在概念上是不准确的。就像1969年美国“阿波罗”号登月时插上美国国旗那样，最多就是证明其到过这个地方，并不具有法定效力。

值得关注的是，除以上5个主要国家之外，有关北冰洋的问题还涉及一些政府间组织，主要包括联合国及其相关机构、北极理事会等。北极理事会成立于1996年9月，旨在推动北冰洋地区的环境保护、社会经济以及可持续发展。关注的议题范围相当广泛，主要依照《渥太华宣言》，设立可持续发展、北冰洋监测与评估、北冰洋环境保护、北冰洋污染物行动计划、北冰洋动植物养护、突发事件预防反应等6个工作小组。其正式成员除了环北冰洋国家外，也将原住民团体设为“永久参与者”，提供他们参与北冰洋事务决策的同等机会。此外，该组织针对部分非北冰洋国家、政府间组织和非政府组织，亦同意以观察员的身份参与相关活动。

非政府组织方面，主要的行为主体分别是“国际北极科学委员会”和“世界自然基金会”。“国际北极科学委员会”成立于1990年8月28日，成员包括来自19个国家的科学机构代表，为北冰洋最大的国际科学组织。其成立宗旨在于透过“和平、科学、合作”原则，积极协调与指导各国北冰洋考察活动，同时推动相关国际科学合作计划，包括北冰洋生物资源、矿产资源、能源及环境等项目。“世界自然基金会”成立于1961年9月11日，旨在抑制地球自然环境的恶化，并促成人类与大自然和谐共处，为全球最大的环境保护组织。

以上非国家行为主体中，“联合国大陆架界限委员会”和“北极理事会”在解决北冰洋问题上担当着较为重要的角色，然而，行为主体的多元化和国际组织重要性的提升并没有改变北冰洋周边主权国家主导该地区安全的现实。该地区目前不存在单一权威的管理机构，权力水平分散于主权国家与非国家行为体之间。实际上，北冰洋地区仍处于现实主义下的“冷战”之中。

北冰洋之争“战与和”

北冰洋之争同时横跨政治、经济、军事、环境等领域，涵盖传统与非传统安全，包括地缘战略竞逐、资源开发争端、大陆架划界争夺、西北航道争议以及环境安全等问题。其争议焦点与行为主体皆不相同，复杂程度已超出个别国家所能独自解决的范围。作为北冰洋之争最重要的议题，即关于北冰洋及其洋底可否划分和怎样划分的争议正在持续升级。国际社会普遍关注这一争议的发展趋势，如何解决，全世界都在拭目以待，而可能的结局大体有以下三种：

一是利用《联合国海洋法公约》化解争议。由于在2008年5月在格陵兰岛召开的国际会议上，北冰洋沿岸5个国家承诺由联合国根据《联合国海洋法公约》来解决他们之间关于北冰洋的纠纷，且《联合国海洋法公约》对大陆架和专属经济区划界有着专门的规定，因此由联合国及其他相关国际机构、组织依据《联合国海洋法公约》，来解决北冰洋问题存在较大的可能性。

【知识链接】《联合国海洋法公约》关于“大陆架”规定

根据《联合国海洋法公约》第76条第1款规定：“沿海国的大陆架包括其领海以外依其陆地领土的全部自然延伸，扩展到大陆架边缘海底区域的海床和底土，如果从测算领海宽度的基线量起，到大陆外缘的距离不到200海里，则扩展到200海里的距离。”该条第6款规定：“在海底洋脊上的大陆架外部界限应不超过从测算领海的基线量起350海里，或不应超过连接2500米深度各点的2500米等深线100海里。”但该条第8款又规定：“从测算领海宽度的基线量起200海里以外大陆架界限的信息应由沿海国提交大陆架界限委员会。委员会应就有关划定大陆架外部界限的事项向沿海国提出建议。沿海国在这些建议基础上划定的大陆架界限应有确定性和约束力。”对于专属经济区，“海岸相向或相邻国家间专属经济区的界限，应在国际法院规约第38条所指国际法的基础上以协议划定，以便得到公平解决”；在达成协议前“有关各国应基于谅解和合作的精神，尽一切努力作出实际性的临时安排，并在此过渡期间内，不危害或阻碍最后协议的达成。这种安排应不妨害最后界限的划定”。如果有关国家在合理期间内未能就划界问题达成任何协议，那么任何一方都可以将争议提交强制调解程序解决。如果有关国家之间存在现行有效的协定，他们之间关于划定专属经济区界限的问题，则应按照协定的规定加以决定。而打算划定其200海里以外大陆架外部界限的沿海国，应向根据该公约附件二成立的大陆架界限委员会咨询意见，应向该委员会提交有关这种界限的信息，并在委员会以书面形式提出的建议的基础上划定大陆架外部界限。沿海国在大陆架界限委员会的建议基础上划定的大陆架界限有确定性和约束力。

根据海洋法的上述规定，俄罗斯现已拥有北冰洋沿岸200海里专属经济区，根据俄北部沿海大陆架延伸条件，它还可以向外扩展150海里大陆架，使之达到符合海洋法公约规定的350海里。但俄如果要获得整个罗蒙诺索夫和门捷列夫海岭所在水域和洋底的大部分，即面积为120万平方千米的北冰洋水域和洋底，即使它收集到了联合国大陆架界限委员会能够接受的证据，似乎也不太可能，因为它不符合上述法律规定。加拿大、丹麦和美国也在争取获得350海里专属经济区，而它们争取的区域与俄争取的区域并无交叉，因此如果各方都能严格按照《联合国海洋法公约》来处理北冰洋水域和洋底划分问题，彼此之间就不会有太大争议。这样，北冰洋及其洋底的主体部分仍可以像现在这样作为国际公共水域，继续供世界各国从事科考等活动，这也是国际社会大多数国家所期望的结果。如果北冰洋问题各方严格按照《联合国海洋法公约》中的相关规定来解决北冰洋问题，大陆架申请由大陆架界限委员会来裁定，专属经济区在两国协商不成的情况下依程序由联合国相关部门仲裁，那么北冰洋问题在未来就不再会有大的争议。

二是签署《北冰洋公约》从根本解决北冰洋主权问题。北冰洋作为一个独特区域，其战略位置、资源开发潜力、对全球气候影响等因素不可忽视，俄罗斯的“特殊要求”和“特殊行为”之所以产生“一石激起千层浪”的后果，还因为它不仅涉及北冰洋主权划分问题，还关系到北冰洋和北极地区的安全等许多问题。为避免因法律缺失而产生的各类难以预料的事态出现，在《联合国海洋法公约》基础上由联合国主导出台一部类似《南极条约》的《北冰洋公约》或类似的法律文件势在必行。

【知识链接】《南极条约》

《南极条约》

《南极条约》是在国际上对南极的科学考察逐渐演变成一些国家竞相宣示主权的情况下，由美国、法国、日本、苏联、挪威等12国于1959年12月1日在华盛顿签署的。该条约规定：“南极应永远专为和平目的而使用，不应成为国际纷争的场所和对象。”条约还冻结南极的领土权，规定各国不得对南极提出主权要求，南纬60°以南水域和冰架均为国际公海。《南极条约》于1961年6月23日生效后，对所有国家开放并任其加入，它既结束了当时一些国家间兴起的南极主权之争，同时也为日后各国科学家自由前往南极考察提供了法律保障，堪称和平解决国际争端的一个典范。《南极条约》签署后，成立了由28个国家组成的有关南极事务的最高决策机构——“南极条约协商会议”。1991年，该机构出台《关于环境保护的南极条约议定书》，决定50年之内(也就是2041年之前)禁止开发南极矿产资源活动，使南极争夺趋于平静。

现在有关各方的竞争已使北极和北冰洋归属问题变“热”，不排除各方以史为鉴，并可能在未来几年共同促成一份针对北极的专门法律文件。西方一些媒体甚至认为，只有这样才能从根本上保障北冰洋和北极地区作为人类共有的资源。2007年，世界自然基金会发表声明，呼吁制定一个北极公约或其他多边协议以防止纠纷。世界自然基金会认为，作为主要国际海洋法的《联合国海洋法公约》不足以保证北冰洋问题的有序解决，该基金会希望能建立一个类似于地区协议的多边协定，与已有数十年历史的《南极条约》体系相呼应。签署法律条约来解决北冰洋问题，既有成功实施的先例，又有外部呼吁的环境，用这种方式来解决北冰洋问题的可能性也是存在的。

三是各国依据实力瓜分北冰洋海域。近几年来，美、俄、英、加等同纷纷加强北冰洋地区的军事力量，为谋取各自的利益展开了一场空前激烈的角逐。虽然目前看来，美、加、俄等国在北极勘探问题上还没有出现直接军事冲突的迹象，但如果不能很好地进行协商，仍然会导致国家关系恶化，影响地区形势的稳定。北冰洋之争说到底是综合国力和科技水平的竞争。有关同家频频在北极地区开展科考或举行军事演习，既是在宣示自己的立场，也是在展示自己的力量。因此，北冰洋周边各国依据实力瓜分北冰洋这种可能性不能排除。北冰洋周边各国目前也都在做两手准备：一手抓科考，派出测量船探寻北冰洋海盆为向联合国申请外大陆架搜集科学证据；一手抓军事，加强各自在北冰洋海域的军事实力，扩大军事活动的规模和范围，谋求或加强对各自利益诉求海域的实际控制。在军事方面采取的活动，不管主观上愿意与否，都是各国在为北冰洋问题做最坏的打算。一旦某个国家或者军事集团从军事上控制了地球顶端的北冰洋，将会对整个北半球的军事态势产生重大影响，所有北半球的国家都将受到重大冲击，从而极大地影响世界局势。如果情况真的发展到了各国靠实力瓜分北冰洋的地步，将是国际社会的悲哀，是对国际法和公平原则的践踏，国际社会都要积极行动来防止这种情况的发生。

总之，北冰洋作为亚、欧、北美三大洲的顶点，拥有联系三大洲的最短大弧航线，也是美俄两国核潜艇和远程轰炸机攻击对方的最快捷通道。同时，北冰洋又拥有极为丰富的自然资源与通航前景。因此，有关国家展开新一轮的北冰洋争夺似乎也在情理之中。然而，在以和平与发展为主题的21世纪，北冰洋事务的处理、北冰洋争端的解决，既要考虑相关直接当事国的利益，也要从全人类的视野出发，考虑国际社会的整体利益和共同需要，从而使北冰洋成为能有助于促进世界和平、推动人类共同发展的“和谐之海”。

第三部分
海疆争夺的走向

"没有海军，我们在紧要关头所表达的国家意志也就仅仅成了一个泥足巨人所做的笨拙无用的姿态而已。"

——马汉 (1900 年) 摘自《海权论 · 亚洲问题 · 日本、中国的变化及其影响》

“乘着顺风，就该扯篷。”

——［西班牙］塞万提斯

第八章　21 世纪海疆争夺总体态势

谈论海疆争夺，首先涉及谁在争夺，在什么地方争夺，即争夺的主体与场所。就世界层面而言，海疆争夺的主体即海疆争夺的当事者、参加者自然是国际社会的基本单位——国家。海疆争夺的场所，广义而言，包括全球海域，全球海域又可分为不同的区域，在不同的时期有不同的重点争夺区域。海疆争夺的主体及其力量结构、海疆争夺的场所及其区域态势，构成了海疆争夺的基本格局。21 世纪以来，国际海疆争夺的力量结构与区域态势都出现了一些新的特点。

一、基本格局：力量发展多极化、海上霸权依然强大

历史上尤其是 15 世纪以来，海洋完全是强国、大国争夺和对抗的场所。20 世纪中期之后，随着亚、非、拉国家的独立和觉醒，广大发展中国家开始争取和维护自己的海洋权益，这可以说是世界海洋斗争史上具有革命性意义的事件。众多发展中国家的斗争冲击了大国控制海洋、垄断国际海洋事务的旧秩序，为海疆争夺的力量结构注入了新的因素，也使国际海疆争夺呈现出多元复合的基本态

势。冷战时期，美苏无疑是海疆争夺的主角，但亚、非、拉沿海国家也是国际海洋斗争中的力量。因此，国际海疆争夺呈现出美苏两强争霸、众多发展中国家维权的基本态势。当然，在力量对比上，发展中国家还远远不能与美苏两国相提并论。

20 世纪 90 年代初，冷战结束、苏联解体，世界战略格局发生转折性变化，持续 40 多年的美苏两极对抗格局不复存在。两极格局瓦解后，世界格局在演变中出现了两种相互对立的发展动向：一是美国成为唯一超级大国，企图建立单极世界；二是多极化不断发展，其进程虽然曲折，但方向不可逆转，前景日益明朗。与世界战略格局的演变同步的是国际海疆争夺的力量结构也出现了新的变动。这种变动主要表现在以下几个方面：美国的实力和地位继续维持，仍能独霸全球海洋；西方其他强国和发展中地区大国谋求发挥更大作用；广大沿海发展中国家努力争取维护和扩大海洋权益。因此，21 世纪初期的世界海洋力量结构可概括为“力量发展多极化但海上霸权依然强大”。

美国在冷战结束后成为世界唯一的超级大国，20 世纪 90 年代初至 2008 年金融危机之间的近 20 年时间里，美国的经济和军事实力继续维持，这使它在海疆争夺中处于有利和优势的地位。美国的海洋超强地位最突出的体现是，其遍布世界各海域的海上军事力量及其拥有的强大远洋进攻能力。按照有关分类，冷战结束至今，美国是唯一的全球性海军，在今后一段时间里仍将保持这一地位。美国海军现役兵力 37.6 万余人，拥有航空母舰 11 艘 (全部是超级核动力航母)，核潜艇 74 艘 (其中，弹道导弹核潜艇 18 艘，

世界上最先进的“海狼”级核攻击潜艇

攻击型核潜艇56艘），巡洋舰27艘，驱逐舰49艘，导弹护卫舰30艘，两栖战舰艇40艘，水雷战舰艇27艘，作战飞机1705架，武装直升机693架。美国还有17.5万余人的海军陆战队，拥有12个以排水量在4万吨级左右的两栖攻击（指挥）舰为核心的两栖打击大队，编有3个陆战队师和1个后备役师，拥有主战坦克403辆、装甲输送车397辆、两栖突击车1311辆，各型作战飞机450架，武装直升机279架。美国海军具有强大的远洋作战能力，拥有完善的全球海军基地体系，具备覆盖全球的战场监控能力，不但已达到事实上能控制整个世界大洋的程度，而且正进一步向远洋的他国沿岸和内陆延伸，理论上已能打击和控制世界80%左右的陆地。

已经打开发射井盖的“俄亥俄”级潜艇

在美国之下，是处于第二层次的若干个海洋强国，俄罗斯、英国、法国、意大利、德国、日本、印度等国属于此列。其中，俄、英、法实力更胜一筹，它们既具有一定的远洋作战能力，又拥有海基战略核力量。其余4国也拥有较强的海上军事实力，而且程度不同地具有一定的远洋作战能力，或者正在发展和扩大这种能力。较强的实力使这些国家在世界海疆争夺格局中占有不可忽视的地位，但与美国相比，它们的实力和地位还有较大的差距。

俄罗斯作为苏联的主要继承者，其海洋地位和海军实力已今非昔比。苏联解体以后，受国家严重经济危机的影响，俄罗斯海军的发展遭受了前所未有的重创，无论是从舰艇数量还是从作战实力方面来看，在一段时间内俄罗斯海军几乎停止了发展。其海军战略也由以“远洋进攻”为主转变为以“近海防御”为主。俄海军进行了大规模的海外收缩和撤离，昔日游弋于世界各地海域的俄罗斯舰队已基本上退回到本国家门口。由于实力锐减和战略调整，俄罗斯海军失去了与美国海军进行大洋对抗的能力，已由全球性海军降为区域性海军。但是另一方面，俄海军依然拥有仅次于美国的实力，尤其是其数量远远多于美国的海基核力量仍是令人生畏的战略威慑力量。进入新世纪以来，随着经济形势的好转和经济实力的增强，也为了进一步恢复大国地位，俄罗斯不断加大海军发展建设的经费投入，海军实力正在稳步增强。截至 2005 年，俄海军兵力共 15.5 万人，护卫舰以上的主要水面舰艇约 59 艘（其中包括 1 艘航母、6 艘巡洋舰、14 艘驱逐舰），各型潜艇 51 艘（包括弹道导弹核潜艇 14 艘），两栖战舰 22 艘，水雷战舰艇 51 艘，各型作战飞机 226 架，武装直升机 161 架。俄罗斯还有 7500 人的海军陆战队。虽然基本失去了远洋制海和力量投送能力，但俄海军却是实力高于英、法，具备在全球使用部分力量的海上劲旅。

俄罗斯仅存的“库兹涅佐夫元帅”号航母

英国曾经是昔日的世界海洋霸主，第二次世界大战后降为二流强国，但仍有较强实力。1982 年的马岛战争，显示了英国海上强国的雄风犹在。如今的英国海军是一支兵种齐全、大小兼顾、

俄罗斯最先进的“北风之神”级战略核潜艇

海空一体，既可执行多种作战任务，又有一定远洋作战能力的区域性海军，在全球海军实力排行榜上位居第三。英国海军兵力 4 万余人，拥有 1 艘“无敌”级航空母舰，4 艘“前卫”级弹道导弹核潜艇，11 艘攻击型核潜艇，驱逐舰、护卫舰共 21 艘，两栖战舰 6 艘，水雷战舰艇 22 艘，作战飞机 34 架，武装直升机 178 架。新世纪英国海军的战略任务是：实施核威慑与常规威慑，遏制潜在敌人；实施“由海向陆”的兵力投送，干预地区危机；实施海上作战，保护海上交通线。

法国南临地中海，西北濒大西洋，两面环海，陆地国土面积虽然只有 55 万平方千米，但在非洲、美洲和太平洋、印度洋、大西洋中拥有 5 个海外省和 3 个海外领地，并拥有 1100 万平方千米的海洋专属经济区。法兰西民族具有强烈的大国意识，认为要确保其大国地位，就必须拥有一支具有远洋作战能力的海军舰队。经过战后几十年的建设，法国现已建成一支精干、拥有现代化装备、发展比较均衡、具备远洋作战能力的海军。法国海军号称世界五强之一，其实力仅次于英国。2005 年，法国海军兵力 4.4 万余人，拥有航空母舰 1 艘（“戴高乐”号核动力航母），潜艇 10 艘（其中弹道导弹核潜艇 4 艘），驱逐舰、护卫舰共 32 艘，水雷战舰艇 21 艘，两栖战舰 9 艘，作战飞机 58 架，直升机 30 架。特别是 2 个航母战斗群构成的常规打击力量和 4 艘弹道导弹核潜艇构成的战略威慑力量共同组成的远洋机动作战兵力，确立了法国在世界海洋格局中的重要地位。

法国先进的“凯旋”级核潜艇

意大利地处南欧亚平宁半岛，三面环海，自古以来意大利民族就泛舟地中海，并以地中海主人自居，是个老牌的海洋强国。20 世纪 90 年代以来，为了重振昔日雄风，恢复在地中海的领导地位，意大利海军制订了一系列现代化发展建设计划，其中重点是加强海军航空兵及两栖作战舰艇的建设，着力提高远程作战能力，以实现“前沿存在、由海对陆、以海制陆”的目的。意大利海军的主要任务是保卫直布罗陀海峡和苏伊士运河之间的地中海交通线，掩护北约南翼的安全，提高反潜作战和防空作战能力。截至2005年，意大利海军兵力3.4万人，装备航空母舰1艘，常规潜艇6艘，驱逐舰4艘，护卫舰12艘，水雷战舰艇13艘，两栖战舰3艘，作战飞机17架，武装直升机63架。

独具特色的意大利“加富尔”号航母

德国在冷战时期受制于政治原因，海军实力和影响有限。冷战结束后，德国海军得到新的发展。作为一支区域性海上防御力量，德国海军担负着欧洲北翼防区内的北海、波罗的海等海区的巡逻保卫任务以及该海区的封锁海峡任务，此外还参加上述海区以外北约组织的训练与演习等活动。20世纪90年代以来，德国海军的活动范围不断扩大，并承担了一系列海上军事行动，先后参与了波斯湾扫雷、北约对波黑的海上封锁和科索沃战争。德国海军规模不大，但质量较高，以中小型舰艇为主，其中护卫舰和潜艇是其主力。以2005年为例，拥有潜艇12艘，驱逐舰1艘，导弹护卫舰12艘，水雷战舰艇23艘，作战飞机65架，武装直升机22架。在21世纪初，德国海军已跻身世界海军第八强。

日本海上自卫队已经迈入了区域性“海军”的行列。进入20世纪90年代，日本海上自卫队就完成了从“近海区域防御”战略向“远洋积极防御”战略的转变，并担负起关岛以西、菲律宾以北

1000海里海上交通线的防卫任务。在庞大的军费保障下，日本海上自卫队的实力迅速膨胀。2005年，日本海上自卫队拥有4.44万人，主要装备驱逐舰45艘，护卫舰12艘，常规潜艇16艘，水雷战舰艇31艘，两栖战舰10艘，作战飞机80架，武装直升机102架。日本的4支“八·八舰队”已成为世界上除航空母舰编队之外，综合作战能力较强的水面作战舰艇编队，其扫雷能力位居世界第一，反潜能力仅次于美国。日本海上自卫队正在成为具有远洋作战能力的世界性海上力量。

印度海上力量在20世纪后期以来得到了较快发展。20世纪90年代以来，印度加紧实施“印度洋控制战略”和“蓝水工程”，加强海军远洋进攻能力建设。21世纪初，印度海军实力在世界上的排名已上升到第六或第七的位置。印度海军兵力5.5万人，拥有航空母舰2艘（2013年底增加了从俄罗斯改装的“超日王”号航空母舰），常规潜艇16艘，驱逐舰8艘，护卫舰39艘，水雷战舰艇18艘，两栖战舰7艘，各型飞机106架，直升机33架。其作战实力在印度洋沿岸36个国家中高居首位，被西方称为第三世界最强大的“区域性海上力量”，印度自称其海军“已有能力在印度洋地区充当警察”。但印度并不满足，正继续发展由航空母舰、核潜艇和水面隐形战舰组成的海上“三剑客”，以确保其“海洋大国”的地位。

2013年底从俄罗斯改装完毕服役的“超日王”号航母

处于第三层次的海疆争夺主体是一些拥有中等海军实力的地区性国家，如韩国、泰国、澳大利亚、伊朗、土耳其、西班牙、南非、巴西、阿根廷等国，它们基本上介于近海型海上力量或正由近岸走向近海。余下的沿海国家的海上力量主要在本国的近岸海域活动，实力有限，无法在国际海疆争夺中占据重要地位。但它们也有自己的海上利益，并且要积极加以维护。它们还往往是海洋强国欺负、争夺或利用的对象。因此，在考察国际海洋斗争时也不应忽视这些国家的存在。

上述各类主体之间的相互关系构成了复合的矛盾体系，其中主要包括："海上霸主"与海上强国之间的矛盾关系，海洋强国与海洋小国之间的矛盾关系，海洋中小国家之间的矛盾关系等。需要指出的是，这里所说的矛盾要辩证地看，国际海疆争夺中的各类主体之间既存在矛盾斗争和利益冲突，又存在共同利益和协调合作。当然，对具体矛盾要视具体情况予以具体分析，不能一概而论，以偏概全。

从"海上霸主"与海上强国之间的矛盾来看，超级大国想当世界海洋霸主，与"海上强国"欲分享世界海洋主导权的要求之间存在利益冲突，同时它们在维护强国的海洋优势和海洋特权方面也有共同利益；而且，"海上霸主"与不同的诸海上强国之间的矛盾也有差别，美国与欧、日之间在海疆争夺中的共同利益要远远大于美俄之间的共同利益。从海洋强国与海洋小国之间的矛盾来看，一方面，强国欲控制世界海洋的阴谋与沿海中小国家维护自身海洋权益的要求之间存在矛盾，强国往往侵犯和损害中小国家的海洋利益；另一方面，它们之间也有相互需要的地方，一些强国希望在海洋资源开发、海洋通道利用乃至沿海军事设施使用等方面得到中小国家的支持与合作，而一些中小国家也希望利用强国的技术和力量来开发海洋资源、保障海上安全。再拿沿海中小国家之间的矛盾来看，他们在反对海洋强国控制和主宰海洋、维护中小国家海洋权益方面有广泛的共同利益，过去曾经、将来也会继续开展在国际海洋斗争的团结与合作；但另一方面，一些中小国家之间也存在着这样那样的矛盾和分歧，特别是有些相邻国家之间在海洋权益方面存在争端，如岛屿主权、海域划分等问题。总之，在上述各种矛盾的共同作用之下，国际海疆争夺呈现出多元复合的态势。

二、基本态势：争夺区域全球化、近海斗争更激烈

从宏观上看，全球海域分为四大洋，即太平洋、大西洋、印度洋和北冰洋。进一步看，每个大洋又都可以再分成不同的部分，如北大西洋海域、南大西洋海域，西太平洋海域、南太平洋海域以及西北太平洋海域、西南太平洋海域（它们之间有相互交叉、重叠之处），印度洋北部海域，等等。在大洋与陆地交汇和连接的部位又有很多边缘海及海湾，它们基本上属于近海海域。所以，若按离大陆距离的远近，地球上的海域大体可分为远洋（大洋）与近海两大部分。自有史以来，国际海疆争夺的场所是随着人类在海上活动能力与活动范围的发展而不断扩大的。其范围由小到大、由近及远，不断向外扩展和延伸，经历了从沿岸走向沿海，由沿海走向近海，再由近海走向远洋的历史过程。到最近几个世纪，国际海疆争夺的场所基本上覆盖了世界的近海和远洋，尤其是到20世纪，国际海疆争夺的范围已达到了全球的每一部分海域。但是，同样的海洋、同样的海域，在不同的时期，呈现出的争夺态势却是不尽相同的。

从21世纪初期的形势看，世界海疆争夺的地缘态势的一个显著特征是：美国在全球海域处处有存在、处处谋控制、处处争影响。除美国之外，目前尚没有一个能在全球水域全面保持存在和影响、能与美国相抗衡的力量。布热津斯基在其著名的《大棋局》一书中称："今天美国全球力量的范围和无所不在的状况是独一无二的。美国不仅控制着世界上所有的洋和海，而且还发展了可以海陆空协同作战控制海岸的十分自信的军事能力。"布氏还用图示的方式将美国的海洋优势地位作了生动的注解，在布氏的世界地缘政治形势图中，美国的星条旗遍布世界主要海域，美国的海军优势远远超过了一个世纪前的大英帝国。在太平洋，美国通过第3舰队和第7舰队的海上活动以及与日本、韩国、菲律宾、新加坡和澳大利亚等国的联盟关系实现了对远洋及东、南、西、北各个方向近海海域的控制。在大西洋，美国及其控制之下的北约基本上掌握了从北到南的全部制海权，从而使其成为一个西方力量占主导的大洋。在印度洋，美国的力量也处于优势地位，并控制着波斯湾。尽管近两年，印度海上力量在不断发展壮大，但是目前尚不存在与美国全面争夺印度洋控制权的力量。在美国不占很大地缘优势的北冰洋，美国也保持着强大的力量存在，主要与俄罗斯争夺北极冰层下面及其上空的控制权。总之，由于不存在像苏联那样的全球性对手，美国基本上取得了对全球大洋的控制权。因此，美国在全球海域占据优势地位、处于进攻态势，而没有一个势均力敌的全球性对手对其构成挑战。

【知识链接】美国宣布战时必须控制的 16 条海上咽喉要道

20 世纪 80 年代，美国在冷战末期开始在海上全面反击，宣布战时必须控制 16 条海上咽喉要道，它们是：阿拉斯加湾，巴拿马运河，佛罗里达海峡，北美航道，朝鲜海峡，望加锡海峡，巽他海峡，马六甲海峡，霍尔木兹海峡，曼德海峡，苏伊士运河，直布罗陀海峡，斯卡格拉克海峡，卡特加特海峡，格陵兰—冰岛—英国海峡，非洲以南的航道。时至今日，美国仍然坚持控制上述海上通道的目标。例如，美国在2004年提出“区域海上安全计划”，其中包括在马六甲海峡部署美军力量以维护海峡地区的安全，由于未得到沿岸国家印度尼西亚和马来西亚的支持而未能实现。但是，美国企

东南亚地区美国决心控制的重要海峡水道

图加强对该海峡控制的战略目标并未放弃，2012 年美国与新加坡达成协议，在新加坡部署 4 艘濒海战斗舰，这其中就有就近控制该海峡的意图。冷战结束至今，以美国为首的北约集团继续巩固和强化对大西洋及其他相关海域及通道的控制权。印度、日本等地区性强国也竭力谋求增强对相关海域和通道的控制能力。伊朗面对美国的遏制，也威胁要封锁霍尔木兹海峡。而作为马六甲海峡沿岸国家，印度尼西亚、马来西亚、新加坡和泰国多年来也不断采取措施加强对该海峡的管控，包括建立了海上和空中联合巡逻机制。可见，当今围绕海上通道控制权的斗争是复杂而激烈的。

在基本掌握大洋控制权之后，美国将争夺重点转向对他国近海海域的控制权。而世界大多数沿海国家的海上主要活动区域恰恰是在其近海海域，因此，近海海域成为国际海疆争夺的主要场所。由于涉及更多的国家和不同的海区，近海海域的争夺呈现出多方角逐、攻守激烈的态势，这可以说是国际海疆争夺的地缘态势的第二个基本特征。目前，国际海疆争夺的主要近海海域包括：西太平洋地区沿亚洲大陆的弧形海区，印度洋北部海区，大西洋的地中海、黑海海区和波罗的海海区，北冰洋的巴伦支海海区等。

太平洋近海海域的争夺重点在西太平洋亚洲海区，范围北起千岛群岛南至马六甲海峡。这一海区是大国力量交汇的场所，而且存在不少海洋争端和问题，因此矛盾和斗争错综复杂。在该海区的北部，主要是美、日与俄罗斯之间的斗争；在中部，主要是中、日、朝、韩、美五方之间的海上斗争；该海区的南部，存在着中国与部分东南亚沿海国家之间的海洋争端。另外，美国在该海区通过介入台湾问题、南海问题、东海问题等方式遏制和牵制中国。在上述斗争中，美国及其盟国与中俄之间的矛盾是主要矛盾。在斗争态势上，美国基本上处于攻势地位，其力量运动方向是由外向内压制；俄中基本上为守势，是由内向外防守。近年来，美国推行“亚太再平衡”战略，逐步加大亚太军事部署力度，企图进一步控制亚太，而俄、中两国则加大了在海上方向维护国家主权和安全利益的力度，美国欲掌握该海区控制权的图谋并未实现，斗争仍在继续进行。

印度洋近海海域的争夺场所集中在印度洋北部，西起红海之滨，东至马六甲海峡。主要围绕两个区域展开争夺，一是波斯湾，二是印度周边海域。在波斯湾，从 1990 年的海湾危机到 2003 年的伊拉克战争期间，主要矛盾是美国与伊拉克之间的“猫鼠游戏”，最后以伊拉克萨达姆政权被推翻、2011 年美军从伊拉克撤军而告终。伊拉克战争之后，美国与伊朗之间的对抗逐渐成为波斯湾地区的主要矛盾。总体上看，美国在波斯湾地区处于强势地位，基本上掌握了海湾及其周边外围海域的控制权。在印度周边海域，印度正在大力推行“海洋控制战略”，处于由里向外的进攻态势，但尚未掌握该海区的控制权。因为美国仍在这一地区保持强大的海上力量，基本上拥有该海区的制海权。

大西洋的近海海域争夺主要集中在俄罗斯周边海域。在黑海和波罗的海，近期爆发的俄罗斯与乌克兰之间关于克里米亚半岛的争夺说明，美国及其西方军事集团力图压制俄罗斯力量的扩展，而俄罗斯则竭力保持本国出海口的畅通，并力图打破西方的围堵态势。总体上看，西方处于一定的优势地位，但并未达到完全控制该两海域的目的。20 世纪 80 年代曾经是海疆争夺热点的加勒比海区如今相对平稳，该海区基本处于美国霸权的控制之下。曾经发生战争的南大西洋马岛海域局势经历了一段相对平稳期后，近年来随着“马岛公投”等一系列事件的发生，英阿关于马岛主权的争端有所升温，但局势不会出现重大变化。

北冰洋的近海海域争夺主要体现在巴伦支海海域，因为这是俄罗斯北方舰队的主要活动场所和进入大西洋的主要通道，也是美国和西方围堵俄罗斯的重要前沿方向。双方在这一海区的较量互有攻守，尚未分出高低。与此同时，巴伦支海还长期存在着俄罗斯与挪威之间的海域划界争端。值得注意的是，进入 21 世纪以来，有关国家围绕北冰洋的争夺有了新的发展。美国、加拿大、俄罗斯等北冰洋沿岸国家着眼该海域的矿产资源以及不断显现的航道资源正在展开日趋激烈的明争暗斗，从而使北冰洋成为国际海疆争夺的新的热点之一。北冰洋是世界上最小、最浅的洋，其面积和纵深与其他三个大洋无法匹敌，因此，从沿岸国家的角度看，围绕北冰洋的海洋斗争基本上也可视为近海海域的斗争。

综合上述世界近海海域的争夺形势，现今近海海域的争夺场所基本上是环绕欧亚大陆排列的，也就是说，欧亚大陆的周边海域是世界近海海域争夺的重点区域，这可以说是21世纪初期国际海疆争夺的地缘态势的第三个基本特征。近海海域的争夺场所集中在欧亚大陆边缘，与当今世界地缘政治争夺重点位于欧亚大陆可谓不谋而合。之所以出现这种态势，是与欧亚大陆在全球地缘政治中所处的突出地位分不开的。欧亚大陆的人口占全球人口的75%，其国民生产总值占世界总额的60%，世界已知能源资源的3/4左右也在欧亚大陆。更为重要的是，它集中了除美国之外的世界主要强国，包括经济大国和拥有核武器的国家。从地缘战略角度看，欧亚大陆是世界地缘政治的中心，控制了欧亚大陆就几乎自然而然地控制了非洲，并使西半球和大洋洲在地缘政治上成为这个世界中心大陆的周边地带。冷战时期，欧亚大陆就是美苏争霸的最主要地区。冷战结束后，俄罗斯由之前的苏联全球扩张转为全面收缩，重点经营欧亚大陆（特别是其周边邻近地带）；同时，美国将欧亚大陆边缘地带视为“全球不稳定弧”，希望通过控制边缘地带来实现遏制中俄的地缘战略目标。上述种种因素使欧亚大陆成为当今世界无可争议的地缘政治重心。由于美国是欧亚大陆之外的海洋国家，而俄中则为濒海的欧亚大陆国家，美国欲控制欧亚大陆，遏制俄、中，必欲先控制欧亚大陆边缘地带，其中包括该大陆的近海海域，才能以此为基地，进一步向欧亚大陆内部纵深推进。所以，世界近海海域争夺的态势折射出了美国控制欧亚大陆、进而称霸世界的全球战略，也反映了美国同不屈服于它的霸权图谋的国家之间遏制与反遏制、控制与反控制的激烈较量。

“要我行我道，我有我法。”

——［中国］齐白石

第九章　海疆争夺的解决之道和未来趋势

一、海疆争夺的“武器”与“实战”

海疆争夺，说到底是由具体的行动来实现的，否则，无论是维护合法正当的海洋权益，还是谋求非法的海洋霸权，都是一句空话。综观历史和现实，海疆争夺大体包括四大“武器”和手段：一是用经济手段对海洋进行开发和利用；二是通过政治、外交途径维护海洋主权和权益；三是运用法律和司法手段维护和促进海洋权益；四是运用军事力量对海洋权益予以维护和拓展。传统的海疆争夺方式以武力威胁和武力夺占为主，使用的力量和手段以海军为主。当代的海疆争夺进一步趋向全方位和多领域，更强调以综合化的方式和手段谋取海洋权益，既使用军事手段，也运用经济、政治、外交以及法律手段。21 世纪的海疆争夺，正在经济、政治、法律和军事几条战线上紧张而激烈地进行。

经济手段的运用

历史上使用经济手段进行海疆争夺的基本表现形式是利用海洋进行对外贸易和争夺海上贸易的主导权与控制权。近代欧洲的列强争霸提供了很多这方面的典型事例，例如荷兰的海上贸易和英荷对海上贸易控制权的争夺。17 世纪上半期，荷兰的海洋性商业资本主义得到飞速发展，当时成千上万的荷兰商船航行在世界的海洋上，他们经营外国商品，充当各地贸易的中介人和承担商品的转运业务，被誉为全世界的“海上马车夫”。从事这种转口贸易，使荷兰取得了海上贸易的霸权。当时欧洲南部与北部国家之间的贸易、欧洲与东方国家之间的贸易几乎全部都掌握在荷兰人手中。由于欧洲国家市场价格相差甚大，这种转口贸易带来了巨额利润。与此同时，荷兰人建立了促使商业与贸易发展的法律结构和产权制度。结果，荷兰成了第一个实现经济持续增长的国家，而且是在工业革命之前150 年就开始的。可见，夺得海洋贸易的主导权是荷兰海疆争夺的成功之举。然而，荷兰的海上贸易霸权是欲当海洋霸主的英国无法容忍的。1650 年，英国议会通过一项针对荷兰的重要法令，规定非经英国政府许可，外国商人不得与英国殖民地通商。次年 10 月9 日，英国议会颁布了著名的《航海条例》。规定：一切在亚洲、非洲和美洲生产的商品，只有在英国船员管理的英国船上才能运入英国的领土；欧洲国家的商品或用英国船或用生产该项商品国家的船才可以运到英国的领土。不准英国人进口通过某种外来的中介运来的该地区不生产的商品。在保护英国渔业方面作了特别规定：只有英国船所捕的鱼制成的鱼品，才允许进入英国，从英国出口鱼品也必须用英国船运输，等等。毫无疑问，《航海条例》是针对专门进行“中介贸易”荷兰的，对荷兰的海外航运业的打击是沉重的。由此导致了三次英荷战争，并以荷兰的失败而告终。

进入 20 世纪之后，随着科学技术的发展和海洋资源价值的凸显，争夺海洋资源成为海疆争夺的重要内容，海疆争夺的经济手段也进一步得到充实和发展，加紧进行海洋开发、从海洋中获取大量资源成为各国争夺的主要形式。第二次世界大战以后，很多国家宣布200海里专属经济区或专属渔区，其目的就是要取得对海域及其资源的控制权。据统计，1960年，世界上只有12个国家在海上采油，产油量1.9亿吨，占石油总产量的9.2%。而现在，几乎所有的濒海国都行动起来了，海上钻井数量达3万多个，产量已占石油总产量的1/5强，产值超过2000亿美元，占海洋经济总产值的70%以上。以俄罗斯为例，俄罗斯大陆架油气资源丰富，主要蕴藏在远东萨哈林州附近海域的大陆架上。由于俄罗斯已探明的陆地油气田中75%已经处于开发阶段，资源的开发程度接近50%，为增强石油天然气工业发展后劲，俄政府开始把目光投向本国的沿海大陆架。按照俄罗斯政府的计划，到2010年俄沿海大陆架原油和天然气开采量将分别达到每年1000万吨和300亿立方米，到2020年将分别增加到每年9500万吨和3200亿立方米。从2010年到2020年，俄罗斯准备吸引700亿至1100亿美元资金(主要是外资)用于开发俄大陆架油气资源，俄联邦财政的相关拨款也将达到350亿卢布(1美元约合28卢布)。预计到2020年，开发大陆架油气资源给俄联邦财政带来的总收入将达到1000亿至1300亿美元。此外，日本为获得远离本土的专属经济区，不惜花费巨资"抢救"冲鸟礁(日本称其为冲鸟岛)的做法也很有典型意义。冲鸟礁位于东京以南1740千米的太平洋上，该礁盘内原有5块礁石在高潮时露出水面，但是经过海浪常年侵蚀，只剩下了两块光秃秃的礁石在高潮时露出水面，高1米多，宽约4.6米，退潮时面积不过十几平方米。冲鸟礁周围拥有丰富的渔业资源，有大量的鲣鱼、金枪鱼和墨鱼等，海底还有很丰富的锰结核资源。日本认为冲鸟礁是一个岛屿，可以在其周边200海里设定自己的专属经济区。为使该礁保持所谓岛屿的地位，日本于1987年开始进行了护岸工程，投资285亿日元，利用混凝土进行加固，并投资8亿日元加装钛合金防护网。加固工程完工以后，由于不断发生剥离和出现裂缝，有关维修工作一直没有停止。

2005年3月，日本政府又决定拨款1000万日元，在冲鸟礁设置灯塔，其根本目的是要在载有各国灯塔位置的“灯塔表”记载上日本名“冲之鸟”，企图该地域名副其实地成为设定专属经济海域的日本领土。

除了在本国的管辖海域进行经济开发之外，还有不少国家采取先下手为强的做法，加紧在与别国有争议的海域从事海洋经济活动；有的国家则干脆跑到人家的家门口或管辖海域去捕鱼或开采油气，由此导致的海上纠纷和争端不在少数。如日本和韩国在不同中国协商的情况下擅自在东海大陆架争议地区划定“共同开发区”，并展开海洋勘探和开发活动；日本与俄罗斯之间在“北方四岛”附近海域，经常发生渔业纠纷；欧洲国家的渔船到加拿大附近海域捕捞；东南亚一些沿海国家在同中国有争议的南海海域加紧开采油气资源；美国公司(背后是美国政府)投资里海石油勘探和开发并企图主导里海油气的外运线路；还有英阿双方对马岛周围海域渔业资源和石油资源的争执；等等。上述事实反映了当今世界海洋经济争夺正在全球海域展开。

还有一种值得注意的海疆争夺的经济手段，那就是曾经为殖民主义争霸服务的海上经济封锁在当代死灰复燃。19世纪初叶，拿破仑战争期间，由于强大的英国舰队始终强有力地封锁着英吉利海峡，拿破仑最终放弃了渡海进攻英国的计划，代之以颁布“大陆封锁令”，即《柏林敕令》，宣布大不列颠一切岛屿处于被封锁状态，禁止欧洲大陆各国同它们有任何通商往来，法国及其盟国军队不论在何处发现英国货物和臣民，将分别予以没收和监禁，对违反敕令的船只都将作为战利品加以扣留。英国则针锋相对，颁布英王诏令，禁止中立国船只在法国及其盟国港口之间贸易，违者船货将被扣留没收，但准许中立国船只从敌方港口运载货物输入英国。大陆封锁体系意味着大陆和海洋霸权之间的包围与反包围、封锁与反封锁斗争，其实质是英法两国对海上贸易控制权的争夺。第二次世界大战结束以来，一些国家仍然利用海上封锁和贸易禁运压服对手、谋取霸权。稍早的例子是美国等西方国家在冷战时期对中国等社会主义国家的贸易禁运，较近的例子是美国等国在海湾战争至伊拉克战争期间对伊拉克的海上封锁和贸易禁运。最近的例子是美国对朝鲜、伊朗的贸易禁运。可见，在 21 世纪初期，利用经济手段来达到获取资源、控制海洋甚至维护霸权的目的，仍是一些国家进行海疆争夺的重要政策选择。

政治、外交手段的运用

政治、外交是国际海疆争夺中广泛运用的手段和途径。由于海疆争夺是国际性事务，因而这里讲的政治手段往往是与外交手段联系在一起的。海疆争夺中的政治和外交手段的运用主要表现为以下几种：

第一，双边外交交涉和斗争，如通过外交途径对有争议的岛屿、海域等申明本国的主权或管辖权要求，警告对方不要采取破坏两国关系、导致紧张局势的行动。例如，阿根廷政府在马岛战争后多次重申对马岛的主权要求，并提议与英国进行双边谈判以解决马岛主权之争。

第二，发展和加强同有关国家的关系，谋求在该国获得进行海洋经济和军事活动的权利，如军舰停靠、资源勘探和开发等。例如，印度在进入新世纪以来，积极发展和加强同越南的政治、经济和军事关系，包括印度军舰赴南海与越南开展联合军事演习，印度公司参与越南海上石油勘探，印度由此加强了在南海地区的存在，增进了其在南海地区的政治、经济和军事利益。

第三，联合某些国家组成政治、经济或军事合作组织，在海洋活动和海洋事务中采取一致立场。当今美国在国际海疆争夺中占据强势地位，除与其军事因素有关外，也与政治和外交活动分不开。早在冷战时期，美国就组织了北约、美日、美菲、美澳安保条约等多边和双边军事集团，从而为控制海洋、从海洋方向遏制苏联和中国等社会主义国家提供了有利条件。冷战结束以来，国际形势发生重大变化，然而美国却逆势而上，进一步强化原有的军事同盟，并且继续发展新的军事联盟关系。在欧洲，北约在华约解散后非但没有解散，反而进一步强化职能，并向苏联、东欧国家扩展，美国上述政治和外交努力的结果是使美国在从海上围堵俄罗斯的斗争中取得了新的突破，美国和西方的势力进一步向波罗的海和黑海推进，俄罗斯的海上空间进一步受到压缩。这也是近来乌克兰局势动荡、克里米亚问题激化，俄罗斯与西方激烈博弈的根本原因。在亚洲，通过进一步调整和强化美日军事同盟，使得日本成为在亚太地区帮助美国维持海上秩序的得力助手。与此同时，美国又恢复了同菲律宾的军事合作关系，以轮换驻扎的方式，重新开启了苏比克海军基地和克拉克空军基地，使美军实际上重返了菲律宾；美国同新加坡的军事合作关系也得到了深化，从而使美国海军在新加坡获取了重要战略支点。由此，美国在西太平洋边缘地带的海上军事存在得到了明显强化，美国的海上优势地位得到巩固。

第四，发生海洋争端后，开展外交活动，并诉诸国内外舆论，争取国内团结一致和国际支持与同情。例如，英阿当年在马岛战争期间，积极开展外交活动，竭力争取国际社会的支持。英国总体上得到了美国等西方国家的实质性支持，阿根廷则得到了大多数发展中国家的同情和支持。时至今日，阿根廷在与英国开展围绕马岛问题的斗争时，仍将争取拉美国家的支持作为对英斗争的重要措施。

属于政治领域的舆论斗争也是国际海疆争夺中可资运用的重要手段。国内舆论既可对本国政府在海洋争端上的立场和政策产生影响或压力，也可为本国政府用以向对方显示本国在海洋问题上的意志和决定。例如，英国经常强调马岛居民中绝大多数愿意作为英国公民，留在英国统治下，而不愿意成为阿根廷的国民，应该说，英国的这种“民意牌”在马岛争端中也还是有一定分量的。另外，当两国之间围绕海洋权益发生争端时，除政治和外交领域的斗争外，舆论也成为双方对抗的重要领域，尤其是在信息传播日益快速有力的当今时代。例如，在加拿大和丹麦两国对汉斯岛的争夺中，民众及其舆论就发挥了巨大作用。为了支持本国政府行为，两国民众也展开了争夺岛屿的“战斗”。网络是“民间斗法”的主要阵地，加拿大和丹麦都有专门的组织建立网站开展网络攻势。丹麦人建立了一个名为“解放在加拿大人压迫下的汉斯岛”网站，并在网站上将加拿大的枫叶旗和纳粹标志放在一起，旁边是醒目的两行字：“1940年，纳粹德国入侵丹麦；2005年，加拿大帝国主义入侵丹麦。”以此影射2005年加拿大的登岛行动。加拿大政府对此表示抗议，但丹麦政府认为这是民意，并非政府行为。加拿大人同样也建立网站给予还击。当人们用Google搜索汉斯岛的名字时，在搜索结果的最前面很容易发现一个网站，上面飘扬着大红色的加拿大枫叶旗，然后用煽情的语言写着：“加拿大的汉斯岛受到了丹麦人的入侵。”

法律手段的运用

法律手段在当今国际海疆争夺中的地位作用日益凸显。海疆争夺中的法律手段运用，主要表现为三种形式：

第一，将国际法和海洋法的有关原则和规定作为本国主权要求或海上活动的合法依据，同时驳斥对方的要求，抵制或阻止对方的非法行为，也就是运用国际法律规范开展斗争。围绕冲鸟礁的所谓专属经济区问题就是一个现实的例子。日本根据《联合国海洋法公约》（简称《公约》）对专属经济区的规定，将只有两块礁石的冲鸟礁作为日本领土并以此为基础划定200海里专属经济区，甚至进一步向外划定200海里外大陆架。日方这种歪曲《公约》相关规定的投机取巧行为遭到了中、韩等国的明确反对。反对的理由及其依据同样来自《公约》，因为《公约》规定：一是岛屿应是在涨潮时高于水面的自然形成的陆地区域；二是不能维持人类居住或其本身经济生活的礁石，不应有专属经济区或大陆架。而日本靠人为加固甚至增高是难以改变其礁石的性质的，而且冲鸟礁也不具备维持人类居住的条件，因此，日方的主张是不符合现代海洋法的基本要求的。此外，美国政府对于《公约》的态度变化也颇具意味。1982年《公约》通过时，美国是拒绝签字的主要国家，其基本考虑就是怕加入

《公约》会束缚自己的手脚，尤其是会对美国海军在世界各海域的军事活动自由带来干扰和阻碍。然而，近年来美国国内出现了要求美国加入《公约》的声音。特别是 2012 年 5 月，美国国务卿希拉里、国防部长帕内塔和参谋长联席会议主席登普西共同出席国会听证会，就美国加入《公约》问题接受质询。美国的态度之所以会出现重大转变，其主要背景是因为美国认识到不加入《公约》，在很多国际海洋问题上就不能以《公约》签字国的身份来运用国际法律武器和手段，与相关国家交涉，或进一步参与相关事务。

第二，通过国内立法巩固或扩大自身的海洋权益。自 20 世纪下半叶以来，很多沿海国家相继制定和颁布关于本国领海、专属经济区和大陆架的法案，以作为维护本国海洋权益的国内法律基础。这一进程在进入 21 世纪之后仍在进行，而且出现了向上和向下延伸两种趋向。所谓向上延伸是指一些国家制定了本国关于海洋事务的根本大法——《海洋基本法》。所谓向下延伸是指进一步制定更加具体的落实和执行专属经济区和大陆架等制度的法案。如日本于 1996 年批准《联合国海洋法公约》，并制定日本《专属经济区与大陆架法》，在日本周边的全部水域设立专属经济区，包括东经 135° 以西的日本海、东海、黄海等海域。同时废除渔业水域临时措施法，新制定《专属经济区渔业的主权权利行使法》和《海洋生物资源的保存管理法》，相关法律连同《联合国海洋法公约》在 1996 年 7 月 20 日一起生效。2007 年 4 月，日本国会众、参两院先后通过《海洋基本法》，并于 7 月生效。根据这项法律，日本除新设海洋政策大臣外，还设置了以首相为本部长的综合海洋政策本部，负责制定日本政府的中长期海洋政策方针，并协调与海洋有关的行政事务。《海洋基本法》生效后，日本政府又据此制订了《海洋基本计划》，在内阁增设了海洋政策大臣。

第三，将有关海洋纠纷和争端诉诸国际司法途径解决。国际司法途径主要包括将争端提交国际法庭审理或将争端交由国际仲裁两种方式。通过国际司法解决海洋争端是和平解决国际争端的具体体现，也代表了国际海洋争端的一种重要发展趋势。解决国际海洋争端的国际司法机构主要有常设仲裁法院、国际法院和国际海洋法法庭。

仲裁亦称“公断”，即当事人把争端交付自己选择的仲裁员进行仲裁，并服从其裁决。根据1899年《海牙和平解决国际争端公约》，常设仲裁法院于1900年在荷兰海牙成立，自1902年开始受理案件以来，迄今共审理、裁决了近50个案件。国际法院成立以后，常设仲裁法院的实际作用日渐式微。

国际法院是战后依据《联合国宪章》设立的国际司法机构，其主要功能是对各国自愿提交的争端，根据《联合国宪章》规定以及有关条约及公约作出裁决，或对联合国其他机构提出的法律问题提供咨询意见。自1946年至2008年，国际法院共受理案件132件，其中诉讼案件108件，咨询案件24件。国际法院审理的海洋法争端，约占其诉讼案件的20%。

国际海洋法法庭是《公约》规定的争端解决机制中最重要的组成部分，是在总结海洋法争端解决的历史经验基础上，特别是参考了常设仲裁法院和国际法院的法律实践后形成的。国际海洋法法庭对海洋法争端具有一般管辖权，尤其是在处理“迅速释放”“临时措施”等海洋法案件方面具有《公约》赋予的独特地位，是一个具有世界规模的专门性国际法院。据不完全统计，20世纪初设立国际司法机构以来，已有30多个海洋争端经由国际司法判决解决，其中比较著名的案例包括帕尔玛斯岛仲裁案、科孚海峡案、北海大陆架案、缅因湾海洋划界案等。

军事力量的运用

军事力量运用是海疆争夺中最古老、最有力的手段。虽然当今海疆争夺的手段已趋向多元化，但军事手段仍然发挥着支柱作用。这是因为军事手段代表了一种强力，有较大的威慑力，同时军事手段运用所产生的效果比较迅速或直接，因而各国在进行海疆争夺时

始终把军事手段摆到突出位置。

海疆争夺中的军事手段运用形式多样，大体可将其归纳为力量建设、力量存在、力量显示和力量使用四个方面。当然，这只是一种静态的划分，它们之间是相互衔接、甚至是互相交叉和渗透的。

力量建设，即发展和建设一支符合自身要求的海上武装力量，这是运用军事手段的基础。建设一支强大的海上军事力量，历来是海洋强国争夺海权的前提和条件。没有一定的海上军事力量，就难以有效地维护自身的海洋权益，更谈不上对海权的进一步争夺。例如，英国在近代争夺海上霸权之时，高度重视海军建设。1640 年革命后的英国资产阶级首领克伦威尔就十分注重海军力量，他说："军舰最能显示一国的军力及对利益的关切。军舰可以采取主动或有利的行动，没有其他军事力量可以提供这种机动和弹性。"他成立了专业性的海军委员会，建设一支装备精良的专业化海军。有了这支海军，英国人就可以向荷兰人叫板了。最终，有发达的海外贸易但没有强有力的海军的荷兰只能甘拜下风。其他海洋强国一旦要加入海疆争夺，也必须建设一支强大的海军。

历史进入当代之后，海洋强国依然致力于海上力量的建设。同时，随着中小国家日渐成为海疆争夺的主体，海上军事力量建设已不再成为大国、强国的专利，广大沿海国家也纷纷根据需要和国力条件发展自己的海上力量。当然，中小国家与强国的力量建设的档次是不同的。

进入 21 世纪后，各国海上力量建设又有了新的发展。据国外海军专家统计，1999 ~ 2012 年，世界作战和保障舰船的建设量巨大，其中包括：航空母舰 10 艘，潜艇 133 艘，驱逐舰 105 艘，护卫舰 107 艘，炮艇 77 艘，登陆舰 131 艘，导弹艇 89 艘，扫雷舰艇 129 艘，巡逻艇 581 艘，保障船 81 艘。各国购买数量分配如下：美国 260 艘，其他北约国家 416 艘，欧洲非北约国家 131 艘，亚太国家 419 艘，拉美国家 92 艘，中东和北非国家 133 艘，撒哈拉以南非洲国家 13 艘。

【知识链接】世界航空母舰力量建设及发展情况

美新一代航母"福特"号假想图

虽然存在着关于航空母舰有没有必要发展的争论，但实际情况是，由于具有强大的突击威力、良好的机动性和战斗稳定性，航空母舰仍然受到海上强国乃至一些地区性国家的青睐。截至2012年，美国现有11艘航空母舰，其中包括2003年服役的"里根"号和2009年服役的"布什"号航空母舰。而且，随着"布什"号的服役和"小鹰"号常规动力航空母舰的退役，美国海军完全步入了核动力航空母舰时代。进入21世纪之后，美国海军开始研发和建造被称为CVN－21级的新型航空母舰，以取代现役的尼米兹级核动力航空母舰。其首艘航空母舰"CVN78"被命名为"福特"号，已于2013年底下水，计划于2015年正式服役。美国海军计划到2058年，将建成11艘该级航空母舰。英国目前仅拥有1艘无敌级轻型航空母舰。由于受甲板面积和机库限制，该级航空母舰的舰载机出勤率偏低，而且与很多国家装备的第四代战机相比，老旧的"鹞"式舰载机已失去作战优势。2007年7月25日，英国政府批准建造2艘新航空母舰，分别取名为"伊丽莎白女王"号（计划2016年服役）和"威尔士亲王"号（计划2018年服役），以提

采用双舰岛设计的"伊莉莎白"级航母假想图

升皇家海军的远洋打击能力。“伊丽莎白女王”号排水量达 6.5 万吨，长 280 米，宽 74 米，仅甲板面积就达 13 公顷，可搭载 40 架短距／垂直起降的 F–35 舰载机和直升机，是英国有史以来最庞大的战舰。法国 2001 年入役了满载排水量超过 4 万吨的核动力中型航空母舰“戴高乐”号。近些年来，法国经与英国反复磋商，最后达成共识，决定 2012 年后建造满载排水量达 7. 5 万吨的 PA — 2 航空母舰。为节省设计经费，法国的 PA — 2 和英国的“伊丽莎白女王”级将采用同一套设计方案，但法国航空母舰略大。意大利原有 1 艘 1.3 万吨的轻型航空母舰“加里波第”号，2008 年 3 月，新建造的航空母舰“加富尔”号交付服役，其排水量达 2.71 吨。俄罗斯独立至今仅余 1 艘航空母舰“库兹涅佐夫元帅”号，进入 21 世纪以来多次提出要建造新的航空母舰。2012 年 2 月 10 日，俄罗斯海军总司令维索茨基表示，将于 2020 年后完成新航空母舰的建造。印度现有 2 艘在役航空母舰，包括“维拉特”号，从俄罗斯购买改装的“超日王”号（“戈尔什科夫海军上将”号）航空母舰已于 2013 年底正式服役，其自行研制的首艘航空母舰“蓝天卫士”号也正在建造之中。

力量存在，就是将海上力量部署于一定的海域，一种情况是对本国管辖海域或与他国有争议的海区进行巡航，以显示本国对这些海域的主权及主权要求；另一种情况是将海上力量派往本国近海之外的海域活动，包括本国通往世界其他地区的海上航线和与自身利益相关或需要予以控制和施加影响的区域。比如，北约集团在大西洋、地中海等海域派驻了常设舰队，以巩固对这些海区的控制；苏联及俄罗斯（至 2002 年前）在越南金兰湾的军事存在等。而这方面最典型的则是美国军事力量在全球各海域的存在。根据“前沿存在”和“前沿部署”的战略要求，美国在世界各地获取了大量军事基地，向世界各海域派出了其海上力量。除美国本土东西两岸的第 2、3 舰队外，美国在西太平洋部署了第 7 舰队，向地中海派遣了第 6 舰队，20 世纪 90 年代在中东海湾地区恢复成立第 5 舰队。

力量显示，是指通过海上游弋、武器试验和军事演习等军事活动形式显示实力、炫耀武力，向对手传递信息或施加压力，从而达到扩大己方影响、威慑潜在对手的目的。当前，海上强国非常热衷于采用这一方式，以增强自身在海疆争夺的地位。如美国领导的北约频频在黑海和波罗的海举行联合军事演习，演习成员还包括中东欧国家甚至独联体国家，其用意是向俄罗斯施加压力，并影响乌克兰局势。美国在西太平洋也频繁地与日本、韩国、泰国、新加坡、菲律宾等国举行各种双边和多边军事演习，其目的在于巩固美国在该地区的军事存在，同时对中国进行预防性遏制；甚至印度也多次派军舰到南海海域与越南等国进行海上联合演习，其涉足南海、牵制中国的意图充分显现。以 2014 年为例，由美国主导的“环太平洋 2014”多国联合演习自 6 月 26 日 ~ 8 月 1 日在夏威夷海域举行，共有来自 23 个国家的 47 艘战舰、6 艘潜艇、200 多架军机和 2.5 万多人参加。演习旨在保护太平洋重要海上航道，加强美国海军与太平洋环形圈内各国海军的联系，提高多国海军部队海上协同作战能力，特别是在应付突发事件时的协调配合。美国派出了海空精锐装备，包括“里根”号航空母舰、“独立”号濒海战斗舰等舰艇以及 B-52 战略轰炸机和 F-22 隐形战斗机等。此外，北约、俄罗斯、印度、伊朗等国 (或组织) 也举行了一系列海上演习。

力量使用，是指在发生海洋争端或冲突的情况下，出动海上军事力量赶赴争端海域，或将对方驱逐，或占领岛屿，或直接向对方发动武力打击。这种方式是军事力量运用中最极端的，同时也是最直接、

高速航行的“自由”号濒海战斗舰

最有效的方式。采用这种形式进行海疆争夺，从古到今，屡见不鲜。历史上列强之间的海疆争夺往往是通过使用武力即通过战争来展开并决出胜负的。在当代，海洋强国仍然没有放弃这一方式，例如1982年英阿马岛之战，1986年美国两次对利比亚进行海空打击等。就是其他沿海国家之间有时也采用这种方式来处理海洋争端的，比如厄立特里亚和也门于1995年年底为红海中的大哈尼什岛主权归属而大动干戈、爆发冲突。在进入新世纪后，海上动武事件仍有发生。2001年发生了日本在东海击沉不明国籍船事件；2002年发生了摩洛哥和西班牙之间的雷拉岛(西班牙称“佩雷希尔”岛)事件。

武力既是海疆争夺的有力后盾，又是海疆争夺中的利剑，在21世纪的海疆争夺中，武力仍将是不可缺少的重要手段。当然，海疆争夺中的政治、外交、经济、法律和军事手段并不是孤立存在、互不相干的，在很多情况下它们是彼此联系甚至互相渗透的，各国在海疆争夺中也往往对它们加以综合运用，使之互相配合、相辅相成。这一点在21世纪的海疆争夺中将继续得到充分体现。

二、海疆争夺的解决方式

战争冲突终极解决

战争，无疑是改变领土现状，重新划分地盘最为直接和有效的方法。但是，选择战争方式也存在一些制约因素，比如国家的基本外交政策和国内状态，以及战争实力对比的考虑，等等。同时战争由于其暴力性，也会带来巨大的国际舆论影响，这些都是选择战争手段解决海洋争端必需考量的因素。现代历史上，以战争解决海洋争端问题的典型例子，当属英国和阿根廷的马岛之战。双方经74天的苦战，英军从阿根廷手中重新夺回了马岛。此战的胜利，在一定程度上似乎重拾了大英帝国久违的余晖，但英国在此战中的损失也是十分巨大的。据统计，在这场战争中，英国共耗资17亿美元，死亡 255 人，伤 777 人。被俘 210 人，损失飞机 37 架。被击沉、击伤驱逐舰 6 艘，护卫舰 13 艘，登陆舰 3 艘，扫雷舰 1 艘，滚装货船 1 艘。这场战争是二战结束后的第一场以海洋为主要战场的局部战争，也是英国皇家海军在 20 世纪最后的辉煌。

马岛争端由来已久，双方最终爆发了一场激烈的战争。战争以英国的胜利而告终，并且英国对于先前争议岛屿实现了直接控制，这一点明确体现了战争对于争议领土解决的高效率。这场战争让世人清楚地看到，当国家之间的利益矛盾到了不可调和的地步时，战争这种极端手段，最终极有可能充当解决问题的终极裁判官。然而，显然这位终极裁判官并不一定总是公正裁决问题，希望通过战争对矛盾争端进行最终解决，风险是异常巨大的，代价也是难以估算的，不仅产生了大量的人员伤亡、物资装备损失，同时还为这一地区今后的和平稳定埋下了定时炸弹。马岛战争并未能真正彻底解决马尔维纳斯群岛的主权归属问题，30 年来阿根廷一直没有放弃对马岛主权的要求。近年来，随着马岛附近海域巨量油气资源的发现和开采，马岛主权之争再次升温，仿佛让人再次嗅到了战争弥漫的火药味。

从奴隶时代、封建时代到殖民争霸和帝国主义时代，运用战争方式解决领土争端是再正常不过的事情，那个时候没有国际法、没有国际组织，完全靠暴力的比拼。然而在当今时代，和平与发展成为这个时代的主题，使用和平手段解决纷争已经渐渐深入人心。尽管国际法和国际组织并不能确保公正的国际裁决，但是人们似乎都普遍深刻地认识到了战争所带来的不可估量的后果和难以挽回的损失，所以很多国家都开始尝试使用非战争的方式去解决与其他国家间的矛盾争端，并且创造性地运用了政治谈判、国际仲裁、法院判决等各种方式来解决领土争议。中国也创造性地提出了“搁置争议、共同开发”的主张来平息中国与周边国家在海上的各种纷争，这些都充分体现出人们向往和平、谋求发展的良好愿望。虽然战争这个终极裁判官在未来似乎还会如影随形，但是相信以和平合作方式解

决海疆争端将是世界海洋发展的必然趋势。

国际仲裁法院判决

国际仲裁是涉及法律问题，而由第三方参与解决争端所采用的普遍和重要的方式之一，即由双方确定成员组成和所适用的法律组成特别仲裁庭。历史上有名的英美“阿拉巴马”号仲裁案，1872年和1873年英法白令海仲裁案，以及1977年英法大陆架仲裁案都是以这种方式解决的。除临时设立的仲裁庭或独立仲裁人以外，主要根据1899年《海牙公约》所设立的常设仲裁法院来解决这方面的争端。除此之外另有一些公约如1964年《渔业公约》和1969年《国际干预海洋油污公约》还设立了一些专门仲裁机构和仲裁程序。此外，还有一些双边条约规定的仲裁庭专门解决双方当事国的争端，如美国—巴拿马索赔委员会。由于仲裁制度比国际司法解决灵活，又比国际调解等政治解决方式有更大的约束力，所以仲裁作为海洋争端的解决方式比较容易被各国所接受。

在海洋争端解决过程中，国际性法院也起着重要作用，如国际法院、国际海洋法庭等，其中又以国际法院为代表，在其成员国向其提交的争端中，海洋争端占了相当一部分比例，许多国家往往在签订涉及海洋方面的公约或条约时便规定强制接受国际法院的管辖。如1958年《日内瓦海洋法四公约》中就有这种强制性条款，其中规定对因适用或解释公约所引起的争端，除在合理的时间内采取其他和平方式解决外，都应提交国际法院处理。

《联合国海洋法公约》规定:“各缔约国应按照《联合国宪章》第2条第3款以和平方法解决它们之间有关本公约的解释或适用的任何争端，并应以宪章第33条第1款规定: 任何争端的当事国，当争端继续存在足以危及国际和平与安全之时，应先以谈判、调查、调停、和解、公断、司法解决、区域机关或区域办法之利用，或各该国自行选择之其他和平方法，求得解决。”《联合国海洋法公约》还规定:“调解有两种程序: 一是普通调解程序; 二是强制调解程序。

调解委员会应由 5 名调解员组成，并详细规定了调解员的指派程序和要求。仲裁有四种程序：一是普通仲裁程序；二是特别仲裁程序；三是法庭仲裁；四是各方自愿选择的仲裁程序。《公约》承认争端各方自愿选择的《公约》以外的仲裁程序。司法解决是指将海洋争端提交国际法院或国际海洋法法庭通过审理做出判决的方法。”国际法院和国际海洋法法庭都是解决海洋争端可供选择的司法机关。目前，国际海洋法法庭所在地设在德国汉堡自由汉萨城。

【知识链接】《联合国海洋法公约》

2012 年 5 月 23 日，美国国会参议院大厦 216 房间气氛凝重。上午 10 点，美国国务卿希拉里·克林顿、国防部长帕内塔和美军参谋长联席会议主席邓普西鱼贯而入，出席由参议院举行的一场听证会。主持会议的是参议院外交关系委员会主席、前民主党总统候选人约翰·克里（现任美国国务卿）。一场普通的国会听证会，云集了民主党政府除总统、副总统以外最核心的对外事务高官，其内容只有一个，即希望说服参议院批准美国加入《联合国海洋法公约》。由于此前在细节上未能满意，美国始终没有加入《公约》。随着海洋世纪来临和继续推行全球战略的需要，同时为本国海洋战略行动提供更加合理的法律外衣就使得加入《公约》势在必行。

《联合国海洋法公约》诞生于 1982 年，是关于海洋问题最重要的国际法。今天我们耳熟能详的 12 海里领海、200 海里专属经济区都来自这部国际海洋法律。海洋是全球生命保障系统的一个基本组成部分，也是资源的宝库和环境的重要调节器。正是海洋的这些现实的和潜在的价值给人类带来了各种利益，促使主权国家对海洋的权利要求日益膨胀，引发了轰轰烈烈的“海洋圈占运动”。第三次联合国海洋法会议的召开，对这种“海洋圈占运动”进行了法律规制，表现在会议的最终成果：《联合国海洋法公约》中。《联合国海洋法公约》共分 17 部分，连同 9 个附件共有 446 条。主要内容包括：领海、毗邻区、专属经济区、大陆架，用于国际航行的

海峡、群岛国、岛屿制度、闭海或半闭海、内陆国出入海洋的权益和过境自由、国际海底以及海洋科学研究、海洋环境保护与安全、海洋技术的发展和转让等等。《联合国海洋法公约》创设了领海制度、毗连区制度、专属经济区制度、国际航行的海峡过境通行制度以及“区域”制度。确立了大陆架自然延伸原则、制定了有关海洋环境保护、海洋科学研究以及海洋争端解决的相关制度。《联合国海洋法公约》的生效，引起了世界范围内海洋区域的“重新划定”，更加激起各国对其海洋权益的维护，与此同时，国家海域争端以及渔业纠纷骤然增多。因此，《联合国海洋法公约》为海洋法律争端的解决提供了 4 种可选择的途径，其中就包括了国际海洋法法庭、国际法院、仲裁法庭以及特别仲裁法庭。

【知识链接】关于国际法院的争议

近年来，国际社会对国际法院发挥的作用存在很大的分歧。许多发展中国家认为，以欧洲为中心的国际法院，其实际行动很难摆脱在殖民主义和帝国主义时期就已形成的“英美法”和“罗马法”的影响，不同的法律观点和政治偏见致使发展中国家的利益难以得到保护。在联合国第三次海洋法会议上，不少发展中国家强烈主张另设一个处理国际海洋争端的常设法庭，即国际海洋法法庭。尽管发达国家认为另设海洋法法庭会导致职权重叠及判例的不一致，但由于国际法院管辖权以及复杂的诉讼程序等方面的原因，存在耗资巨大、旷日持久的缺陷，致使曾对它寄以希望的发达国家也逐渐丧失了热情。

当然，上述消极面并不能抵消国际法院在和平解决国际海洋争端中作出的积极贡献。法院近年来的一些判决，如 1982 年利比亚和马耳他大陆案、1968 年北海大陆架案和 1984 年美加缅因湾海洋划界案等在很多方面澄清了以往不太明确的概念。法院提出的一些原则已成为公认的国际法准则，对解决现存的以及将来可能发生的类似争端无疑具有重要的借鉴作用。如法院在 1968 年北海大陆架案中的著名判决，从理论和法律两方面论证了等距离并非大陆架划界的必然或习惯原则，并进而指出“自然延伸原则才是与大陆架有关的所有法律规则中最基本的原则”，这已得到许多国家的认同和重视。又如，法院在1951年北海渔业案中所确认的用以划定领海基线的直线基线原则不仅为各国广泛采用，而且规定在1958年《领海及毗连区公约》和1982年《联合国海洋法公约》中。

政治协作外交谈判

常言道：“战争是流血的政治，政治是不流血的战争。”通过战争的模式去解决国家间的海洋争端虽然很直接，但战争的未知后果和造成的诸多遗留问题的情况不符合世界和平发展的主流趋势。因而，利用巧妙的政治、外交方式协商并解决争端不失为一种更符合国家全局的策略。签订于1920年的《斯瓦尔巴德条约》就是一例典型的通过政治、外交协调解决海洋争端的产物。根据《斯瓦尔巴德条约》的内容，其主要原则包括：（1）斯瓦尔巴德群岛的主权归属于挪威一国，除受该条约规定的限制外，这一主权是完全而绝对的；（2）所有缔约国享有利用条约区域内的一切资源的自由；（3）所有缔约国均享有平等待遇；（4）在斯瓦尔巴德群岛所征集的税收只用于该群岛及其行政管理；（5）根据平等待遇原则，承认条约之前所确立的权利；（6）确立斯瓦尔巴德群岛非军事化地位。

【知识链接】《斯瓦尔巴德条约》

斯瓦尔巴德群岛位于北极圈之内的北冰洋上，巴伦支海和格陵兰海之间，处于东经10°～35°、北纬74°～81°间，由斯匹次卑尔根岛、东北地岛、埃季岛、巴伦支岛等9个主岛和众多小岛组成，总面积约为6.27万平方千米，其中最大的是斯匹次卑尔根岛，面积39044平方千米，首府朗伊尔城在该岛的西岸。群岛南距挪威

SVALBARD TREATY OF 9 FEBYUARY 1920("Svalbard Constitution")

TREATY BETWEEN NORWAY, THE UNITED OF AMERICA, DEMARK, FRANCE, ITALY, JAPAN, THE NETHERLANDS, GREAT BRITAIN AND IRELAND AND THE BRITISH POSSESSIONS OVERSEAS AND SWEDEN CONCERNING SPITSBERGEN.

The treaty was ratified by all the signatory powers mentioned, and the ratification documents were deposited in Paris at the following times: the Netherlands 3 September 1920, Great Britain 29 December 1923, Denmark 24 January 1924, United States of America 2 April 1924, Italy 6 August 1924, France 6 September 1924, Sweden 15 September 1924, Norway 8 October 1924, Japan 2 April 1925.

The treaty came into force in its entirety 14 August 1925.

The treaty has later been subscribed to by: Belgium, Monaco, Switzerland, China, Yugoslavia, Rumania, Finland, Egypt, Greece, Bulgaria, Spain, Germany, Hejaz, Afganistan, Dominican Republic, Argentina, Portugal, Hungary, Venezuela, Chile, Austria, Esthonia, Albania, Czechoslovakia, Poland and the Soviet Union.

中国政府是《斯瓦尔巴德条约》的正式签约国之一

北海岸657千米，是最接近北极的可居住地区，现有居民约3000人。该群岛将近60%的土地为冰川所覆盖，永久冻土层厚达500米，每年有长达4个月黑暗的严冬。由于自然条件恶劣，该岛在很长时间里无人定居，只是各国捕鲸船的一个停靠地。直到1920年，整个斯瓦尔巴德群岛在法律上仍然是无主地，这导致各国、各企业间的资源争夺和摩擦纠纷与日俱增，因此一个全新的国际机制亟待建立，以实现对该群岛和相关经济活动的有效管理和规制。

第一次世界大战后，为了调和各国行为，化解冲突和矛盾，维护共同利益，包括英国、美国、丹麦、挪威、瑞典、法国、意大利、荷兰以及日本在内的18个国家，经过繁忙的外交穿梭，于1920年2月9日在巴黎初签“斯匹次卑尔根群岛行政状态条约”，即后来的《斯瓦尔巴德条约》，而这也是“凡尔赛体系”的一部分。随后几年内，中国、苏联、德国、芬兰、西班牙等33国也参加了该条约，成为《斯瓦尔巴德条约》的协约国，使其最终缔约国达到42个。这也是迄今为止北极地区唯一具有国际色彩的政府间条约。

这种解决领土主权争端的“斯瓦尔巴德模式”的主要内容和核心精神是：对于某一主权存在争议的领土，首先，由当事国各方承认其主权属于争议一方，而这一主权应该与国际法上的主权概念完全一致，即赋予了该国政府对此领土和地理领域拥有彻底的控制权，这一主权是完全而绝对的。其次，在承认该国主权的基础上，各当事国在此领土地理范围内均享有某些平等（或相对平等）的待遇和特定权利，这些待遇和权利必须是由各方明确约定的，这是对该主权国所享有主权的某些限制，因此必须以各方明确约定的内容为限，不得任意扩展其内容或范围。第三，经各方协商一致，可以由对这一领土享有主权的国家，或者由各方同意设立的政府间组织，来统一管理各方根据其平等待遇和特定权利在此所进行的特定活动，协调各方立场、维护共同秩序、促进共同利益。因此，“斯瓦尔巴德模式”是解决争议领土主权问题的一种独特模式，是一种在某种意义上“软化主权”的形式，即只要各当事国达成一致，那么有关领土主权的争端就可以得到妥善解决。

这种政治解决方式作为一种历来行之有效的争端解决基本方式，它可以避免事态扩大，达到彼此间最大程度的了解和谅解。它的合理性与灵活性使其在国际实践中被广泛接受和肯定。如果谈判协商未能解决问题，那么在多数情况下会要求第三方介入以协助争端的解决，即要求第三方进行事实调查，参与斡旋、调停、调解等。比如1980年冰岛和挪威关于扬马延岛之间大陆架划界问题谈判未果，也曾提交由第三国（美国）参加的调解委员会，要求做出划界建议。

搁置争议、共同开发

在相当一部分的海洋争端中，短时间不一定能看到解决的希望。这种局面持续下去，不但影响本国对海洋资源的开发利用，还可能导致与周边国家关系紧张，地区局势动荡，甚至还有爆发局部冲突的可能，这是世界绝大多数国家所不愿意看到的。人们不得不考虑以划界以外的其他途径或方式来解决争端，而搁置争议、共同开发正是一种有创新意义的暂时解决方式。存在争端的当事国在对有争

议的区域未达成划界协定前，将争端暂时搁置起来，在共同开发上达成一致意向，在实践中也具备可行性。

在国际实践中存在过不少搁置争议、共同开发的例证。迄今为止，各国已签署或正在谈判的共同开发协议至少已达10余项，多与海洋边界的划分及海洋石油(包括天然气)资源的开发利用有关。比如，1989年12月11日澳大利亚和印尼签订的《关于印尼东帝汶省和北澳大利亚之间合作区的条约》，1979年2月21日马来西亚和泰国签订的《关于建立在罗湾两国大陆架指定区域开发海床资源的共同管理机构的谅解备忘录》。另外，1974年日本与韩国签订的《日韩共同开发大陆架协定》，也试图在搁置划界问题的基础上划定一个“共同开发区”进行共同开发。日本与俄罗斯在解决日本北方领土问题的时候，日本同意在北方四岛主权问题未解决的情况下，仍然与俄罗斯共同开发北方四岛，采用了类似于“搁置争议、共同开发”的方式。英阿之间在有争议的马尔维纳斯群岛问题上的做法则是另一个典型的事例，尽管英阿两国曾于1982年进行了一场大规模的战争，但1995年9月，英国与阿根廷就共同开发马尔维纳斯群岛石油资源签署了协议。这说明，当事国已开始把目光放在开发资源上，而不是执着于归属问题，这对双方而言都是十分必要而且实际的。

【知识链接】“搁置争议、共同开发”——和平解决国际争端的重要理论和实践创新

由于国家间的经济、政治、军事等方面发展的不平衡，就必然会产生分歧和冲突，因此国际争端在我们这个社会还难以从根本上避免。自第二次世界大战结束以来，世界虽无全球性的战争爆发，但民族之间的，地区性的，乃至世界性的争端都时有发生。战后几十年来，在各种冲突中损失的人力、物力、财力已超过两次世界大战的总和，战争给人类带来灾害，却也教育了人类，人们反对战争、反对侵略，要求和平、要求发展的呼声日益高涨。国家之间有了争端并不可怕，关键在于选择一个切实可行的方法解决。由于各个主权国家是平等的，各自独立，彼此之间并无隶属关系，国际法也缺乏足够的权威性，发生了争端，传统国际法允许国家可以用战争作为推行国家政策和解决争端的方式，现代国际法虽然废弃了战争，禁止非法使用武力，但事实上并不能确保国际争端只能使用和平的方式予以解决。

在19世纪以前，国际上已经开始提出用和平的方式解决国际争端，其中包括谈判、斡旋、调停和仲裁，但无论何种方法，都是建立在和平的基础之上并由当事国自愿提交为前提，这些解决方法的提出正是由于国际争端的复杂性所致。搁置争议、共同开发有争议的地区，是贯彻和平解决国际争端原则的最佳方案，是对解决国际争端方式的重要补充。当今世界进入一个新的历史时期，多极化格局的出现代替了苏美冷战，维护世界和平、发展全球经济、促进人类进步就显得尤为重要了。在纷繁复杂、充满矛盾的国际事务中，“搁置争议、共同开发”恰恰有利于和平、有利于发展，不仅是对世界和平的贡献，而且也是对世界发展的一大贡献，已成为和平解决国际争端的一种切实可行的方法。

三、解决海疆争夺的未来趋势

开展海上安全合作 实现互利共赢目的

近年来，很多存在各种海疆争端的国家之间也在积极进行着双边或多边的海上安全合作，并且有的已经初见成效。例如，虽然韩日之间存在“独岛争议”，但是两国海军在“对立”的背景下，自20世纪90年代以来一直保持着诸如军舰互访之类的合作与交流。尽管俄日之间存在“南千岛群岛之争”，但是1996年7月，日本一艘驱逐舰前往俄罗斯参加庆祝俄海军成立300周年阅兵式，首次造访俄罗斯军港海参崴。1997年6月，俄一艘大型反潜舰访问东京。自1998年以来，日俄海军已进行多次搜索救援联合演习。2003年8月，俄罗斯在远东地区进行旨在“保卫远东的经济利益和资源”的大规模多边海军军事演习，日、韩均参加了其中的搜索救援联合演习。

东盟国家近些年也充分认识到合作带来的巨大利益，在防务策略上，以防务一体化为基本目标，倡导多边安全对话。为增加与亚太大国相抗衡的能力，防止外来侵略和干涉，把保障自身安全的注意力集中到建立集体安全机制上来，力图实现东盟防务一体化的目的。首先是政治经济上努力创建“东南亚10国共同体”。其次是军事安全上大力加强区域内的防务合作，在既有双边防务合作的基础上开展三边或多边防务合作，并提出了以“区域联防”为主体的新的防务观。另外，在具体行动上，为进一步加强防务合作，东盟各国不断增加军事演习的次数，并逐步提高演习的层次和规模。近5年来，东盟仅在南海举行的联合军事演习就达200余项，演习的范围由海上扩大到空中和陆地，由单兵种扩大到多兵种合成作战；演习的内容由以航行通过为主转向以联合控制重点海区为主，内容涉及海空联合、海上攻击，反潜、防空、搜索、救援和保卫岛礁等方面。

鉴于全球性的国际海事安全合作机制尚未形成，仅凭一国之力难以确保海域安全，极度需要建立海洋安全与合作工作机制，培养地区国家海事合作及对话，以求有效地管理和利用海洋资源；增加对区域海洋议题的了解及合作、对话的范围；寻求建立一个稳定的海洋机制，以降低区域冲突的危险性；针对特定区域的海洋安全问题从事政策研究，建立措施促进信任和安全。对于建立广泛的海上安全合作机制，世界很多国家和地区都在通过实践进行探索，“全球海上伙伴关系”就是美国推出的关于在全球建立最广泛的海上安全联盟的新概念。美国希望借用这一概念来推进在海上国际贸易、海洋安全和海洋自由等领域拥有共同利益的所有国家开展海上安全合作，并形成以美国为主导的国际海上安全新秩序。

总之，合作交流对于确保获取最大利益来说是非常重要的。若要就海洋争议的方方面面和各项条款达成共识，开展各种对话则是必不可少的一个环节，尤其在不确定性普遍存在的地区，对话、交流、合作显得更为重要，通过对话与合作来弥合分歧，最终实现互利共赢的局面。

【知识链接】“西太平洋海军论坛”

成立于1988年的“西太平洋海军论坛”是目前西太平洋地区唯一定期开展的多边对话与合作的海军论坛，是西太地区国家介绍本国海军发展，协商开展各种合作活动的重要平台和枢纽，在地区海军安全合作中发挥着重要作用。该组织成员包括俄罗斯、美国、日本、澳大利亚等21个成员国和3个各观察员国，我国是西太海军论坛的创始会员国之一。该论坛每两年举行一次由各国海军首脑参加的正式会议，每年举办工作小组会及各种专题研讨会，并在此基础上开展海上实兵演练活动。论坛活动强调海军合作，突出海军专业色彩，研讨涉及地区海上安全环境、海上安全合作、海军交流等内容，其宗旨在于“增进合作，提高共同行动能力，以及通过提供一个能够对共同关心的海上问题进行讨论、信息交换、锻炼和展示能力、交换人员的框架，在各国海军之间建立信任和信心”[①]。其主要任务就是为加强和协调该地区

2014年1月在南京召开的西太海军论坛小组会

① 《西太平洋地区海军论坛章程》，宗旨。

海军合作："一是讨论和拟制合作倡议，并确定有助于未来发展和实践的那些倡议；二是探讨、研究增进友谊和专业合作的新途径；三是发展海军之间不同层次的关系，为现在和未来发展建立信心和信任；四是就广泛的共同关心的海上问题交换信息；五是确保建立和保持联系渠道。"[①]2014年，我国将首次举办西太海军论坛年会，各成员国就地区以及安全环境、海上安全合作、海军交流等内容进行研究探讨。

通过法律途径解决 避免直接军事冲突

自从《联合国海洋法公约》颁布实施后，海洋国土的概念发生了很大的改变，各国之间大陆架和专属经济区界线的确定成为争议爆发的新焦点，也引发了不少国际争端。但是，通过军事冲突方式毕竟不是解决海洋争端的好方法。随着国际海洋法律越来越广泛而有效的应用，很多国家更倾向于选择通过法律方法解决海洋争端。

第一个现代意义上的通过法律方法解决海域划界争端的案例是国际法院1969年北海大陆架划界案。国际法院对该案的判决和后续海域划界争端案件的判决与裁决，以及相关领域的国际法规则的发展都产生了巨大影响。该案判决做出后，不少国家将海域划界争端交由国际法院或者仲裁庭加以解决。根据统计，到目前为止总共有17件海域划界争端案件通过法律方法得到了解决。国际法院现在仍然有2件海域划界争端案件有待判决。在总共17件已判决的海域划界案件中，就争端解决的途径而言，有9件案件是提交给国际法院判决，有8件案件是通过国际仲裁来加以解决。总体来看，国际法院和国际仲裁被利用的频率大体相当。而且通过法律方法解决海洋争端的国家涵盖了亚洲、非洲、北美洲、南美洲、欧洲等各大洲的国家，其中既有发达国家也有发展中国家，既有深受西方法

---

① 《西太平洋地区海军论坛章程》，目标。

律传统影响的国家，也有受伊斯兰文明影响较大的国家。因此从整体上看，选择法律方法解决海域划界争端的国家具有相当的多样性。法律方法解决海域划界争端这一途径，在世界范围内已经得到了比较广泛的应用和认同。通过法律方法解决的海域划界争端案件相比于其他类型的国际争端案件，数量相对较多。之所以会出现这种情况，与法律方法在解决海域划界争端方面的优势是分不开的。

第一，效率高。相比较于漫长并且不一定有结果的谈判来说，通过法律方法解决海域划界争端可以在相对比较短的时间内由法院或仲裁庭给出确定性的划界原则、规则或者一条确定的海域分界线。一般情况下，法院或者仲裁庭在2～3年的时间内可以对一起海域划界争端案件做出判决或裁决。相比于谈判协商在时间上的不确定性，短时间、高效率是法律方法一个很大的优势。

第二，有效性高。有效性，是指法院的判决或仲裁庭的裁决是否能够得到当事国的全面遵守。一是《联合国宪章》第94条第1款规定“联合国每一会员国为任何案件之当事国者，承诺遵行国际法院之判决”。同时如果当事国选择仲裁，仲裁协议中一般也会规定仲裁裁决是最终的和有约束力的。因而，当事国在法律上有义务遵守法院的判决或仲裁庭的裁决。而且对于国际法院的判决，当事国可以提交联合国安理会要求强制执行。二是由于法官及仲裁员一般在国际法方面都拥有高度的权威性和专业性，因此，根据国际法做出的法院判决或仲裁裁决具有高度的权威性，比较容易被争议的双方所接受和遵守。而如果当事国不接受法院的判决或仲裁庭的裁决，那么其必将会面临世界舆论、国际组织或地区组织的强大外交压力。通过对上述已经判决或裁决案件的考察，就所掌握的资料而言，除了个别案件之外，绝大多数的国家都表示接受国际法院的判决或仲裁裁决，或将判决和裁决中确定的界线直接作为其与邻国之间的海域界线。对于那些判决或裁决没有划定一条确定界线，而仅是阐明划界原则、规则的案件，当事国之间都根据法院的判决缔结了具体的划界协定。如联邦德国、丹麦和荷兰根据1969年2月20

日国际法院的判决，于1971年1月20日正式缔结了《丹麦、德意志联邦共和国和荷兰关于北海大陆架划界的几项协议》，突尼斯和利比亚于1988年8月8日缔结了《大阿拉伯利比亚人民社会主义民众国与突尼斯共和国之间实施国际法院利比亚/突尼斯案判决的协议》等。总体来看，通过法律方法解决海域划界争端的有效性比较高。

第三，非政治化。国家之间的交往是极其广泛的，争端发生时，有关国家政府可能不想让这些争端影响国家间关系的其他方面，如果按照国际法和普遍接受的原则解决这些问题，那么就可以使得这些问题非政治化。法律方法把海域划界这一当事国之间的政治问题转化为当事国与法院或仲裁庭之间的法律问题。海域划界的进程被纳入到了规则的框架中，其所依据的不再是国家实力，而是相关的程序、证据和法律的共同作用。从而当事国之间的紧张关系也有可能得到改善。如2002年喀麦隆和尼日利亚间陆地和海洋边界案(以下简称“喀麦隆/尼日利亚案”)，该案涉及巴卡西半岛的主权归属问题争议，曾经导致双方1993年底至1994年初发生多次武装冲突。2002年10月10日，国际法院对争端做出判决将巴卡西半岛判归喀麦隆。尼日利亚最终于2008年8月14日将巴卡西半岛移交给了喀麦隆，随即两国关系恢复正常。尼日利亚司法部长迈克尔·卡塞·阿翁多卡坦言：移交巴卡西半岛对尼日利亚人来说是痛苦的，但执行海牙国际法院移交巴卡西半岛的判决是重要的和必需的。

加强军事斗争准备 提升战争威慑能力

在以和平、发展为主题的时代背景下，军事力量的威慑性运用对于维护国家利益、解决领土争端具有重要现实意义。21世纪是海洋世纪，世界各国围绕海洋权益的争夺日趋激烈，海洋安全环境不容乐观，既有现实的紧迫任务，又有潜在的矛盾和冲突；既需要维护海洋权益，又需要保卫海上战略交通线。合理运用海上军事威慑，可在保持和平状态的前提下摄止潜在对手的进一步侵害行为，为国家海洋环境安全提供有力的战略支撑。

当前，亚太周边各国都在强化军事建设方面不遗余力。首先是美国。2012 年 1 月，美国国防部出台的《保持美国全球领导地位：21 世纪的防务重点》评估报告指出，美国的经济和安全利益与亚太地区密切相关，今后美军在维护全球安全的同时，“须在亚太地区进行重新调整”，执行“空海一体战”。奥巴马也多次强调，要寻求在亚太地区的军事部署“更广泛、更灵活、更持久”，加强在东南亚、澳大利亚和南亚区域的军事存在，并通过培训与演习来增强其盟友及伙伴国的军事能力。以“大西洋网络”为模本，美国正试图在亚太地区构建一个符合美国的利益与价值观的、包含各种伙伴关系与机构的“太平洋网络”。一方面，美国不断巩固强化与美日、美韩、美澳、美菲等传统军事盟友关系。美日双方在国际场合多次重申，美日同盟是实现亚太地区和平的基础，今后将进一步推进在更广泛领域的安保合作。同样，美韩两国正式签署《国防合作指针》《战略同盟 2015》《战略计划方针》等文件，构筑两国“21 世纪全面战略同盟”。2011 年 11 月，美国与澳大利亚签署永久性的驻军协议，从 2012 年开始，美国 250 名海军陆战队士兵可以在澳驻扎，6 年内将增加到 2500 人，这是美军历史上首次常驻南太平洋地区。2013 年，美国在菲律宾选择以轮换方式实现了重新进驻菲律宾。这是冷战结束 20 年后，美国第一次重新增加在亚太扩大军事基地数量。另一方面，美国拉拢一些对其有军事依赖需求的东南亚国家，延展自身在亚太军事存在的范围，努力拓展美国的亚太安全体系。2011 年 2 月，美国发表新版《国家军事战略报告》，重申将加强与泰国、越南、马来西亚、巴基斯坦、印尼以及新加坡等国的军事关系。美国安全战略触角甚至还伸到了蒙古。2011 年，美国派遣海军陆战队进入蒙古，向蒙古军队提供维和训练、英语教学，并在边界地区提供巡逻无线电通讯和工程支援。此外，美国还计划在南亚包括东亚等其他太平洋区域，共同组建地理概念上的“亚洲枢纽”。

其次是俄罗斯。当前俄罗斯正全力恢复其全球海军大国的地位，俄罗斯明确指出“国际社会在世界大洋的活动导致各种矛盾和争端的出现，其性质和解决方法在很大程度上取决于一个国家所实际拥有的海上实力”。冷战结束后，俄在远东地区的海军数量虽然有所减少，但仍是亚太地区一支有实力的海上力量。俄罗斯海军有主要水面作战舰只 55 艘、潜艇 60 艘、核动力潜艇 45 艘。近年来，俄罗斯海军舰队派遣包括核潜艇在内的各式舰艇在世界各个海区显示力量存在。为了确保俄罗斯在北极地区及其附近地区资源和空间的合法权限，俄罗斯海军还定期派出舰队前往北冰洋巡航，正如时任俄罗斯海军总司令维克托·奇尔科夫海军上将所言：“俄罗斯海军开往北极，是为了恢复俄海军舰队在具有重要战略意义区域的定期存在。”

第三是日本。在我周边，日本海上自卫队的实力仅次于美俄两国海军。近年来，日本扩张之心不死，不断挑战其《和平宪法》底线，虽然名义上只保留自卫力量，实际上则大力发展大型作战平台和积极谋求远程攻击武器，日本海上自卫队远海军事行动能力已相当突出。日本水面舰艇在吨位上几乎都比中国同级别舰艇要大，续航力也更远，大型水面舰艇比例也最大。海上自卫队现役作战舰艇总吨位为标排 44.8 万吨、满载 64.1 万吨，居世界第五位，而 4400 吨的平均吨位则仅次于美国的 5700 吨，位列第二。日本 2 艘“日向”级直升机驱逐舰满载排水量达到 1.8 万吨，航速 20 节时续航力可达 6000 海里，能够搭载 11 架直升机，

日本海军 16DDH“日向”级准航母

到远海执行反潜和扫布雷任务。6艘“宙斯盾”驱逐舰，日本虽然宣称只有7700吨，但满载排水量实际已经突破1万吨，20节时的续航力超过4500海里。日本海上作战平台还有越来越大型化的趋势，最新一代多用途驱逐舰“秋月”级的标排超过5000吨，满载可达2.4万吨的22DDH“出云”级“直升机母舰”也已下水即将服役。为了能够更好地执行远海作战任务，日本还不断对海上自卫队的兵力结构进行改进。有报道称日本计划将4个“十、九舰队”逐步改编为全新的“弹道导弹防御型”和“远洋机动型”作战编队，前者基本上仿效美国海军的类似体制，即以2艘装备了新型反弹道导弹拦截弹的“宙斯盾”驱逐舰为核心，配以4～6艘其他驱逐舰，组成2个海上弹道导弹防御编队。后者则以“16DDH”“22DDH”型所谓的“直升机搭载护卫舰”为核心，构成事实上的准“航母编队”。目前，日本“十、九舰队”的远洋综合作战能力已被公认为世界各国非航母远洋舰队中的翘楚，日本海上自卫队早已是事实上名副其实的远洋作战型舰队。就作战能力看，日本海上自卫队的航空反潜能力和扫雷能力甚至超过美国，居世界第一位，海上区域防空能力居世界第二位。

日本22DDH“出云”级“直升机母舰”

发挥软实力的作用 曲线达成维权目的

美国学者约瑟夫·奈提出“软实力”概念，指出“软实力”是指“通过让他人做他人自己想做的事情而获得预期结果的能力。这是一种通过吸引而非强迫获得预期目标的能力”，硬实力是指“通过惩罚的威胁或回报的承诺迫使他人去做本来不想做的事情的能力”。

当今时代，单纯依靠“胡萝卜”加“大棒”即传统硬实力越来越不利于问题的解决，处理国际问题时的困难也越来越大，而软实力由于其依赖协商、合作等手段则成为一种日益重要的选择。海洋软实力作为软实力在海洋领域的表现，同样将会在国家海洋权益维护中发挥着越来越重要的作用。以往单纯依靠强大的海洋军事力量以武力实现海洋强国的发展之路，由于只注重海洋硬实力，过于强调强权、控制、威慑，往往导致海洋安全局势弥漫着紧张对峙的气氛，在一定程度上背离了和平与发展的时代主题。而发展海洋软实力，充分运用海洋软实力，则可以给强悍的海洋硬实力注入柔和的润滑剂，通过刚柔相济，达到提升海洋综合实力，实现海洋强国的目的。

在认识到软实力的重大作用意义后，世界上很多国家都着眼于大力发展建设国家软实力，着重通过政治、经济、外交等途径发挥软实力作用，以图用通过更加巧妙、有效的方式解决与他国之间在海洋权益的争端。例如，对于“马岛问题”，当前阿根廷巧妙地把马岛问题置于国际和地区框架内，立足于本地区组织，把争端转化为地区性安全问题，增强和英国抗衡的实力。目前，拉美区域性组织都坚定地支持阿根廷对马岛的主权要求，敦促英国就马岛问题与阿根廷进行谈判。阿根廷利用拉美当前的团结大势，在英国派遣“蒙特罗斯”号护卫舰到南大西洋水域时，强烈谴责英国的行为威胁整个南美地区的和平与安全。阿根廷总统克里斯蒂娜在纪念马岛战争爆发 30 周年活动上说，收回马岛主权是所有阿根廷人的事业，也是南美国家的事业。阿根廷政府营造的外交舆论就是一种积极的软实力探索，可以从战略上把马岛问题变为南美的地区性安全问题，同时把拉美区域性组织变为另一支与英国抗衡的强大力量，届时英国面对的将是整个拉美，从而增加了对英国的压力。

搁置争议避免激化　待机寻找解决方式

搁置争议，即先不谈主权问题，避开双方都感到敏感的问题，而对有争议的区域进行共同开发利用，大家共同受益受惠，待到主观情况和客观环境达到更好的时机时再予以解决，这可以是一种大家都能接受的问题解决方案。简言之，就是坚持和平发展之路，在发展中等待和平解决的契机，达到缓和海上矛盾争议，维护海上安全的目的。

中国领导人邓小平创造性地提出的“搁置争议”主张，是以“主权在我”为前提的并不是放弃主权，我们主张搁置主权争议的前提，是中国拥有对钓鱼岛、南海诸岛的主权，只是中国出于现实存在的状况，考虑到各方面的利益，愿意暂时搁置主权争议。这样做，对各方面的利益，包括中国方面的合法利益和有关方面的合法利益，都没有任何的损害，是各方应该能够接受的。那种认为搁置主权就是放弃主权的认识是对邓小平同志的“搁置争议、共同开发”思想的恶意曲解。同时，搁置主权争议的主张也不是指永远搁置主权，而是选择一个什么时间“谈主权”的问题。它可使国家之间的利益冲突矛盾得到缓和，避免双方由于正面冲突可能造成的两败俱伤的结果，为双方进一步解决矛盾甚至建立某种合作关系创造条件，因此，是有利于世界的和平与发展，有利于人类历史进步的。正如邓小平同志所说的，“也许下一代人比我们更聪明些，会找到实际解决的办法”，钓鱼岛、南海诸岛的归属是一个终将要解决的问题，绝不能永远拖下去。

【知识链接】“搁置争议、共同开发”

关于钓鱼岛和南海诸岛的归属问题，邓小平提出了一个前所未有的设想，即搁置争议，共同开发。这一设想在国际上引起强烈的反响。邓小平指出：“有些国际上的领土争端，可以先不谈主权，先进行共同开发。这样的问题，要从尊重现实出发，找条新的路子来解决。”关于钓鱼岛问题，“这个问题我们同日本有争议，钓鱼岛日本叫尖阁列岛，名字就不同。这个问题可以把它放一下，也许下一代人比我们更聪明些，会找到实际解决的办法”。“这样的问题是不是可以不涉及两国的主权争议，共同开发”。对于南海诸岛，目前被东南亚的一些国家占据了许多岛屿，“将来怎么办？一个办法是我们用武力统统把这些岛收回来；一个办法是把主权问题搁置起来，共同开发，这就可以消除多年积累下来的问题”。邓小平“共同开发”的思想与“一国两制”理论一样，是一种前所未有的解决国家之间争端的新思维、新模式，富有创造性，在实践中无疑会大大促进领土主权争议的合理解决，有利于当今世界的和平、稳定和发展。对于“共同开发”思想的意义，邓小平指出：“我们中国人是主张和平的，希望用和平方式解决争端。”我们相信，有关钓鱼岛和南海诸岛的主权问题迟早是会解决的，在未解决之前，搁置争议、共同开发则是彼此都能接受的最佳方案。在没有解决主权争议之前，大家都能够享受惠益，何乐而不为呢？如果说在未解决主权争议之前，保持现状，这于彼此都无损失，“保持现状”也是许多领土、边界争端的解决办法，但让其自然资源沉睡地下也是一种损失。

践行和谐海洋理念 力争和平解决争端

由于海洋特殊的地缘特征、经济功能和社会效用，决定了它是一个利益冲突的高发、频发区，各种矛盾汇聚，各种利益交织。要从根本上和平解决这些问题，需要尝试新的战略思维，建立新的海洋秩序。中国基于历史并立足现实，创造性地提出了一种新的解决问题模式——构建“和谐海洋”。

在纪念中国人民海军成立60周年的多国海军活动期间，胡锦涛在会见外国海军代表团团长时，以国家最高领导人的名义，首次向全世界明确提出了构建“和谐海洋”的战略思想，就建立“和平、公正、自然、合作”的海洋阐述了自己的观点，强调建设和谐海洋是建设和谐世界的重要组成部分，倡导“加强各国海军之间的交流，开展国际海上安全合作”，要求海军“为实现和谐海洋这一崇高目标而不懈努力”。“和谐海洋”思想符合国家根本利益和人类开发利用海洋的现实需要，一经提出就得到了国内外的积极响应和广泛赞誉，成为我国开发利用海洋、开展各种涉海活动的战略指导思想，也成为我维护海上安全的一项重要战略指导思想。

人民海军成立60周年多国海军活动现场

【知识链接】“和谐海洋”思想

所谓构建“和谐海洋”，指的是在开发利用海洋过程中使国与国、人与人、人与海洋三方面的利益关系都达到和谐融洽的状态。它要求：国与国在海上和平共处，指世界海洋应该远离战争，各个国家在海上活动中相互尊重，不侵略他国海上权益，不破坏世界海洋秩序，各国海军携手合作，共同维护海洋持久和平与安全，保护海洋这一人类生存发展的共同家园。人与人在海上和睦相处，指人们在开发利用海洋的过程中，应该按照可持续发展的要求进行统一规划、统一管理，使各涉海行业、部门间利益协调、关系融洽、互利共赢。人与海洋和谐共处，指人类应该从海洋的统治者、征服者转向海洋发展规律的遵循者，善待自己赖以生存的海洋环境，开发与保护并举，使海洋远离污染与破坏，成为“天人合一”的健康之海。“和谐海洋”思想所蕴含的和平共处、和睦相处、和谐共处，是指导一切涉海活动的基本依据，在海上安全这一特殊领域，这些思想内涵具体表现为一些特殊要求：一要建设公正合理的海洋秩序，公平照顾各方利益，公正限制各方行为，并能维护海洋秩序权威，使各国的海上活动符合秩序要求；二要相互尊重、平等协商，尽量寻求基于和平的方式解决海洋争端，防止或避免海上军事竞争甚至武装冲突；三要共同应对海上安全威胁，尤其在海上通道安全、海洋环境保护等方面的非传统安全威胁，团结协作，共同谋求海洋的持久和平与安全；四要加强交流与合作，通过对话寻求共识，通过交流增进了解，通过合作谋求发展，努力建设互惠互利、和谐共处的海洋。

“和谐海洋”思想是当代全新的海洋思想体系，它不仅倡导海洋和平，而且上升到海洋和谐的高度，强调了各国之间、人与海洋之间的协调性。对于解决当代海洋矛盾、冲突和争端、维护海洋和平发展、实现海洋属于全人类的公共属性并促进和谐世界的建立，具有重要的理论和实践价值。

建设“和谐海洋”是具有战略视野和深远意义的战略主张，适应了海洋发展的未来，也适应了中国海洋发展所迫切需要的理论和实践指导，对于应对当前海洋问题矛盾突出，分歧日益扩大，斗争日趋激烈的海上争端现状；对于应对当前贸易、能源战略通道受到海上多种因素威胁的海上安全现状有巨大意义。它为我破解海上安全困局提供了斗争武器，也指明了理性思路。加强海上合作、加大海洋经略，以维护共同安全利益为目标，还海洋以和平，还海洋以安宁，成为解决海上争端的新途径。

四、海疆争夺中的军事力量运用

建设强大海军是海疆争夺的力量保证

海军作为维护国家海上安全的中坚力量，在维护国家的海上利益、营造海上安全环境和保卫国家的整体安全中发挥着巨大的作用。

当前在世界海洋安全环境日趋复杂的形势下，海疆争端主要表现在主权和经济利益争议上，建设一支强大的海上军事力量往往是解决海上争端的力量基础，海军必须成为解决海域划界和岛屿归属之争中进行政治外交谈判的强大后盾。特别是在可能由于海上争端引发的影响国家海上方向安全与经济可持续发展的海上危机中，海军要有能力快速、有效地控制局面，最大限度地维护国家的海上利益。

首先，强大海军是国家主权和地位的坚强捍卫者。任何一个国家的繁荣发展都必须建立在国家统一和领土完整的基础之上，国家的统一和领土完整可以获得空前广阔的发展空间和持续发展的潜能。在海上方向，国家的统一和领土完整必须依赖强大的海上军事力量作为保障。历史上，葡萄牙、西班牙、荷兰、法国和英国等国都通过建立强大的海军，先后成长为海洋强国和世界性大国。近年来，美国、日本、印度、俄罗斯等国家，都在重点发展海军力量，以图巩固或谋取在地区乃至世界事务中的地位和话语权。美国一直大力谋求绝对的海上军事优势，确保了其在近期的几场局部战争中频频得手，始终掌控着战争的主动权。日本海军近年军费巨额增加，已成为综合作战能力最强的区域性海军之一，具备了相当的远海攻势作战能力和海外兵力投送能力。印度海军正朝着海、陆、空三位一体并且具备核打击能力的方向加速发展，并且在邻近马六甲海峡西出口的安达曼—尼科巴群岛设立了海空军联合司令部，甚至频繁将军事触角伸入到了南海和西太平洋范围。

扼控马六甲海峡西口的安达曼—尼科巴群岛

其次，强大海军是维护国家海洋经济发展利益的有力后盾。伟大的航

海家郑和在15世纪就指出："欲国家富强，不可置海洋于不顾。财富取之海，危险亦来自海上。"他精练地阐释了海军力量在国家经济发展建设中的重要任务和作用。海洋作为濒海国家重要的战略空间，存在着国家赖以生存与发展的重要利益。海洋安全不仅与国家的安全息息相关，海洋经济利益也关系到国家的繁荣与发展。向海洋要资源、要空间和求生存已经成为许多国家的共同选择。海洋巨大的资源及其经济价值，决定了海洋是未来世界各国开发利用最活跃的领域之一。21世纪的海洋不会平静，各国争夺海洋资源的斗争将愈演愈烈，由此引发的矛盾和冲突，将对海上安全带来重大影响。如何解决这些矛盾，关系到地区的稳定和国家间持续和平、发展。应当看到，经济发展不但关系到各国的国计民生和长治久安，也关系到世界的和平与安全。没有实力保障的和平是虚幻的和平，没有安全保障的发展是脆弱的发展。国家的发展必须拥有强大的国防作保障，维护和发展国家海上安全和利益，必须拥有强大的海上军事力量。

再次，强大海军为民族崛起提供战略支撑。海军作为海上军事力量的主体，是建设海洋强国、实现民族崛起的重要组成部分。近500年来，世界性大国都陆续建立起了当时条件下世界上最强大的海军，而大国崛起的更替变化，也与海军是否足够强大紧密相连。正如苏联海军司令戈尔什科夫元帅所言："海军的强大是促进某些国家进入强国行列的诸因素之一。如果没有海上军事力量，任何国家都不能长期成为强国。"[①] 近代中国由于海军力量弱小，导致有海无防，任人宰割，西方列强凭借坚船利炮多次从海上入侵，给中华民族造成了深重的灾难。新中国成立后，我国海军得到较快的发展，但目前我国面临的形势依然十分严峻，主要的安全威胁仍来自海上，维护国家领土主权完整和海洋权益仍面临巨大压力。近年来，

---

① ［苏］戈尔什科夫：《国家海上威力》，第100页，生活·读书·新知三联书店1977年版。

我国海上热点问题之所以高发频发，归根结底，还是我国海军不够强大。建设海洋强国，实现民族复兴伟大梦想，迫切需要建设强大的海军，切实保障海上活动安全，维护国家海洋权益，营造和平、和谐、安全、稳定的环境。

总之，拥有强大海军是维护本国海洋权益的根本基础，强大的海军也必然能反映出一个国家综合实力的状态。古往今来，“弱国无外交”的深刻教训无时不刻在提醒人们：任何争端、冲突的解决过程，实质就是国家综合国力的博弈过程。只有拥有强大的军事实力做后盾才有谈判的筹码和资本，才有可能真正促成和平方式解决争端。

掌控争议海区是控制争端局面的重要举措

当前，加强对与其他国家有争议海区的实际控制和经济开发，成为各国维护和扩大既得利益，控制争端局面的重要举措。为了维护既得利益，部分国家加紧改善武器装备，投入大量资金发展海空军装备，并不断举行海上防御和加强海区控制为背景的军事演习，充分显示不惜以武力维护海洋利益的决心，并利用加大实际控制争议海区的力度达到争端问题合法化、主权归属现状化的目的。因此，提升对争议海区的掌控力度对于控制海疆争端有着重要意义。

【知识链接】强化争议区域控制的典型例子

俄罗斯从多种途径宣示对“南千岛群岛”的控制

长期以来，日、俄在日称“北方四岛”归属问题上互不让步。2010 年 11 月，时任俄罗斯总统梅德韦杰夫对俄日争议领土“南千岛群岛”进行视察。引发了日俄两国围绕此问题的舌战。日本前首相菅直人在东京举行的要求归还北方领土全国大会上说，北方领土问题是日本外交的重要课题，日本将“坚韧不拔”地与俄罗斯进行交涉，俄时任总统梅德韦杰夫视察北方领土是“难以容忍”的行为。随后，梅德韦杰夫回击说，“南千岛群岛”具有战略意义，是俄不可分割的领土。俄总统助理普里霍季科表示，不论现在还是将来，俄对“南千岛群岛”的主权不会改变。俄领导人视察国内任何地区并解决当地关系民生的迫切问题，根本无需经过“任何方面”许可。俄领导人今后会继续到这一地区视察工作。梅德韦杰夫登上“南千岛群岛”的国后岛视察后，时任俄第一副总理谢马什科、国防部长谢尔久科夫等政府高官相继视察“南千岛群岛”。此举充分显示出，俄政府高官的上述行为意在向国内外宣示对“北方四岛”的实际控制。未来不论关于“南千岛群岛”问题的谈判将如何进行，对“南千岛群岛”拥有实际控制权的俄罗斯显然占据了主动。

日本通过军演提高夺控岛屿的能力

部署在日本的美军 V-22“鱼鹰”偏转翼飞机

日本在加强军事准备，提高对争议海区的实际控制能力上也是动作不断。2013 年 6 月 10 ～ 26 日，日、美在美国加利福尼亚州举行每年一次的夺岛军演。据报道，此次演习的具体细节是：美军夺岛后交由日方接管。此次日美军演是日本陆海空自卫队在海外展开的首次联合演习，被日本称为史上最大作战。与以往相比，此次演习创下了多项纪录。在演习规模上，日美总兵力达到 5000 人，其中日方 1000 人，美方 4000 人。驻加州彭德尔顿军营的美国海军陆战队几乎倾巢出动。这样大规模的两栖登陆演习，即便在美军内部也很少实施。在参演武器装备上，由日本海上自卫队“日向”号直升机航母、“爱宕”号“宙斯盾”级导弹驱逐舰等 3 艘舰艇组成的编队携带 4 架直升机实施跨洋参演。美国海军陆战队的 V-22“鱼鹰”倾转旋翼机将在“日向”号上进行起飞和降落演练。如此多的主力舰艇和先进装备也是首次出现在日美“夺岛”演习中。在演习科目上，除了传统的图上推演、指挥通讯协同外，实兵演习阶段，日美将对圣克利门蒂岛发动模拟联合两栖攻击，日本陆上自卫队将演练海滩及直升机垂直登陆，海上自卫队舰艇对其实施实弹炮火支援，进入了大规模两栖作战的范畴。有关演习的目的，显然是针对中国。据媒体分析，一方面美国在中国强大军力的压力下试图让日本承担更多的军事任务，另一方面日本想获得越来越独立自主的军事能力，不断提高控制能力。因此，此次演习才具有如此实战性、针对性。加之，日本正着手创立“离岛夺还部队”，以及日本自民党抛出的《钓鱼岛12海里警备保全法》，授权自卫队在钓鱼岛海域12海里内动武的权力，可以认为，美日举行的联合军事演习有着强烈的“备战”色彩。

科学谋划海上军事力量运用有效化解海疆争端

海洋军事力量在相对稳定和平时期中的作用正日益增大，和平时期如何科学运用和发展海洋军事力量对有效解决海洋争端发挥着重要的影响力。

认清海上军事力量运用新的时代特点：

第一，海上军事力量的战争运用日渐退居次要位置。随着国际形势发生前所未有的深刻变化，国际战略格局正酝酿重大调整，经济全球化深入发展，国与国相互依存日益紧密。这种深刻变化与重大调整，意味着国际力量此消彼长，国家利益诉求及其利益碰撞更加复杂，外交和经济以及安全领域的合作成为应对复杂形势的主要手段，军事力量运用上要有新的创新。受和平发展大趋势影响，在海洋主权权益争夺方面，一些国家改变以往单纯运用军事力量的做法，通过加强行政管控等方式来强化主权存在，采取加速海洋经济开发利用、向占据岛屿移民和发展旅游等方式，加快获取既得利益，以此加快强化主权存在的实际步伐。

第二，海上军事力量运用更加注重维权与维稳相统一。历史经验告诉我们，国家要想快速发展，必须保持较长时期的和平发展环境。新世纪新阶段，中国坚持走和平发展道路，要求抓住难得的战略机遇期，营造地区范围尤其周边和国内稳定的战略环境。在战略机遇期内，为避免海上矛盾激化，影响我和平发展的外部环境，不到万不得已，不得轻易实施动用武力的决策和军事行动。在维权和维稳这对现实矛盾中，在国家政治外交斗争重大战略决策指导下，既要积极维权又要坚决维稳，实现维权与维稳相统一。

第三，海上军事力量运用要求多种手段密切配合。和平时期海上力量运用是一个系统工程，需要统筹国家各个领域，实现政治、经济、外交等各项工作的协调配合，将军事斗争和其他斗争方式融为一体。在和平发展趋势下，海上军事力量通常作为辅助手段配合其他手段运用。如一些与我有争议的海上周边国家频繁派出海军船只，加强对渔业资源的“保护”，并开辟航空旅游专线、开放机场码头等军事设施推动旅游开发，采取多种措施在所占岛礁宣示主权和管辖权等。其他如派出海上军事力量保护重要设施、配合海上地方执法力量前往事发海域执法、组织和参加国际海上联合军演等方式推动各国互信等等，都成为海上军事力量运用的基本方式。除围绕维护本国海洋主权权益所进行的军事行动之外，国际社会应对恐怖行动等国际犯罪所开展的军事行动同样价值巨大。在亚丁湾、索马里海域护航的实践中，国际海上军事力量依照联合国决议以及相关国际法律条款的规定，在反海盗军事行动中，大胆实践，主动作为，同样为国家利益的拓展立下了汗马功劳。

第四，海上军事力量运用需要考虑相关国际法的限制性因素。自 1982 年联合国通过《联合国海洋法公约》，世界各国顺应本国经济发展要求，纷纷扩大各自管辖范围，成为普遍的国际实践。在海上围绕岛屿归属、海域划界和资源开发等问题展开了日益激烈的斗争，军事力量运用中涉及国际法的实践大量增加，并在很大程度上受到国际法制约，对军事行动本身的进程和结局产生了深刻影响。如何在诸如《联合国海洋法公约》《海上军事行动法》《武装冲突法》等国际法规的允许范围内有所作为，并利用国际法为武器，扩大自身行动自由，成为海上军事力量运用的重大课题。

把握海上军事力量运用的重要方向：

第一，必须以获得海上战争的胜利为军事力量运用的首要任务。在和平时期，虽然军事力量的非战争运用更加频繁，但海军作为军事力量的根本职能仍是打赢战争，战争运用仍是军事斗争准备的核心。海上军事力量战争运用的主要任务是：防止外敌的海上入侵，维护海洋领土完整和海洋权益，防止海上冲突；慑止强敌从海上方向进行的军事干预。这些都要求海上军事力量在平时就要做好充分的准备，在国家战略的指导下，慎重决策，适时准确迅速地实施作战行动。

第二，必须高度注重海上军事力量非战争运用。在新的时代条件下，非战争军事行动已经成为世界军事力量运用的重要方式和军队的重要任务，也是和平时期提高军队战斗力的一个有效途径。从当前海上方向军事斗争形势看，海上冲突与摩擦虽不断发生，但主要是围绕战略要地、资源和主导权而展开的国家博弈，各种矛盾冲突仍在可控范围，尚未形成爆发战争危机的严重局势。军事威慑与实战、战争运用与非战争运用紧密结合，军事力量非战争运用在控制国家海上争端中的地位也将更加突出。

第三，必须重点加强海上安全合作。军事力量运用应当始终以维护国家海洋主权权益、保持地区安全稳定为根本目的，为国家经略海洋创造有利的外部环境。海上军事力量非战争运用既包括海上威慑、保卫海洋经济开发和科考、打击海上走私、反海盗、维护国家海洋权益和参加联合国维和等方面的非战争军事行动，也包括开展海上军事安全合作。广泛开展海上军事安全合作，要求按照和谐世界、和谐海洋的理念，坚持共同安全观念，坚持互利共赢原则。让科学合理的海上军事力量运用充分发挥国家关系“润滑剂”作用，有效消除各种海上争端，不断开创有利于国家经济建设的海上安全环境。

军地协作是处理海疆争端的未来方向

军地协作已经成为新形势下海疆争夺新的重要形式。近年来，海疆争端和海洋维权斗争中出现了一系列新情况新问题。特别值得关注的是周边国家利用我睦邻友好政策，加紧蚕食我管辖海域和资源，为了混淆视听，在侵权手法上越来越强调“民事化”。越南每年都组织几次大规模的船队侵渔事件，往往一次侵渔的渔船数量就达上百条，使得海洋权益斗争形势日趋复杂。对于各种以“非军队”面目出现的侵权行为，出于避免事态扩大和被外界利用考虑，很多情况下不便于直接动用军队进行维权，而单纯使用民事执法力量又存在缺乏威慑力度和安全保障等方面的不足。实践证明，实施军地协作，海军与海警联合维权，融军事手段与民事手段于一体，实现民事执法与军事维权的结合，既能反映国家的维权决心，又有利于将斗争控制在民事范围内，是新形势下开展海洋维权斗争的新路子。

目前，军队与国家执法力量联合维权已经成为各国普遍做法。海军与海上警察部队联合执法维权不是应对现实海洋斗争的权宜之计，而是提高维护海洋安全能力的长远之举，特别是对于建立精干的常备军与强大的后备役相结合的海上防卫体系具有重要作用。一是可以提高海上执法力量的“军事化”水平，增强与海军联合的行动能力，促使其成为平时海上执法的主力和战时军队的后备军；二是可以在一定程度上将海军从大量繁琐的日常维权工作中解脱出来，有利于推进海军专注于军事斗争准备目标和战略转型；三是能够形成军地海上联防的新机制，推动海洋执法力量整合建设，促进形成统一而强大的海洋“准军事”力量，为开展海上争端的维权执法斗争奠定力量基础。

【知识链接】黄岩岛属于中国的历史证据

黄岩岛，位于北纬 15° 07′，东经 117° 51′，距菲律宾苏比克港约 100 海里。黄岩岛是中国固有领土，黄岩岛海域是中国渔民的传统渔场。对此，中国有充分的历史和法理依据。中国最早发现、命名黄岩岛，并将其列入中国版图，实施主权管辖。据史料记载，黄岩岛最早被中国人发现，其附近海域也是中国海南渔民的传统渔场。1279 年，元代著名天文学家郭守敬奉旨进行“四海测验”，在南海的测量点就在黄岩岛，此时中国就已经发现黄岩岛并将其划入地图。1935 年 1 月，中国政府由内政部、外交部、海军部和教育部等官方机构派员组成的水陆地区审查委员会公布的南海诸岛 132 个岛礁沙滩中，黄岩岛以“斯卡巴罗礁”之名，并作为中沙群岛的一部分列入了中国版图。1947 年 10 月，中国政府核定和公布的南海诸岛新旧名称对照表中，将斯卡巴罗礁称为“民主礁”，列在中沙群岛范围内。1983 年中国地名委员会授权对外公布“我国南海诸岛部分地名”时，将“黄岩岛”作为标准名称，同时以“民主礁”为副名。中国历代政府出版的官方地图均将黄岩岛标为中国领土。黄岩岛一直不间断地在中国广东省、海南省的管辖下。中国政府关于南海诸岛主权公告和声明中均指出黄岩岛领土主权属于中国。所有这一切均远早于 1994 年生效的《联合国海洋法公约》。中国一直对黄岩岛进行长期开发和利用。黄岩岛海域是中国渔民的传统捕鱼场所。自古以来，中国渔船就经常赴黄岩岛海域进行渔业生产活动。中国国家统计局、国家地震局、国家海洋局等多次对黄岩岛及附近水域进行科学考察。

海军与地方执法力量（海警）联合维权，必须在加强和提高联合维权能力上下功夫：

第一，建立健全联合指挥体制，从协同性联合逐步向一体化联合方向发展。海军与地方海上执法力量的联合行动总体处于按任务、时间、海域进行协同的水平，实际斗争中仍是各自指挥、各自维权。需要加强统一指挥，建立健全一体化联合指挥体制。根据海上维权任务、联合维权任务多的实际，可考虑在海警总局与海军之间、海警分局与海军舰队、海警海上执法行动兵力与海军任务编队之间建

立以海军和海警为主，必要时有国家相关部门参加的海洋联合维权指挥体制。其中，担负重大维权任务时，由海警总队与海军联合组成后方指挥所，其他情况由海警分局与海军舰队联合组成后方指挥所，海军海上编队与海警执法力量之间按平战两种状态实行分段指挥，必要时可进行混合编组并建立海上现场联合指挥小组，实行全程统一指挥。

第二，要建立健全联合维权行动机制和配套的法规制度，从应急性、临时性联合逐步向常态化、制度化联合方向发展。由政府和军队共同组织的指令性联合，决策层次高、协调环节多，只能适用于意义重大的维权行动，而日常大量的海上维权行动则需要在海上遂行任务的海军和海警力量本身进行积极主动的协同配合。需要明确赋予海军以掩护海警执法的任务职能，也赋予海警以支援海军维权、作战的任务职能；要研究制定与联合维权行动相关的条令条例，明确细化联合维权的内容、职责区分、行动方式和协同方法，将联合维权行动纳入规范化、制度化的轨道，使联合维权逐步由上级指令性行动转变成部队和海警执法力量的自觉行动。

第三，建立健全联合发展和保障体制，从联合运用逐步向联合建设方向扩展。无论从海上维权斗争需要还是从建立军民一体化海防需要看，海军与海警联合都应逐步具备联合编组的能力，编队乃至单舰之间开展战术协同的能力。具备这种能力，除强调现场组织指挥和战术运用外，更重要的是要加强海军与海警部队建设上的联合程度，包括训练的默契程度、装备的通用及互补程度、信息系统的兼容程度等。为此，要建立健全一体化的海上联合情报机制，海军与海警岸上指挥机构之间、海上舰船之间建立海上情况通报机制；海军综合电子信息系统特别是侦察预警系统、通信系统，可考虑适度向海警延伸并与海警相关系统互通、互联。要健全联合训练机制，以编组联训等内容为重点，把联合维权、联合作战纳入海军与海警的训练体系。按照各有侧重、有机衔接的原则，统筹规划海军与海警装备发展，避免重复建设，提高装备使用和保障效益。海军水面舰艇及飞机特别是中轻型水面舰船和直升机发展应兼顾作战和维权需要，注重可改造性，走海军与海警通用化、兼容化发展的路子。除维权行动需要的特种装备外，海警船舶飞机及雷达、通信、火炮等装备应主要由海军加改装而来。要建立健全联合保障体制，海军与海警在港口、码头、机场、仓库、检测维修等后勤装备保障等方面，应统筹规划，统一建设，逐步实现联勤联保，提高保障效率。

【知识链接】中日韩三国近海准军事力量建设

海岸警卫队有着“第二海军”的叫法，除执行日常的巡逻护渔等任务外，还可承担为海军培养后备人员和在战时辅助海军执行部分任务的责任。以历史最为悠久的美国海岸警卫队为例，其在两次大战中都曾扮演过美国海军直接辅助力量的角色，甚至曾一度被划入海军部。对于海上武装力量而言，海岸警卫队性质准军事力量的存在，其人力资源上的意义更重于军事意义。不断加强建设，科学运用和发挥出军、地两种力量的结合性作用，在未来海疆争端解决中必然有一番新的局面。

在海上准军事力量方面，深受美国海军结合海岸警卫队体制影响的日韩两国都已经把中国远远抛在了后面。日韩都早已建立了自己的“海岸警卫队”，即日本的海上保安厅和韩国的海上警察厅，并都实现了组织体制和舰艇装备的“准军事化”。日本海上保安厅辖11个管区，拥有各型巡视船520余艘，飞机70余架，3000吨以上的大型巡视舰达到11艘，其中还有世界上唯一一艘排水量近万吨的大型海巡舰“敷岛”

日本大型海巡舰“敷岛”号

号，海上保安厅甚至还拥有海上保安大学和海上保安学校两所专业院校，由此可见其规模和成熟程度。和日本海上保安厅类似，1953年成立的韩国海洋警察厅也采取分区管辖的方式，将周边海域划分为13个相互连接的警备区域，并相应建立了13个地方海警署，目前拥有各型警备舰艇260余艘，其中1000吨以上的警备舰艇达到13艘。2014年5月，由于在“岁月”号沉船事件中救助不力，以及军事存在的其他问题，韩国总统朴槿惠正式宣布对国家安全机构进行改组，撤销韩国海洋警察厅，其职能由警察厅和新成立的国家安全处分别负责，进一步理顺完善了国家和海上安全管理体制机制。与此同时，为进一步加强对专属经济区、大陆架海域特别是争议海域的控制，日韩都在整合海军与海上执法力量，以在体制上建立起军警结合的海上警备体制，并在力量运用上突出军警的情报共享和联合监视巡逻。如日本海上保安厅已将其11个管区与海上自卫队地方队所辖的5个警备区实现了交叉重叠。一般情况下，海上事端由海上保安厅出面处置，自卫队舰艇予以保障配合。在有争议的钓鱼岛海域，海上保安厅还可根据具体事态，协调自卫队舰艇参与应急行动，双方每年举行的各类联合训练多达数十次。而韩国则采用海警、海军与空军三方联动的海上警备体制，其海上警察厅所辖的13个海警署已分别与韩海军3大舰队建立了联动机制，构筑了“海军掩护、海警捕捉”的专项执法体制。

中国海警成立换牌时的照片

与海洋执法体制和准军事力量建设已日趋成熟的日韩相比，中国在新中国成立后的数十年中一直主要依靠海军来执行近海巡逻和护渔等任务，直到近十几年才开始把近海执法和专属经济区巡逻护航的主要任务交由交通部下属的海事局、隶属国家海洋局的海监总队以及隶属公安部边防管理局的公安边防海警部队共同负责。其中，中国海事局主要负责国家水上安全监督和防止船舶污染、船舶及海上设施检验、海上安全救生等职能。中国海监总队共拥有各型执法船20余艘，近年来是最活跃的中国近海执法力量，该部门中海巡船曾多次赴中日争议的海区巡逻。和前两者相比，中国边防海警部队堪称是目前中国海上执法机构中最为准军事化的力量，也是目前中国海洋执法部门中性质最接近美国“海岸警卫队”的力量，但其成立时间相对较晚，虽然已建立了一所培养专业人才的公安海警高等专科学校，但受装备和人员限制，其在较远海域活动的能力甚至还要逊于中国海事。

为更加有效地维护国家海洋利益，2013年上半年，中国政府对海洋管理体制和海上执法队伍进行了大幅度改革，以海洋局下属的海监总队为基础，对现有地方海上执法力量进行了整合，建立了中国自己“海岸警卫队”性质的海上综合执法力量——隶属国家海洋局的中国海警局。将原本隶属于公安部的边防海警、隶属于农业部的中国渔政、隶属于海关总署的海上缉私警和隶属于海洋局的中国海监，纳入中国海警统一建设、指挥，整合了原本分散的力量，握紧了拳头，形成了合力。与之前海监力量最大的不同是，海警配有自卫武器，这对于周边国家出现暴力执法的行为时有了更有力的反制措施。同时，对于周边国家武装渔民的侵权行为也有了更强的执法能力。中国海警属于国家海洋局，总体保持行政执法、

中国海警执法船

公务执法的职能，有效地避免了政出多门带来的种种弊端。中国海警在具体的兵力构成、组织形式上一定程度借鉴了日本海上保安厅和韩国海上警察厅的成熟经验，并且加强了与海军的协调配合，建立起了类似日韩的“地方＋军队”的联动机制。

后 记

当军事科学出版社与我联系本书选题策划时，我立即被他敏锐的洞察力和判断力所吸引。的确，关于海疆争夺的话题，随着近年来中国海疆黄岩岛、钓鱼岛矛盾问题的激化而受到越来越多人的关注，但是纵览书海，真正对当今世界海疆争夺各类问题进行系统梳理的还未能一见。本书选题恰恰抓住了这样一个空白点进行切入，既契合了当今时代的热点，也启发了专门从事海上安全问题、海军战略理论研究的我，从而增加了一个新的研究着力点。

然而，书稿的撰写并非信手拈来、一蹴而就。一方面，海疆争夺热点问题涵盖方方面面，特别是遍布全球海洋的岛屿争端和海域划界问题林林总总、不胜枚举，难以做到逐一论述。

另一方面，看似简单的海疆争端，其背后往往掩藏着复杂纠结的历史恩怨和现实的战略考量，以及关于国际法的运用实践。认真分析一个海疆争端案例，必然涉及历史地理、地缘和军事战略、国际关系和国际法等多方面内容，是一个多学科、跨领域，较为复杂的学术问题，这本身就是对撰写者知识能力的考验。而要把相对复杂枯燥的学术问题，深入浅出地形成文字，绘声绘色地呈现在读者面前又需要很强的功力。

本书是多位作者集体心血的结晶，他们都是海军军事学术研究所从事海洋、海军、海上安全、战略与重大现实问题理论研究一线工作的青年专家，他们多年参与各级各类海上安全相关课题研究，取得了一定的学术成果，积累了相当丰富的知识储备。这些同志在陆续接受撰写任务后，对撰写内容进行了跟踪研究，形成初稿后又经过反复修改，最终形成此稿。

全书由李剑拟定总体思路、修改并审定终稿。李剑还独立撰写了其中第二、六、七、八章。其余各章节撰稿人分别为：第一、三章和第二章第一节由李金桥撰写；第四章由吴超撰写；第五章由金晶撰写；第六章由高瑜、田甜提供部分素材资料，主体部分由李剑撰写；第九章由杨博撰写；陈文文对书中大量插图进行了收集整理，唐剑锋进行了校对。

在书稿撰写过程中，军事科学出版社持续不断地给予了支持和鼓励，并提出了许多宝贵的修改意见，在此深表感谢。

最后，还要感谢为本书的完成作出大量牺牲与贡献的家人和朋友！

作　者

2014 年 4 月 10 日